KB021260

친일파가 만든
독립영웅

김구

청문회

1

매직하우스
마법의책공장

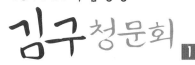

친일파가 만든 **독립 영웅**

김구 청문회 ①

초판 1쇄 인쇄 2014년 8월 5일
초판 1쇄 발행 2014년 8월 15일
초판 2쇄 발행 2018년 4월 16일

지 은 이 김상구
표지디자인 김문교, 윤혜영
본문디자인 김민성
편　　집 백시나
펴 낸 이 백승대
펴 낸 곳 매직하우스

출판등록 2007년 9월 27일 제313-2007-000193
주　　소 서울시 마포구 월드컵북로38가길 14(중동)
전　　화 02) 323-8921
팩　　스 02) 323-8920
이 메 일 magicsina@naver.com
I S B N 978-89-93342-37-6
　　　　　978-89-93342-36-9 (세트)

책값은 표지 뒤쪽에 있습니다.
파본은 본사와 구입하신 서점에서 교환해드립니다.

친일파가 만든 독립영웅

김구 청문회 1

독립운동가 김구의 정직한 이력서

김상구 지음

매직하우스
마법의책공장

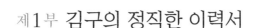

제1부 김구의 정직한 이력서

제2부 김구는 통일의 화신인가?

머리글
나는 왜 김구를 비판하는가

좌·우·중도를 막론하고 우리나라 대부분의 정파로부터 거의 유일하게 존경을 받고 있는 분이 바로 백범 김구 선생이니, 김구의 힘에 대해선 더 이상 말씀드리지 않아도 될 듯합니다.

그러나 김구의 실체는 조금씩이나마 들어나고 있습니다. 『해방일기』의 저자 김기협은 "해방 일기 작업 동안 내 마음속에서 가장 큰 변화를 겪은 것의 하나가 '김구 선생'의 모습이다. 서술에 일체의 경칭을 쓰지 않기로 원칙을 세우고 내 아버지에게까지 그 원칙을 적용시키면서도 김구 이야기를 할 때는 그 이름 뒤에 '선생'을 붙이지 않는 것이 마음속으로 불편하게 느껴졌다. 1946년이 다 지나갈 때까지도 그랬다. 그런데 1947년 들어 반탁운동을 재개할 무렵부터 그 불편함이 사라졌다.(실제 김구는 1945년 12월 말부터 반탁운동을 시작했음-필자 주) 경칭 안 쓰는 원칙에 익숙해진 탓도 있겠지만, 내 마음속의 민족의 영웅 '김구 선생'이 그 동안 '상대화'의 과정을 겪었다는 데 더 큰 이유가 있을 것이다. 그를 존경하는 마음이 아주 사라진 것은 아니지만, 이제 그의 인간적 한계를 바탕에 깔고 그의 고뇌를 이해하게 된 것이다." 라고 김구에 대한 자신의 고정관념이 바뀌게 된 과정을 설명했습니다.

그러나 문제는 더욱 심각합니다. 역사의 실체를 보다 정확히 알게 된다면 김구의 고뇌를 이해하게 되었다는 김기협의 고백을 넘어서 김구의 정확한 정체를 알게 되리라 확신합니다.

"나는 통일된 조국을 건설하려다가 38선을 베고 쓰러질지언정 일신에 구차한 안일을 취하여 단독정부를 세우는 데는 협력하지 아니하겠다."라는 말을 남기며 남북연석회의에 참석코자 북쪽으로 갔으며 그 후 안두희에게 피살당한 비극의 주인공, 우리가 익히 알고 있는 김구의 모습입니다.

그러나 김구의 북행과 그의 죽음 사이에는 약 1년 2개월의 공간이 있었습니다. 우리는 이 기간을 잊고 있습니다. 그리고 북행 이전 그의 행적에 대하여 애써 외면하고 있습니다. 김구는 북행 몇 주일 전까지만 해도 이승만의 분단 건국 노선을 전폭 지지했으며, 환국이후 임정봉대 반탁 반공 반소가 그의 주 노선이었습니다. 신탁반대만 외치면 친일파 부일배들이 애국자가 되는 세상을 김구를 비롯한 임정세력들이 만들었습니다. 모스크바 삼상회의의 결정 내용을 왜곡하고 반탁을 빙자한 임정정통 봉대론은 결국 미소공위를 좌초시킴으로써 분단 건국 노선을 결정적으로 도와준 셈이 되었습니다. 게다가 송진우, 여운형, 장덕수의 암살 그리고 백의사 대한민청 서북청년단 등의 극우단체들이 남과 북에서 행한 살인, 테러 행위에도 김구는 마땅히 책임을 져야합니다.

한편, 남행 이후 김구는 원래의 모습으로 되돌아갔습니다. 그는 남북연석회의 의결 사항을 하나도 지키지 않았으며 다시 반공 반소를 외치며 이승만을 비롯한 분단 세력과의 야합을 재차 도모했습니다. 단독 정부에 동참하지 않았지만 그 단정세력과의 협력 하에 남한의 권력을 장악하고자 기도하다가 뜻을 이루지 못하고 죽음을 당했을 뿐입니다.

김구의 행적이 잘못 알려진 것은 해방공간에서의 모습만이 아닙니다. 백범일지에 묘사된 그의 모습은 대부분 사실과 다릅니다.

그는 동학의 접주를 지낸 적이 없으며, 일본 육군 중위로 알려진 쓰치다는 평범한 상인이었습니다. 임정의 경무국장 시절, 요즈음 화폐가치로 환산해 20만 원 정도 되는 돈을 일본 영사관으로 받았다는 죄로 17살 소년을 죽였을 뿐 아니라 김립, 황학선을 비롯한 수많은 한인독립지사들을 공금횡령범, 일제의 밀정, 빨갱이 등으로 모함하여 죽이기도 했습니다. 위임통치론을 주장한 이승만의 노선을 지키기 위해, 박은식 부자를 구타한 것도 김구의 행위였습니다. 윤봉길 의거의 실질적인 기획자였던 춘산 이유필을 친일파로 몰았던 것도, 임시정부의 외교노선을 비판하여 북경에서 무력항쟁론을 폈던 박용만을 친일주구로 모함했던 것도 김구 계열의 작품이었습니다. 돈 문제의 갈등으로 인해 안공근의 살해 혐의도 받고 있습니다.

좌익계열이 주도한다하여 조선의용대를 파괴하고자하는 장개석의 음모에 동조하여 '광복군9개전승'이라는 모욕적인 조약을 체결했고, 겨우 8명의 첩보원을 침투시키는 독수리 작전의 실행을 위해 태평양 전쟁이 종료된 시점에 OSS와 굴욕적인 합의를 했던 것도 김구의 작품입니다. 겨우 몇 백 명 그것도 전혀 무장이 되지 않은 광복군을 수 만 명 광복군이 태평양 각지의 전투에서 연합군과 치열하게 전투하였다고 광복군의 전과를 부풀리기도 한 것이 임정의 실체였습니다.

덧붙일 말은 친일파와 김구와의 관련입니다. 물론 김구는 친일파가 아닙니다. 그러나 그는 친일파 부일배들로 이루어진 한민당으로부터 수많은 자금을 받았고 그들과 결탁했습니다. 부일협력 재벌 최창학으로 부터 제공받은 김구의 거주지 경교장(죽첨장), 송진우로부터의 900만원, 김연수에게 700만원 그리고 주석김구각하로 극존칭을 써가며 김구와 임시정부 홍보에 앞장섰던 동아일보···등은 극히 일부의 예입니다. 우리에게 너무나 익숙한 백범일지를 윤문, 첨삭한 자가 친일파 이광수였다는 것도 사실입니다.

더욱이 1962년 김구에게 수여된 건국공로훈장 중장(현 대한민국장, 건국훈장 1등급)은 친일전력이 있는 박정희 군사정권 하에서 이병도 신석호 등 친일 사학자들이 심사하여 결정된 것입니다. 이승만이 숨겨진 친일파라면 백범 김구의 경우 친일파들이 그를 항일독립 통일의 영웅으로 만들었다는 뜻입니다.

에드워드 카는 "역사란 역사가와 그 사실들의 지속적인 상호작용의 과정, 현재와 과거의 끊임없는 대화이다."라고 말한 바 있습니다. 하지만 그 과거가 조작, 왜곡되었다면 이해와 해석 자체가 원천적으로 불가능할 것입니다. 신화화된 김구의 이미지를 넘어 이제 김구의 실체를 보아야할 시점입니다. 역사적 인물에 대한 구체적 인식은 우리가 가야할 미래의 방향을 잡는데 도움이 될 것입니다. 이 책의 저술 목적입니다. 그리고 김구로 인해 어둠 속에 묻혀버린 독립지사들의 명예가 이 책을 통하여 회복되었으면 합니다. 임시정부정통론이라는 허구의 독립운동사가 걷히고 제대로 된 독립운동사가 정립되었으면 하는 바람도 전합니다.

01
김구는 과연 동학의 접주였나

김구에 의하면 계사년(癸巳年, 1893년) 가을에 오응선 최유현 등이 경통(敬通)을 받고 충청도 보은에 있는 해월 대도주를 방문하는 일행 열다섯 명에 자신도 선발되어 최시형을 만났고 그곳에서 접주 첩지를 받았고 한다. 계사년은 갑오년(甲午年, 1894년)의 착오라 하더라도 김구는 자신의 입으로 분명히 정식 접주가 되었다고 했다. 하지만 최유현은 자신 외 6명이 대선사를 방문했고 자신은 해서(海西)수접주로 임명되었다고 기록했다. 김구의 주장과 차이가 너무 많다. 15명과 6명의 차이 그리고 김창수는 아예 언급이 없다.

동학농민혁명과 민비

 백범 김구의 일생을 더듬다보면 가장 먼저 부딪히는 의문은 동학과 민비 그리고 김구와의 관계다. 역사가를 포함하여 대부분의 사람들은 김구가 어린 나이에 동학에 참여하여 해주전투에 참여하는 등 동학혁명의 핵심으로 활약했음을 찬양한다. 그리고 스무 살 무렵엔 민비 살해범으로 추정되는 일본육군 장교 쓰치다의 살해를 '국모보수'라 하여 또한 칭송한다.

 잘 알다시피 동학군이 몰락된 가장 큰 원인은 민비 정권의 요청으로 2,000여 명의 청군(淸軍)이 아산만에 상륙한 소위 〈청병조칙〉때문이었다. 일본은 청군의 이러한 움직임에 1885년에 맺어진 〈천진조약〉[1]을 빌미로 조선에 파병을 하여 결국 청나라와 일본 간에 전쟁이 일어나고, 청일전쟁 와중에 일본군과 조선 관군의 연합군에 농민군은 힘없이 괴멸될 수밖에 없었다. 김창수가 《백범일지》에 기록된 바와 같이 동학 농민군의 주도적인 인물이었다면 민비의 죽음에 그렇게 흥분할 수 있었을까? 더욱 이해가 되지 않는 것은 안중근의 아버지 안진사의 태도다. 동학혁명 이후 정부의 동

---

1) 《천진 조약(天津條約)》
 대청국(大淸國) 특파 전권대신(特派全權大臣)【태자 태부 문화전 태학사(太子太傅文華殿大學士) 북양통상 대신(北洋通商大臣) 병부상서(兵部尙書) 직예 총독(直隸總督) 1등 숙의 백작(一等肅義伯爵)이다.】이홍장(李鴻章)과 대일본국 특파 전권 대사(特派全權大使)【참의 겸 궁내경 훈1등 백작(參議宮內卿勳一等伯爵)이다.】이토 히로부미(伊藤博文)는 각기 유지(諭旨)를 받들어 공동으로 토의하여 조약을 체결함으로써 우의를 두텁게 한다. 모든 약관(約款)을 아래에 열거한다. 1. 중국은 조선에 주둔시켰던 군대를 철거시키며 일본국은 조선에서 공사관(公使館)을 호위하던 군대를 철거시키되 수표를 하고 도장을 찍은 날로부터 4개월 내에 각각 모든 인원을 철거시킴으로써 두 나라 사이에 사건이 일어날 우려를 없애되, 중국은 마산포(馬山浦)를 통하여 철거하고 일본은 인천항(仁川港)을 통하여 철거한다는 것을 의정(議定)한다. 〈이하 생략, 출처: 조선왕조실록〉

학도에 대한 처리 과정은 처참할 정도로 가혹했다. 김양식은 당시의 상황을 다음과 같이 표현한다.

갑오년 12월부터 조선 남쪽은 관군과 일본군의 천지가 되고 말았다. 동네 동네마다 살기가 충천하고 유혈이 가득하였다…. 관군·일본군·수성군 민포군에게 당한 동학군의 참살 광경은 이루 말할 수 없었다. 그 중에서도 가장 참혹한 곳은 호남이 제일이었고, 충청도가 그 다음이며, 또 경상·강원·경기·황해 등 여러 도에서도 살해가 많았다. 전후 피해자를 계산하면 무릇 30~40만의 다수에 달하였고, 동학군의 재산은 모두 관리의 것이 되었고, 가옥과 물건은 모두 불속에 들어갔다. 기타 부녀자 강탈, 능욕 등은 차마 다 말할 수 없었다.[2]

이렇게 흉흉한 분위기 하에서 자신과 가문의 위험을 무릅쓰고 안 진사는, 평소 일면식도 없었던 그리고 학연이나 혈연으로 아무 관계도 없었던 김창수에게 은신처를 제공할 수 있었을까? 이러한 의문을 가지고 백범 김구가 주장하는 동학농민혁명 현장에 가보기로 하자.

---

2) 김양식, 『새야 새야 파랑새야』, 서해문집, 2005, p.172

김창수는 팔봉접주였는가?

나의 도력에 관한 근거 없는 소문은 황해도는 물론이고 평안남·북도에까지 퍼져 연비가 수천에 달하였다. 나는 황해도·평안도의 동학당 중 나이 어린 자로 가장 많은 연비를 가졌기 때문에 별명이 '아기접주(接主)'였다.[3]

여기까지는 이해할 수 있다. 수천 명의 연비는 좀 과장 했다고 볼 수 있고, 김창수의 당시 나이가 19살 무렵이었다면 사기진작 차원으로 '아기접주(接主)'로 불러줄 수도 있었을 터이다. 문제는 다음의 장면이다.

우리 열다섯 사람에게도 접주로 임명하는 첩지(貼紙)를 내려주는데, 첩지 원형에 전자체(篆字)로 새긴 해월인(海月印)이 찍혀있었다.[4]

김구의 주장에 의하면 그는 나이 열아홉에 동학의 정식 접주가 되었고, 곧 고향으로 돌아와 팔봉이란 접명(接名)을 지었다고 한다. 여기서 당시 동학의 접주 자격에 대해 알아보자. 한국학중앙연구원에서 기술한 《한국향토문화전자대전-천도교》편을 보면 동학의 접주 자격은 포교 능력에 따라 점수를 매겨 부여하였는데, 포교 인원 105명 이상인 사람은 접주, 500명

---

3) 『도진순 백범일지』, p.43
4) 『도진순 백범일지』, p.46

이상은 대접주가 되는 자격을 부여했다고 한다.[5]

　이러한 관례에 따르면 김창수는 나이에 상관없이 접주에 임명될 수도 있었다. 백범의 주장에 의하면 그의 연비는 무려 수천에 달했다고 하지 않았는가? 그러나 이돈화(李敦化, 1884-?)가 편술한《천도교창건사》등 동학이나 시천교, 천도교 등의 자료 어디에도 19살 접주, 김창수는 등장하지 않는다. 결정적인 자료가 있다. 백범일지에도 등장하는 최유현(崔琉鉉)[6]이 1918년에 정리하고 1920년에 편찬한《시천교역사(侍天敎歷史)》를 보면 최유현 등 황해도 대표가 보은을 방문하여 최해월(최시형)로부터 접주 임명을 받는 장면이 나온다.

　1894년 9월 18일… 최유현(崔琉鉉)을 비롯하여 정량(鄭樑), 강관영(姜寬泳), 이태래(李泰來), 이남영(李南永), 이구세(李久世)가 절을 하자… 대선사(최시형)는 크게 기뻐하면서 '북쪽의 교인은 어찌 이리 늦게 나타났느냐'하고 반기면서 최유현을 해서(海西) 수접주(首接主)로 임명했다.…[7]

　김구에 의하면 계사년(癸巳年, 1893년) 가을에 오응선·최유현 등이 경통(敬通)을 받고 충청도 보은에 있는 해월 대도주를 방문하는 일행 열다섯 명

<hr>

5) 2세 교주 최시형에 의해 더욱 조직적으로 정비된 교단 조직을 살펴보면, 교인의 일단을 포(包)라 하여 포주(包主)를 두고 그 위에 접주, 대접주, 또 그 위에 도주, 대도주(大道主)를 두었다. 포, 접주의 산하에는 육임(六任) 제도를 두어 교장, 교수, 교집, 집강, 대중, 중정 등을 임명하고 중앙에는 법소(法所)를 두고 지방에는 도소(都所)를 두었다. 접주 자격은 포교 능력에 따라 점수를 매겨 부여하였는데, 포교 인원 105명 이상인 사람은 접주, 500명 이상은 대접주가 되는 자격을 부여했다. 대도주는 4인으로 하여 법(法), 성(誠), 경(敬), 신(信)의 네 자를 이름 머리에 붙여 법대접주(法大接主), 성대도주(誠大道主), 경대도주(敬大道主), 신대도주(信大道主)로 불렸다. 이 제도는 동학혁명 후에 최시형이 죽자 구심점을 잃어 분파의 씨가 되었고 교단의 체제도 각기 달라졌다. 일제강점기에는 천도교가 친일세력에 동조하는 신파와 이를 반대하는 구파로 갈라져 대립하다가 해방 이후 대립이 노골화되자 한때는 구파들이 탈퇴하여 전국의 본부를 임실에 두고 활동하였다. 현재 임실읍에는 천도교 본부로 쓰던 건물이 남아 있다.

6)『도진순 백범일지』, p.40, 43

7)『동학사상자료집』-시천교역사, 아세아문화사, 1979, p.623

에 자신도 선발되어 최시형을 만났고 그곳에서 접주 첩지를 받았고 한다.[8] 계사년은 갑오년(甲午年, 1894년)의 착오라 하더라도[9] 김구는 자신의 입으로 분명히 정식 접주가 되었다고 했다. 하지만 최유현은 자신 외 6명이 대선사를 방문했고 자신은 해서(海西)수접주로 임명되었다고 기록했다. 김구의 주장과 차이가 너무 많다. 15명과 6명의 차이 그리고 김창수는 아예 언급이 없다.

---

8) 『도진순 백범일지』, p.46

9) 최시형의 보은 집회는 1894년(갑오년) 9월에 있었다. 계사년(1893년)에 있었던 보은 집회는 교조 신원 운동관련 모임이었다.

해주성 전투에서의 김창수의 활약, 사실인가?

　1894년(고종31) 전라도 고부(古阜)에서 전봉준을 비롯한 동학계 농민들을 주체로 하여 일어난 동학농민운동은 봉건 정부의 수탈과 일본의 침략에 맞선 반봉건과 반외세를 목적으로 시작되었다. 1년간에 걸친 동학혁명은 30~40만의 희생자를 낸 채 끝나고 말았지만, 19세기 후반 조선이 처한 체제 모순과 외압의 시대적 조건에서 일어난 여러 가지의 변혁 운동 가운데 당시의 시대적 역사 과제를 가장 올바르게 인식하였던 변혁 운동이었다. 동학혁명의 의의는 '폐정개혁 12개조'[10]에 나타난 바와 같이 새로운 시대를 요구한 민족 민중 운동사의 첫걸음이었다는 데 있다.

　1993년 9월 한겨레신문은 동학농민전쟁 1백돌을 기념하여 새로운 세상을 꿈꿨던 30명의 인물을 조명하는 특집을 마련했다.[11] 전봉준·손화중·김개남·손병희·손천민 등 낯익은 인물들이 주로 등장하지만 서병학·서장옥·전창혁 등 낯선 이들도 다수 있다. 이들 30인 중에 백범 김구도 포함되었다. 제목은 "해주전투로 용맹 떨친 황해도 17세 '아기접주' 김창수"[12]였다.

10) ①동학도는 정부와 원한을 씻고 서정에 협력한다. ②탐관오리는 그 죄상을 조사하여 엄히 다스린다. ③횡포한 부호를 엄히 징벌한다. ④불량한 유림과 양반무리를 징벌한다. ⑤노비문서를 불태워 없앤다. ⑥7종의 천인에 대한 차별을 개선하고 백정이 쓰는 평량갓을 없앤다. ⑦청상과부는 개가를 허용한다. ⑧관리채용에는 지별을 타파하고 인재를 등용한다. ⑨명목이 없는 잡세는 일절 폐지한다. ⑩왜와 통하는 자는 엄히 처벌한다. ⑪공사채는 물론하고 기왕의 것을 무료로 한다. ⑫토지는 평균하여 분작(分作)한다.
11) 동학농민전쟁 1백돌-내주부터 '인물열전' 시리즈 '새세상 꿈' 30인 불꽃삶 되살린다. 「한겨레신문」, 1993.9.2
12) 농민전쟁1백년 동학인물열전 24 김창수(김구), 「한겨레신문」, 1994.2.22

하지만 김구가 과연 농학농민혁명의 대표적 인물로 선정될 자격이 있을까 하는 의문을 제기하며 글을 계속하겠다.

지은이 이이화는 이 글에서《황해도동학당정토약기》《백범일지》《갑오해영비요전말》《사법품보》등의 출처를 명시하여 글의 신뢰성을 높이는데 신경을 쓴 것으로 보인다. 하지만《백범일지》외 나머지 인용 자료에는 김창수의 활약이 전혀 등장하지 않는다는 것을 먼저 밝힌다. 김창수가 동학농민혁명에 참여했다는 주장은《백범일지》를 제외하곤 나머지 동학관련 자료를 통해선 확인할 수 없다. 해주전투 당시 김창수의 활약은《백범일지》에 의하면 다음과 같다.[13]

① 나 김창수는 해월 선생이 임명한 정통 접주다.
② 나의 접에는 총 가진 군인이 700여 명 있었다.
③ 해주성 공략 시 나는 선봉을 맡았다.
④ 나는 전군을 지휘하며 선봉대를 이끌고 서문 쪽을 맹렬하게 공격했다. 그런데 갑자기 총사령부에서 퇴각을 명령했다.
⑤ 나는 해주 서쪽 80리 후방인 회학동으로 퇴각하여 군사를 정돈하였다.
⑥ 문화 구월산 아래에 사는 정덕현을 모주(謀主), 우종서를 종사(從事)로 선언하고 그들의 조언을 방책으로 정했다.
⑦ 구월산으로 옮길 준비를 하던 어느 날 신천의 안진사로부터 밀사가 왔다. 그리고 그 후 '어느 한쪽이 불행에 빠지면 서로 돕는다.'는 밀약을 성립하였다.
⑨ 구월산 패엽사로 군대를 옮겼다. 한편, 신천군에 왜놈들이 비치한 백미 천여 석을 몰수하여 패엽사로 옮겼다.
⑩ 신천군 월정동의 송종호를 스승으로 삼고 자문을 받았다. 그 외 풍천군의 허곤이란 명사가 합류하였으며, 패엽사의 주지 하은당도 많은 도움을 주었다.
⑪ 구월산 주변에서 활약하던 이동엽의 동학군이 노략질을 하다가 우리 군인에게 잡혀 총기를 빼앗기고 벌을 받은 후 돌아가기도 했다.
⑫ 나의 부하 가운데서도 노략질을 하다가 처벌이 두려워 이동엽의 부하

13)『도진순 백범일지』, pp.47-54

가 되는 경우가 많아, 나의 세력은 나날이 줄어들었다.

⑬ 최고회의는 나의 몸을 보존케 하려고 동학 접주의 감투를 벗기기로 결정했다. 허곤이 군권을 가지지로 결정되어 허곤은 송종호의 편지를 가지고 평양으로 출발하였다.

⑭ 갑자기 홍역이 발병하여 치료를 받는 중, 이동엽의 군대가 쳐들어 왔다.

⑮ 임종현으로부터 임명장을 받은 제2세 접주인 이동엽은 후일의 화를 염려하여 나를 구명하였으나, 영장 이용선(李龍善)은 사형에 처했다.

⑯ 부산동 정덕현의 집에서 이삼 일 간 요양한 후, 난을 피하여 장연군 몽금포 부근으로 피신하여 세 달 간 은거하였다.

⑰ 부모님을 만난 후 정덕현의 권유로 청계동 안진사에게 몸을 의탁하게 되었다.

백범이 서술한 해주전투 및 사후 전개과정은 상당히 구체적이다. 하지만 글을 꼼꼼하게 읽다보면 허구가 아닌가 싶을 정도로 이 글에는 허점이 많다. 700여 명의 총포로 무장한 농민군이 뚜렷한 이유 없이 소수(수성군 200여 명과 왜군 7명)의 군대에 패한 것도 이해가 되지 않으며, 이동엽 군대와의 갈등 관계도 명확하지 않다. 허곤의 평양 파견문제나 임종현 세력을 비정통으로 보는 시각 그 외 이동엽 부대가 패엽사를 급습한 것도 납득이 되지 않는 사안이다. 특히 안진사와 동학군이 밀약을 했다는 것은 도저히 믿기지 않는다.

무엇보다《백범일지》에 등장하는 해주성 전투 일화는 다른 사료에 전혀 등장하지 않는다. 사료를 중심으로 해주성 전투의 실상을 알아보기로 하겠다. 먼저 동학 측의 자료를 소개한다. 그에 앞서 백범의 아들 김신은 그의 아버지가 동학에 참여한 사실에 대하여 아버지와 할머니로부터 전혀 들어본 바가 없다고 증언했음을 알려드린다.[14] 백범은 왜 그의 아들에게 빛나

---

14) 인터뷰/ 김구 아들 김신 씨, 「한겨레신문」, 1994.2.22

는 그의 이력 중 하나인 해주성 전투에 대해서 언급을 하지 않았을까? 앞에서 소개한 최유현은 《시천교역사》에서 다음과 같이 기록했다.

이때 황해도 강령·문화·재령 등지 교도 임종현, 김유영, 원용일, 한화석, 최유현, 오응선, 김응종, 성재식, 방찬두 등이 또한 수십 만의 무리를 모아 관군과 일병과 더불어 수십 차례 싸웠다.[15]

이돈화가 1933년에 펴낸 《천도교창건사》에는 같은 내용이 좀 더 자세하게 나온다.

도중(道衆)이 일제기포하여 해서에는 임종현, 오응선, 최유현 등의 지휘로 원용일, 김익균, 정량, 곽홍, 방찬두, 김기영, 한화석, 김사영, 이익련, 신석권, 김낙천, 이규서, 김재홍, 김유영, 윤종경, 성재식, 김하영 등이 기포하여 은율, 풍천, 신천, 장연, 송화, 재령, 평산, 강령 등 열읍을 공격하여 군기군문을 탈취하고 각지 총포군을 모집하여 홍의를 입고 군세를 정돈하여 열읍을 진격할세…[16]

《시천교역사》에 등장하는 인물이 《천도교창건사》에도 대부분 있음을 확인할 수 있다. 이것은 이돈화가 최유현의 글을 참고로 하여 보완한 것임을 짐작케 한다. 여기서 분명한 것은 해주성 전투를 기록한 동학 관련 자료에는 김창수 혹은 19살 가량 청년의 활약이 전혀 기록되어 있지 않다는 사실이다. 그리고 김구가 언급한 정덕현, 우종서, 허곤, 송종호, 하은당, 이동엽, 이용선 등의 기록도 없다. 《백범일지》와 《동학자료집》에 동일하게 등장하는 인물은 임종현이 유일하다.

---

15) 『동학사상자료집』-시천교역사, 아세아문화사, 1979, p.634
16) 이돈화 편, 『천도교창건사』, 천도교중앙종리원, 1932.11

그렇다면 임종현은 어떤 인물일까? 그에 대해서는 생몰연대조차 알 수 없다. 다만 위의 두 책에서 가장 먼저 언급된 것을 보면 해주성 전투의 상징적 인물이었을 가능성이 높다. 하지만 김구는 그를 그리 중요하게 언급하지 않았다. 임종현의 부하라고 표현한 이동엽 부대의 횡포를 언급함으로써, 오히려 임종현을 깎아내리는 뉘앙스를 보여주고 있다.

임종현에 대한 자료는 일본 기밀문서에 좀 더 자세한 내용이 나온다. 소개할 자료는 일본 육군보병 소위 스즈키가 남긴《황해도동학당정토략기(黃海道東學黨征討略記)》란 담화문이다. 그는 이 글에서 "동학당 수괴로서 중요한 인물은 다음 4명이지만, 그들은 출몰이 마음대로여서 결국 사로잡을 수 없었다."고 하면서 "임종현(林鐘賢), 김명선(金明善), 원용일(元容一), 김영하(金榮河) 이 4명이 가장 흉악한 무리로 그 중 임종현은 스스로 해주를 함락시켜 감사의 위치에 오르고 기타의 흉악한 무리를 각 부군현(府郡縣)의 수장으로 삼으려고 이미 부사와 군수로 할 인물을 선정하였다고 한다. 또 김명선과 같은 자는 해주의 수대산(水大山)에 108명의 흉악한 무리를 모아, 옛 양산박(梁山泊)이라고 자임하고, 원근에서 약탈을 일삼았다고 한다."[17] 고 기록했다.

일본군 역시 해주성 전투의 가장 중요한 인물로 임종현을 꼽았다는 내용이다. 상기 문서《황해도동학당정토략기(黃海道東學黨征討略記)》는 당시 해주성 전투의 상황에 대해서 자세하게 묘사하고 있는 거의 유일한 자료인데, 물론 이 문서에도 김창수는 전혀 등장하지 않는다.

임종현은 조선 측 자료에도 주요한 인물로 나온다. 당시 황해도 감사였던 정현석(鄭顯奭)은《갑오해영비요전말(甲午海營匪擾顚末)》[18]이란 수기를 남

---

17) 동학농민혁명 자료총서-황해도동학당정토략기《출처: 국사편찬위원회 한국사데이터베이스》
18) 갑오해영비요전말《출처: 국사편찬위원회 한국사데이터베이스》

겼다. 이 자료 중 〈해주유생이 관찰부에 올리는 소장의 초를 부침(附海州儒生稟狀觀察府草)〉이란 글에 임종현이 등장한다. 이 글에 의하면 "임종현, 성재식 두 우두머리 외에 모두 죄를 용서해줄 뜻으로 사방이 통하는 길에 방을 걸어 두었다."는 내용이 나온다. 그리고 "임종현, 원용일 등이 가족을 모두 이끌고 종적을 감추었다고 하며 풍설에는 함경도와 평안도 지방 쪽으로 잠행한 것 같다고 하였다." "1900년경에는 재령 신천 등지에서 원용일과 함께 백성들을 선동하여 봉기하려 하였다고 한다." 등의 풍문이 계속 떠돌았다는 것을 보면 '임종현'이야말로 해주성 전투의 알려지지 않은 영웅으로 보여진다. 임종현의 행적이 확실하게 밝혀진다면 우리는 숨겨진 역사의 편린을 다시 찾게 되는 셈이다. 어쩌면 지금까지《백범일지가》임종현의 위대한 업적을 복원하는데 걸림돌이 되었을지도 모른다.

1894년 해주성 전투 당시 동학농민군은 해주성을 한 달이나 점거했다고 한다. 철수 후에도 강령성을 공격하고 장수산성·수양산성을 함락했으며, 옹진수영(瓮津水營)·연안부를 급습하고 은율을 공격하는 등 농민군들은 끊임없이 저항을 했다. 1894년 11월 20일 최서옥(崔瑞玉) 휘하 동학농민군 5천여 명이 귀순했음에도 잔여 농민군들은 백천군과 강령현을 점령했으며, 11월 27일 재령·신천·문화·장연·옹진·강령 등의 동학농민군이 합세한 3만여 명의 농민군이 일군과 관병을 상대로 최후의 결전을 치른, 동학농민혁명사에서도 흔치않은 치열한 항쟁이었다.

특히 해주성 점령 당시 임종현이 황해감사를 칭한 것은 매우 이례적인 사건이다. 임종현이 해주성을 점령했음에도 감사 정현석의 목숨을 취하지 않은 점도 흥미롭다. 그의 항쟁 이력은 전봉준, 김개남, 손화중 등 익히 알려진 동학 지도자들과 비교해도 손색이 없다. 게다가 그는 체포되지 않고 일부 동지들과 종적을 감추었다고 한다. 임종현을 중심으로 한 해주성 전투가 제대로 규명된다면, 향후 동학농민혁명사가 새롭게 정립되리라 믿는다.

02

김구의 청국시찰과 김형진의 노정약기

주목할 것은, 김창수가 치하포 사건으로 1896년 5월경 체포되어 해주 감영에서 진술할 때 치하포 사건은 부인하였지만 김형진 최창조와의 관계는 진술하였다는 점이다. 하지만 재판부는 역모 사건이었던 산포거사의 수배자인 김창수와 일본인 살해자 김창수를 연결시키지 않는다. 김창수의 이름이 昌洙와 昌守라고 다르다고 하더라도 도무지 이해할 수 없다. 아무튼 김창수는 이후로도 산포거사의 주모자로 더 이상 거론되지 않는 행운을 누린다.

이해되지 않는 김구의 의병활동

김형진(金亨鎭)과의 청국 여행담을 거론하기 전에 먼저 산포거사(山砲擧事) 혹은 연중의병(聯中義兵)으로 알려진 거병사건부터 이야기해야겠다. 왜냐하면 이 사건은 김구의 치하포 일본인 살해와 청국기행과의 연결고리이기 때문이다.

사실 이 산포거사는 매우 간단한 사건이었다. 백낙희(白樂喜) 등 동학농민군 잔당들이 황해도 장연에서 거병을 모의했다가 주범인 백낙희, 김양근 등이 마을 사람들에게 잡힘으로써 마무리된 사건이다. 내용 자체를 알고 보면 어이없을 정도로 허술하고 한심한 수준이다.

그러나 조선 조정은 이 사건을 대단히 중요하게 다루었다. 백낙희 외 4인의 초사(招辭)가 기록된 자료를 《중범공초(重犯供草)》라고 명명한 것은 체포된 모의자들을 중대범죄자로 다루었다는 증거다. 그러면 조정은 왜 이 사건을 그렇게 중요하게 다루었을까? 이유는 하나다. 장연 산포수 봉기모의는 이씨 조정을 뒤엎겠다는 역성혁명(易姓革命) 즉 역모(逆謀)였기 때문이다. 이 사건에 김창수가 연루되어 있다. 여기서 우선 짚고 넘어갈 것은 이 사건에 등장하는 김창수는 昌洙가 아니고 昌守라는 사실이다. 《중범공초》 그리고 《사법품보》에 기록된 金昌守가 백범 김구인지 아니면 《동비토론(東匪討論)》에 나오는 "비도의 도를 배반하고 귀화한 자"인지 단정하는 것은 어려운 문제다. 다만 《중범공초》《사법품보》의 金昌守가 金昌洙 즉 김구일

가능성은 매우 높다. 그 이유는《백범일지》《노정약기》《중범공초》《사법품보》등의 내용을 비교해보면 알 수 있다. 이 문제는 차츰 전개하기로 하겠다.

산포거사(山砲擧事) 사건으로 다시 돌아가자. 이 사건은 1895년 11월 경 시작되어 그해 말에 종료되었다.《중범공초》중《백낙희 초사》를 중심으로 산포거사를 정리하면 다음과 같다.

- 백낙희, 김재희, 최창조 등은 지연과 혈연, 동학농민전쟁 등의 경험을 기반으로 산포 조직 작업을 시작하였다.

- 백낙희(白樂喜)는 신화빈양동(薪花彬陽洞)에 거주하는 자로서 금년 38세다. 그는 1894년 7월에 동학에 입도하여 교장(敎長)[1]을 역임하다 1895년 봄에 귀화한 바 있다.

- 모동(牟洞)거주 김재희(金在喜)와 함께 1895년 12월 12일 해주 검단방(海州檢丹坊)에 있는 김창수(金昌守)의 집을 방문하고, 묵방(墨坊) 청룡사(靑龍寺)에 머물고 있는 김형진(金亨鎭)과 모의를 하였다.[2]

- 김형진은 1895년 6월과 9월 두 차례에 걸쳐 청국을 방문하여, 심양의 마대인(馬大人)과 심양 자사 연왕(燕王) 이대인(李大人)으로부터 진동창의(鎭東倡義) 인신과 직첩을 받았다고 주장했다.

- 김형진이 평안·전라·황해 3도 도통관이 되고, 백낙희가 장연 선봉장

---

1) 동학에서 六任이란 교장(敎長)·교수(敎授)·도집(都執)·집강(執綱) 대정(大正)·중정(中正)을 칭한다. 1884년 최시형이 각 포의 사무를 처리하기 위하여 실시하였다. 〈강태완-동학의 조직과 커뮤니케이션〉참조

2) 이 부분은 김창수가 치하포 사건으로 체포되었을 때 해주감영에서 진술한 내용과 상당부분 일치 한다. "일찍이 단발문제로 각처에서 의병이 봉기할 때에 본인은 의병 좌기총(義兵左旗總)이 되어 전라도 김형진(金亨辰)과 함께 해주 검단방 청룡사에 머물다가, 음력 12월에 안악에 가서 대덕방 거주 좌통령(左統領) 최창조(崔昌祚)와 논의하여 며칠을 머물다가 돌아 왔사옵고…"『백범김구전집 제3권』, p.218-219 〈건양 원년(1896년) 6월 27일 해주 백운방 金昌洙 21세 供案〉 이 자료에 의하면 金昌洙와 金昌守가 동일 인물이라는 것이 확실해진다.

이 되어 거병하여, 검단방 유학선(柳學先)과 안악 대덕방 최창조(崔昌祚) 그 외 여러 곳의 인사들과 협력하여 해주부(海州府)를 소탕하고 그 다음으로 신천, 재령, 안악, 문화 등 각 읍을 소탕하면 곧 청병이 도착할 터이니 그들과 합류하여

• 경성으로 직행하여 도성을 도살한 후에 정(鄭)씨를 왕으로 추대한다.

• 이러한 계획에 따라 병신년(1896년) 1월 1일, 거사를 시작하기로 김재희와 약속하였다.[3]

대개 이 정도가 산포거사를 주도한 백낙희, 김재희, 김형진, 김창수 등의 계획이었다. 백낙희와 함께 체포된 김양근(金良根)·백기정(白基貞)·김계조(金啓祚)·김의순(金義淳)·백낙규(白樂圭) 등의 초사(招辭) 내용은 거의 동일하다. 특히 진동창의(鎭東倡義) 인신과 직첩 이야기가 빠지지 않은 것으로 보아 백낙희를 비롯하여 산포거사에 참여한 이들 대부분은 청병이 곧 출병하리라는 김형진·김창수의 장담을 곧이곧대로 믿었던 모양이다. 한편, 체포를 모면한 김창수(金昌守)·김형진(金亨鎭)·최창조(崔昌祚)·김재희(金在喜)·유학선(柳學先) 등은 황급히 도피한 후 각자의 길을 갔다.

이 사건에서 주목할 것은 주모자 대부분이 동학 농민군 출신이라는 점이다. 백낙희의 경우 갑오농민전쟁 후 관·일본 연합군에 귀순하였으나, 새로운 세상을 꿈꾸며 재차 봉기를 도모했다. 나머지 사람들도 대동소이한 처지의 사람들이었다. 그리고 이들은 지역과 혈연을 기반으로 모인 집단이라는 것도 흥미롭다.

체포된 백낙희·김양근·백기정·김계조·김의순 등은 모두 신화빈양동(薪

---

3) 『백범김구전집 - 제3권』, pp.175-190

花彬陽洞) 사람이었으며, 백낙규는 이웃마을 신화빈구사창동(薪花彬舊社倉洞) 에 살고 있었다. 백낙희·백낙규가 형제간이고 백기정과는 11촌 숙질간이 라는 점 그리고 김창수가 김재희의 종손(從孫)이라는 점 등이 산포거사 주 모자들의 모임 성격을 말해주고 있다.

결국 이 사건은 갑오년 농민전쟁 후 귀순이라는 치욕을 당하고 절치부심 하고 있던 백낙희 등이 같은 농민군이었던 김창수를 통하여 진사(進士)출 신이라는 김형진을 만났고, 김형진·김창수의 허풍 즉 청나라 마대인의 군 대가 곧 출병할 것이라는 말에 현혹되어 거병을 준비하다가 같은 마을 사 람들에 의해 체포된 해프닝이었다.

산포거사(山砲擧事) 사건의 《중범공초(重犯供草)》를 보완해주는 자료로 이 사건에 관한 《사법품보(司法稟報)》[4]가 있다. 《사법품보》에는 해주부 장연군 수 염중모(廉仲模)가 법부대신에게 《중범공초》작성일과 같은 날짜인 1896 년 2월 30일 자[5] 그리고 3월 4일 자[6]의 보고서 2건과 해주부 관찰사서리 해주부 참사관 김효익(金孝益)이 법부대신에게 올린 4월 24일 자[7] 보고서 가 남아 있다.

이에 의하면, 산포들이 재봉기하여 체포된 이들을 구출하려 한다는 소문 이 있다는 것, 그리고 도망간 김창수·김형진·최창조·김재희 등을 체포하 기 위해 노력하지만 어려운 상황이라는 것 등을 보고하고 있다.

주목할 것은, 김창수가 치하포 사건으로 1896년 5월경 체포되어 해주

---

4) 사법품보는 1894년(高宗 31)부터 1907년(光武 11)까지 전국의 각지에서 法部로 보내온 報告書, 質 稟書 등을 1년 단위로 일련번호를 붙여 월단위로 구분하여 모은 것이다.
5) 『백범김구전집-제3권』, p.170
6) 『백범김구전집-제3권』, p.191
7) 『백범김구전집-제3권』, p.195

감영에서 진술할 때 치하포 사건은 부인하였지만 김형진·최창조와의 관계는 진술하였다는 점이다. 하지만 재판부는 역모 사건이었던 산포거사의 수배자인 김창수와 일본인 살해자 김창수를 연결시키지 않는다. 김창수의 이름이 昌洙와 昌守라고 다르다고 하더라도 도무지 이해할 수 없다. 아무튼 김창수는 이후로도 산포거사의 주모자로 더 이상 거론되지 않는 행운을 누린다.

한편, 안태훈이 농민군에게서 빼앗은 양곡문제로 어려움을 겪고 있을 때 어떤 유력 인사에게 보낸 안태훈의 편지는 김창수와 산포거사와의 연결을 알려주는 귀중한 자료이다. 아래는 그 내용이다.

[안태훈이 김창수를 언급한 편지]

제가 취포(聚包)한다는 이야기는 참으로 가소로운 일입니다. 이놈이 취포를 하자면 단발할 때에 창의(倡義)하는 것이 마땅한 일이었거늘 그때는 몸을 사리며 움직이지 않고 보기만 하다가 단발이 정지된 뒤에야 취포한단 말입니까.…해주의 동학 김창수라는 자는 해주 묵방지(墨坊地)에 몰래 산포수를 모아서 우리 동을 습격하려고 소굴을 만들었는데, 우리는 그것을 모르고 있다가 다행히 순포 수십 명이 다가오는 것을 만나게 되자 김창수는 도망가고 산포수들 역시 떠나버렸다 하므로 저도 또한 사방으로 김창수의 발자취를 쫓았으나 아직 그 그림자도 못 찾았습니다. 혹시 이들의 일이 잘못 전해져서 도리어 모략이 꾸며진 것인지 모르겠습니다. 일동(一洞)만 빼고 보면 서로 틈이 생기기를 바라는 적들이 많이 있으며, 또한 영읍(營邑)에서도 끝내는 모두 털어놓을 것이라고 의심받고 있습니다.…이 놈은 과연 보호받지 못할 지경에 이르렀은즉 모함자의 혀를 자르고 쌓이고 쌓인 분을 말끔히 씻어버리고자 하오니 몇 놈의 이름을 몰래 알려 주시기 바랍니다.[8]

8) 연세대학교국학연구소 소장 안태훈 간찰; 장석흥 "19세기말 안태훈서한의 자료적 성격"《한국학논총》 26호, 국민대학교한국학연구소, 2003, pp.139-167; 손세일,『이승만과 김구』, 나남, 2008, p.265에서 재인용

지금까지 조선 조정의 공식문서인 《중범공초(重犯供草)》와 《사법품보(司法稟報)》를 중심으로 산포거사를 살펴보았다. 그러면 당사자인 김창수와 김형진은 이 사건을 어떻게 기록했을까? 김형진은 그의 저서 《노정약기》에서 산포거사 건을 다루지 않는다. 《노정약기》는 전형적인 위정척사 계열 관점에서 기록한 글이므로 역성혁명 운운했던 산포거사를 다루지 않은 것은 당연하다할 것이다. 다만 궁금한 것은 을미년 11월 21일 자로 기록된 '진동영격문(鎭東營檄文)' 즉 장연 산포수들의 봉기를 축구하는 격문이 왜 《노정약기》에 실려 있는가하는 의문이다. 이것은 후손들이 《노정약기》를 정리할 때에 조상의 작품이 분명한 격문을 덧붙인 것으로 짐작된다.

　　김구 역시 《백범일지》에서 산포거사 사건을 전혀 거론하지 않는다. 대신 김이언(金利彦)이라는 정체가 불투명한 의병장을 등장시켜 국모보수의 의병 궐기에 자신도 동참했다고 주장한다. 《중범공초》와 《사법품보》에 등장하는 김창수는 역모를 꾀한 중범죄인이다. 하지만 《백범일지》의 김창수는 국모보수(國母報讐), 배양척외(排洋斥倭)의 기치를 내걸고 의병에 투신한 구국지사가 된다. 역적과 충신, 이 간격을 우리는 어떻게 메워야할까? 《백범일지》에 기록된 김구의 의병참여 활동 과정은 다음과 같다.[9]

- 집안 일대를 여행하다가 임경업 장군의 비를 보고 난 뒤 김이언(金利彦)의 의병거사 소식을 듣게 된다.

- 김이언은 평안북도 벽동(碧潼) 사람으로서 힘, 용기, 학식을 겸비한 사람이라는 소문을 들었다.

- 김이언은 청나라 고급 장교들에게 인정을 받고 있는 사람이며 곧 청의

9) 『도진순 백범일지』, pp.76-85

원조를 받아 의병봉기를 도모하고 있다는 소문이 떠돌고 있다.

• 수소문 끝에 김이언의 비밀주소지를 알게 되었다. 강계군 서문에서 압
록강을 건너, 황성(皇城) 인근 삼도구(三道溝)가 바로 그곳이다.

• 김이언의 사람됨을 각자 알아보기 위해 김형진과 헤어져 별도로 행동
을 했다.

• 압록강을 100여리 앞둔 곳에서 청나라 무관을 만나 필담을 하게 되었
다. 대화 중 지난달에 국모를 불살라 죽였다는 김창수의 말에, 청나라
무관은 지난 갑오년 평양싸움에서 전사한 서옥생(徐玉生)의 아들임을
밝히면서 서로가 의기투합하게 된다.

• 부친 서옥생은 사병 1,500명 중 1,000명을 인솔하여 청일전쟁에 참여
했으나 모두 사망하였고, 지금 군인 500명이 남아 자기 집을 지키고 있
다고 청나라 무관은 말했다.

• 청나라 무관과 의형제를 맺었다. 그는 금주의 자기집에 향후의 일을
도모하자고 권유했으나, 김형진을 만나야했고 김이언의 의병 궐기 소식
을 알아야했기 때문에 의형과 장래를 기약하며 헤어졌다.

• 삼도구에 도착하여 김이언의 동정과 그 부하들에 대하여 탐문을 한 결
과, 나이는 50여 세이고 소문과 같이 용력이 뛰어난 인물이었다. 하지
만 진정한 마음의 용기는 부족하다는 생각이 들었다.

• 김이언의 동지인 초산 이방출신 김규현(金奎鉉)이란 인물이 의리도 있
고 계책도 잘 세우는 것 같았다.

• 김이언이 모집한 의병 수는 300명 정도였고, 대의명분은 "국모가 왜
구에 피살된 것은 국민전체의 치욕이니 가만히 앉아서 참고 있을 수 없
다."는 것이었다. 김규현이 격문을 썼다.

• 의병을 일으키는 모의에 김형진과 함께 참여했으며, 화약운반, 포수 모
집 등의 일을 했다.

- 거사한 때는 을미년(1895년) 11월 초였다. 우선 목표는 강계성 함락이 었다.

- 강계 병영에 있는 장교들과 이미 내응이 되어 있으며, 강계를 점령하면 이미 친분이 있는 심양의 인명(仁明) 노야(老爺)가 청군을 보내기로 약조가 되어 있다고 김이언은 주장했다.

- 포수들의 복장 문제로 김이언과 대립했다. 김규현과 경성사람 백진사 등은 내 의견에 동조했지만 김이언은 독단적인 그의 성격대로 포수들에게 청나라 옷으로 변장하지 못하게 결정했다.

- 고산진을 침입하여 무기를 탈취한 일차 작전은 순조롭게 성공했다.

- 내응하기로 한 강계 군인들은 청병(淸兵)이 강계성 점령 후 올 것이라는 김이언의 말에 실망하여 의병군에 합류하지 않았다.

- 김이언 군은 강계 군병들에게 무참히 학살당하며 거사는 실패로 끝나고 말았다.

- 김이언의 독단적인 성격 때문에 거사가 실패했다고 판단한 김창수와 김형진은 김이언 잔류군에 합류하길 포기하고 독자적으로 도피하였다.

- 며칠 후 적유령을 넘어 신천에 도착했다.

김이언 의병 사건은 《백범일지》에 이처럼 상세하게 기록되어 있다. 김창수와 김형진의 의견을 무시한 김이언의 독단적인 성격 탓으로 거사가 실패했다는 것이 이 사건의 결론이다. 하지만 이 모든 것은 김구의 창작품이다. 왜냐하면 김이언(金利彦) 자체가 역사에 등장하지 않는 유령 인물이기 때문이다. 김이언(金利彦)은 《백범일지》외 어떤 사료에서도 찾을 수 없는 사람이다. 더욱이 상기 사건을 실화라고 인정한다면, 《중범공초》와 《사법품보》에 기록된 산포거사는 허위 사실이 되어 버린다. 산포거사가 시작된 시기와 겹치기 때문이다. 더욱이 김창수와 함께 청국 여행을 했고 김이언 의병거사에 동참한 것으로 되어 있는 김형진의 글《노정약기》에 조차 김이언 의병 사건은 거론되지 않는다. 김이언이라는 인물 그리고 그가 주도했다는 강계 의병 사건은 오직《백범일지》에만 등장하고 있다는 뜻이다. 굳이 김이언 사건과 산포거사와의 공통점을 말하자면 청병이 곧 출병하리라는 허황된 장담 정도다.《백범일지》에서는 그 역할을 김이언이 했고, 산포거사에서는 김창수와 김형진이 호언했다. 이러한 사실은 무엇을 말하는가?

이 사건은 다음 장에서 자세하게 거론되겠지만 치하포 살인사건의 정당성을 확보하기 위한 백범 김구의 의도적 창작일 혐의가 짙다. 즉 치하포에서의 살인 행위가 국모보수(國母報讐)라는 대의명분을 얻기 위해선, 역모사건으로 판명된 장연에서의 산포거사 건은 당연히 숨겨져야만 했고 대신 동일한 명분을 내세운 의병 거사의 참여가 필요했기 때문이다. 김이언 사건과 산포거사 건을 좀 더 정확하게 파악하기 위해선 상당기간 김창수와 함께 행동했던 김형진이라는 인물에 대한 검토가 좀 더 필요하다.

김창수의 청국시찰과 김형진의 노정약기

《백범일지》에 기록된 김형진은 남원군(南原郡) 이동(耳洞) 사람이다. 김창수보다 8, 9세 연상으로 같은 안동 김가이다. 김구는 "내가 보기에 그 사람됨이 그다지 출중해 보이지 않고 학식도 넉넉하지는 못해 보였으나, 시국에 대한 불평으로 무슨 일을 해보겠다는 결심은 있어 보였다."고 그에 대한 첫 인상을 술회했다. 고능선은 "남의 머리가 될 인물은 못 되나 다른 사람을 도와서 일을 성사할 소질은 있어 보인다."라고 김형진을 평했다. 자신을 보좌할 수 있는 사람이라는 스승의 조언에 힘입어 김창수는 집에서 부리던 말 한 필을 팔아서 200냥의 여비를 준비하여 김형진과 함께 청나라로 출발하였다[10]고 《백범일지》에서 김구는 말하고 있다.

그렇다면 김형진은 과연 어떠한 사람이었을까? 김형진의 후손인 김남식(金男植)에 의하면, 그는 전북 완주(完州) 사람으로 본명은 김원명(金元明)이며, 김형모(金炯模)·김형진(金亨鎭)·김형진(金亨振)·김봉회(金鳳會) 등의 이명을 사용했다. 그리고 김형진은 1861년 생으로 김구보다 15세 연상이다.

《백범일지》의 내용과 김형진의 나이, 고향 등에서 많은 차이가 있다. 더욱이 김구는 김형진의 학식이 넉넉하지 못해 보였다고 했으나, 그는 초시(初試)에 합격한 어엿한 진사(進士)였다. 학연은 고능선과 맥을 같이하는 화

---

10) 『도진순 백범일지』, pp.68-69

서학파(華西學派)에 속했고 성재(省齋) 유중교(柳重敎)의 문하였다.[11]

그렇다면 고능선과 김형진은 동문이 된다. 김형진이 왜 그의 이력을 밝히지 않았는지 이유는 알 수 없다. 아무튼 김창수는 김형진의 정확한 정체를 모른 채 청국 기행을 함께 했고, 김구는 30년 후에 그 여정을《백범일지》에 남겼으며 김형진은 여행 몇 해 후인 1898년《노정약기(路程略記)》란 여행기에 자세한 행적을 기록했다.

《백범일지》의 청국시찰(淸國視察)편을 읽다보면 보편적 상식으로 이해되지 않는 의문에 부딪히게 된다. 김창수가 방문한 지역은《백범일지》에 의하면 다음과 같다. "신천 → 평양 → 강동·양덕·맹산 → 고원·정평 → 함흥감영 → 고원군함관령·이태조의승전비 → 홍원신포 → 함흥 → 북청 → 단천마운령 → 갑산군(1895년7월경) → 혜산진 → 삼수군 → 장진군 → 후창군 → 자성군중강 → 모아산(중국땅) → 노인치고개 → 서대령 → 통화현성 → 통화·환인·관전·임강 집안 → 서옥생의아들 → 삼도구 → 김이언의병부대 → 고산진 → 강계 → 적유령 → 신천"

여행 기간은 1895년 5월부터 11월까지 대략 7개월 정도였다.《백범일지》에는 이 여행 동안 발생한 여러 가지 에피소드와 함께 각 지역의 풍물과 유적지에 대한 감상 등의 기록이 17쪽에 이를 정도로 자세하게 묘사되어 있다.[12]

김구는 30년 전의 일을 어떻게 그처럼 상세하게 기록할 수 있었을까? 사람의 기억력은 한계가 있다. 그렇다면 답은 뻔하다. 김구가 평소에 메모하

11) 金男植(金亨鎭의 孝孫), 1994,〈金亨鎭 志士 略歷〉;〈救國志士 成均進士 安東 金先生 墓碑銘〉도진
     순, 1895-96년〈김구의 연중 의병 활동과 치하포사건〉에서 재인용
12) 『직해 백범일지』, pp.50-68(원전38쪽~54쪽)

는 습관이 있었다면 자신이 기록한 글을 근거로 《백범일지》에 삽입했을 터이다. 그렇지 않다면 누군가의 기록을 참조하여 청국시찰(淸國視察)편을 《백범일지》에 기록했다고 보아야 할 것이다. 여기에 《노정약기》의 중요성이 있다.

사실 《노정약기》의 내용은 《백범일지》와 많은 차이가 있다. 하지만 김형진과 김구가 청국여행을 함께 한 것은 사실로 보인다. 김형진은 《노정약기》에서 김구와의 첫 만남을 다음과 같이 기록했다.

> 우연히도 하루는 신천에 가게 되었다. 청계동에 사는 안태훈은 나라의 주권 회복의 큰 뜻을 품고 의병을 널리 모아 수천에 이르고, 진지를 본도에 구축하였으며, 병기와 총기와 쌓아 놓은 양곡이 산더미 같았다. 들어가서 의려장 안태훈을 만나보고 그 진중에 머물면서 며칠을 기숙했다. 그런데 우연히도 종씨 창수를 만나게 되었다. 그는 왜병 두목과 싸우다가 패하여 깊은 산속에 숨어 살고 있는 중이었다. 그때 나이는 스무 살이었다. 같이 종가에 돌아가 고락을 함께 할 것과 척양척왜의 계략을 의논했다.[13]

《백범일지》에서는 안진사의 소문을 듣고 찾아왔다고 했으나 《노정약기》에서의 김형진은 우연히 신천에 왔다고 했다. 그리고 김창수의 청계동 은거 이유를 왜병 두목과 싸우다가 패했기 때문이라고 김형진은 밝히고 있다. 이 글에서 우리가 생각해 볼 것은 김구의 피신 이유이다. 김구는 김형진과 오랫동안 여행을 같이 하면서도 동학도였다는 전력을 결코 발설하지 않는다. 안진사와의 대화에서도 마찬가지다. 결국 동학도 잔당이라는 자신의 과거를 숨긴 채 왜병 두목과의 싸움 운운하며 안진사 그늘로 들어왔다

---

13) 金亨鎭, 『路程略記』, 『백범김구전집제3권』, p113-169에서 재인용.

고 보는 것이 옳을 것이다.[14] 아무튼 스승 고능선과 같은 위정척사 계열이라는 인연 등으로 인해 김구와 김형진은 청국 여행을 함께 하기로 결심한 모양이다.

김구의 뛰어난 기억에 의해 쓰여졌던 메모에 의했던 혹은 《노정약기》를 참조하여 기록했던, 《백범일지》는 사실과 진실이라는 잣대로 검토하면 문제점이 너무 많은 작품이다.

사례를 하나 들겠다. 《백범일지》에는 김창수가 자신을 좌통령이라고 한 기록이 없다. 청국시찰(淸國視察)편에서 그가 만난 청나라 사람은 서옥생(徐玉生)의 아들이라는 사람뿐이다.[15] 고(故)서옥생이 청일전쟁 당시 사병 1,500명 중 1,000명을 이끌고 참전했으나 본인을 포함하여 모두 전멸했다는 믿지 못할 얘기 끝에 두 사람은 의기투합하여 의형제를 맺었다는 에피소드가 등장하나, 그 이후 두 사람의 관계가 어떻게 되었는지 《백범일지》에는 더 이상의 설명이 없다.

정작 이상한 것은 재판기록이다. 치하포에서의 일본인 살인혐의로 김구는 세 차례에 걸쳐 취조를 받았다. 그 중 재초(再招) 기록을 보면 다음과 같은 대화가 나온다.

"그대는 자칭 중국에서 출첩(出帖)한 좌통령(左統領)이라 하였다는데 진실로 중국에서 출첩한 것인가, 그러지 않으면 스스로 자칭한 것인가?"
"그것은 가칭이 아니라 중원(中原=중국대륙)사람 서경장(徐敬章)의 하첩(下帖)을 받았으며, 이밖에는 할 말이 없다."

---

14) 《동비토론(東匪討論)》에 나오는 김창수(金昌守)가 金昌洙와 동일인물이라면, 김구는 동학도를 청산하고 청계동으로 이주한 것이 된다.
15) 『도진순 백범일지』, p.79

김구는 재판관 앞에서 분명히 자신의 입으로 서경장으로부터 좌통령이란 직책을 부여받았다고 말했다. 하지만《백범일지》에는 그런 기록이 전혀 없다. 단지 "해주 백운방 텃골 김창수(金昌洙)"라고 자신의 신분을 밝혔을 뿐이다. 왜 이런 착오가 생겼을까? 이 문제를 해결하기 위해선 김형진의 기록도 함께 비교해 보아야할 듯싶다.《노정약기》에서 김구 일행이 청나라 사람을 만나는 장면은 두 차례다.

여기서 먼저 알아야할 것은 김구는《백범일지》에서 청국여행을 한 번으로 기록했지만, 김형진은 1895년 5월과 9월 두 차례였다고《노정약기》에 적었다.《백범일지》에 따르면 김구와 김형진은 통화현 일대까지 여행하고 귀국했다. 하지만 김형진에 의하며 두 사람은 통화를 지나서 서쪽으로 서금주(西錦州)까지 갔다. 이 서금주에서 만난 청나라 사람이 '마통령 마대인(馬統領馬大人)'이다. 우여곡절 끝에 김형진·김창수 두 사람과 마대인은 뒷날 서로 도울 것을 문서로 약속했다고《노정약기》에는 기록되어 있다.[16]

그 다음 청나라 사람을 만난 것은 두 번째 여행 도중 심양(瀋陽)에서다. 두 사람은 1895년 9월 21일에 서금주에 도착했고 9월 말에 심양에 도착한 것으로《노정약기》는 전해준다. 심양에서 만난 사람은 관동연왕(關東燕王) 의극당아(依克唐阿)[17]다. 김형진은 청국의 원조를 요청하는 상소문을 올려 연왕의 마음을 움직인 것으로 기술하고 있다.

연왕을 통하여 심양, 뇌양, 길림의 삼도도통령(三道都統令) 겸 흥부도태(興部道泰)의 직책을 가진 서경장(徐敬章)을 만나게 된다. 그리고 서경장은 보군

---

16) 마대인의 정체와 약속한 문서의 구체적인 내용이 없는 것으로 보아 이 부분은 김형진이 과대·포장하여 쓴 것으로 보인다.

17) 관동연왕(關東燕王) 의극당아(依克唐阿) 역시 정체가 불투명하기는 마대인과 마찬가지다.

도통령(步軍都統令)을 상징하는 금자령기(金子令旗) 한 쌍을 주고, 차후에 자신의 군대를 파병할 것이라고 문서로 약속했다고 김형진은 기록했다. 마대인의 문서와 마찬가지로 서경진의 약속문서 역시 실체가 없기는 동일하다. 여기에 덧붙여 서경장은 두 사람에게 인신(印信)과 직첩(職牒)을 주었다고 한다.

이 인신과 직첩 이야기는 산포거사(山砲擧事) 사건의 《중범공초(重犯供草)》에도 나온다. 그리고 마대인과 연왕 이야기도 《중범공초》에 등장한다. 하지만 《백범일지》에는 마대인, 연왕, 서경장, 인신과 직첩 등에 관한 기록이 전혀 없다. 이것은 무엇을 말하는가? 아무래도 이 역시 국모보수(國母報讐)라는 대의명분과 연결하지 않을 수 없다.

앞글에서 지적한 바와 같이 김구는 《백범일지》를 기록할 때 김형진의 《노정약기》를 참조했을 것으로 짐작된다. 그러나 김형진의 과장되고 상당 부분 허풍이 섞인 청나라 무관과의 만남을 인용할 경우, 역모사건이었던 장연 산포거사 건을 다루지 않을 수 없었을 터이다. 결국 김구는 국모보수(國母報讐)라는 대의명분을 지키기 위해 청나라 무관과의 만남이라는 특이한 소재를 포기할 수밖에 없었다고 본다. 그 대신 보다 안전한 길을 선택한 것이 김이언 의병 사건의 창작이었다.

03

안진사와의 밀약, 사실일까

안중근의 아버지 안태훈은 가옥 한 채를 매입해 줄 정도로 김창수를 극진히 대접했고, 그의 가족들과도 허물없이 지내도록 배려해주었다고 《백범일지》는 말하고 있다. 한편, 거꾸로 생각해 보자. 안중근 일가는 김구를 어떻게 보았고 어떻게 평가했을까? 아쉽게도 안중근 일가가 김구에 관하여 남긴 기록은 거의 없다. 안중근은 옥중에서 자서전 《안응칠역사》를 작성했지만 그곳에는 김구 혹은 김창수가 전혀 등장하지 않는다. 하지만 안중근을 포함한 안중근 가문이 김창수를 어떻게 생각했는가를 알려주는 몇 가지 단서가 있다. 바로 동학에 대한 안중근 일가의 인식이다. 이러한 점에서 《안응칠역사》는 좋은 자료가 된다.

안중근과 동학

안인수(안중근의 할아버지) 태진(큰아버지) 태현(둘째큰아버지) 태훈(아버지) 태건(작은아버지) 태민(작은아버지) 태순(작은아버지) 안중근(태훈의 장남) 정근(둘째) 공근(셋째) 명근(태현의 장남) 경근(태민의 장남) 준생(안중근의 둘째) …《백범일지》에 등장하는 안중근 일가의 명단이다. 이들 외에 안정근의 차녀인 안미생은 김구의 첫째 아들 인과 결혼했으며, 안공근의 장남인 안우생은 김구의 비서를 역임하여 남북연석회의에 동행했다.

한 사람의 자서전에 타인의 가족이 이처럼 많이 등장하고 인연의 끈이 얽히고설킨 경우는 그리 흔하지 않을 듯싶다. 사실 백범 김구는 안중근 일가와의 관계를 지속적으로 언급하곤 한다. 그 이유는 무엇일까? 김구가 안중근 일가 특히 안중근에 대해서 얼마나 각별하게 생각하고 있었는지는 안공근을 꾸짖는 다음의 장면에 잘 묘사되어 있다.

양반의 집에 화재가 나면 사당에 가서 신주(神主)부터 안고 나오거늘, 혁명가가 피난하면서 국가를 위하여 살신성인(殺身成仁)한 의사의 부모를 왜구의 점령구에 버리고 오는 것은, 안군 가문의 도덕에는 물론이고 혁명가의 도덕으로도 용인할 수 없는 일이다. 또한 군의 가족도 단체생활 범위 내에 들어오는 것이 생사고락을 같이 하는 본의에 합당하지 않겠는가?[1]

---

1) 『도진순 백범일지』, p.362

동학농민전쟁 후 김창수가 선택한 은거지는 안중근 일가가 터를 잡고 있던 청계동이었다. 김구는 그 무렵의 생활을 회상하면서 특히 안중근에 대한 강렬한 인상을 《백범일지》에 남겼다.

진사는 아들이 셋 있었는데 맏아들은 중근으로 당년 열여섯에 상투를 틀었고…중근은 영기(英氣)가 넘치고 여러 군인들 중에도 사격술이 제일로, 나는 새 달리는 짐승을 백발백중으로 맞추는 재주가 있었다.…맏아들 중근에게는 공부 않는다고 질책하는 것을 보지 않았다.[2]

안중근의 아버지 안태훈은 가옥 한 채를 매입해 줄 정도로 김창수를 극진히 대접했고, 그의 가족들과도 허물없이 지내도록 배려해주었다고 《백범일지》는 말하고 있다.

한편, 거꾸로 생각해 보자. 안중근 일가는 김구를 어떻게 보았고 어떻게 평가했을까? 아쉽게도 안중근 일가가 김구에 관하여 남긴 기록은 거의 없다. 안중근은 옥중에서 자서전 《안응칠역사》를 작성했지만 그곳에는 김구 혹은 김창수가 전혀 등장하지 않는다. 하지만 안중근을 포함한 안중근 가문이 김창수를 어떻게 생각했는가를 알려주는 몇 가지 단서가 있다. 바로 동학에 대한 안중근 일가의 인식이다. 이러한 점에서 《안응칠역사》는 좋은 자료가 된다. 특히 안중근이 남긴 다른 글 즉 《동양평화론》에 쓰여 진 다음 글은 동학에 대한 안중근의 인식을 집약해 보여 주고 있다.

지난날 갑오년(甲午年) 일청전역(日淸戰役)을 보더라도 그때 조선국의 서절배(鼠竊輩) 동학당(東學黨)의 소요로 인연해서 청일 양국이 동병해서 건너왔

----

2) 『도진순 백범일지』, pp.57-58

고…[3]

안중근은 동학당을 서절배(鼠竊輩) 즉 쥐새끼 같은 도적떼 혹은 좀도둑 무리로 보았다. 《안응칠역사》에서는 동학당의 창궐을 아예 나라의 멸망 원인으로 단정하기도 했다.

그 무렵 한국 여러 지방에는 이른바 동학당(東學黨)-지금의 일진회(一進會)의 본조(本朝)이다-이 외국을 배척한다는 핑계로 군현을 횡행하면서 관리를 살해하고 백성의 재산을 약탈하고 있었다. -이는 한국이 장차 위태롭게 된 기초로 일본, 청국, 러시아가 전쟁을 일으키게 된 원인이 되기도 한다-관군은 이들을 진압할 수 없었기 때문에 청국 군사를 불러들이고, 다른 한편으로는 일본 병사들을 불러들여서…[4]

안중근의 주장대로라면 조선 정부는 그까짓 좀도둑 하나 처리하지 못하여 외국의 병력을 불러들인 셈이 된다. 안중근의 동학관에 대해선 일단 이정도로 그치겠다. 《안응칠역사》에는 김구와 동학당 그리고 안중근 일가와의 관계를 짐작할 수 있는 중요한 단서가 몇 개 있다.

동학농민전쟁이 황해도에까지 파급되었을 때 가장 중요한 사건은 해주성 전투였다. 동학농민군은 해주성을 10월 6일에 함락한 뒤 일본군의 참전으로 인해 11월 6일 철수하지만, 임종현 원용일 등은 황해도 각지를 돌아다니며 끈질긴 저항을 계속했다. 그리고 11월 13일 경(양력 12월 9일)에는 신천 지역을 공격했다. 《갑오해영비오전말(甲午海營匪擾顚末)》에는 "신천의 동학농민군이 신천까지 진출해 평양에 주둔해 있던 일본군 및 의병장인

---

3) 동양평화론(東洋平和論) 전감(前鑑) 중에서 발췌
4) 안중근기념사업회 편, 『안응칠역사』, p.24

신천 진사 안태훈과 전투를 벌였다."고 기록되어 있다. 이 전투 장면이《안응칠역사》에 일부 등장한다.

　그때 동학당의 괴수 원용일은 그의 도당 이만 여명을 이끌고 멀리서 쳐들어오니, 깃발과 창검은 햇빛을 가리고, 북소리, 징소리, 고함소리는 천지를 뒤흔드는 듯하였다. 그러나 의병은 그 수효가 칠십여 명을 지나지 않았으니 이는 마치 계란으로 바위를 치는 것과 같아서 사람들은 놀라 겁을 먹고 어찌 할 줄을 몰랐다.…

　이 글에 등장하는 원용일은 임종현과 함께 해주성 전투의 주역이었던 바로 그 원용일이다.《안응칠역사》에 의하면 동학농민군과 안태훈 의용군과의 싸움에서 농민군의 사상자는 수십 명인 반면 의용군은 한 사람도 다치지 않았다고 되어 있으나,《갑오해영비오전말》은 "영문(營門)에서 차임한 의려장(義旅長)인 신천군 진사(進士) 안태훈(安泰勳)이 모집한 포군(砲軍) 70명과 촌정(村丁) 100명에게 동학농민군 영장(領將) 3명이 포살 당하였다."고 기록되어 있다. 안중근의 글은 과장이 다소 되었지만 역사적 사건과 대략 일치한다. 이 전투에 김창수가 참가했는지 여부는 확실하지 않다. 아무튼 안중근이 동학당을 혐오했고 동학농민군과 전투를 한 것은 사실이다. 안중근의 글에는 일본군 스즈키((鈴木)도 나온다. 동학당정토약기(東學黨征討略記)를 쓴 그 스즈키다. 스즈키가 신천 전투에 관하여 남긴 글은 다음과 같다.

　또 신천의 남쪽으로 약 3리 떨어진 어떤 읍에 안태운(安泰運, 안태훈의 오기)이라는 사람이 있는데, 의용병을 모집하여 스스로 의병부대 대장이 되어, 그들을 통솔하여 산속에서 농성하면서 누차 동도와 싸웠다는 이야기를 들었다. 그렇지만 그 안태운이라는 사람은 단지 자기 읍을 지키기만 하였고, 다른 지방의 적을 치는 일은 없었다고 한다. 아울러 안태운 한 사람에 그치지 않고 부사, 군수, 현감 등이 모두 이처럼 1군 1읍의 안전만을 도모해왔다. 소관은 글을 써서 안태운에게 보내어 한번 만날 예정이었지만, 그가 병이 있기 때문에 만날 수 없었다. 그렇지만 부호이면서 또한 명성이 자못 높은 인물이었다. 일찍이 전 감사 정씨가 재직할 때 수양산성(首陽山城)의 별장(別將)을 했던 자에게 부탁하였지만 끝내 오지 않았다.

안중근은 스즈키가 군대를 이끌고 지나다가 우리에게 서신을 보내 축하의 뜻을 표하였다[5]고 했으나, 스즈키는 안태훈를 단지 자기 읍의 방어에만 관심을 둔 지방의 토호쯤으로 생각했던 모양이다. 《안응칠역사》에서처럼 스즈키가 안태훈에게 그렇게 친밀함을 보이지는 않은 듯하다. 이 정도가 동학에 대한 안중근의 입장이다. 만약 《백범일지》에서처럼 김창수가 안진사의 그늘에 몸을 의탁했다면, 안중근에게 김창수는 어떻게 비쳐졌을까?

알려진 바와 같이 안중근은 뼈대가 굵고 심지가 굳은 무인형의 사람이다. 아마 의리를 대단히 중요하게 여겼을 것으로 짐작된다. 그리고 그는 동학당을 쥐새끼 같은 도적떼들 정도로 생각하고 있었다. 김구의 회고처럼 만약 안중근이 김창수를 만날 기회가 있었다면 과연 그를 사람취급을 했을까? 좀도둑질을 하다가 항복한 자 게다가 같은 무리를 배반한 자 정도가 안중근이 바라본 김창수의 모습일지도 모른다. 안중근이 바라본 김구의 모습, 정답은 독자들의 상상력과 판단에 맡기기로 하겠다. 안중근이 중요하게 기억하고 있던 동학도는 원용일 단 한 사람이었다는 사실은 참조 사항이다.

---

5) 안중근기념사업회편, 『안응칠역사』, p.27

안진사와의 밀약, 사실일까?

시간을 좀 뒤로 돌리자. 김창수가 청계동으로 이주하기 전, 동학농민군과 청계동 안태훈의 의용군이 치열하게 싸우고 있을 때다. 《백범일지》에 따르면 해주성 공략이 실패하고 김창수 부대가 구월산으로 옮길 준비를 하고 있을 때였다. 어느 날 밤 신천의 안진사로부터 밀사가 왔다고 한다. 그 무렵 김창수는 문화 구월산 아래 사는 정덕현과 우종서와의 면담 끝에 정씨를 모주(謀主), 우씨를 종사(從事)로 선언한 바 있다. 정덕현 등이 밀사를 만나 본 결과 안진사는 비밀리에 나를 조사하고 난 뒤, "군이 나이 어리지만 대담한 인품을 지닌 것을 사랑하여 토벌하지 않을 터이지만, 군이 만일 청계를 침범하다가 패멸 당하게 되면 인재가 아깝다."는 후의에서 밀사를 보냈다고 한다. 김창수는 참모회의를 열어 '나를 치지 않으면 나도 치지 않는다.' '어느 한 쪽이 불행에 빠지면 서로 돕는다.'라는 밀약을 성립하였다고 한다.[6]

여기까지는 《백범일지》의 기록 그대로다. 만약 이 내용이 사실이라면 동학군과 지방 의용군의 불가침 및 공동원조 조약이라는 동학농민전쟁 사상 유래 없는 사안이 될 것이다. 하지만 유감스럽게도 《백범일지》를 뒷받침해주는 다른 문서가 없다. 당연히 동학농민혁명 연표에는 기록되지 않았다.

---

6) 『도진순 백범일지』, pp.50-51

이 사건을 다른 각도로 검토해 보기로 한다. 우선 시기의 문제다. 백범이 참여한 것으로 볼 수 있는 전투는 앞글에서 거론한 바 있지만 농민군의 제2차 해주성 공략 때이다. 《갑오해영비요전말》《동학당정토약기》《주한일본공사관기록》등 관계 문서를 검토하면 1894년 11월 27일(양. 1894년 12월 23일)이다.

그 다음으로 검토할 것은 안태훈 군대가 농민군과 전투를 한 시기다. 같은 문서에 의하면, 11월 13일(양력 12월 9일) 경 농민군과 일본군 안태훈 군 연합군과 전투를 하여 11월 19일(양력 12월 15일) 동학농민군 영장(領將) 3명이 포살 당함으로서 끝난다. 안중근의 표현에 의하면 "이로부터 적병은 소문을 듣고 멀리 달아나 다시는 더 싸움이 없었고 차츰 잠잠해져서 나라 안이 태평하게 되었다."고 했다.

이상의 기록을 검토 정리해보면 안태훈 군대와 농민군이 싸운 시기는 제2차 해주성 전투 이전이다. 그러므로 농민군의 제2차 해주성 공략 실패 이후에 안태훈 군대가 동학군에 밀사를 보내거나 밀약을 할 이유가 없었다는 결론에 도달하게 된다. 다만 임종현 원종일 등 농민군 잔당들이 다음해 1895년 7월까지 간헐적으로 황해도 각지를 습격할 때인 1895년 2월 13일, "문화 구월산에 결집하여 있던 동학농민군 세력 중 1,000여 명이 신천읍에 내려와서 공격하였다."[7]는 자료가 남아 있기는 하다. 하지만 이 자료에도 청계동을 습격하였다는 내용은 없고, 안진사가 농민군에게 화해의 제스처를 취할 개연성은 더욱 없다고 보여 진다. 결국 김창수·안태훈 밀약설은 안태훈의 인정을 받았다는 김구 본인의 소망이 빚어낸 야담 정도가

---

7) 「첩보존안」, 2월 15일, 17일

아닐까 한다.

그 다음으로 안태훈이 김창수를 어떻게 보았는가하는 문제를 살펴보자. 안태훈이 김창수를 언급한 편지가 한 편 남아 있다. 이 글에 의하면 안태훈은 자신이 모략을 당하게 된 이유가 김창수 탓으로 보고 있다. 문제의 편지 일부를 다시 인용한다.

해주의 동학 김창수라는 자는 해주 묵방지(墨坊地)에 몰래 산포수를 모아서 우리 동을 습격하려고 소굴을 만들었는데, 우리는 그것을 모르고 있다가 다행히 순포 수십 명이 다가오는 것을 만나게 되자 김창수는 도망가고 산포수들 역시 떠나버렸다 하므로 저도 또한 사방으로 김창수의 발자취를 쫓았으나 아직 그 그림자도 못 찾았습니다. 혹시 이들의 일이 잘못 전해져서 도리어 모략이 꾸며진 것인지 모르겠습니다.

이 글의 내용은 앞에서 설명한 '산포거사' 사건과 대략 일치한다.《중범공초》《사법품보》등의 기록에 의하면 해주 묵방 청룡사에 김형진과 김창수가 머물렀고, 그곳을 근거지로 백낙희, 김재희, 최창조 등과 모의하여 1896년 1월 1일 해주부 소탕을 시작으로 경성으로 직행하고 도성을 도살한 후에 정씨를 왕으로 추대할 것을 계획하였다. 주축 세력은 산포수였다. 하지만 시작도 하기 전에 동네 주민들에게 백낙희 등은 체포되었고 김창수, 김형진 등은 도주하였다는 것은 이미 전술한 바 있다. 이 무렵 김창수 일당이 청계동을 습격할 계획이 있었나 하는 점은 숙제다.

일단 이 문제는 확인이 어렵다. 확실한 것은 안태훈은 자기를 모략하는 이들을 증오함과 아울러 김창수에 대한 원망이 대단히 깊었다는 것이다. 상기 편지는 김구와 안태훈의 관계를 짐작하게 하는 중요한 단서를 제공해준다.《백범일지》를 무시하고《중범공초》《동학당정토약기》등 다른 자료를 기초로 김구의 이력을 시기별로 정리해보면 대략 다음과 같다.

[김구의 청년기 이력]

일 시	내 역
1894년 11월 19일	일본군·안태훈 의용군 농민군 격퇴
11월 27일	농민군 해주성 함락 실패
12월 경	동학 잔당과 함께 문화군, 해주, 석담 등지에서 쌀 재물 등을 탈취 토색함
1895년 2월	김창수 관군에게 귀순
1895년 2월	청계동으로 이주함
5월~9월	김형진과 함께 청국 여행
11월~12월	산포거사 좌절, 역모사건의 연루자로 수배됨
1896년 3월 9일	치하포에서 스치다를 살해함
1898년 3월 19일	탈옥

김창수의 청계동 생활은 매우 짧았다. 대략 3개월 정도다. 청국 여행 후 단발령 문제로 인해 고능선과 안태훈이 절교를 하는 과정에서의 짧은 만남을 고려한다고 해도, 그 정도의 기간 동안에 안중근 집안과 깊은 인연을 맺는다는 것은 물리적으로 불가능하다.《백범일지》에서도 단발령 의거 문제로 갈등을 하는 장면 이후 오랫동안 안중근 가문과의 인연 이야기가 등장하지 않는다. 안중근이라는 이름이 다시 등장하는 시기는 1909년 10월 26일 하얼빈에서 안중근이 이토 히로부미(伊藤博文)를 처단한 이후였다. 10년 이상 안중근 가문과 왕래가 거의 없었다는 뜻이다.

04
쓰치다 사건의 진상

스치다가 일본군인 혹은 일본 육군중위라는
말은 전혀 나오지 않는다. 처음에는 일본인으로
기록하다가 어느 정도 신분이 밝혀진 후에는 일본상
인으로 표현했다. 심지어 김창수 본인조차 심문
시에 스치다를 일본인으로 말했다. 《백범일
지》에서 스치다의 정체를 일본육군 중위라
고 한 것은 분명히 작의적인 왜곡이었다.

황해도 안악군(현재 황해남도 은천군) 치하포

1896년 3월 9일 치하포에서 일본인 쓰치다(土田讓亮)를 죽인 사건은 백범 김구의 업적을 꼽을 때 언제나 첫 머리로 등장한다. 소위 국모보수(國母報讐)다. 어린이독서진흥회라는 단체가 엮은 초등학생 용《백범일지》를 읽어보면 이 사건이 대부분의 국민들에게 어떻게 알려져 있는지 그 연유를 짐작하게 한다.

…이 말이 끝나기도 전에 내 발에 채이고 눌렸던 왜놈이 몸을 빼쳐서 칼을 빼어 번쩍거리며 내게로 덤비었다. 나는 내 면상에 떨어지는 그의 칼날을 피하면서 그의 옆구리를 차서 거꾸러뜨리고 칼을 잡은 손목을 힘껏 밟은즉 칼이 저절로 언 땅에 소리를 내고 떨어졌다. 나는 그 칼을 들어 왜놈의 머리에서부터 발끝까지 점점이 난도를 쳤다. 2월 추운 새벽이라 빙판이 진 땅 위에 피가 샘솟듯 흘렀다. 나는 손으로 그 피를 움켜 마시고 또 왜의 피를 내 낯에 바르고 피가 뚝뚝 떨어지는 장검을 들고 들어가면서, 아까 왜놈을 위하여 내게 범하려던 놈이 누구냐 하고 호령하였다.…소지품에 의하여 조사한즉 그 왜는 육군중위 토전양량이란 자요, 엽전 8백 냥이 짐이 들어 있었다. 나는 그 돈에서 선인들의 선가를 떼어 주고 나머지는 이 동네 가난한 사람을 구제하라고 분부하였다. 주인 이 선달이 곧 동장이었다.

시체의 처치에 대하여 나는 이렇게 분부하였다. 왜놈은 다만 우리나라와 국민의 원수가 될 뿐만 아니라 물속에 있는 어별에게도 원수인즉 이 왜의 시체를 강에 넣어 고기들로 하여금 나라의 원수의 살을 먹게 하라 하였다.…식후에 토전의 시체와 그의 돈 처치를 다 분별하고 나서 주인 이화보를 불러 지필을 대령하라 하여 "국모의 원수를 갚으려고 이 왜를 죽였노라." 하는 뜻의 포고문을 한 장 쓰고 그 끝에 '해주 백운방 기동 김창수'라고 서명까지 하여 큰길가 벽상에 붙이게 하고 동장인 이화보더러 이 사실을 안악 군수에게 보고 하라고 명한 후에 유유히 그곳을 떠났다.[1]

한 편의 드라마요 무협소설 같은 이야기다. 물론 내용은 원본《백범일지》와 대동소이하다. 칼을 든 상대편을 맨 손으로 꺼꾸러뜨리고, 손으로 피를 움켜 마시며 또 그 피를 낯에 바르고, 금전에 초연할 뿐 아니라 자신의 정체도 떳떳하게 밝히는 주인공에게 그 누가 박수 치지 않겠는가? 게다가 그 대의명분이 국모의 원수를 갚기 위해서라고 하는데…

'치하포 살인사건'은 이렇게 '치하포 의거'가 되어 우리에게 신화가 되었다. 하지만 최근 이 사건의 피해자 쓰치다(土田讓亮)가 군인이냐 상인이냐 하는 문제로 논란이 되고 있는 모양이다. 진실은 이 글을 진행하면서 차츰 알아보기로 하자. 쓰치다의 신분이《백범일지》에 쓰여 진 것처럼 일본인 육군 중위로 알려지게 된 것은 국사편찬위원회(이하 국편)의 책임이 크다.

국편은 1935년 3월 31일 편찬된《고종실록》이《순종실록》과 함께 일제 강점기 하 이왕직에 의해 편찬되었기 때문에 왜곡·편견으로 편집되었고 또한 오류가 많다는 이유로《고종시대사》를 새로이 편찬하였다고 했다.[2] 그러나《고종시대사》역시 의도된 편집이라는 의혹으로부터 자유롭지 못하

---

1) 김구, 엮음 어린이독서진흥회, 『백범일지』, 초록세상, 2004, pp.67-73
2) 《고종시대사》는 1863년 고종 즉위년으로부터 1910년 일제에 의해 강점될 때까지를 조선왕조실록 비변사등록 승정원일기 일성록 기타 각 관아기록 외교문서 및 문집 등을 자료로 하여 편년체로 서술한 자료집이다. 국사편찬위원회에서 1967~72에 걸쳐 6책으로 간행했다.

다. 대표적인 경우가 치하포 사건 관련이다.《고종시대사》4집에 실린 내용을 살펴보자.

> 江西郡을 襲擊했던 義兵大將 金昌洙(金九) 등이 大洞江 下流 治下浦(鴟河浦)에서 日本人 陸軍中尉 土田讓亮을 殺害하다.
> 강서군을 습격했던 의병대장 김창수(김구) 등이 대동강 하류 치하포(시하포)에서 일본인 육군중위 토전양량을 살해하다.

이 책에 의하면 김구가 살해한 인물의 신분은 일본인 육군 중위가 된다. 국편이 인용한 자료는 다음의 5가지다. ①外記 建陽 元年 4月 1日 4日 ②舊韓國外交文書 第3卷 日案 3988號 建陽 元年 3月 31日 ③舊韓國外交文書 第3卷 日案 3996號 建陽 元年 4月 4日 ④駐韓日本公使館記錄 機密各館 往復 1896年 機密 第10號 ⑤白凡逸志 78面 86面

문제는《백범일지》외 나머지 자료에는 스치다(土田讓亮)가 일본 육군 중위라는 내용이 전혀 없다는 사실이다. 국편이《백범일지》를 1차 사료로 인정했다는 증거다.[3] 아래의 표에 치하포 살인관련 자료를 정리했는데, 유독《고종시대사》에만 '일본인 육군중위'라고 되어 있음을 확인할 수 있을 것이다.

---

3) 어떻게 한 개인의 자서전이 국가가 인정하는 1차 사료로 인용될 수 있는지 도저히 이해할 수 없다. 결국 국가의 공인기관인 국사편찬위원회가 김구를 우상화하기 위해 역사조작에 앞장섰다는 뜻이다.

[치하포 사건 일지]

일시	출처	내역
1896 03-09	고종 시대사	강서군을 습격했던 의병대장 김창수(김구) 등이 대동강 하류 치하포(시하포)에서 일본인 육군중위 토전양량(つちだじょうりょう)을 살해하다.
03-31	고종 시대사	앞서 지난 3월 9일에 김창수가 대동강 하류 치하포(시하포)에서 일본인 륙군중위 토전양량을 살해하였던 바 이 날 일본변리공사 소촌수태랑(小村壽太郎)이 외부대신 이완용에게 조회하여 즉시 가해자를 나포하여 처벌할 것을 요구하다. 이완용이 조복(照覆)하여 해범(該犯)을 각기(刻期) 형포(詗捕)하여 안률(按律) 징판(懲辦)할 것임을 회답하다.
03-31	주한일본 공사관기록	장기현 평민 토전양량이라는 자가 조선인 1명(평안도 용강 거주 임학길, 20세)을 데리고 황주에서 인천으로 돌아오기 위하여 진남포로 향하였다고 합니다. 도중에 황주 십이포에서 한국 배 1척을 세내어 대동강을 내려가다 3월 8일 밤 치하포에서 일박하고, 다음날 9일 오전 3시경 그 곳을 떠날 준비를 마치고 식사를 하기 위하여 그 곳 숙박업자 이화보 집에 갔습니다.
04-20	고종 시대사	일본공사 소촌수태랑이 외부대신 이완용에게 치함(致函)하여 만석동 지단(地段)의 잠금(暫禁)을 해제할 것과 치하포 일본인 살해범의 체포 처벌에 관한 건을 촉구하다. 이완용이 함복(函覆)하여 만석동 지단건은 해부 관찰사에게 해금(解禁)을 훈칙(訓飭)하여 지계를 발급하므로써 매매를 편케 할 것이며 치하포건은 이미 전신으로서 심사하여 보고할 것을 훈칙하였다고 회답하다.
05-01	각사등록근 대편	질자음삼랑(蛭子音三郎)의 피해와 관련된 범인 체포의 어려움과 일본인이 실었던 물품 현황 보고
05-30	주한일본 공사관기록	조선인에 의해 피살된 일본인 43명 중 29명에 대해서는 조선정부에 책임이 있다고 하며 1명당 5,000원의 보상금을 요구하고 있다. 이 29명의 명단에는 토전양량(土田讓亮)이 매약상(賣藥商)으로 분류되어 있다.
06-21	고종 시대사	건양 원년 6월 21일(日) 앞서 지난 3월 9일에 대동강 하류 치하포에서 일본 육군 중위 토전양량을 살해한 김창수(김구)가 이 날 자가에서 체포되다.
07-12	각사 등록근대편	안악군 치하포에서 김창수(김구) 외 2인의 일본인 살해에 관한 조회

08-31	고경 문서	세 차례에 걸쳐 김구를 취조한 기록이다. 살해동기에 대해서 김구는 "국민된 몸으로써 국모의 원수를 갚고자 원한을 품었으므로 이 거사를 행한 것이다."라고 답하였다. 살해당한 토전양량이 일본군이었다는 언급은 이 기록에 전혀 나오지 않고 있다.
09-22	독립 신문	9월 16일 인천 감리 이재정 씨가 법부에 보고하였는데 해주 김창수가 안악군 치하포에서 일본 장사 토전양량을 때려 죽여 강물 속에 던지고 환도와 은전 많이 뺏기로 잡아서 공초를 받아 올리니 재판하여 달라고 하였더라.
11-07	독립 신문	그전 인천 재판소에서 잡은 강도 김창수는 자칭 '좌통영'이라 하고 일본 상인 토전량양을 때려 죽여 강에 던지고 재물을 약탈한 죄로 교에 처하기로 하고
1897 07-29	주한일본 공사관기록	계림장업단은 지난 1896년 5월 인천에서 조직되어 그해 8월에 이르러 지부를 경성, 부산, 원산에 설치하였다. 현재 본부에는 부단장 1명, 이사 1명 외에 서기 1명이 있어서 실제 단무에 종사하고 있음. 지방의 大區에서는 區長 1명이 모든 일을 취급하는 것이 상례로 되어 있음.

《백범일지》는 잘 짜여진 한 편의 드라마 같다. 하지만 실제상황과 허구를 뒤 섞어 쓰다 보니 곳곳에서 무리한 설정이 들어나곤 한다. 특히 백범의 인생관 혹은 사고관은 종잡을 수 없다. 그가 진정한 동학도인지, 보수적인 인물이었는지 혹은 개화파였는지 도통 짐작이 안 된다. 스무 살 무렵 김구는 당시 시국을 어떻게 보았을까? 1895년 11월 15일, 을미사변(1895년 10월 8일) 이후 새로이 조직된 김홍집 내각은 단발령을 선포했다. 단발령에 대한 김구의 입장은 분명히 보수적 입장을 표명했다.

단발령을 피하려고 시골로나 산골로 숨어 들어가는 백성들의 원성이 길을 가득 메운 것을 목격하고, 나는 머리끝까지 분기가 가득 하였다.[4]

....
4) 『도진순 백범일지』, p.90

이 장면과 아울러 단발령이 처음 내려졌을 무렵 고능선과 안진사의 담화 후 내린 안진사에 대한 김구의 평은 그의 세속관을 분명히 드러내 준다.

우리나라에서 일어난 동학은 토벌하고 서양 오랑캐가 하는 서학(西學)을 한다는 말이 괴이하였다.…그런데 안진사가 단발할 의향까지 보였다는 것은 그에게 의리가 없다는 말이 아니고 무엇이었겠는가?

이 무렵 《백범일지》에서의 김구는 철저한 위정척사계열의 보수적 인물이다. 얼마 후 발생하는 치하포 살인사건의 대의명분도 국모보수였으니 일관된 입장을 견지한 셈이다. 하지만 장연 산포거사 문제가 자꾸 거슬린다. 《백범일지》원전의 '국모보수'편이 시작되기 전에 묘한 문장이 나온다.

나는 시급히 청국 금주 서옥생의 집으로 갈 길을 작정하고 김형진은 자기 본향으로 가기로 되어 동행을 못한다.[5]

이러한 결심을 하기 전의 상황은 김치경이라는 자의 행패로 고능선 손녀와의 혼약이 깨어지고 그 후 고 선생과 김구 집안 모두 이사를 한 시점이다. 이러한 시기에 김창수는 왜 청국 금주로 가기로 결심했을까? 그것도 시급히. 게다가 오랜 기간 생사고락을 함께 했던 김형진과는 왜 헤어지게 되었을까? 이러한 의문에 대하여 《백범일지》에는 전혀 설명이 없다.

사실 치하포 사건은 《백범일지》에만 의존하면 절대 이해할 수 없다. 치하포 사건은 당시 친러파 내각 하에서 일본과의 외교 분쟁을 일으킨 큰 사건이었다. 더욱이 동학 잔당에 의한 역모사건의 흔적까지 보인 미묘한 사

---

5) 『직해 백범일지』, p.66(원전53쪽)

건이기도 했다. 그러므로 이 사건을 이해하기 위해선《중범공초》와《사법 품보》에서 거론된 '산포거사'와 '치하포 사건' 관련문서 그리고 조선 조정의 공식문서와 일본 공사관의 기록을 함께 검토해야만 한다. 아래 표는 이 사건에 관련된 각 종 문서들을 정리한 것이다.[6]

[장연 산포거사 및 치하포 사건 일지]

날짜	제목
1894년 7월	제1차 김홍집 내각 수립
1895년 8월	을미사변, 제4차 김홍집 내각 수립
11월	단발령 선포
1896년 2월	아관파천, 친러내각 수립, 2월 18일 단발령 사실상 철회
1896.02.30	보고: 해주부 장연군수 염중모가 법부대신께
02.30	본군 신화방 산포 비괴 백낙희 등 공안
03.04	보고: 해주부 장연군수 염중모가 법부대신께
1896년 3월 9일	치하포 살인 사건 발생
03.23	보고: 해주부 장연군수 염중모가 법부대신께
04.24	보고: 해주부 관찰사서리 해주부 참사관 김효익이 법부대신께
04.06	인천초원(萩原)사무대리발신원(原)외무차관완공신요지
04.19	보고제2호: 해주부 관찰사서리 해주부 참사관 김효익이 외부대신께
05.01	지령제1호: 외부대신 이완용이 해주부 관찰사서리 참사관 김효익에게
05.01	조회(17호): 내부대신 박정양이 외부대신 이완용께

6)『백범김구전집-제3권』, pp.170-302 참조

05.06	조회(18호): 내부대신 박정양이 외부대신 이완용께	
06.18	보고제2호: 해주부 관찰사서리 해주부 참사관 김효익이 외부대신께	
06.28	보고제3호: 해주부 관찰사서리 해주부 참사관 김효익이 외부대신께 (후: 건양원년 6월 27일 해주 백운방거 김창수21세 공안)	
06.29	인천초원(萩原)사무대리발신소촌(小村)외무차관완공신요지	
06.30	해주부 관찰사서리 해주부 참사관 김효익 보고: 법부대신께(부: 건양 원년 6월 27일 해주 백운방거 김창수21세 공안)	
1896년 4월	독립신문 창간	
7월	이완용 이상재 남궁억 등 독립협회 결성	
07.09	지령: 외부대신 이완용이 해주부 관찰사서리 해주부 참사관 김효익에 게	
07.09	훈령 해주재판소건, 안 제23호: 법부대신 한규설이 해주부 관찰사서 리 참사관해주 재판소 검사 김효익에게	
07.09	훈령제25호: 외부대신 이완용이 인천부 관찰사서리 참사관 임오준에 게	
07.12	조회: 내부대신 박정양이 외부대신 이완용에게(부: 건양원년 6월 27 일 해주 백운방거 김창수21세 공안)	
07.18	인천초원(萩原)사무대리발신소촌(小村)외무차관완공신요지	
08.31	해주거 김창수 21세 초초	
08.31	안악군 치하포 점주 이화보 48세 초초	
09.05	김창수 재초	
09.05	이화보 재초	
09.10	김창수 삼초	
09.12	인부제150호: 영사대리 적원수일(荻原守一)이 인천항감리 이재정께	

09.12	인천항감리 이재정이 외부대신 이완용께
09.13	보고제1호: 인천항재판소 판사 이재정이 법부대신 한규설께
10.02	"인감전보"와 법부의 "답전"
10.03	보고서제3호: 인천항감리 이재정이 법부대신 한규설께
10.22	상주안건, 안제7호: 법부대신 한(韓)이 왕(王)께
1897년 2월	고종 러시아 공사관에서 경운궁으로 옮김
10월12일	국호를 대한으로 결정함
1898.02	청원서: 김하진이 법부대신 한규설께
1898.02	청원서: 김초사가 법부대신 한규설께
1898년 3월21일	**탈옥, 아버지가 대신 구속됨**
03.21	보고서제3호: 인천항재판소 판사 서상교가 의정부찬정 법부대신 이유인께
04.03	보고서제5호: 인천항재판소 판사 서상교가 의정부찬정 법부대신 이유인께
08.23	훈령제17호: 의정부찬정 법부대신 신(申)이 인천항재판소 판사 서상교에게
12월	소장(訴狀): 김초사가 법부대신 한규설께
1898년 12월	정부, 독립협회를 무력으로 해산시킴
1899.03	소장(訴狀): 김초사가 법부대신께

이러한 과정을 분석·정리하기 전에 중요한 문서를 하나 소개하겠다. 1896년 6월 28일, 해주부 관찰사서리 해주부 참사관 김효익이 외부대신 이완용에게 보고한 문서에 해주 백운방에 거주하는 김창수를 문초한 내용을 적은 문서가 첨부되어 있다.

건양 원년 6월 27일, 해주 백운면 거주
김창수 21세 공안(供案)

　본인은 지난 계사년(1893년)에 동학에 입도해 팔봉접주라 칭하고 도당 천
여 명을 인솔하여 여기저기에서 노략질(掠)을 한 바 있아온데, 갑오년(1894
년) 12월에 문화군의 동산평(東山坪)에 일본이 쌓아둔 쌀 150석을 탈취하여
40석은 일행들이 사용하였고 나머지 110석은 문화접주 이동엽에게 빼앗긴
바 있습니다. 그밖에 해주 검단방 통락지(海州檢丹坊通只) 박홍석(朴泓錫)이
쌓아 둔 벼 200석을 탈취하여 송화 접주 방원중(方元仲)과 나눈 적이 있으며
또 석담의 이 참판 집에서 돈(錢) 250냥을 토색(討索, 돈이나 물건을 강제로 빼
앗거나 억지로 달라고 함)한 적도 있습니다.
　그러다가 일찍이 단발문제로 각처에서 의병이 봉기할 때에 저는 의병 좌
기총이 되어 전라도 김형진과 함께 해주 검단방 청룡사에 머무르다가 음력
12월에 안악 지방에 가서 이곳 대덕방에 사는 좌통령 최창조와 서로 논의하
여 며칠을 머무르다가 돌아왔습니다. 또한 치하포 사건에 이르러서는 과시
전연 아는 바가 없으니 잘 살펴서 처리해 주옵소서.

　이 공안(供案, 조선 시대 죄인을 문초한 내용을 적은 문서)은 같은 해 6월 30일 김
효익이 법부대신 한규설에게 그리고 7월 12일 내부대신 박정양이 외부대
신 이완용에게 보낸 조회에도 별첨되어 있다. 이 사건의 개요를 파악하는
데 있어서 그만큼 중요했다는 방증이다.
　이 문서에 의하면, 김창수는 동학도 시절 일본인의 쌀 150석, 박홍석의
벼 200석 그리고 이 참판의 200냥 등을 탈취, 토색했음은 자인했으나 삼
포거사 건과 치하포 사건에 대해선 전면 부인하고 있음을 알 수 있다. 즉
자신은 척외척양(斥外斥洋), 단발반대 등의 대의명분하에 의병 활동을 한 적
은 있지만 국가의 기간을 흔드는 역적모의나 개인의 치부를 위하여 절도
살인 등은 한 적이 없다고 주장했다. 김구의 이러한 자기변호는 후일 스치
다 살인 혐의가 들어 났을 때도 변하지 않는다. 이 때는 척외(斥外)에다가

국모보수(國母報讐)의 명분을 덧붙인다. 하지만 당시 조선 관료들은 이 사건의 혐의자인 김창수와 김형진, 최창조 등을 공범으로 파악했다. 산포거사의 연장 건으로 생각했다는 뜻이다. 조선 관료들의 반응은 다음과 같다. 그들이 김창수 등을 어떻게 호칭했는가는 많은 참고가 될 것이다.

- 김효익(4월 24일): 유학선, 김창수(이 때 까지 金昌守로 기록하나 이후의 문서는 金昌洙로 바뀜), 김형진, 최창조, 이름이 불명확한 이가, 김재희 등의 행방을 추적하고 있음
- 김효익(4월 19일): 소위 팔봉접주 김창수, 전라도 동학괴수 김형진, 대덕방 거주 최창조 등이…
- 이완용(5월 1일): 비도 김창수
- 박정양(5월 1일): 소위 팔봉접주 김창수, 전라도 동학괴수 김형진, 대덕방 거주 최창조 등이…
- 김효익(6월 18일): 비도 김창수, 김형진, 최창조에게…
- 김효익(6월 27일): 해범(該犯) 김창수, 김형진, 최창조
- 김효익(6월 30일): 팔봉접주라 칭하는 김창수와 전라도 동학괴수 김진사형진과 본군 대덕방 비괴 최창조 등이…
- 이완용(7월 9일): 해범(該犯) 김창수
- 이완용(7월 9일): 해범(該犯) 김창수, 김형진, 최창조…김창수 동당 김형진, 김창조(최창조의 오기)…
- 박정양(7월 12일): 해범(該犯) 김창수, 김형진, 최창조…김창수 동당 김형진, 최창조…

여기서 주의 깊게 볼 점은 김형진을 전라도 동학괴수로 본 조선 관료의 시선이다.《노정약기》에도《백범일지》에도 김형진이 동학과 관련이 있다는 기록은 없다. 그러나 김형진은 동학농민전쟁 때 남원지역에서 활동을 한 전력이 있다. 농민전쟁 실패 후 일가족이 고향을 떠난 사실을 그는 철저히 숨겼다. 그의 후손 김남식은 동학접주발령장(東學接主發令狀)을 지금도

간직하고 있는데, 그에 의하면 김형진은 1898년 2월 27일 동학의 접주(接主)로 발령받고 금구 일대에서 활동하다 체포되어 고문 끝에 사망하였다고 한다.[7] 아무튼 김구와 김형진 사이에는 동학이란 연결고리가 있었음이 분명한 것으로 보인다.

김창수는 1896년 6월 말경 자택에서 체포되었다. 사건이 발생한 지 100여일이 지난 후였다. 해주 옥에 구금되어 심문 중이었으나, 일본 영사관의 강력한 항의로 인해 인천으로 이감되었다. 당시 외국인 관련 재판은 인천항 재판소 소관이었다. 일본 영사관 경찰이 배석한 가운데 8월 말부터 9월 초에 걸쳐 세 차례에 걸친 신문이 이루어 졌다.[8]

이해가 되지 않는 것은 재판부의 태도다. 김구가 수배 중일 때 그리고 체포된 후 해주감영에 구금되었을 무렵까지는 산포거사의 용의자로 추궁을 받고 관련자인 김형진·최창조 등에 관한 정보를 계속 추적하고 있었다. 하지만 인천으로 이송된 이후로는 치하포 살인 문제만 주로 문초받는다. 이것은 무엇을 뜻할까? 일본의 입장에선 자국민의 죽음이 중요했지 동학잔당이니 역모 사건이니 등 조선 내정에 관한 것은 관심이 없었다고 봐야 할 터이다. 이쯤에서 각종 문서에서 다룬 스치다(土田讓亮)의 신분은 어떻게 기록되었는지 알아보기로 하겠다.

- 하기와라(萩原, 4월 6일): 나가사키(長崎)현(縣) 평민(平民) 스치다(土田讓亮)
- 김효익(4월 19일): 일본인 한 사람(日人一人)
- 이완용(5월 1일): 일본사람(日本人)
- 박정양(5월 1일): 일본사람(日人)

---

7) 김형진의 이력에 대해선 향후 좀 더 자세한 검토가 필요하다.

8) 토전양량(土田讓亮) 격살건 취조문 참조 《독립운동사자료집 11 : 의열투쟁사자료집》

- 김효익(6월 18일): 장기현평민(長崎縣平民) 토전양량(土田讓亮)
- 하기와라(6월 30일): 행상인(行商人)
- 김효익(6월 30일): 나가사키현 평민 토전양량
- 이완용(7월 9일): 일본사람(日人)
- 박정양(7월 12일): 일본사람(日人)
- 하기와라(7월 18일): 우리나라 사람 스치다(我邦人土田讓亮)
- 김창수 초초(8월 31일): 단발을 하고 칼을 찬 수상한 사람, 일본인이므로 불공대천지수(不共戴天之讎)라고 생각
- 이화보 초초(8월 31일): 일본인 토전양량(土田讓亮)
- 김창수 재초(9월 5일): 일본사람, 일본인
- 이화보 재초(9월 5일): 일본인
- 김창수 삼초(9월 10일): 국민된 몸으로써 국모의 원수를 갚고자 원한을 품었으므로 이 거사를 행한 것이다. 일본인
- 오기하라(荻原守一, 9월 12일): 우리나라 상인 스치다(我商土田讓亮)
- 이재정(9월 12일): 일본상인 스치다(土田讓亮)
- 이재정(9월 13일): 일본상인 스치다(土田讓亮)
- 한규설(10월 22일): 일본상인 스치다(土田讓亮)
- 독립신문(9월 22일): 일본장사꾼 토전양량
- 독립신문(11월 16일): 일상(일본상인) 토전양량

　이상 살펴본 바와 같이 스치다가 일본군인 혹은 일본 육군 중위라는 말은 전혀 나오지 않는다. 처음에는 일본인으로 기록하다가 어느 정도 신분이 밝혀진 후에는 일본상인으로 표현했다. 심지어 김창수 본인조차 심문시에 스치다를 일본인으로 말했다.《백범일지》에서 스치다의 정체를 일본 육군 중위라고 한 것은 분명히 작의적인 왜곡이었다.

스치다 살인사건의 여파

국모보수라고 항변하는 김구의 주장과 관계없이 일본상인 스치다 살해 사건은 조선과 일본, 러시아의 외교문제로까지 비화되는 등 그 파장은 엄청났다. 사실 이 사건은 조기에 해결될 수도 있었다. 사건 당일 요행히 피신할 수 있었던 스치다의 동행인, 즉 평안도 용강 출신으로 당시 스무 살의 임학길(林學吉)은 3월 12일 저녁 평양에 도착하여 일본인 살해사건을 신고했다. 마침 출장 중이던 경성 일본 영사관의 하라(平原警部) 경부에게 이 사건이 알려져, 그는 신속하게 일을 처리했다. 하라 경부는 일본인 순사 2명 및 조선인 순검 5명을 대동하여 현장 조사를 실시했다. 그들 일행이 현장에 도착한 때는 사건 발생 6일 후인 3월 15일이었다.[9]

그리고 3월 31일, 일본 영사관의 변리공사(辨理公使) 고무라(小村壽太郎)가 조선 조정의 외무대신 이완용에게 "日本人 土田讓亮의 被殺事件과 犯人逮捕要求 件"이란 제목으로 범인의 조속한 체포를 요구하였고, 이완용은 4월 4일 날짜로 답변을 회신했다. 해주부 참사관 김효익이 이완용에게 보고한 날짜는 4월 19일이다. 더욱이 김효익은 범인이 김창수라는 사실과 아울러 장연 산포수 사건의 혐의자임도 직시했다.[10] 그러나 사건은 지지부진 해결

---

9) 《주한일본영사관기록》"日本人 土田讓亮의 被殺事件과 犯人逮捕要求 件" 公文第20號, 1896-03-31, 발송 辨理公使 小村壽太郎 수신 外務大臣 李完用

10) "보고제2호: 해주부 관찰사서리 해주부 참사관 김효익이 외부대신께" 1896.4.19;『백범김구전집-제3권』, pp.202-204

의 기미가 보이지 않고 시간만 자꾸 흘렀다. 이 무렵 조선 관료의 무기력함에 대하여 오기하라(萩原守一)는 다음과 같은 기록을 남겼다.

이 나라 정부는 항상 직책을 비우고 있으므로 지방관의 직무태만이 감히 놀라운 것이 못되지만, 당부(當府) 관찰사와 본관과의 사이에 걸친 미결사건은 작년 이래 밀린 것이 수십 건에 달한다. 참서관(參書官) 임오준(任午準)이 서리가 되면서부터는 더욱 밀린 것이 많아져 일본인의 괴로움이 심해졌다. 앞서 본관이 특사로서 공개리에 당관(當館)을 내방해야 한다고 권고했더니, 말을 이랬다저랬다 하면서 오늘에 이르기까지 전혀 그런 일이 없었다. 그래서 급히 외부(外部)에 조회(照會)하겠다는 뜻을 신고(申告)했더니 크게 결례했음을 사과하고 거듭 한두 건을 사변(查辨)했다. 그렇지만 아직도 지체되고 미결된 건이 많으므로 어제 22일 본관이 동사(同使)를 방문하여 수 시간에 걸쳐 간담을 하면서, 사무처리의 태만으로 국제 예의에 어긋남이 심하다는 뜻을 간곡히 설명하여 신속히 사변(查辨)하겠다는 약속을 공언케 하였다. 또 경무관(警務官)의 결원과 본직 관찰사의 임면이 없는 이유를 심문했더니, 현재 지방관제 개혁의 의논이 있고 침(沈) 도지부대신(度支部大臣)을 제외한 내각원 모두가 일치하고 있으므로 개정관제(改正官制) 발포와 함께 관찰사는 폐직이 될 것이며 따라서 새롭게 임명되지 않을 것이라고 답하였다.[11]

사건의 해결을 위해 애탕함(愛宕艦)이란 함정을 동원하여 일본 순사 3명을 동원하는[12] 등 일본 측의 적극적인 노력 끝에 결국 김창수가 체포된 것은 6월 21일이었다. 이 사건을 계기로 일본은 두 가지 구체적인 행동을 취했다. 하나는 조선 정부에 피해 보상금을 청구하는 것이요 두 번째는 계림장업단(雞林奬業團)의 구성이었다. 1894년 청일전쟁의 승리로 조선에 대한

11) 《주한일본영사관기록》"仁川港 情況報告書 送付 件" 機密第9號, 1896.6.24, 在仁川 領事館事務代理 領事館補 萩原守一印 臨時代理公使 二等書記官 加藤增雄 殿

12) 《주한일본영사관기록》"愛宕艦의 平壤行에 관한 件" 1896.6.5, 萩原 加藤 臨時代理公使

지배력을 강화하던 일본에게 3국간섭(三國干涉)[13]은 치명타가 되었다. 이후 조선 조정의 대 러시아 의존도가 심화된다. 당시 정국은 혼란 그 자체였다. 대원군의 재집권 기도, 친러와 친일 사이에 갈피를 못 잡는 민씨 척족과 집권 세력들, 청나라에 대한 미련을 못 버리는 수구세력들…. 그러나 민비 시해사건, 단발령 등을 거쳐 아관파천이 일어나자 일본은 조선에 대한 독점권을 상실하고 말았다.[14] 당연히 반일운동이 거세게 일어났고, 일본 상인의 활동이 크게 위축되어도 일본 정부는 전전긍긍할 수밖에 없었다.

이러한 상황 하에서 치하포에서 일본 상인의 살인 사건이 일어난 것이다. 이 사건은 일본에게 뚜렷한 명분을 주었다. 조속한 사건 해결을 촉구하며 자국 상인의 자위권 보호라는 명분하에 계림장업단(雞林獎業團)을 발족했다. 계림장업단은 후쿠이(福井三郎, 1848-1898) 등을 비롯한 단원 48명이 1896년 4월 21일에 인천주재 일본영사관의 인가를 얻은 다음 5월 17일 단원 219명이 결단식을 거행함으로써 창립되었다.[15]

일본으로선 조선 침략의 선봉대를 자연스레 확보한 셈이다. 초기 계림장업단은 상인들의 여권 알선, 통신 교통 및 금융의 알선 등의 활동을 하다가 점차 조직이 비대해지자 차츰 준 정치조직으로 변신하였다. 게다가 그들은 "일본의 이익선의 안전과 진보를 기한다."는 목표로 칼과 육혈포 등을 휴대하고 지방 각처를 순력하면서 무장 행상단으로서 각종 폭력 사건

---

13) 청일전쟁의 강화조약인 시모노세키조약(下關條約)에서 인정된 일본의 랴오둥반도(遼東半島) 영유(領有)에 반대하는 러시아 프랑스 독일의 공동간섭을 말한다. 청일전쟁에서 승리를 거둔 일본은 1895년 4월 17일 청국과의 사이에 강화조약을 조인 비준(批准)하였다. 그런데 조약 내용을 본 러시아 프랑스 독일 3국은 4월 23일 이 조약에서 일본에 할양하도록 되어 있는 랴오둥 반도를 청국에 반환하도록 일본 정부에 강력히 권고하였다.
14) 한철호, "雞林獎業團(1896-1898)의 조직과 활동"《사학연구 제55-56합집》, 한국사학회, 1998, p.631
15) 같은 논문 p.633

에 연루되기도 했다. 결국 계림장업단은 인천의 조선인 상업회의소로부터 해산을 요구받을 정도로 물의를 일으킨[16] 끝에 일본 정부로서도 골치 아픈 존재로 존속하다가 을사늑약 이후 내륙에도 일본의 상점 개설이 허용됨으로서 자연스레 소멸되었다.

한편, 일본 정부는 치하포 사건을 계기로 배상금을 요청한다. 1896년 5월 30일 공사 고무라(小村)가 일본 외무대신 무쓰(陸奧)에게 보고한 '아국인민(我國人民) 피해에 관한 건(件)'[17]을 보면 당시 일본이 요구한 구체적인 내용을 파악할 수 있다. 이에 따르면

- 2월 11일 을미사변을 전후하여 금일까지 발생한 피해상황은 피살해자 43명, 부상 및 피학대자 19명 등 62명에 달한다.
- 피살해자 43명 중 29명에 한해서 손해배상을 요구한다.
- 위 29명은 순전히 행상인 혹은 여행자로서 그들이 입은 손해에 대하여 조선 정부에 배상을 요구할 이유가 충분히 있는 자이다.
- 부상자 및 피학대자로 보상을 받을 사람은 14명이다.
- 피살해자에 관하여는 1인 5,000 圓을 기준으로 합계 14만 圓이다.
- 피학대자에 대하여는 각자 신고금액 혹은 본관이 결정한 액수를 합산하여 합계 6,000 圓이다.
- 그러므로 조선정부는 총합계 14만 6천圓을 지급해야만 한다.

그러면 배상금 14만 6천 원(圓)은 오늘의 금액으로 환산하면 어느 정도 될까? 고무라(小村)가 작성한 상기 문서에는 일본인 임금표가 부기되어 있다. 이에 따르면 하루 일당(一日間實費)을 대개 2圓으로 계상했다. 일본인의 일당을 2십만 원 정도로 잡으면 당시 1圓은 현재 십만 원 정도가 된다. 그

---

16) 같은 논문 p.644
17) 《주한일본영사관기록》"我國人民 피해에 관한 件" 機密第41號 1896.5.30 발송자 公使 小村 수신자 外務大臣 陸奧

렇다면 조선 정부가 일인 피해자에게 보상해야할 금액은 146억 원 정도다. 스치다 가족의 경우 대략 5억 원의 보상금이 주어지게 된다. 일본정부가 생각보다 과도하게 책정한 것 같지는 않다.

이 배상금 문제는 오랫동안 논쟁거리가 되다가 치하포 사건이 발생한 지 9년이 지난 1905년에 기어이 지불되고야 말았다. 대한제국은 배상금 액수를 감해 줄 것을 요청하여 누적된 청구액에서 25%를 감한 18만 3,750圓을 황실 내탕금에서 지불했다고 한다. 스치다의 유가족은 정산 절차를 거쳐 3,778원 59전의 보상금을 지급받았다.[18] 한 청년의 치기어린 협객 행위가 그렇지 않아도 어려운 정부의 예산을 축내는 빌미를 제공했고, 외교적으로도 굴욕을 맛보게 한 셈이다.

18) 손세일, 『이승만과 김구』, 나남, 2008, pp.314-315

고종은 김구를 정말 사면했나

혹 전신을 전화로 착각하지 않았을까하는 의문을 가질 수 있다. 하지만 우리나라 최초의 전신 개통일은 1885년 9월 28일이다. 이 때 한성(서울)과 제물포(인천)간을 연결하는 전신이 개통되었다. 김창수가 인천 감옥에 수감 중이던 1896년은 전보가 이미 일반화된 시점이다. 《백범일지》에서처럼 극적인 장면 자체가 불가능하다는 뜻이다. 극적인 연출만 염두에 둔 백범의 무신경·무책임함은 한국 언론의 출발시기도 바뀌게 만든다. 아래는 문제의 장면이다.

하루는 아침에 《황성신문》을 읽어보니, 경성·대구·평양·인천에서 아무 날 강도 누구누구, 살인 누구누구 등과 함께 인천에 있는 살인강도 김창수를 교수형에 처한다는 기사가 나와 있었다.

《황성신문》이 창간된 것은 1898년 9월 5일이다. 백범이 탈옥한 시기가 1898년 3월 21일이니 그가 감옥에 있을 동안에는 결코 볼 수 없는 신문이 바로 《황성신문》이다.

고종의 사형집행정지 명령과 최초의 전화

　명성황후가 일본인에게 죽임을 당한 며칠 후였다. 한 청년이 있었는데 그는 국모가 억울한 죽음을 당하자 너무 화가 나서, 칼을 찬 일본인을 맨손으로 죽였다. 알고 보니 그 일본인은 일본 육군 중위였고, 그 청년은 인천 감옥에 수감되어 있다가 사형 선고를 받았다. 법무대신이 그 청년의 사형에 대한 보고를 하여 고종의 결재가 났고, 우연히 신하 한 명이 결재된 서류를 보다가 살해 동기가 '국모의 원수를 갚기 위해'라는 것을 보았다. 승지가 이것을 고종에게 보고하자 고종이 서류를 확인한 후 사형을 중지시키라고 했다. 하지만 하필 그 날이 사형집행일이었고 인천까지는 거리가 너무 멀었다. 마침 며칠 전 개통된 전화라는 새로운 기기가 생각나 그 사형을 중지시키게 하였다. 그 때가 1896년 윤8월 26일 인천에 전화가 개통된 지 3일째 되던 날이었다.

　〈우리나라 최초의 전화통화〉라는 제목의 글로 인터넷 여기저기에 떠돌고 있는 글이다. 문제의 장면이 《백범일지》에는 어떻게 묘사되어 있는지 함께 감상해 보기로 하자.

　이윽고 교수대로 끌려 나갈 시간이 되었다. 그때까지 나는 성현의 말씀에 마음을 가라앉혔다가 성현과 동행할 생각으로 《대학》만 읽고 있었다. 그런데 시간이 지나도록 아무 소식이 없이 그럭저럭 저녁밥을 먹었다. 옆 사람들이 창수는 특수죄인이니 야간집행을 하려는가 보다 하였다.
　저녁 무렵이 되어서 여러 사람의 발자국 소리가 나더니 옥문 열리는 소리가 들렸다. '옳지. 지금이 그대로군!'하고 앉아 있는데, 내 얼굴을 보는 동료 죄수들은 마치 자기가 죽으러 가는 듯 벌벌 떨었다. …그때 관청 수속이 어떠했었는지는 모르나, 내 요량으로는 이재정이 그 공문을 받고 상부, 즉 법부에 전화로 교섭한 것 같았다. 그러나 그 후에 대청에서 나오는 소식을 들으면, 사형은 형식적으로라도 임금의 재가를 받아 집행하는 법이므로, 법부대신이 사형수 한 사람 한 사람의 심문서(供件)를 가지고 조회에 들어가서 상감의 친감을 거친다고 한다. 그런데 그 때 입시하였던 승지 중 한 사람이 각 죄수의 공건을 뒤적이며 보던 중, '국모보수' 넉자가 눈에 띄므로 이상하게 여기고, 이미 재가 수속을 끝낸 안건을 다시 꺼내 임금께 보여드렸다. 그 내용을 보신 대군주께서는 즉시 어전회의를 여셨고, 의결한 결과 국제관계가 관련된 일이니 아직 생명이나 살리고 보자 하여 전화로 친칙하셨다 한다. 여하튼 대군주께서 친히 전화하신 것만은 사실이었다. 이상하게 생각되는 것은, 그때 경성부 안에는 이미 전화가 가설된 지 오래였으나, 경성 외의 지역에 장거리 전화가 설치된 것은 인천이 처음이었다는 사실이다. 인천까지의 전화 가설공사가 완공된 지 3일째 되는 병신년(丙申年, 1896)의 일이었다. 만에 하나 그때까지 전화 준공이 못 되었다면, 바로 사형이 집행되었을 거라고들 하였다.[1]

〈우리나라 최초의 전화통화〉의 내용은《백범일지》와 거의 일치한다. 이 글의 파급력은 상상외로 심각하다. 많은 사람들이 이러한 글 혹은《백범일지》를 읽고 백범 김구 선생의 나라사랑하는 우국충정에 감동하고 덤으로 1896년 윤8월에 한국에서 최초로 전화가 개통되었다는 지식을 얻게 되었다고 흐뭇해한다. 고종의 사형집행 정지 명령과 최초의 전화에 관한 삽화는 이제 역사가 되었다.

대중들에게 신뢰받고 있는 꽤 유명한 학자들도 백범 신화 만들기에 너도 나도 동참하고 있다. 사형 위기에 처한 김구의 목숨을 전화가 살렸다는 일화를 사실인 것처럼 그들의 저서를 통해 소개하고 있다.[2] "전화 '마니아' 고종, 전화 한 통으로 김구 살리다."라는 자극적인 문구와 함께 김구의 처

---

1) 『도진순 백범일지』, pp.119-121
2) 강준만, 『한국근대사 산책』, 인물과 사상, 2007, pp.42-44, 126

형 3일 전에, 시외전화가 먼저 개통되지 않았다면 우리의 독립 역사는 어떻게 되었을까하고 걱정하는 작가도 등장하고 있다.[3] 이들은 한국 최초의 전화 개통일이 1896년 10월 2일이라고 철석같이 믿고 있는 모양이다. 그러면 진실은 무엇일까? 먼저 전화 개통일 부터 알아보자. 한국전자전기통신연구소는《우리나라 전기통신기술 발달사에 관한 연구》란 논문을 발표한 바 있다. 그곳에 있는 글을 아래에 소개한다.

한편 이 무렵부터 전화 사업도 시작되어 1898년 1월에 궁중과 정부 각 아문 및 인천(해관)을 직통으로 연결한 최초의 궁중용 전화인 자석식 전화기가 설치되었는데, 이는 스웨덴 에릭슨사의 제품으로 알려졌다. 그 후 1902년에 이르러 통신원은 한성-인천 간의 시외 통화 업무를 효시로 하여 본격적인 전화 사업을 시작하였는데 한성시내에서의 시내 전화 교환 업무는 그 해 6월에 개시되었다.[4]

한국전자전기통신연구소는 정보통신 분야 국내 최대의 국책연구소이므로 상기 정보는 신뢰해도 될 것이다. 이 연구소가 제공하는 정보에 따르면, 우리나라 최초의 전화 개통일은 1898년 1월이다. 앞에서 소개한 글과 1년 3개월의 차이가 난다. 고종이 백범을 구명했다고 하는 1896년 10월은 아직 전화가 개통되기 전이었다. 고종이 전화를 하고 싶어도 전화자체가 없었던 시절이었다. 스치다가 일본 육군 중위가 아니고 평범한 상인이었다는 사실은 이미 앞글에서 설명한 바 있다. 우리는 이렇게 잘못된, 왜곡된 정보의 세계에서 살고 있는 중이다.

혹 전신을 전화로 착각하지 않았을까하는 의문을 가질 수 있다. 하지만

---

3) 박영수,『대한유사』, 살림출판사, 2011
4) 한국전자전기통신연구소《우리나라 전기통신기술 발달사에 관한 연구》, 1989, p.78

우리나라 최초의 전신 개통일은 1885년 9월 28일이다. 이 때 한성(서울)과 제물포(인천)간을 연결하는 전신이 개통되었다.[5] 김창수가 인천 감옥에 수감 중이던 1896년은 전보가 이미 일반화된 시점이다.《백범일지》에서처럼 극적인 장면 자체가 불가능하다는 뜻이다. 극적인 연출만 염두에 둔 백범의 무신경·무책임함은 한국 언론의 출발시기도 바뀌게 만든다. 아래는 문제의 장면이다.

하루는 아침에《황성신문》을 읽어보니, 경성·대구·평양·인천에서 아무 날 강도 누구누구, 살인 누구누구 등과 함께 인천에 있는 살인강도 김창수를 교수형에 처한다는 기사가 나와 있었다.[6]

《황성신문》이 창간된 것은 1898년 9월 5일이다. 백범이 탈옥한 시기가 1898년 3월 21일이니 그가 감옥에 있을 동안에는 결코 볼 수 없는 신문이 바로《황성신문》이다. 그렇다면 백범이 다른 신문을 착각한 것일까? 좀 더 확실한 정보를 얻기 위해 상기 인용 글의 원전을 확인해보기로 하겠다.

일일(하루)은 아침에《황성신문》을 열람한즉 경성 대구 평양 인천에서 아무 날(지금까지 기억되기는 7월 27로 생각한다) 강도 누구누구 살인 누구누구, 인천에는 살인강도 김창수를 처교(處絞)한다고 기재되었다.[7]

알 수 없는 것은 구체적인 날짜까지 제시하며《백범일지》의 신뢰성을 확보하려는 백범의 무모함이다. 인천항감리 이재정이 법부대신 한규설에게

---

5) 한국전자전기통신연구소《우리나라 전기통신기술 발달사에 관한 연구》, 1989, p.76
6) 『도진순 백범일지』, p.118
7) 『직해 백범일지』, p.87(원전 70쪽)

김창수의 처리문제를 보고한 것은 그 해 10월 3일이고, 이 보고서를 본 한규설이 고종에게 처형을 상주한 날짜는 10월 22일이다.[8] 그러므로 백범이 기억하는 1896년 7월 달에는 그의 처형 기사가 아예 실릴 수 없는 사안이다.

사실 김창수에 관한 기사가 보도된 적은 있다. 1896년 9월 22일 자《독립신문》은 해주 김창수가 일본인 장사꾼 토전양량을 죽이고 금전을 갈취했다고 보도했고, 같은 신문 11월 7일자에서는 자칭 '좌통영'이라는 강도 김창수가 살인, 재물 약탈 혐의로 사형에 처하기로 인천재판소에서 판결났다는 기사가 실렸다. 억지로 끼워 맞추면, 11월 7일자《독립신문》을 7월 27일자《황성신문》으로 착각한 것으로 볼 수도 있다. 하지만 그 무렵 사형수 명단이 실린 신문은 결코 없었다.

개통하지 않은 전화를 들먹이고, 창간도 되지 않은 신문을 거론하는 등, 김구는 왜 이렇게 무리를 하면서까지 사건을 끼워 맞추려고 안달을 했을까? 김구가 위정척사계열의 우국지사로 변신하고자 한 의도의 방점은 고종에 대한 충성이었다. 그리고 고종이 자신을 신임하고 있다는 사실만 증명된다면 그야말로 금상첨화가 된다. 의병 궐기, 국모보수를 거쳐 고종의 신임 획득…이러한 전개과정이 김구가 그렸던 시나리오였을 것이다. 여기서 웃지 못 할 삽화를 창작하게 되고, 덧붙여 등장한 것이 자신의 사형을 연기하기 위해 고종이 친히 전화로 명령했다는 신화다.

한편, 김창수의 사형 건에 대하여 전보가 오간 것은 사실이다. 1896년 10월 2일 상오 十点(열시?) 부로 인천감옥에서 법무에게 "김창수 건은 속

---

8) 앞의 표 "장연 산포거사 및 치하포 사건일지" 참조

히 판결을 해주고 이화보는 즉시 방면해 줄 것"을 요청하는 전보를 보냈고, 같은 날짜로 "이화보를 무죄 방면하라"[9]고 전보로 답신했다. 김창수 처분에 대한 답변은 하지 않았다. 분명한 것은 전화로든 전보든 혹은 문서로든 고종이 친히 김창수의 사형집행을 연기하라는 자료는 아직까지 발굴되지 않았다.

인감전보(仁監電報)와 법부(法部)의 답전(答電)

이 글을 전개하면서 계속 밝히겠지만《백범일지》는 자서전이라 하기에도 사실과 어긋난 경우가 너무 많다.《백범일지》는 요즘 흔히 쓰는 말로 '팩션(faction)'[10]이라고 하면 적당할 것이다.《백범일지》를 역사적 사실 즉 1차 사료로 적용하는 것은 역사에 대한 모독이자 의도적인 죄악임에 틀림없다.

---

9) "仁監電報"와 法部의 "答電" 1896.10.2.;『백범김구전집-제3권』,p.276

10) 사실과 픽션이 합해진 말로, 역사적 사실이나 실존 인물의 일대기에 상상력을 덧붙여 새로운 이야기를 꾸며낸 것

구명 청원과 탈옥

김구의 자세한 수형생활은 생략하겠다. 이 글에선 구명운동과 그의 탈주 이야기를 주로 다루기로 한다. 법무대신 한규설이 김창수를 포함한 11명의 처분을 고종에게 상주한 것은 건양 원년(1896년) 10월 22일이다. 인천 감옥에서 김창수 건을 속히 판결해달라는 전보를 보낸 지 20일이 지난 후다. 아래는 상주내용이다.

인천항 재판소에서 심리한 강도죄인 김창수가 자칭 좌통령이라 하고 일본상인 스치다를 살해하여 그 시체를 강물에 던지고, 재물과 환도를 탈취한 뒤 나귀를 사고 동범 3인에게 분배한 뒤 나머지 8백 냥은 점주에게 임치(任置)한 죄로, 본년(本年)법률 제2호 제7조 제7항 1인 2인 이상이 주야를 불문하고 한적한 곳 혹은 대로상에서 券(권), 脚(각), 桿(간, 지레), 棒(봉) 혹 兵器(병기)를 사용하여 위혁(威嚇, 힘으로 으르고 협박함) 살상(殺傷)하고 재물을 취득하는 자는 수종(首從)을 불문하고 교(絞, 교수형)에 처한다는 건[11]

이 상주문에는 김창수 외 6명의 판결 내용이 별첨되어 있는데, 그 중 강원도 재판소에서 심리한 포군 출신 박정식(朴定植)이라는 자의 혐의 내용이 흥미롭다. 그는 자기 고을의 군수 맹영재(孟英在)에게 "개화자(開化自)에게는 총환(銃丸)이 들어가지 않느냐(不入)"하면서 3차례 총을 쏘았다고 한다. 개

11) "상주안건, 안제7호: 법무대신 한(韓)이 왕(王)께" 1896.10.22.;『백범김구전집-제3권』, pp.279-284

화와 보수로 갈려진 당시의 시대상을 보여주는 편린(片鱗)이다. 당시의 법
정은 명분을 떠나 살인죄는 엄격히 다루었던 모양이다. 김창수의 죄목은
동범 4인이 합세한 살인 강도죄다. 해주감영에서 제기한 산포거사 건 즉
역모 죄는 운 좋게도 포함되지 않았다. 한규설의 상주 후 김창수의 처리
과정을 담은 자료는 지금까지 발굴되지 않았다. 왜 그가 미결 상태로 계속
구금되었는지 현재로서는 정확한 이유를 알 길이 없다. 다만 어지러운 정
국 탓이 아니었을까 짐작해 본다.

그 무렵은 고종이 러시아 공사관에서 경운궁(덕수궁)으로 옮김으로써 친
러파가 몰락하고 친일·친미·친러 등 각 세력이 각축을 벌이던 시대였다.
또한 민비(1851-1895.10.8.)와 대원군(興宣大院君, 1820-1898.2)의 시대도 아니
었다. 이처럼 혼란한 시기에 김창수의 경우처럼 일본인 살해 사건은 대단
히 민감한 사안이었을 것이다. 아무튼 기약 없는 감옥 생활이 지속되었다.

감옥 생활을 할 동안 김구는 자신에 관한 이력을 부풀리기 시작했다. 법
원의 판결과 상관없이 그는 국모보수를 실행한 우국지사요 단발반대 의병
을 지휘한 의병대장임을 강조했다. 그의 부모는 물론 동료 죄수들과 간수
들도 김구의 주장을 대부분 믿었던 모양이다. 여기서 주의해 볼 것은 김창
수가 구금되어 있던 감옥에는 동학이나 개화당 등 시국관련 죄인은 한 사
람도 없었다는 점이다.

죄수들의 죄목은 들락날락하는 민사소송 사건 관련자 외에는 대다수가
절도 강도·위조범·사기·살인 등 파렴치범들이었다. 그리고 대부분이 문
맹이었다.[12] 이러한 자들에게 글을 가르치고 소장(訴狀)도 지어주니 젊은

----

12) 『도진순 백범일지』, p.116

청년이지만 그들로부터 선생 대접을 받았을 터이다. 그가 좀 허풍을 치더라도 그의 과거나 이력을 제대로 모르니 긴가민가하면서도 믿을 수밖에 없는 분위기였다는 뜻이다.

김창수가 구금된 지도 어언 1년이 지났다. 이 무렵 김주경(金周卿)이라는 인물이 등장하고 김창수의 구명운동이 시작된다. 김주경은 일생을 두고 백범이 고마움을 표한 인물이다. 탈옥 후 삼남 지방을 떠돌 때 가장 먼저 소식을 탐문한 김형진과 함께 끊임없이 관심을 표명한 인물이 김주경이다.

그는 자신의 가산을 모두 탕진할 정도로 백범의 구명에 힘을 썼다고 한다.[13] 김주경은 백범의 석방운동에 왜 그렇게 전력을 쏟았을까? 백범의 회상에 의하면 그는 호방한 사나이였다. 법무대신 한규설을 직접 찾아가고, 대관들에게 욕을 퍼붓고 나올 정도였다고 한다. 7, 8개월 동안 소송에 진력하다가 지니고 있던 돈이 바닥이 나자, 동지들을 규합해 관용선(官用船)을 탈취하여 해적질을 해서라도 김창수의 구명자금을 구하기 위해 동분서주했다고 한다. 이쯤 되면 차라리 어리둥절해 진다.

김주경은 자기 집 계집종의 남편이자 인천 감옥의 간수로 있던 최덕만(崔德萬)으로부터 김창수에 관한 이야기를 들었을 따름이다. 그리고 그의 이력이나 사상에서 김창수와 공통점을 발견할 수도 없는 사내다. 그의 재산이라는 것도 사기 노름을 하여 획득한 일부였다. 의협남아라고도 할 수 있겠지만 본질적으론 투전꾼이요 사기꾼 게다가 해적질도 서슴없이 할 수 있는 자가 김주경이라는 자의 정체였다. 그러한 자가 왜 충의의 화신 김창수의 석방에 목을 매달았을까? 석방이 불가능하다고 판단되었을 때 탈옥

---

13) 『도진순 백범일지』, pp.122-125

까지 권유할 정도로 김창수에게 애착을 보였을까?

진실은 알 수 없다. 한 가지 참고할 사항은 김구의 부모와 김주경 외 김구의 구명운동을 나선 이는 전혀 없었다는 점이다. 김구가 그렇게 인연을 강조했던 안태훈(안중근) 가문이라든가, 그가 평생의 스승으로 모셨다는 고능선 그리고 동학관련 동지·동료들이 김창수의 구명 운동에 나섰다는 기록은 없다. 청국여행을 같이 했고 의병궐기를 함께 했다는 김형진도 그 흔한 상소문 한 줄 쓰지 않았다. 《백범일지》에 조차 그러한 기록은 없다. 김주경이 김창수의 구명운동을 했다는 직접적인 증거도 남아 있지 않다. 《백범일지》에는 김주경이 소지(訴紙)를 올렸고, 답변으로 "국모의 원수를 갚는다고 한 말의 뜻은 가상하나, 사건이 중대하여 여기서 마음대로 할 수 없다."라고 쓴 제지(題旨)가 내려왔다[14]고 기록되어 있으나, 이와 같은 문서는 아직까지 발굴되지 않았다.

김창수 석방탄원에 관한 자료는 두 가지가 남아 있다. 1898년 2월, '김하진이 법부대신 한규설에게 보낸 청원서'와 같은 날짜로 '김초사가 법부대신 한규설에게 보낸 청원서'다. 알 수 없는 것은 김하진과 김초사의 정체다. 많은 학자들은 김하진과 김초사를 백범의 부모로 단정하고[15] 있으나 몇 가지 의문이 든다. 그렇다고 김주경이라고 보는 것은 더 큰 무리다.

두 청원서의 내용은 거의 같다. 외동아들의 나이 이제 겨우 22세인데 벌써 3년 째 옥살이를 하고 있는 중이다. 지난 을미년 국변 때는 진실로 통분하였으며, 단발을 피해 도망을 다니다가 변복한 일본인을 만나자 국모보수의 의리로 그 일본인을 죽였다. 그런데도 강도죄로 다루는 것은 너무 억울

---

14) 『도진순 백범일지』, p.125

15) 도진순, 배경식, 손세일 등은 김하진을 백범의 아버지, 김소사를 어머니로 파악했다.

하다니 공정하게 판결해 달라. 대략 이런 줄거리다. 김소사의 글에는 누명을 풀어 원한을 갖지 않도록 해달라는 애원도 덧붙여 있다.[16]

청원인은 김하진(金夏鎭, 51세)과 김소사(金召史, 40세)다. 백범의 부모와 나이와 같고[17] 김창수를 청원인의 독자(獨子)라고 표현한 것을 보아 김구 부모의 청원일 가능성이 높다. 다만 이들 청원서는 누군가가 대신 써준 듯싶다. 그러나 원래 성명을 사용하지 않았다는 것은 아무래도 이해되지 않는다. 더욱이 모친의 경우는 성 마저 다르다. 또 7대 독자라고 표현한 것도 눈에 거슬린다. 백범의 부친 김순영(金淳永)의 형제는 형 백영(佰永)과 동생 필영(弼永) 준영(俊永) 등 4명이다.[18] 김하진과 김소사는 너무나 뻔한 거짓말을 왜 했을까? 게다가 김소사는 탈옥범 아들 대신으로 투옥된 김순영의 소장(訴狀, 청원할 것이 있을 때에 관청에 내는 서면)을 작성할 때 아들의 이름을 昌守, 昌壽 등으로 헷갈리게 쓰는 실수도 한다.[19] 김하진과 김소사의 정확한 신분확인은 아무래도 다음 기회로 미룰 수밖에 없다. 아무튼 김창수의 석방을 탄원하는 요청이 법부에 접수된 것만은 사실이다. 하지만 법부의 회신은 너무나 간단했다.

"지금 심리 중이니 물러가 기다리라(旣方審理ᄒᆞ니 退持흠 一日)" "사정이 비록 딱하나 죄가 왕의 결정사항에 관한 것이므로 용납할 수 없다.(情雖矜憐罪 關 王章必不可容貸 同事 十八)"

---

16) "청원서: 김하진이 법부대신 한규설께" 1898.2 "청원서: 김초사가 법부대신 한규설께" 1898.2: 『백범김구전집-제3권』, pp.286-292

17) 김구의 부친 김순영(金淳永,1848-1901)은 1848년생이고 모친 곽낙원(郭樂園,1858-1939)은 1858년생이다.

18) 『도진순 백범일지』, p.29

19) "소장, 김소사가 법부대신 한규설께, 1898.12" "소장, 김소사가 법부대신께" 1899.3: 『백범김구전집-제3권』, pp.299-302

앞의 글은 김하진의 청원에 대한 답변이고 뒷글은 김소사의 소장에 대한 답변이다. 7대독자라는 거짓말을 해가면서 동정심을 자극하려고 했으나 김창수의 석방은 불가능하다는 법부의 회신이었다. 법부로부터 답변을 받은 사흘 후 김창수는 탈옥을 감행한다. 애초에 석방에 대한 기대를 하지 않았다는 방증이다. 김구는 탈옥의 변을 《백범일지》에 다음과 같이 남겨 놓았다.

나를 무한정 놓아 주지 않는 데도 옥에서 죽는 것이 옳은가 그른가? 당초에 내가 왜놈을 죽인 것이 우리 국법에 범죄행위로 인정된 것이 아니다. 왜놈을 죽이고 내가 죽어도 한이 없다고 생각했던 것은 내 힘이 부족해서였다. 왜놈에게 죽든지, 충의(忠義)를 몰라주는 조선 관리들에게 죄인으로 몰려 죽든지 한이 없다고 결심했던 것이다.
　지금 대군주(大君主)가 나를 죽일 놈이 아니라고 인정하신 것은 윤 8월26일 전칙(電勅)한 사형 정지의 일로 족히 증명할 수 있다. 또한 이때 이후 감리서로부터 경성 각 관아에 올린 제지를 보아도 나를 죄인이라고 적시한 곳은 한 군데도 없었다. 김경득이 그같이 자기 전 재산을 탕진해 가며 내 한 목숨 살리려 한 것도 그렇고, 인천항에 사는 사람들 중 한 사람도 내가 옥중에서 죽는 것을 원하는 사람이 없음은 삼척동자도 다 아는 사실이다. 나를 죽이려 애쓰는 놈은 왜구(倭仇)들 뿐인데, 내가 그놈들을 즐겁게 하기 위해 옥에서 죽는 것은 아무 의미가 없지 않겠는가![20]

‘왜놈들을 즐겁게 하기 위해 옥에서 죽을 수 없다’ 김구가 탈옥을 결심한 이유의 핵심이다. 그렇다면 탈옥 후 일본의 반응은 어떠했을까? 아쉽게도 김창수의 탈옥 후 일본 영사관의 반응을 기록한 문서는 없다. 어쩌면 일본에게 김창수는 단지 일본인 민간인을 살해한 수많은 자들 중의 한 명이라고 생각했을 지도 모른다.

---

20)『도진순 백범일지』, p.128

그건 그렇고 김구가 탈옥의 변으로 주장한 것 중 몇 가지는 분명 그의 오해였다. 김창수의 살인 행위는 그 당시 조선 국법 혹은 대명률에 의해서도 분명히 유죄였다. 그리고 앞글에서 설명한 바와 같이 고종은 김창수의 사형 정지를 명령한 적이 없었다. 그 무렵 인천항에 살았던 사람들의 반응은 지금으로선 확인할 수 없다. 김구의 탈옥의 변은 자기만의 변명일 확률이 크다.

어쩌면 시국의 변화가 백범이 탈옥을 결심하게끔 부추겼는지도 모른다. 백범이 탈옥할 무렵은 친러파가 몰락하고 친일파로 정권이 이동될 시기다. 친일파 정권이 들어선다면 지금껏 부지해왔던 목숨이 조만간 형장의 이슬로 사라질지도 모른다는 초조감에 탈옥을 결심하게 만들었는지도 모른다.

탈옥 후일담에 대해서 언급하기 전에 탈옥에 관한 에피소드를 잠깐 소개하고자 한다. 김창수와 함께 탈옥한 공범은 조덕근, 양봉구, 황순용, 강백석 등 4명이다. 김창수는 앞에서 설명한 바와 같이 사형집행을 기다리던 강도·살인범이었고, 조덕근의 경우 창기(娼妓)를 중국에 팔아넘긴 인신매매범으로서 징역 10년형을 선고받은 자였다.[21] 나머지 사람들의 형량은 양봉구가 3년, 김백석(강백석)이 10년 이었다.《백범일지》에 표현된 바와 같이 눈물로 하소연하며, 김창수에게 은근히 탈옥을 부추길만한 장기수들이었다.

문제는 황순용의 경우다. 그는 절도죄로 3년을 다 살고 출옥일이 겨우 15일이 남은 상태였다. 그런데 보름 후에 출옥예정인 황순용이 왜 탈옥에 가담했을까? 김구의 회고에 의하면 황순용은 남색자(男色者. 호모)였고 그

---

21) 『도진순 백범일지』, p.116

파트너는 나이 17, 8세의 김백석(강백석)이었다. 탈옥을 결행할 때 결국 문제는 같은 방 동료들이었을 터이다. 낌새를 알아 채고 누군가가 밀고를 한다면 어떻게 될까? 탈옥 모의를 하던 이들도 당연히 그러한 걱정을 했을 것이다. 물론 가장 염려되는 사람은 출옥일이 며칠 남지 않았던 황순용이었을 것이고. 여기서 황순용의 약점을 이용하게 된다. 키포인트는 역시 김백석이었다. 김백석은 10년 형을 받은 지 채 몇 달이 되지 않아 앞으로도 긴 세월을 감옥에서 지내야할 처지다. 김창수는 조덕근에게 은밀히 부탁하길, 김백석으로 하여금 황가를 보고 애원하여 살려 달라고 조르게 하였다. 황순용은 백석의 징역을 대신 살겠다고 할 정도로 애정이 깊었던 모양이다.

황순용 자신은 며칠 후면 밝은 세상으로 나가지만 그가 사랑하는 김백석은 불쌍하게 앞으로도 10년 세월을 감옥에서 지내야 한다.…결국 방법은 함께 탈옥하는 수밖에 없다.…출옥 보름 남은 황순용이 탈옥에 동참한 연유이다. 조덕근처럼 황순용도 붙잡혔더라면 그의 심사는 어떠했을까? 결국 김창수의 탈옥 성공에는 탈옥자금을 제공했지만 혼자만 잡힌 조덕근과 황순용·김백석 동성 간의 로맨스가 큰 몫을 한 셈이다.

《백범일지》에는 착각으로 인한 잘못된 인명이 많이 등장한다. 인천에서 재판을 받을 때 그를 심문한 자의 이름을 김윤정[22]으로 오인하고 당시 일본 공사를 하야시 곤스케(林權助)[23]로 착각하는 등이 예다. 당연하다. 30년 전의 기억이 정확하다는 자체가 난센스다. 하지만 백범은 그의 탈옥 동료들 이름은 상당히 정확하게 기억했다. 김창수와 함께 탈옥한 공범은 조덕

---

22) 실제 김창수를 신문한 경무관은 김순근이다.
23) 당시 일본 공사는 하라(原敬. 1896년)와 가토(加藤增雄,1897-1899)였다.

근, 양봉구, 황순용, 강백석 등 4명이다. 백범은 강백석만 김백석으로 착각했을 뿐 나머지 3명의 이름은 정확히 기억했다.

이것은 탈옥 후에도 그들과 지속적인 관계를 맺었든가 아니면 적어도 그들의 소식을 탐문했다는 뜻이다. 실제 김구는 탈옥 후 목포에서 양봉구를 만났고 그로부터 조덕근이 붙잡혔으며, 재수감 된 후 눈 한 개가 빠졌고 다리가 부러졌다는 소식을 전해 들었다.[24] 해방 후 목포 방문 시에도 양봉구 유가족의 소식을 탐문하는 등 계속 관심을 보였다.[25] 여기서 한 가지 짚고 넘어갈 것이 있다. 《백범일지》에는 수많은 사람들이 등장하여 백범과의 인연을 맺곤 한다. 하지만 그가 청년 시기에 만난 사람들 중 백범처럼 독립운동지사로 변신한 사람들은 전혀 없다.

여기까지는 《백범일지》에 기록된 후일담이다. 지금부터 공식문서는 그 당시의 상황을 어떻게 기록했는지 알아보기로 하겠다. 김창수가 탈옥한 후의 상황에 관련된 문서는 5가지가 남아 있다. 앞글에서 잠깐 소개한 김소사의 소장 2개와 인천항 재판소 판사 서상교(徐相喬)가 법부대신 이유인(李裕寅)에게 보낸 보고서 2건 그리고 법부대신 신(申)이 인천항 재판소 판사 서상교(徐相喬)에게 보낸 훈령 등이다.

서상교가 기록한 문서에 의하면 김창수의 탈옥 시기는 1898년 3월 19일이다.[26] 그는 조덕근 양봉구 황순용 강백석 등과 함께 감옥 마루 밑의 땅을 파고 담을 넘어 탈옥했다. 그 다음날 인천감리서는 인천 항내 각 마을과 선박 그리고 해변 주위를 조사하였으나 종적을 찾지 못하였다. 인천감

---

24) 『도진순 백범일지』, p.144

25) 『도진순 백범일지』, p.418

26) 《백범일지》에는 탈옥일이 1898년 3월 9일이라고 되어 있다. 『도진순 백범일지』, p.140

리서는 탈옥사건의 책임을 물어 간수 김춘화 등 5명을 구속하였다.[27]

그다음 4월 3일 보고서에는 조덕근의 체포 사실을 알리고 있으나 나머지 4명은 끝내 잡지 못했다고 기록되어 있다.[28] 사건 발생 5개월 후 법무대신은 훈령을 내린다. 탈옥의 책임을 물어 김춘화는 태(笞) 80 징역 2년 그리고 오기환 황세영은 태(笞) 100 처변방송(處辨放送, 외진 곳으로 보냄)의 처분을 받았다. 다시 붙잡힌 조덕근은 태(笞) 100에 새로이 징역 10년에 처해졌다.

김창수의 아버지 김순영이 자식 대신 투옥된 사실은 김소사가 법부에 제출한 소장(訴狀)에 나타나 있다. 김소사는 1898년 12월과 이듬해인 1899년 3월 두 차례에 걸쳐 탄원을 했다. 소장(訴狀)에서 그녀는 아들의 행동을 충의열사라고 했지만 정작 석방은 되지 않았고, 아들은 부득이 탈옥했다. 그런데 남편을 대신 구속하여 1년이 되도록 재판도 하지 않고 가두어두는 것은 너무나 억울하니 조속히 풀어달라고 호소했다. 김창수의 아버지 김순영은 아들이 탈옥한 지 1년 정도 지난 1899년 3월 하순 감옥에서 풀려났다.

치하포 사건은 이렇게 마무리 되었다. 하지만 사실여부와 관련 없이 치하포 사건은 백범 김구의 찬란한 훈장이 되어 백범신화를 조성하는데 지금까지 큰 기여를 하고 있다.

---

27) "보고서 제3호: 인천항 재판소 판사 서상교(徐相喬)가 의정부찬정 법부대신이유인(李裕寅)께」『백범김구전집-제3권』, p.293

28) "보고서 제5호: 인천항 재판소 판사 서상교(徐相喬)가 의정부찬정 법부대신이유인(李裕寅)께」『백범김구전집-제3권』, p.295

06
김구가 이름을 바꾼 이유

탈옥 후 원종(圓宗)이라는 법명을 사용하다가 김두래(金斗來)란 가명을 거쳐 어느 정도 신변의 안전이 확보되었다고 판단할 무렵부터 김구(金龜)라고 이름을 바꾸고 교사 등 공식적인 사회활동에 참여하게 된다.

백범의 종교 편력과 개명

　김구가 탈옥을 한 때는 1898년 3월 19일이다. 해주옥과 인천감옥에 구금된 지 2년만이었다. 이제 22세가 되었다. 탈옥 후의 행적은《백범일지》에 의지할 수밖에 없다. 김구가 공식문서에 다시 등장하는 것은 10여 년이 지난 이후부터다. 이 기간 그에겐 몇 가지 변화가 있었다. 결혼을 하였고 위정척사계열이었던 스승과 결별하였으며 이름도 여러 번 바꾸었다. 가장 중요한 변신은 기독교로의 개종이다.

　백범의 종교편력은 유명한 이야기다. 무속·유교·풍수·관상학·동학　불교·기독교… 사후에는 가톨릭의 성세를 받아 '베드로'라는 세례명을 얻었다. 김구는 조선 민중이 선택할 수 있던 대부분의 종교와 접촉한 셈이다. 그는 농민의 아들로 태어나 유교를 입신의 수단으로 삼았으나 과거 낙방으로 좌절했다. 그 후 풍수·관상 등 무속과 관련된 학문에도 잠깐 흥미를 보이기도 했으나 곧 동학에 입도한다. 엄밀히 말하자면 동학도가 된 것도 기인이사, 이적 등 미신적인 요소에 대한 호기심이 큰 동기였다. 그가 불교에 입적하여 원종(圓宗)이란 법명을 얻은 것은 탈옥 후 신분세탁의 의미가 큰 개종으로 보아야 할 것이다. 그는 너무 쉽게 믿고 너무 쉽게 그 종교를 버렸다. 백범에게 종교는 목적이 아니고 수단이었다.

　백범의 종교편력은 묘하게도 그의 이름과도 연관이 깊다. 그가 동학에 입도했을 때 창수로 개명한 것은 잘 알려진 사실이다.《백범일지》에 김창수가 처음으로 등장하는 시기는, 그가 동학에 입도하여 연비가 수천 명에 이르렀다고 주장할 무렵이다. 당시의 상황에 대하여 김구는 다음과 같이 회상했다.

그 시(時)에 내게 대한 무근(無根)의 요설(謠設)이 인근에 두루 유포된다. 나를 찾아서 그대가 동학을 하여 보니 무슨 조화가 나더냐 물으면 나는 정직하게 諸惡模作衆善奉行(제악모작중선봉행: 모든 악을 저지르지 않고 선을 행하는 것)이 사학(斯學)의 조화라고 하지마는 듣는 자들은 자기네에게는 아직 그런 조화를 보여 주지 않는 것으로 자인하고 전파하기는 김창수(金昌洙)가 1장 이상에 보행하는 것을 보았다고 한 것이다. 이오전오(以誤傳誤)하여 점점 고도성(高道聲)이 훤자(喧藉)하게 되매 황해 일대는 물론이고 평안남북도에 까지 연비가 수천에 달하였다.[1]

김구는 김창수라는 이름을 사용 하게 된 이유에 대하여 스스로 설명한 바 없다. 다만 위에 인용한 문장부터 김창수가 등장하기 때문에 1893년 동학에 입도하면서 김창수(金昌洙)로 개명하였다는 주장이 정설로 받아들여지고 있다.[2] 하지만 그가 두 개의 창수란 이름을 사용했다는 것은 그 누구도 거론하지 않고 있다. 먼저 '김구의 이름 변천 이력'을 아래 표에 의거 소개한다.

---

1) 『직해 백범일지』, p.32(원전18쪽)
2) 『도진순 백범일지』, p.43

[김구의 이름 변천 이력]

이름	백범일지	기타자료
金昌巖	1876-1894	-
金昌守	-	동비토론(1895.9-1896.3) 중범공초(1895.11-12/1896.2.30.작성) 사법품보(1896.2.30.) 사법품보(1896.4,24) 김초사 소장(1898.12) 김초사 소장(1899.3)-金昌壽로 기록
金昌洙	1894-1898	노정약기(1895/1898년 저술) 일본공사관 문서(1896.4월~) 해주 감영문서(1896.4.19.~) 법부 정부문서(1896.7.9.~) 김창수 재판기록(1896.8.31.~) 이화보 재판기록(1896.8.31.~) 김하진,김초사 청원서(1898.2)
圓宗	1898-1899	-
金斗來	1900	-
金龜	1900-1912	안악사건 판결문(1911년)
金九	1912-1949	-

김창수라는 이름이 공식 사료에 처음으로 등장한 것은《동비토론(東匪討論)》이란 그리 잘 알려지지 않은 문서다. 이 문서에 의하면 손장업·김창수·이관구·오주실 등은 위협에 못 이겨 동학도에 이름을 올렸으나 곧 동비의 도를 배반하였다는 내용이 나온다. 여기에 소개된 김창수는 金昌守다. 그 다음 문서는《중범공초(重犯供草)》다. 이 문서에 등장하는 金昌守가 백범과 동일 인물이라는 것은 많은 학자들이 인정하고 있다.《중범공초》는 1895년 11월 경 발생한 산포거사 모의 당시 체포된 백낙희·김양근·백기정·김

계조·김의순·백낙규 등을 문초한 기록인데, 金昌守가 주요 혐의자로 나온다. 그 외《사법품보(司法稟報)》에도 金昌守가 기록되어 있다. 이들 문서의 공통점은 金昌守가 역모사건에 연루되어 있다는 것이다. 앞 장에서도 지적했지만 일본 상인 스치다 살인사건을 국모보수라는 대의명분에 맞추기 위해선 필히 역모사건이었던 산포거사를 숨겨야했을 것이다. 金昌守가《백범일지》와 역사에 사라진 연유다.

또 다른 金昌洙는 상당히 오랫동안 등장한다. 그러나 이 金昌洙 역시 서서히 사라지게 된다. 탈옥 후 원종(圓宗)이라는 법명을 사용하다가 김두래(金斗來)란 가명을 거쳐 어느 정도 신변의 안전이 확보되었다고 판단할 무렵부턴 김구(金龜)라고 이름을 바꾸고 교사 등 공식적인 사회활동에 참여하게 된다. 김구로 변성명하게 된 연유에 대해서《백범일지》는 다음과 같이 말하고 있다.

조금 누락된 것이 있다. 창수라는 이름이 쓰기 매우 불편하다 하여 성태영과 유완무가 이름을 고쳐 주었다. 이름은 김구(金龜)라 하고, 호는 연하(蓮下), 자는 연상(蓮上)이라 고쳐서 행세하기로 하였다.[3]

1900년, 김구 나이 24세 무렵이다. '창수라는 이름이 쓰기 매우 불편하다'라는 말에 숨겨진 뜻은 탈옥으로 인해 수배중이라는 의미가 담겨져 있다고 봐야 할 것이다. 성태영과 유완무는 어떤 비밀결사 조직을 구상하면서 김창수를 영입하려고 했던 모양이다. 특히 유완무의 김창수에 대한 관심은 위험할 정도로 적극적이었다. 그는 김창수의 탈옥을 준비했고, 의외

---

3) 『도진순 백범일지』, p.174

로 김창수 자신이 탈옥해 자취를 감추자 그의 흔적을 찾기 위해 수단방법을 가리지 않았다. 그리고 김창수와 만나게 되자 상식을 벗어난 방법으로 그를 시험했으며, 어느 정도 파악하게 되자 신변을 염려하여 이름까지 김구(金龜)로 바꾸게 했다. 더욱이 평민에겐 흔하지 않은 호까지 만들어주었다. 다음은 모든 시험이 끝난 뒤 유완무가 김창수에게 건넨 말이다.

연산 이천경이나 지례 성태영이 다 내 동지인데, 우리는 새로 동지가 생겼을 적엔…어떤 사업에 적당한 자질이 있는지를 판정하여, 벼슬살이에 적당한 자는 자리를 주선하고 상업에 농사에 적당한 인재는…연하는 동지들이 시험한 결과, 아직 학식이 얕고 부족하니 공부를 더 하되, 경성 방면의 동지들이 전적으로 맡아 어느 정도 수준을 이루도록 할 것이오. 연하의 출신이 상인(常人) 계급이니 불가불 신분부터 양반에게 눌리지 않도록 만드는 것을 급선무로 삼아, 지금 연산 이천경이 소유하고 있는 가택과 논밭, 그리고 가구 전부를 그대로 연하의 부모가 생활하는데 사용할 수 있도록 제공하려 하오. 그 고을의 큰 성씨 몇몇만 잘 단속하면 족히 양반의 생활을 할 수 있을 것이오.…[4]

유완무가 속한 조직이 어떤 성격의 것이었는지에 대해서는 알려진 것이 거의 없다.《백범일지》에 묘사된 것이 사실이라면 이 조직은 대단한 힘을 가졌음이 분명하다. 그들은 김창수를 탈옥시키기 위해 13명의 모험대를 조직해 인천항 주요지점 7, 8곳에 불을 질러 파옥할 것을 계획할 정도로 정부의 권력을 두려워하지 않는 집단이었으며, 서울을 비롯한 전국에 걸친 조직을 가졌고, 김창수 부모의 생계를 책임질 정도로 경제력도 갖추었으며, 더욱이 그의 부모가 양반 행세를 하도록 하는 조처를 취하는 배려도 보여주었다. 그리고 김창수의 부족한 학문을 보충하기 위한 유학도 계획했

---

4) 『도진순 백범일지』, pp.167-175

다.

　프리메이슨이나 장미십자회 같은 비밀결사나 마피아·삼합회·야쿠자 같은 암흑가의 조직에서 조직의 핵심요원 혹은 후계자를 키우기 위한 육성과정을 보는 듯하다. 상놈이라는 자격지심에 늘 시달렸으며, 정규 교육과정을 제대로 밟지 못한 김구에게 유완무의 제안은 얼마나 감격스러웠을지 짐작이 간다. 유완무는 허구의 인물이 아니다. 이희환의 논문《백초 유완무의 생애와 민족운동》[5]을 보면 유완무의 생애를 어느 정도 파악할 수 있다.

　그들과 만남 이후 고향에 들린 김구는 먼저 그의 스승을 방문했다. 고능선은 치하포 살인사건을 칭송하며 의암 유인석으로 하여금 '김창수는 의기남아'라고 그의 저서《소의신편　속편》에 기록하게 할 정도로 김창수에게 큰 기대를 가졌다. 하지만 몇 년 만에 만난 제자는 그가 혐오하던 박영효·서왕범 같은 역적무리 즉 개화파가 되어 나타났다. 결국 신·구의 충돌로 인해 김구는 그의 평생 스승이라는 고능선과 결별한다. 이러한 과정을 짚어보면 유완무의 조직은 개화파에 속한 유학자의 모임이었을 것으로 짐작된다. 유완무가 위정척사계열 의병장인 이범윤의 지령에 의해 1909년 2월 북간도에서 암살당한 것은 그의 노선을 알게 하는 작은 끈이다.[6]

　하지만 김구는 유완무 조직과 끝까지 함께 하지 않았다. 고능선과 결별, 부친의 죽음, 미혼처의 죽음 그리고 최준례와의 결혼을 거쳐 그가 선택한 길은 기독교를 통한 애국계몽운동이었다. 아무튼 김구의 선택은 유완무의 입장에서 보면 배신으로 보였을 것이다.

---

5) 이희환, 『인천학연구-10』, 인천대학교 인천학연구원, 2009, pp.261-306
6) 이희환, 『인천학 연구-10』, 인천대학교 인천학연구원, 2009.2, p.289

이 무렵 모든 상황은 김구가 의병운동에 참여하도록 여건이 조성되고 있었다. 그 자신 의병대장을 자칭했으며 국모보수를 주장한 이력만 봐도 주위의 사람들은 그가 장차 의병에 투신하여 조국의 독립을 지키는데 일조하리라 기대했다. 실제 스승 고능선은 당시 가장 유명한 의병의 한 사람이었던 유인석에게 김창수를 천거했고 스승은 제자가 유인석 의병부대에 들어갈 것을 강력히 권유했다. 그러나 그는 거절했다. 한편 김구에게 큰 감격을 주었던 유완무도 두만강을 건너 의병에 투신했다. 김구가 유완무와 행동을 함께 하지 않은 것은 의리를 강조했던 김구의 모습과는 전혀 부합되지 않는 행위였다.《백범일지》를 보면 그 당시 김구가 의병운동을 어떻게 인식하고 있었는지 잘 묘사되어 있다.

을사년에 이른바 신조약이 체결되었다. 사방에서 지사들이 구국의 길을 강구하고 산림학자들은 의병을 일으켰다. 경기·충청·경상·황해·강원도 등지에서 전쟁이 계속되어, 동에서 패하면 서에서 일어나고 서에서 패하면 동에서 일어났다. 그러나 허위·이강년·최익현·신돌석·연기우·홍범도·이범윤·강기동·민긍호·유인석·이진룡·우동선 등은 군사지식이 없고, 다만 충천하는 의분심만 가지고 일어났으니 실패하고 있었다.[7]

그렇게 의리를 강조하던 김구가 실질적인 의리의 본산이라고 할 수 있는 위정척사계열 유학자가 중심이 되어 일어난 의병궐기에 대하여 너무나 냉정하게 평가한다. 아무튼 김구는 그동안 자신이 경험했던 동학·불교·유교 등과 결별하고 새로운 종교, 기독교에 입교하게 되었다. 그런데 이 과정에서도 의아스러운 일이 있다. 기독교는 김구가 가장 오랫동안 신봉했으며

---

7) 『도진순 백범일지』, p.193

그의 일생에 큰 영향을 끼친 종교다. 하지만 기독교의 입교 과정과 동기에 대한 서술은 너무 간결하다. "당시 전도조사(傳道助事)였던 우종서가 오랜 친구에게 예수교 신봉을 힘껏 권하였다. 나도 탈상 후에는 예수도 믿고 신교육을 장려하기로 결심하고 있었다."[8]

아무래도 변명이라는 의혹을 떨칠 수 없다. 김구는 28세 되던 1904년 12월 최준례와 결혼했다. 동학농민전쟁 역모사건 살인 그리고 투옥과 도피 생활 끝에 찾은 모처럼의 안락함을 포기하기가 쉽지 않았을 것이다. 망명과 의병참여라는 고달픔 대신에 교육자강운동을 권유하는 기독교의 방침이 달콤하게 느껴졌을지도 모른다.

---

8) 『도진순 백범일지』, p.186

07
이승만을 사모하는
백범 김구의 옥중생활

《백범일지》상권은 등사로 인쇄되어 하와이를 비롯한 미주지역 교민들에게 배포된 사실이 있다. 그러므로 이승만이 이 글을 보았을 확률이 크고, 어쩌면 엄항섭을 비롯한 백범 측근들은 이승만이 《백범일지》를 보길 간절히 기대했을지 모른다. 이러한 의도 하에서 이승만을 경애(敬愛)하는 글을 특별히 추가했을 가능성이 높다.

변신의 귀재 김구와 안악사건

청소년기 김구에게 큰 영향을 끼친 인물들을 정리해 보면 다음과 같다. 동학의 입교 과정에 영향력을 행사한 오응선과 최유현, 청계동의 안태현과 고능선, 청국여행을 함께한 김형진 그리고 목적을 분명히 밝히지 않았지만 비밀결사조직을 운영했던 유완무와 성태영 등은 김구의 선택에 따라 우리가 알지 못하는 길로 인도할 수 있었던 인물들이다.

그러나 김구는 그들과 전혀 다른 방향으로 나아가게 된다. 이제 장년기에 접어든 김구가 선택한 길은 교육자로의 변신이었다. 그의 학식은 보잘 것 없었지만 초등학생 정도는 가르칠 수 있었던 모양이다.[1]

교육자로서 김구의 첫출발은 1903년 2월 진사 오인형의 초청으로 황해도 장연읍 사직동 오 진사 사랑방에서 학교를 개설함으로써 시작된다. 그 후 광진학교, 서명의숙, 양산학교, 재령보강학교 등을 거치며 황해도 지역에선 기독교 전도인이자 교육운동가로서 김구의 지명도가 조금씩 높아지기 시작하였다. 하지만 자식 복은 그리 없었다. 1918년 장남 김인(金仁)이 출생하기 전에 그는 세 명의 딸을 잃었다. 첫딸(1906-1907)이 이름도 짓기 전에 사망했고, 1915년 김구가 마흔 살 되던 무렵 둘째 딸 김화경(金化慶, 1910-1915)이 그리고 김은경(金恩慶, 1916-1917)이 1917년도에 죽었다.

---

1) 『도진순 백범일지』, p.209

김구가 가정과 직장에 충실하던 무렵, 세계는 격동과 변혁의 시대였다. 한반도에 국한해도 그가 결혼을 하던 해인 1904년 2월에 러일전쟁이 발발했으며, 같은 해 한일의정서가 조인되었다. 1905년 11월 17일 을사늑약이 체결되기 전에 일본은 8월 12일 영국과 제2차 영일동맹을 맺었고 9월 5일엔 포츠머스 조약이 체결되었다. 물론 미국과의 관계문제도 비밀리에 가쓰라-태프트 밀약을 성사시킴으로써 해결하였다.

을사늑약 이후 민영환·최익현을 비롯하여 수많은 유림·지사들이 자결했음은 누구나 다 아는 일이다. 1907년 헤이그 밀사사건 그리고 7월 달엔 군대 해산을 계기로 전국적인 의병이 궐기하였다. 1908년부턴 보다 적극적인 항일의 표명으로 의열 투쟁이 일어났다. 1908년 3월 장인환·전명운이 제국주의 일본의 앞잡이 스티븐스를 저격했으며, 이듬해인 1909년 10월에는 안중근이 하얼빈역에서 이토 히로부미를 사살했다. 같은 해 12월, 이재명은 경성 종현(鐘峴) 가톨릭 성당 앞에서 이완용을 습격했다. 그러나 1910년 8월 29일 일본은 기어코 조선을 병탄하였다.

이 무렵을 기록한《백범일지》를 보면, 손두환이라는 초립둥이의 머리를 깎게 하는 과정에서 손두환의 아버지가 대성통곡을 하였다든가 안창호(安昌浩)의 동생 신호(信浩)에게 마음이 끌렸다는 등 신변잡기라 할 수 있는 일도 상세하게 기록하였음을 알 수 있다. 하지만 당시 시국에 대하여 김구는 자신의 견해를 거의 표명하지 않고 있다. 앞글에서 지적한 바 있지만 의병운동에 대한 냉소적 표현 정도가 전부다. 참고가 되는 것은 1909년 해서교육총회 학무총감으로 황해도에 가 지역을 순회할 무렵, 송화읍에서 '한인이 일본을 배척하는 이유는 무엇인가'하는 강연을 했을 때 그의 발언이다.

…과거 러일전쟁·중일전쟁 때만 해도 한인의 일본에 대한 감정이 극히 우호적이었으나 그 후에 강압조약이 체결됨에 따라 나쁜 감정이 점점 격증하였다. 내가 연전에 문화 종산에서 직접 겪은 사실로, 일본군이 시골 마을에서 약탈을 감행하는 것을 목도했는데, 일본의 이와 같은 나쁜 행위가 곧 한인의 배일 감정의 원인이라고 꾸짖었다.…[2]

한 국가의 외교권과 군사권이 박탈당하고, 일본과 미국 등 제국주의 열강이 그동안의 조약을 헌신짝처럼 폐기한 행위에 대해서 김구는 전혀 의견을 표명한 바 없다. 더욱이 상기 발언은 그동안 자신이 늘 주장했던 소위 '국모보수'의 명분과도 어긋난다. 을사늑약 이전, 한인의 일본에 대한 감정이 극히 우호적이었다는 김구의 발언은 도저히 이해할 수 없다. 하지만 김구의 시국관이 어쨌든 송화읍 연설은 그가 시대의 격랑 속에 잠기게 되는 계기가 된다.

그 무렵 김구에게 과거 안중근 가문과의 인연은 악몽이었을지 모른다. 사실 따지고 보면 김구와 안중근 가문과의 관계는 그리 특출 날 것도 없었다. 동학농민전쟁 이후 겨우 몇 개월 정도 이웃에 살았을 뿐이다. 김구 자신도 탈옥 후 새로운 삶을 살 때 안태훈·안중근 등과의 접촉은 전혀 없었고, 빈말로라도 안씨 가문과의 과거 이력에 대하여 일절 말하지 않았다. 그러나 1909년 10월 26일, 안중근의 의거는 김구의 생활을 송두리째 흔들었다.

일단 일본 경찰 등에겐 안중근 등과의 인연·접촉 등을 전면 부인했다. 하지만 그 후 독립운동에 투신하였을 때에는 과거의 인연을 내세우며 안씨 가문과의 연대를 적극 추진하게 된다. 안미생을 며느리로 거둔 이후엔

---

2) 『도진순 백범일지』, p.207

아예 안씨 가문의 일원이자 큰 어른으로 행세하기까지 한다.

송화읍 연설문제로 인해 연행된 김구는 곧 석방되리라 믿었지만 유치장에서 한 달 동안 구금되었다. 그 이유는 하필 이토 히로부미가 안중근에게 사살당했다는 소식이 보도되었기 때문이라고 《백범일지》에 적혀있다. 물론 김구는 하얼빈 의거와 전혀 관계가 없다. 해주 지방재판소의 검사는 《김구(金龜)》라고 쓴 100여 쪽의 책자를 내놓고 신문한 결과, 불기소로 석방했다고 한다.[3]

석방 후 김구는 다시 생업으로 돌아갔다. 그러나 경술국치 다음해인 1911년, 병탄 초기 조선인의 항일의지를 뿌리부터 제거하려는 일제의 음모에 김구도 연루된다. 소위 '안악사건'과 '105인 사건'으로 알려진 일제의 '총독암살 미수사건' 조작이었다.

이 사건을 다루는 백범의 시선은 안명근에 대한 원망으로 가득하다. 결론부터 이야기하자면 "신민회가 준비한 야심찬 계획이 안명근의 경거망동 때문에 모든 것이 허사가 되었다."라는 것이 김구의 주장이다.《백범일지》에 기록된 신민회의 계획은 다음과 같다.

- 일본 총감부를 대신하는 비밀도독부를 경성에 설치한다.
- 만주에 이민 계획을 실시한다.
- 만주에 무관학교를 설립하고 장교를 양성하여 광복전쟁을 일으킨다.
- 이를 준비하기 위해 이동녕을 먼저 만주로 파송한다.
- 15일 이내에 자금을 모집한다. 할당량은 황해도 김구 15만 원, 평남 안태국 15만 원, 평북 이승훈 15만 원, 강원 주진수 15만 원, 양기탁 20만 원 등이다.

---

3) 김구에 관한 일본 경찰의 보고서가 100여 쪽 되었다는 김구의 주장은 믿기 어렵다. 왜냐하면 그 정도 요주의 인물이었다면 치하포 살인 사건과 탈옥 문제가 분명히 적혀 있어야만 했다.

만약 만주의 무관학교 설립이라는 이 거사 계획이 사실이라면, 독립운동 사상 규모가 가장 컸던 사업 중 하나였다고 할 만하다. 자금 규모만 해도 80만 원이다. 지금 돈으로 환산하면 160억 원 정도다.[4] 김구가 준비해야할 돈만 해도 30억 원이다. 과연 그렇게 엄청난 돈을 그들이 어떻게 준비할 계획이었을까? 더욱이 모임 15일 후에…

아무튼 이렇게 거창한 계획이 안명근의 무모한 의열 투쟁 탓으로 틀어지게 되었다고 김구는 주장한다.《백범일지》에 묘사된 안명근과 김구와의 대화를 살펴보자. 어느 날 갑자기 밤중에 명근이 양산학교로 찾아 왔다고 한다.

"황해도 일대 부호들에게 금전을 나눠 거두어서 동지를 모으고, 전신·전화를 단절하고 각 군에 산재한 왜구는 각기 그 군에서 도살하라는 명령을 발포하면, 왜병 대대가 도착하기 전 5일간은 자유천지가 될 터이니, 더 나아갈 능력이 없다하여도 당장의 분을 풀 수 있지 않겠습니까?"

"형이 여순사건을 목도한 나머지, 더욱이 혈족으로 더욱 피가 끓어 이와 같은 계획을 생각해낸 듯하나, 5일간 황해 일대에 자유 천지를 조성하더라도 금전보다 중요한 것이 동지의 결속인데, 동지는 몇 사람이나 얻었나요?"

"나의 절실한 동지도 몇 십 명은 되지만, 형이 동의하신다면 인물은 쉽게 얻을 줄 압니다."

김구는 간곡히 만류하였다고 한다. 그리고 불과 며칠 후 안명근과 연루자들이 체포되었다는 것은 신문을 통하여 알게 되었다고 김구는 술회했다.[5] 1910년 11월 말 경 때의 일이다. 그리고 이듬해인 1911년 정월 초닷

---

4) 그 당시 1원(엔)은 현재 돈 20,000원 으로 계산했음,《독립기념관,『한국독립운동의 역사』제8권 일제의 친일파 육성과 반민족 세력/ 제2장 1910년 전후 친일세력의 동향과 일제의 육성책/ 3. 1910년대 일제의 '친일파' 육성책 참조》

5)『도진순 백범일지』, p.217

새 자신도 체포당했다. 사실 안명근의 거사 계획은 김구의 말대로 감정에 치우친 감이 없지 않았다. 다만 여기서 주의 깊게 볼 것은 이 무렵 김구의 노선이다. 흔히들 백범 김구를 의열 투쟁과 저항의 화신으로 인식하고 있는데, 일단 이 무렵의 김구는 암살·테러 등 의열 투쟁과는 연관이 없었음이 분명하다.

김구는 '강도 및 강도미수사건'으로 명명된 '안악사건'으로 15년 그리고 '양기탁보안법사건'으로 2년의 형을 추가로 선고받았으나 그 후 일본 왕 메이지(明治) 부부의 죽음으로 감형의 혜택을 받는다. 메이지(明治)의 죽음으로 7년 또 메이지 처의 죽음으로 5년으로 감형된 뒤, 1915년 8월 김구는 가출옥했다. 출옥이 2년 정도 남은 1912년경, 김구(金龜)는 다시 이름을 바꾸기로 결심한다. 이번에는 스스로 작명했다. 작명의 변을 들어 보자.

그럭저럭 내가 서대문감옥에서 지낸 것이 3년여이고, 남은 기간은 불과 2년이었다. 이때부터는 마음에 확실히 다시 세상에 나가 활동할 신념이 생겼다. 그리하여 세상에 나가서는 무슨 사업을 할까 주야로 생각하였다. 나는 본시 왜놈이 이름지어준 '뭉우리돌'이다.…그리하여 결심의 표시로 이름을 '구(九)'라 하고, 호를 '백범(白凡)'이라 고쳐서 동지들에게 언포하였다. 구(龜)를 구(九)로 고친 것은 왜의 민적(民籍)에서 벗어나고자 함이요, 연하(蓮下)를 백범으로 고친 것은 감옥에서 여러 해 연구에 의해 우리나라 하등사회, 곧 백정(白丁) 범부(凡夫)들이라도 애국심이 현재의 나 정도는 되어야 완전한 독립국민이 되겠다는 바람 때문이었다.[6]

남들보다 높은 지위에서가 아니라, 가장 낮은 사람의 신분으로서, 오직 조국의 완전한 독립만을 원하셨던 진정한 애국자라고 많은 사람들이 김구

6) 『도진순 백범일지』, p.267

를 평가한다. 이러한 평가는 '백범(白凡)'이라는 호가 지닌 뜻 즉 '가장 낮은 사람'이라는 풀이 탓의 영향이 크다. 이러한 사전적 의미뿐 아니라 김구 자신이 풀이한 '백범(白凡)'의 의미가 세간에 널리 알려지면서 겸손한 김구의 이미지가 더욱 확산되었다.

　그러므로 내가 이 책을 발행하기에 동의한 것은 내가 잘난 사람으로서가 아니라 못난 한 사람이 민족의 한 분자로 살아간 기록으로서이다. '백범(白凡)'이라는 내 호가 이것을 의미한다.[7]

　위의 글은 《친필원본백범일지》에는 없다. 1947년 이광수가 윤문한 《국사본백범일지》의 '저자의 말'에 적혀있는 글이다. 하지만 《백범일지》본문을 보면, 겸손한 백범이라는 이미지를 연상할 수 없게 된다. 김구는 '백정(白丁) 범부(凡夫)들이라도 애국심이 현재의 나 정도는 되어야'라고 말한다. 즉 김구는 스스로 애국자임을 주장하고 있다. 우리나라 하등사회, 곧 백정(白丁) 범부(凡夫)들이 현재의 자신만큼 애국심을 가지길 요망하고 있다. 보통 사람들의 사회를 하등사회라고 단정하는 것도 눈에 거슬린다. 아무래도 《백범일지》본문에 등장하는 김구는 겸손함과는 거리가 먼듯하다.

　또 지적할 것이 있다. 김구는 결심의 표시로 이름과 호를 바꾸었다고 했다. 그러면 그는 무엇을 결심했을까? 스스로 '뭉우리돌'이라고 표현한 김구는 '뭉우리돌'에 포함된 석회가 쉽게 풀리듯이, 출옥 후의 변절에 염려를 한 듯싶다. 김구는 자신의 변절 가능성을 염려하여 출옥 이전에 죽는다면 최소한의 명예를 지킬 수 있을 것이라는 자살을 암시하는 글 끝에, 결심의

7) 金九著, 『金九自敍傳 白凡逸志』, 도서출판국사원, 1947; 『백범김구전집-제2권』, p.450에서 재인용

표시로 이름과 호를 바꾸었다고 술회했다.

　김구는《백범일지》전편을 통하여 스승 고능선으로 부터 배웠다는 '의리'라는 단어를 자주 인용한다. 사나이의 세계에서 변절만큼 수치스러운 것이 어디 있겠는가하면서 늘 의리를 강조하고 있다. 위의 글도 자신은 결코 변절하지 않겠다는 각오였음이 분명하다. 하지만 구(龜)라는 이름과 연하(蓮下)라는 호를 버렸다는 것은 또 하나의 변절로 볼 수 있을 것이다. 앞에서 이야기한 바와 같이 유완무와 성태영은 탈옥 사실의 노출을 염려하여 새로운 이름과 자 그리고 호까지 작명해주었다. 어쩌면 김구는 또 다른 이름을 스스로 만들면서 유완무가 속한 비밀조직과의 단절을 결심했는지도 모른다.

이승만을 사모하는 백범 김구의 옥중생활

　1911년 1월부터 1915년 8월에 걸친 김구의 투옥생활은 1896년 5월부터 1898년 3월까지의 첫 번째 경험과는 많은 면에서 달랐다. 죄목은 강도·살인죄에서 강도 및 강도미수로 바뀌었다. 무엇보다 감방 동료 죄수들의 면면이 달랐다. 첫 번 동료 죄수들이 대부분 파렴치범이나 잡범이었던 것에 반해, 두 번째[8] 감옥 생활에서 만난 죄수들은 소위 명망가들이 많았다. 김정익·김용문 등 이재명 의사의 동지들, 안중근의 동료 우덕순 그리고 김좌진 등 정치범들이 김구의 옥중 동료들이었다.《백범일지》에는 그의 옥중 생활이 구차할 정도로 자세하게 서술되어 있는데, 이 글에선 생략하기로 한다. 다만 김구가 평소 이승만을 어떻게 생각하고 있었는지를 보여주는 문구를 아래에 소개한다.

　서대문감옥에는 역대의 진귀한 보물이 있으니, 지난 날 이승만 박사가 자기 동지들과 같이 투옥되었을 때, 서양인 친구들과 연락하여 옥중에 도서실을 설치하고 우리나라와 외국의 진귀한 서적을 구입하여 5, 6년 동안 긴 세월 옥수(獄囚)에게 나라를 구하고 부흥시키는 방도를 강연하였던 그것이다. 노역을 쉬는 날 서적고에 쌓인 각종 책자를 각 방에 들여보내 주는데, 그중에 이 박사의 손때와 눈물 흔적으로 얼룩진, 감옥서(監獄署)라는 도장이 찍힌《광학유편(廣學類編)》《태서신사(泰西新史)》등의 서적을 보았다. 나는 그

---

8) 백범은 세 번째 투옥이라고 하나, 1909년도에 송화읍 연설 건으로 한 달 간 구금된 것은 무혐의로 석방되었으므로 두 번째 투옥이 맞다.

러한 책자를 볼 때 그 내용보다는 배알치 못한 이 박사의 얼굴을 보는 듯 반갑고 무한한 느낌이 있었다.[9]

태서신사, 마간셔著
이제마태漢譯, 1897년
학부편집국에서 발간

이승만을 거의 우상화한 글임을 알 수 있다. 김구는 이 글에서 '배알치 못한 이 박사의 얼굴' 운운하면서 이승만에게 극존칭을 사용했으며, 이승만의 우국충정을 구구절절 묘사하고 있다. 그러나 이 글은 무언가 목적을 위해 쓴 것이라는 의심이 들게 한다. 먼저 지적할 것은 이승만은 김구가 복역했던 서대문형무소에 구금된 적이 없다는 점이다. 이승만은 박영효 쿠데타 사건에 연루되어 도피 중 체포되고 탈옥 죄가 추가됨으로써 종

신형을 선고 받았지만, 실제 복역 기간은 1899년부터 1904년까지 5년 7개월 정도다.[10] 그리고 그가 구금된 곳은 종로(鐘路)의 전옥서(典獄署) 감옥이다. 서대문감옥은 1908년 10월 21일 문을 열었으니 이승만이 옥살이를 할 때는 서대문 감옥 자체가 없었다는 뜻이다. 물론 한성감옥(전옥서 감옥)의 물품을 서대문감옥으로 옮겼고 그 물품 중 이승만이 반입한 서적이 섞여 있었다고 추정할 수 있다. 하지만《광학유편(廣學類編)》《태서신사(泰西新史)》등의 서적을 거론하며 '역대의 진귀한 보물' 운운하는 것은 너무나 뜬금없다.

역대의 보물이라고 한 두 권의 책 중《태서신사》는 첫 번째 감옥시절을 서술할 때 이미 거론한 적이 있는 책이다.《태서신사》는 영국인 마간서(馬懇西, Robert Mackenzie)가 쓴 19세기 유럽사를 다룬 책이다. 이 책을 영국

---

9)『도진순 백범일지』, p.254

10) 정병준,『우남 이승만 연구』, 역사비평사, 2005, p.74

인 선교사 이제마태(李提摩太, Timothy Richard)가 한문으로 번역했고, 그 책을 1897년 5월에 학부 편집국에서 중간(重刊)하며 태서신사개요(泰西新史攬要)라고 제목을 붙였다고 한다. 이 책은 조선 조정에서 학부 권장교재로 지정했으며,《황성신문》이 필독서로 선정할 정도로 당시 신지식인들의 계몽 필독서였다. 그러므로 이승만의 손때와 눈물 흔적으로 얼룩진 책이라고 표현하기엔 뭔가 작의적인 느낌을 금할 수 없게 만든다. 차라리 이승만이 옥중에서 영향을 많이 받았다는 책, 즉《뉴욕아웃룩(New York Outlock)》이나《인디펜던트(Independent)》같은 잡지에서 이승만의 체취를 느꼈다면 어느 정도 공감할 수 있을 것이다.[11]

아무래도 백범의 작위적인 행위라는 느낌을 금할 수 없다. 무엇보다 1913, 4년 무렵 김구가 이승만을 알고 있었을까하는 의문도 든다. 물론 그 당시의 이승만은 전혀 무명인사는 아니었다. 만민공동회에서의 활약 그리고 조선 최초의 박사라는 타이틀 등, 하지만 장인환·전명운 의사의 재판 때 변호를 거부한 사실이 말해주듯이 이승만이 독립지사로서의 명망은 그리 높지 않던 시절이었다. 그가 박사학위를 취득한 후 잠시 고국에 머물 때도 순전한 종교운동가로서의 활동이었지 독립운동과는 아무런 연관을 맺지 않았다.[12]

이글을 이해하기 위해선 글을 쓴 시점을 살펴보아야 한다. 글의 배경이 된 시기는 1914년경이지만, 백범이 이 글을 작성했을 때는 1928년에서 1929년 사이다. 그러므로 이승만에게 표명한 김구의 예(禮)는 1928년 시점으로 보아야할 것이다. 김구가 이승만을 처음 대면한 때는 1920년 12월이

---

11) 정병준,『우남 이승만 연구』, p.76
12) 정병준,『우남 이승만 연구』, p.93

고, 이듬해 5월까지 약 6개월 정도 상해에 머무르고 있을 무렵 가끔씩 접촉했을 것이다. 김구는 경무국장이었고 이승만은 대통령이었을 때다. 그리고 1923년 국민대표회의, 1925년 이승만 탄핵 등을 거쳐 1928년경의 김구는 임시정부의 국무위원이었다. 형식상으론 이승만과 거의 대등한 위치까지 올라간 셈이다. 하지만 거의 빈껍데기만 남아있는 임정의 최고위직 김구가 바라볼 수 있는 곳은 하와이에서 동지회 종신총재로 활동하고 있는 이승만의 구원의 손길뿐이라고 생각했던 시기였다.

한편, 상기 인용 글이 기록된 《백범일지》 상권은 등사로 인쇄되어 하와이를 비롯한 미주지역 교민들에게 배포된 사실이 있다. 그러므로 이승만이 이 글을 보았을 확률이 크고, 어쩌면 엄항섭을 비롯한 백범 측근들은 이승만이 《백범일지》를 보길 간절히 기대했을지 모른다. 이러한 의도 하에서 이승만을 경애(敬愛)하는 글을 특별히 추가했을 가능성이 높다. 김구가 이승만에 대한 경의를 표시하는 글은 이 대목만이 아니다. 몇 가지 사례를 들겠다.

> 기미년 즉 대한민국 원년(1919년)에는 국내외가 일치하여 민족운동에 매진하였다.…그 대강을 거론하면 국무총리 이동휘는 공산혁명을 부르짖고, 대통령 이승만은 민주주의를 주창하였다.[13]

임시정부 분열의 원인은 이승만의 위임청원이 계기가 되었음은 누구나 아는 사실이다. 그러나 김구는 다르게 주장한다. 임시정부 초창기 사회주의와 자본주의 문제로 이념 갈등이 있었던 것은 사실이다. 하지만 1917년

---

13) 『도진순 백범일지』, p.309

볼셰비키 혁명의 성공 특히 레닌이 제3세계 식민지 국가들에 대한 지원을 발표함으로써 대다수의 한인독립지사들도 소련과의 접촉에 관심을 두었던 시기였다. 실제로 이승만도 1921년 적십자사 총재인 이희경을 통해 대소 외교를 시도한 바 있다.[14]

이러한 사실을 짚어보면, 이승만을 민주주의자로 이동휘를 공산주의자로 단정하여 임정 분열의 책임을 이동휘에게로 전가하는 것은 당시에 백범이 이승만을 얼마나 존경 혹은 부러워했는가를 보여주는 좋은 사례다. 또 이승만이 임시정부 대통령직에서 쫓겨 난 뒤에도 김구의 이승만에 대한 애틋한 경애는 다음 글에서 확인된다.

이승만 대통령이 취임·시무할 때는 중국 인사는 물론이고, 눈 푸르고 코 큰 영·불·미 친구들도 더러 임시정부를 방문하였다. 그러나 이제 임시정부에 서양인이라고는 공무국의 불란서 경찰이 왜놈을 대동하고 사람을 잡으러 오거나, 세금 독촉으로 오는 이 외에는 없었다.[15]

그러나 《백범일지》에는 당시 임시정부에서 가장 논란이 되었던 이승만의 위임청원에 대한 언급 자체가 없다. 찬성이든 반대든 혹은 중간 입장이든 위임청원의 문제점에 대한 자신의 입장을 밝힌 바 없다. 이승만이 왜 탄핵되었는지 이에 대한 설명 대신, 대통령직에서 쫓겨난 이승만을 그리워하는 김구의 안타까움밖에 보이지 않는다. 김구와 이승만의 관계에 대해선 이 글을 진행하면서 계속 거론할 명제다.《백범일지》에 등장하는 이승만의 모습은 향후 두 인물의 인과관계를 추적할 때 좋은 자료가 될 것이다.

---

14) 정병준, 『우남 이승만 연구』, pp.111-112
15) 『도진순 백범일지』, p.319

08

3·1운동 당시 김구는 무엇을 했을까

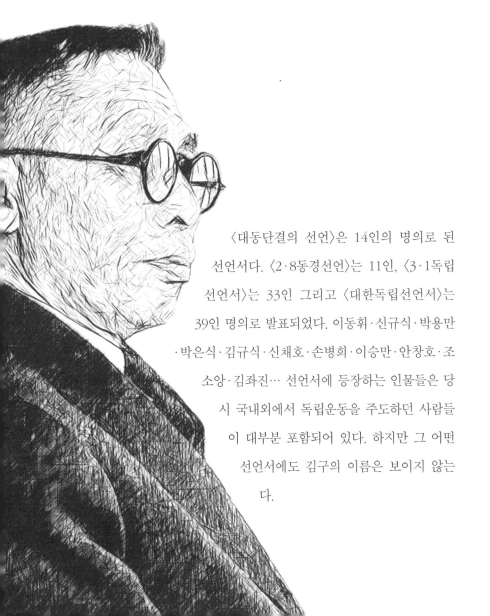

〈대동단결의 선언〉은 14인의 명의로 된 선언서다. 〈2·8동경선언〉는 11인, 〈3·1독립선언서〉는 33인 그리고 〈대한독립선언서〉는 39인 명의로 발표되었다. 이동휘·신규식·박용만·박은식·김규식·신채호·손병희·이승만·안창호·조소앙·김좌진… 선언서에 등장하는 인물들은 당시 국내외에서 독립운동을 주도하던 사람들이 대부분 포함되어 있다. 하지만 그 어떤 선언서에도 김구의 이름은 보이지 않는다.

주요 독립선언서에 김구의 이름은 왜 없나?

　김구는 1915년 8월 출옥하였다. 1911년 1월 자택에서 체포된 지 4년 6개월만이었다. 김구가 투옥된 기간은 세계가 전쟁과 혁명의 소용돌이 속으로 휩쓸려 들어간 시기였다. 중국의 경우 신해혁명으로 봉건 청나라가 무너지고 아시아에서 최초로 공화국이 성립되었고, 1914년 7월 28일 오스트리아의 세르비아에 대한 선전 포고로 제1차 세계대전이 시작된 것도 김구가 옥중에 있을 때였다. 일본은 메이지(明治)에서 다이쇼(大正)로 시대가 바뀌었다. 일본도 독일에 선전포고를 함으로써 제1차 세계대전에 참전하게 되었다. 그리고 세계대전 중인 1917년엔 러시아에서 혁명이 일어나 로마노프 왕조가 몰락하고 세계 최초의 소비에트 정권이 수립됐다.

　한반도는 여전히 제국주의 일본의 식민지상태였지만, 한인 독립지사들은 세계 변혁의 흐름 속에서 조국의 독립을 위해 끊임없이 저항했다. 주목할 움직임은 중국에서 보이기 시작했다. 압록강, 두만강 접경 지역인 간도와 해삼위(블라디보스토크) 방면 등 만주지역에는 구한말 의병출신이 주도하여 독립운동 기지를 건설하는 한편 일본군과의 전투도 마다하지 않았다.

　독립운동사의 새로운 흐름은 광동을 시작으로 상해, 남경 등 중국의 남반부에서 태동하였다. 주목할 인물은 범재(凡齋) 김복(金復, 본명金奎興)이라는 인물이다. 김복은 한국독립운동사에서 철저히 소외된 인물이지만 최근 들어 그의 업적이 조금씩 복원되고 있는 중이다. 일제기밀문서 등 관계 자

료에 의하면 김복은 제1차 신해혁명에 참여한 최초의 한국인으로서 혁명
정부의 참의 겸 육군소장이라는 고위직에 올랐던 인물이다.[1]

범재 김규흥(1872-1936)

신해혁명 주역 중의 한 명이었으며 중산대학 초
대학장과 국민당 고위직을 역임한 추노(鄒魯,1885-
1954)는 김복이 신해혁명에 참가한 이유에 대하여
김복의 말을 빌어 다음과 같이 전했다. "조선의 혁
명이 성공하려면, 먼저 중국의 혁명이 성공해야 한
다. 그렇기 때문에 내가 중국 혁명운동에 참가하러
왔다"[2]

거의 군신관계에 가까웠던 청나라에 굴욕적인
원병을 청원했던 조선말의 외교정책이 아니었다. 그는 중국혁명에 기꺼이
몸을 던졌고 조선의 독립 지원을 당당하게 요구할 수 있었다. 아쉽게도 혁
명세력의 쇠태로 뜻하는 바를 이루지 못했지만 한국독립운동사에 새로운
기원을 제공했음은 분명하다. 김복의 경험과 인맥을 기반으로 1912년에는
상해에서《동제사》라는 비밀독립단체가 결성된다.

이 단체가 주축이 되어 1917년에 발표된 것이 〈대동단결의 선언〉이다.
이 선언문이 발표된 1917년은 매우 미묘한 시기다. 제1차 세계대전은 피
아의 구분이 모호한 혼돈의 전쟁이었다. 러시아의 경우 로마노프 왕조는
연합국의 일원이었으나 혁명 성공 이후 볼셰비키 정권은 전쟁에서 발을

---

1) 김상철 김상구,『범재 김규흥과 3·1혁명』, 한국학술정보, 2010, pp.52~67
2) 추노〈조선의 광복을 회고하며 경축함〉「중앙일보」, 1945.10.25; 추노, 『회고록』, 악려출판사, 2000,
   p.37

뺐다. 중국도 연합국이었으나 1916년 원세개의 죽음 이후 수립된 북양군벌 정권과 손문이 주축인 혁명동맹회 세력 간의 알력으로 참전 비참전 문제가 복잡하게 얽히고 있었다. 일본은 1914년 8월 23일 대독 선전포고를 함으로써 중국 내의 독일군과 전투를 전개했지만, 중국의 참전 문제에 대해선 1916년을 전후로 정책이 바뀌게 된다.[3] 미국은 1917년 2월 대독(對獨) 단교를 선언하고 참전을 결의하였다. 이러한 혼돈의 시대는 독립운동 진영의 노선 갈등을 더욱 증폭시킨 요인이 되었다.

출신지역 간의 갈등, 종교 갈등, 개화파와 위정척사계열의 노선 차이 등 독립지사들을 분열시키고 있는 기존 요인에 덧붙여 외교방략 면에서도 1910년대는 갈피를 못 잡게 하는 시대였다. 은근히 미국의 지원을 기대했던 미주지역 한인들은 전쟁을 통하여 일본과 미국 그리고 영국은 동맹국임을 확실히 파악하게 되었고, 중국의 경우는 더욱 복잡한 상황이었다. 원세개 사후 북양군벌은 안휘·직예·봉천파로 갈라진 상태인데 거기다가 중국혁명동맹회 세력도 분열되고 있는 형편이었다. 한인독립지사들은 과연 누구와 연대를 해야 올바른 선택이었을까?

이러한 시기에 발표된 〈대동단결의 선언〉의 의미는 독립 운동사를 새로 쓰게 할 정도로 의미가 크다. 무엇보다 선언서는 공화정을 최초로 선포했다는 의미가 있다.

융희(隆熙) 황제가 삼보(三寶)를 포기한 8월 29일은 즉 우리 동지가 삼보를 계승한 8월 29일이니 그 사이 순간도 정식(停息)이 없다. 우리(吾人) 동지는 완전한 상속자이고 저 황제권 소멸의 때가 즉 민권발생의 때이다. 구한국 최종의 1일은 즉 신한국 최초의 1일이니 무슨 이유로 아한(我韓)은 무시

3) 姬田光義 阿部治平 外, 『중국근현대사』, 일월서각, 1984, pp.174-190

(無始) 이래로 한인(韓人)의 한(韓)이고 비한인(非韓人)의 한(韓)이 아니다. 한국인(韓人間)의 주권수수(主權授受)는 역사 불문법의 국헌이고, 비한인(非韓人)에게 주권양여는 근본적 무효로 한국민성(韓國民性)의 절대 불허하는 바이다.

여기서 삼보(三寶)는 영토·국민·주권을 말한다. 조선 조정이 일본에게 주권을 양보했지만 조선 민중이 허락한 바 없다. 그러므로 조선 왕이 삼보를 포기함으로서 국가에 대한 모든 권리는 민중에게 이양되었다. 즉 〈대동단결의 선언〉은 주권재민(主權在民)의 사상을 분명히 명시하고 있다. 청나라의 멸망과 슬라브의 혁명을 언급함으로써 공화정이 시대의 조류이며 조선 왕권의 소멸 역시 자연스러운 흐름임을 설파하고 있다.

그리고 제국주의 열강의 식민지 상태였던 핀란드(芬蘭), 유태(猶太), 폴란드(波蘭), 아일랜드(愛爾蘭), 트리폴리(特里波利), 모나코(摩洛哥), 인도(印度), 티베트(西藏), 고려(高麗) 등의 해방과 독립을 주장한 것은 선언서를 작성한 주관자들이 세계사의 흐름을 정확하게 파악하고 있었음을 증명한다.

한편, 이 선언은 전체 한민족을 '통치'할 통일기관은 '대헌(大憲 헌법)'을 제정하여 법치를 행하며 '국민 외교'를 실행한다고 했다. 공화정을 추구한 새로운 민주주의 국가를 건설하는 첫걸음이었다. 〈대동단결의 선언〉에 대한 각계의 반응은 신통치 않았다. 왕권을 부정한 공화정의 선포, 세계대전 시 연합국의 일원이었던 일본과 미국·러시아·중국 등과의 미묘한 관계 등이 선언의 내용에 동참하기를 주저하게 만들었을 것이다. 그렇지만 이 선언문은 국내외 각지에 발송되었고, 《신한민보》 등을 통해 보도되어 해외 독립운동계에 널리 알려지게 되었다. 이로써 임시정부 수립의 원칙과 방법 등에 대한 공론이 형성되기 시작했으며, 국제사회에서의 독립외교 방안도 적극적으로 강구되기 시작했다.

1918년 11월 11일 독일의 항복으로 끝난 세계
대전 종전 이후, 한인독립지사들이 발표한 여러 선
언서류 즉 2·8동경선언, 대한독립선언서, 3·1독립
선언서, 해삼위국민의회선언서 등은 〈대동단결의
선언〉의 영향을 직·간접으로 받았음이 분명하다.
1920년에 발간된 주간신문《진단(震壇)》은 각종 선
언서류에 대한 여러 의문을 명쾌하게 정리해 준다.

진단 13호 표지, 1920년 10월
10일 창간호 발간 후 1921년 4
월 24일 제22호로 종간되었다.

지금으로부터 3년 전인 1917년 7월 14일, 상해의 애국당(동제사)이 주관
이 되어 발표한 대동단결선언은 조직국가형식의 최고유일기관, 독립운동 방
략 등을 선포했으며…2년 3개월에 걸쳐 국내외 요인과 해외 지사 등에게 동
참을 권유했다.… 그러므로 상해선언을 최초의 독립선언으로 소개한다.

한편 동 신문은 〈3·1독립선언서〉를 '국내한인독립선언서'로, 〈2·8동경
선언〉을 '일본재류동경유학생선언서'로, 〈대한독립선언서〉를 '국외한인대
표단독립선언서'로 소개함으로써 독립선언서의 발표주체에 대한 논란을
잠재우게 만든다.

〈대동단결의 선언〉은 14인의 명의로 된 선언서다. 〈2·8동경선언〉는 11
인, 〈3·1독립선언서〉는 33인 그리고 〈대한독립선언서〉는 39인 명의로 발
표되었다. 이동휘·신규식·박용만·박은식·김규식·신채호·손병희·이승만
·안창호·조소앙·김좌진… 선언서에 등장하는 인물들은 당시 국내외에서
독립운동을 주도하던 사람들이 대부분 포함되어 있다. 하지만 그 어떤 선
언서에도 김구의 이름은 보이지 않는다.

3·1운동 당시 김구의 행적

그러면 그 무렵 김구는 무엇을 하고 있었을까? 김구는 출옥하기 전 결심의 표시로 이름과 아호를 바꾸고 백정과 범부 등 하등사회의 구성원들이 자신만큼의 애국심을 가질 것을 염원했다고 앞글에서 설명한바 있다.[4] 하지만 출옥 후 망명 이전까지의 기간 동안 김구의 이력을 살펴보면 그의 결심이 무엇이었는지, 그의 애국심이 과연 어떻게 발휘되고 있었는지 짐작할 수 없게 만든다. 4년 동안 김구가 한 일은 다음과 같다.

- 1915년(40세): 아내가 교원으로 있는 안신학교 봉직
- 1916년(41세): 문화 궁궁 농장에 가서 타작 감독을 함
- 1917년(42세): 동산평 농장의 농감이 되어 소작인들을 계몽하고 소학교를 세움
- 1918년(43세): 동산평 농장을 관리하며 기독교를 전파함
- 1919년(44세): 만세의거에 불참하고 상해로 망명함

결국 이 기간 동안 백범은 독립운동과 관련하여 아무런 일도 하지 않았다. 일제 강점 후 가장 치열하게 저항했던 3·1운동 과정에서 주축 세력의 일원도 되지 못했으며, 한 민족의 일원으로써 만세 한 번 부르지 않았다는 뜻이다.

----

4) 『도진순 백범일지』, p.267

09

임시정부 문지기와 무소불위 경무국장

실제로 안창호와 김구 사이에 이러한 이야기가 오갔는지는 알 수 없다. 상기 일화는 오직 《백범일지》에만 등장한다. 문제는 김구의 주장 자체가 모순이 있다는 점이다. 문지기는 즉 수위(守衛)다. 관공서·회사·학교·공장 등의 경비를 맡아보는 사람을 뜻한다. 하지만 김구는 문지기를 청원하기 전에 이미 임시정부의 고위직에 있었다.

임시정부 문지기와 무소불위 경무국장

　김구의 경무국장 시절 일화를 몇 가지 다루기로 한다. 겸손한 위인, 김구의 이미지가 형성된 배경은 백범(白凡)이라는 호와 함께 임시정부 문지기를 자청했다는 일화가 큰 역할을 했다. 김구는《백범일지》상·하권 두 차례에 걸쳐 안창호에게 정부의 문지기를 청원했다고 하는 점을 부각시켰다.[1] 내용은 동일하지만 하권에 좀 더 자세히 묘사되어 있으므로 그 부분을 인용한다.

　나는 내무총장인 도산 안창호 선생을 보고 정부의 문지기를 시켜 달라고 청하였다. 벼슬을 시켜주지 않는 반감으로 그러는 것이 아닌가하여, 도산은 의아해하고 염려하는 빛을 보였다. 나는 '일찍이 본국에서 교육사업을 할 때 어느 곳에서 순사 시험을 보고 집에 가서 혼자 시험을 쳐서 합격하지 못한 사실이 있다.' 또 '서대문감옥에서 옥살이 할 때 후일 독립정부가 조직되면 정부의 뜰을 쓸고 문을 지키기로 마음먹은 적이 있다.' 그런가하면 '이름자는 구(九)로 별호는 백범(白凡)으로 고쳤다.' 이에 도산은 쾌히 승낙을 하며 자기가 미국에서 백악관을 지키는 관원이 있는 것을 보았다며, '백범같은 이가 우리 정부청사를 수호하는 것이 적당하니 내일 국무회의에 제출하겠다.'하여, 나는 마음속으로 매우 기뻐하였다.
　그런데 다음날 아침, 도산은 뜻밖에도 나에게 경무국장 임명장을 주며 취임하여 근무할 것을 권하였다. '순사의 자격에도 못 미치는 내가 경무국장의 직책을 도저히 감당할 수 없다.'하며 굳이 사양하였다. 그러나 국무회의에서, 백범은 여러 해 감옥생활을 하여 왜놈 사정을 잘 알고 혁명 시기는 인

---

1) 『도진순 백범일지』, pp.285-286, 301-302

재의 정신을 보아서 등용한다며 '이미 임명된 것이니 사양하지 말고 공무를 집행하라.'고 강권하였다. 결국 나는 경무국장에 취임하였다.

실제로 안창호와 김구 사이에 이러한 이야기가 오갔는지는 알 수 없다. 상기 일화는 오직 《백범일지》에만 등장한다. 문제는 김구의 주장 자체가 모순이 있다는 점이다. 문지기는 즉 수위(守衛)다. 관공서·회사·학교·공장 등의 경비를 맡아보는 사람을 뜻한다. 하지만 김구는 문지기를 청원하기 전에 이미 임시정부의 고위직에 있었다.

1919년 4월 10일부터 11일 이틀간 개최된 임시정부 의정원 제1차 회의에 참석한 29명의 의원들 중에 김구의 모습은 보이지 않았다.[2] 하지만 4월 21일부터 23일까지 열린 제2회 의정원 회의와 4월 25일의 제3차 회의에는 의원자격으로 참석했다. 그리고 제2차 회의 때, 신익희 윤현진 서병호 등과 함께 10명의 내무위원 중 한 명으로 선출되었다.[3] 제1차 회의에서 내무총장으로 선임된 안창호와 한 솥밥을 먹게 된 셈이다.

안창호는 1919년 5월 25일 상해에 도착하고 6월 8일에 내무총장으로 취임한다. 그리고 8월 5일경 내무총장 겸 국무총리 자격으로 조직을 개편하는데 이 무렵 경무국장으로 김구가 취임하게 된다. 사실 안창호가 김구의 직속상관 역할을 한 기간은 얼마 되지 않는다. 왜냐하면 1919년 9월 11일, 통합 임시정부가 출범하게 될 때, 안창호는 노동국 총판으로 밀려나고 이동녕으로 내무총장이 바뀌게 되기 때문이다.[4] 하지만 김구는 계속해서 안

2) 국회도서관, 『한국민족운동사료(중국편)-일본외무성 육해군성문서(제2집)』, 1976, p.33
3) 같은 책, pp.35-37
4) 국사편찬위원회,「대한민국임시정부공보」호외(1919.9.11.), 『대한민국임시정부자료집』1, p.47

창호의 지시를 받거나 협조 관계를 지속했던 것으로 보인다.[5]

아무튼 김구가 안창호에게 문지기를 자청했다는 것은, 현직 국회의원이 정부청사의 수위가 되겠다고 한 셈이다. 게다가 수위 하나 뽑는데 국무회의에서 결정해야하는지도 의문이다. 김구가 경무국장을 역임한 시기는 1919년 9월부터 1921년 5월까지다. 경무국장은 직책 상 총장, 차장 밑이지만 당시 권한은 몇 몇 총장보다 훨씬 막강했다. 김구 자신의 말에 의해도 경무국장의 권력은 거의 무소불위에 가까웠다. 아래는《백범일지》에 기록된 그의 회고이다.

나는 5년 동안 경무국장으로서 신문관·검사·판사뿐만 아니라 형 집행까지도 담당하였다.[6]

알 수 없는 것은 당시 경무국장은 내무총장 산하였고 법을 집행하는 법무부도 존재했는데, 어떻게 경무국장이 경찰권과 사법권을 동시에 행사할 수 있었는가 하는 의문이다. 아무래도 김구가 경무국장으로서 경찰권을 과잉 행사를 했다는 느낌을 지울 수 없다. 경무국장 재임 시 김구의 행동은 문지기가 되겠다고 결심을 했던 겸손한 김구의 흔적을 전혀 찾을 수 없다. 자신의 입으로 일개 순사 자격도 없다고 했던 사람이 경무국장이 되자말자 당시 임정 내에서 무시무시한 권력을 행사했다.

거의 무소불위의 권력을 휘두르는 경무국장 김구의 모습은 이 글을 통하여 계속 소개하겠다. 그리고 김구는 동지를 죽이겠다는 소리도 너무 쉽게

---

5) 『안창호일기』, pp.833-987
6) 『도진순 백범일지』, p.302〈김구가 5년 동안 경무국장을 했다고 한 것은 내무총장으로 재임하고 있을 때도 경무국장의 직을 행사했던 것으로 보인다.〉

한다. 도산 안창호의 일기 한 구절을 소개하겠다.

君曰 陸軍士學에 不平이 起하니 都를 축출커나 살하거나 해야겠다고 하
다.[7)]

군왈 육군사학에 불평이 기하니 도를 축출커나 살하거나 해야겠다고 하
다.

이 글에 등장하는 도(都)는 도인권(都寅權, 1880-1969)을 말한다. 도인권은
김구가 황해도에서 교육활동을 할 때 평안도 지역을 대표했던 교육자이자
목사 출신이다. 안악사건에 연루되어 김구와 함께 옥고를 치루기도 했던
인물이다. 그러한 인연이 있던 사람의 처단을 김구는 너무 쉽게 말한다.

---

7) 『안창호일기』, 1920년 4월 23일 자 일기

17세 소년은 처형, 창귀배(倀鬼排)는 살려주고…

《백범일지》에 의하면, 경무국장으로서 김구가 최초로 처형한 인물은 김도순(金道淳)이라는 17세 소년이다. 소년의 죄목은 일본 영사관에 협조하여 임정특파원을 체포하도록 기도한 것과 여비 10원을 받은 것이다.[8] 글의 앞뒤 문맥을 보면 누군지 모를 이 임정특파원은 붙잡히지도 않았다. 게다가 일본 영사관으로부터 받은 돈도 요즘 돈으로 치면 겨우 20만 원 정도다. 열일곱 어린 소년이 몇 푼 안 되는 돈을 받고 밀정 노릇하다가 미수에 그친 것이 이 사건의 전부다. 이 정도의 사안에 꼭 극형을 가해야만 했을까? 당시 경무국이 범죄자를 처결하는 방안은, 말로 타이르는 것 아니면 사형이었다고 한다. 지금의 시점으로 보면 어처구니없는 사법처리이다. 그러한 처형 방법을 인정한다고 해도 그 소년에게 말로 타이를 수는 없었을까?

이 소년에게 가혹한 처벌을 내린 것과 달리 일제의 앞잡이로서 두 명의 일본 경찰관에 대한 처리는 너무 관대했다. 《백범일지》에 두 사람의 이름이 명기되어 있다. 한 명은 선우갑(鮮于甲)이고 또 다른 사람은 강인우(姜麟佑)다. 선우갑은 고등정탐꾼, 강인우는 일본 경찰로서 직위는 경부(警部)라고 했다. 선우갑의 경우 경무국에 붙잡힌 뒤 전향을 약속했다고 한다. 선우갑이 약속한 일제의 정탐문서를 기대한 김구는 그를 풀어주었다. 그는 몇

---

8) 『도진순 백범일지』, p.302

차례 임정 요인들과 만났다가 몰래 본국으로 돌아갔다. 몰래 귀국했다는 표현을 사용했음을 볼 때 선우갑으로 부터 모종의 기밀문서를 받지 못했음이 분명하다. 하지만 김구는 선우갑이 본국으로 돌아가서 임시정부의 덕을 칭송하고 다닌다는 소문을 들었다고 기록함으로써 이 사건을 마무리하고 있다.[9]

그러나 선우갑이 임시정부의 덕을 칭송했다는 자료는 전혀 없다. 오히려 《친일인명사전》에 수록될 정도로 귀국해서도 그의 친일이력은 여전했다. 아무래도 김구가 자신의 실수를 무마할 목적으로 그가 전향했다는 소문을 조작했을 가능성이 크다.

강인우의 경우는 더욱 황당하다. 강인우의 계급은 요즘으로 치면 경감(警監)정도가 된다. 중견 간부급이라는 뜻이다. 임정 경무국장이 일제의 경찰 간부를 만나는 것 자체도 이상하지만, 그가 말하는 모든 것을 그대로 믿고 더욱이 그가 요구하는 '거짓 보고자료'를 선선히 만들어 주었다는 김구의 행동을 도무지 이해할 수 없다. 《백범일지》의 표현대로하면 "그는 귀국하여 그 공로로 풍산(豊山)군수가 되었다"[10]고 한다.

여기서 잠깐 그 무렵의 일제 기밀문서를 하나 소개하겠다. 당시 상해총영사였던 야마자키(山崎馨一)는 외무대신 우치다(內田康哉)에게 '중요한 배일파 선인의 약력 송부의 건'[11]이라는 제목으로 30명의 임정관련 요인에 대한 간단한 이력을 보고한 바 있다. 다음은 그 명단이다.

이승만(李承晩), 이동휘(李東輝), 안창호(安昌浩), 여운형(呂運亨), 손정도(孫貞道), 현순(玄楯), 박용만(朴容萬), 신규식(申奎植,申檉), 김규식(金奎植), 이광

---

9)『도진순 백범일지』, pp.304-305
10)『도진순 백범일지』, p.305
11) 不逞團關係雜件-鮮人의 部-在上海地方(2), 機密 제42호

수(李光洙), 신채호(申采浩), 최근우(崔謹愚), 김립(金立), 김구(金龜), 장건상(張建相), 정인과(鄭仁果), 김철(金哲, 金澈), 유정근(兪政根), 김성근(金聲根), 박은식(朴殷植), 조동호(趙東祐, 趙東祜), 신상완(申尙玩), 유동열(柳東說), 김덕(金德), 도인권(都寅權), 문창범(文昌範), 김진무(金振武), 이계홍(李桂洪), 고일청(高一淸), 노백린(盧伯麟)

1920년 초 상해 임정의 주요한 인물은 대부분 망라된 명단이다. 다만 이동녕(李東寧)이 왜 누락되었는지는 알 수 없다. 당시 그는 경무국장 김구의 직속상관으로서 내무총장을 맡고 있었다. 아무튼 이 문서에는 각 인물에 대한 출신지, 학력, 경력, 개인의 이념 등을 간략하나마 기술하고 있다. 흥미로운 것은 다른 사람과 달리 김구에 대해서만 그의 성격을 거론하고 있는 점이다. 일제는 김구의 성질(性質)을 흉악(兇惡)한 것으로 파악하고 있었던 모양이다. 아래에 그 내용을 소개한다.

[김구의 약력]

金龜

나이: 43,4세

황해도 출신으로서 민비사건(閔妃事件)에 분개하여 소위 국모보수(國母報讐)의 소요가 발생했을 때 일본장교(소위라고 함)를 살해한 관계자로 형벌을 받은 일이 있고, 또한 테라우찌(寺內) 총독 암살미수사건에 관련된 120여 명 가운데 한 사람으로 처분 받았으며 그밖에 황해도에서의 김홍량(金鴻亮) 강도사건에도 관련되어 전후 3회에 걸쳐 십 수 년의 감옥생활을 했다.

성질(性質)이 흉악(兇惡)하며 노령방면을 방랑·배회하다가 대정8년(1919년) 여름, 상해에 도착하여 임시정부의 경무국장에 취임했다. 상해 거주 조선인으로서 외부에 비밀을 누설하는 의심이 가는 사람에 대해서는 흉폭한 수단으로 위협하고 있다. 이에 앞서(曩) 일본경시청에서 밀파한 경부보(警部補) 선우갑(鮮于甲)에 위해(危害)를 가한 일이 있으며 기타 한 두 명의 사람에 대해서도 거의 같은 수법으로 협박을 했다. 비밀누설의 방지를 꾀한다는 이유를 내걸고 있기 때문에 일부 조선인은 상대방(彼)의 경력과 실제 행위를 짚어보면서 크게 공포에 떨고 있다.

같은 문서에 《백범일지》에 거론되었던 선우갑(鮮于甲)이 등장한다. 한자 이름도 정확히 일치한다. 이 문서에 의하면, 선우갑은 일제 경시청에서 밀파한 밀정이며 계급은 경부보(警部補)다. 그리고 임정 경무국으로부터 위해(危害)를 받은 적이 있다고 되어 있다. 이 부분은 《백범일지》의 기록과도 대략 일치한다. 하지만 그가 변심하여 임정의 끄나풀이 되었다거나 임시정부의 덕을 칭송했다던가 하는 내용은 없다. 이 선우갑은 《독립신문》에도 등장한다.[12] 당시 독립신문의 사장이었던 이광수의 작품으로 알려진 '칠가살(七可殺)'이라는 논단에는 우리가 필히 처단해야할 대상으로 적괴(敵魁), 매국적(賣國賊), 창귀(倀鬼), 친일부호(親日富豪), 적의 관리 된 자, 불량배(不良輩), 모반자(謀反者) 등을 꼽았다.

이에 의하면 선우갑의 경우, 창귀며 적의 관리된 자에 해당한다. 특히 창귀 부분에서 김태석(金泰錫)·김극일(金極一)과 함께 선우갑(鮮于甲)의 이름이 분명히 적시되어 있다. 독립신문의 논단에 의하면 선우갑은 즉시 처단되어야할 자였다. 그러나 김구는 그를 처단하지 않았고 살려 보내 주었다.

반면 17세 소년 김도순(金道淳)의 경우 이 칠가살의 어느 항목에 해당하는 지 이해가 되지 않는다. 이것은 무엇을 말하는가? 아무래도 김구의 작위적 판단아래 처벌의 수위를 정했을 것으로 짐작된다.

---

12) 七可殺, 「독립신문」, 1920.2.5

정필화(鄭弼和)의 처형도 석연치 않다. 그는 정정화의 사촌오빠[13]로서 그녀의 시아버지 김가진(金嘉鎭, 1846-1922)을 설득하여 귀국시키려는 목적으로 상해에 잠입했다.[14] 김가진은 한일병탄 후 남작(男爵) 작위를 받은 친일파의 거두였다. 그러나 3·1혁명 후 대동단을 조직하여 의친왕 이강(李堈)의 상해망명을 계획하게 된다. 이 사건이 김가진의 망명 계기가 된 듯하다. 1919년 10월 아들 김의한(金毅漢)과 함께 국내를 탈출하여 상해로 망명한 후 대동단 총재로서 이강의 망명을 계속 추진하였으나, 11월 경 지도부가 대거 검거되어 조직이 와해됨으로써 그가 꿈꾸었던 계획은 무위로 돌아가게 되었다. 당시 74세로서 워낙 고령이었던 김가진은 임시정부의 형식적인 고문 등으로 활동하며 실제적인 독립운동에는 그리 깊게 관여하지 못했지만, 총독부 귀족 출신이라는 상징성 때문에 임시정부와 조선총독부 양쪽으로부터 초미의 관심이 되었던 인물이다. 일제가 선택할 수 있는 방법은 두 가지였다. 그를 암살하든가 아니면 납치라도 해서 다시 귀국시키는 것이다. 일본은 후자를 선택했고 김가진의 며느리 정정화의 인척되는 정필화가 임무의 책임자로 정해졌던 모양이다.

하지만 정필화는 임정 경무국에 체포되었고, 모의 사실을 자백한 후 교수형에 처해졌다.[15] 김도순 소년의 경우도 그렇지만 정필화도 미수범이었다. 한편, 김가진은 고국으로 돌아가지 않았으며 1922년경 노환으로 상해에서 작고했다. 그리고 그의 아들 김의한은 부인 정정화와 함께 고국의 독

---

13) 정정화는 김가진의 아들 김의한의 처다. 그녀는 저서 『녹두꽃-여자독립군 정정화의 낮은 목소리』에서 정필화를 팔촌오빠로 기록했다.

14) 『도진순 백범일지』, p.305

15) 『도진순 백범일지』, p.305

립을 위해 분투하였다. 정필화는 일제경찰의 경부출신이다.[16) 그러나 선우
갑·김태석·김국일처럼 악명을 떨친 인물은 아니었던 듯싶다. 그렇다면 그
를 회유할 수는 없었을까? 김가진이 친일에서 항일로 전향했듯이 그 역시
미래의 항일투사로 바뀌었을 지도 모르지 않은가? 하지만 김구는 그를 교
살했다. 악질 친일파 선우갑을 회유하려했던 그가, 그리고 강인우를 이용
하려했던 백범이 정필화는 왜 그렇게 급히 처형해야만 했을까? 경무국장
김구의 판단 기준은 아무리 생각해도 모르겠다.

---

16) 三月 十七日 當署 警部 鄭弼和는 韓巡査 一名을 隨伴, 『한국독립운동사 자료 13(의병편Ⅵ)』七. 隆熙
　　三年(一九　九　明治 四二)《출처: 국사편찬위원회 한국사데이터베이스 》

철혈단원 황학선은 일제의 밀정이었는가?

권력 남용에는 당연히 역반응이 나올 수밖에 없었다. 경무국의 무자비한 횡포에 반기를 들어 일어난 단체가 철혈단(鐵血團)이다. 《백범일지》에 철혈단이라는 단체는 나오지 않는다. 다만 일본영사관의 사주를 받은 황학선에게 포섭된 나창헌·김기제·김의한 등이 정부의 각 총장과 경무국장 김구를 암살 계획을 세우다가 발각되어 황학선은 처형되고 나머지는 훈방되었다는 일화가 기록되어 있다.[17]

철혈단에 관한 자료는 《도산안창호일기》와 일제기밀문서에 좀 더 상세하게 기록되어 있다. 조선총독부 경무국장이 1920년 6월 29일 날짜로 내각총리대신 등에게 '상해가정부와 철혈단에 관한 건'이라는 제목으로 보고를 한 문서가 있다.[18] 그것을 보면 《백범일지》에 기록된 것과 그 내용이 사뭇 다름을 알 수 있다. 김구는 일제의 사주를 받은 황학선이 나창헌 등을 포섭하여 임시정부를 전복하려고 기도하여 그 주범 황학선을 처형했다고 말했다. 그러나 철혈단 선언서에서 주장한 내용은 전혀 다르다.

철혈단이 추구하는 바는 무력투쟁론이다. 철혈단원이 바라보는 임시정부 요원들의 행태는 독립운동을 빙자하여 명예를 추구하고 사복을 채우는 무리들로 보였던 모양이다. 증거가 확실한 일제 밀정은 처벌하지 않고, 임

---

17) 『도진순 백범일지』, pp.305-306
18) 不逞團關係雜件-鮮人의 部-在上海地方(3), 高警 제19698호

정헌법에 명시된 권리에 의해 정부의 부정을 공격하는 의원을 내란범으로 몰고 더욱이 의정원 개원 중에는 의회의 승낙을 받고 체포해야하는데도 법을 무시하고 의원들을 체포하는 무법집단이 바로 내무국 즉 경무국이라고 질타하고 있다. 이러한 상황에서 임시정부를 믿을 수 없으니 실력행사를 하겠다는 것이 바로 '철혈단 선언서'다.

의정원 의원 체포 문제는 확실히 모르겠다. 다만 일제 밀정 선우갑의 예를 보면 철혈단에서 주장하는 것이 과장이나 허위가 아닌 것으로 보인다. 그렇다면 우리는 무엇을 믿고 어떻게 해석해야만 할까? 판단을 내리는데 좋은 참고 자료가 있다. 하나는 '비밀결사 대동단원 검거의 건'이라는 일제 기밀문서이고 두 번째는 철혈단에 관하여 기록된 '안창호의 일기'다.

1920년 5월 7일, 조선총독부 경무국장은 평안북도 도지사로부터 받은 보고서 한 통을 외무차관에게 통보했다. 이 서류에는 비밀결사 대동단원 중 3명을 검거했으며 주범 중 3명은 아직 체포하지 못했다는 내용이 기록되어 있다. 체포된 사람은 장찬식(張贊植, 24세)·이경도(李敬道, 24세)·김응초(金應楚, 19세)이며 미체포자는 황학선(黃學善, 25세 가량)·김홍식(金弘植, 27세 가량)·나창헌(羅昌憲) 등이다.[19]

《백범일지》에는 일본 영사관이 황에게 자금과 계획을 제공했고, 나창헌 등은 황의 악랄한 계략에 말려들어 정부에 대해 극단적인 악감정을 품게 되었다고 기록되어 있다.[20] 그러나 황학선과 나창헌은 '이강공 사건 관계자'로서 두 명 모두 일제로부터 수배를 받고 있던 처지였다. 상기 인용

---

19) 국회도서관, 『한국민족운동사료(중국편)-일본외무성 육해군성문서(제2집)』, pp.156-157; 이 자료는 번역본으로서 황학선이 체포된 것으로 되어 있으나 이것은 오기다. 원본인 "조선소요사건관계서류(6) 비밀결사 대동단원 검거"의 건을 보면 황학선은 미체포로 기록되어 있다.

20) 『도진순 백범일지』, p.306

문서가 그것을 증명해 주고 있다. 게다가 김구는 황학선과 나창헌을 대질신문시키지도 않고 황의 사형을 미리 집행해버렸다. 대동단원이며 철혈단원이었던 한 젊은 청년이 일제 밀정으로 단정되어 건국훈장 대상으로부터 제외된 것은《백범일지》탓이 크다. 그의 공로가 크던 작던 다시 검토해야만 될 것이다.

황학선의 처형은 안창호의 뜻과도 달랐다. 그 당시 내무총장은 이동녕이었지만 안창호가 전임총장이었고, 자신을 경무국장으로 천거했기 때문인지 김구는 거의 매일 안창호에게 업무를 보고하거나 상의했었던 모양이다.《도산 안창호 일기》에 기록된 철혈단 관련 내용을 아래에 소개한다.

김구(金九) 군(君)이 래방(來訪) 왈(曰) 철혈단(鐵血團)이 금일(今日)부터 시(始)하여 정부직원(政府職員)을 노상(路上)에서 봉변(逢變)을 준다 하니 주의(注意)하라고 차배(此輩)를 일제(一齊)히 체포(逮捕)하여 엄치(嚴治)함이 여하(如何)하냐 하므로, 여(余) 왈(曰) 여차(如此) 전설(傳說)을 신지역난(信之亦難)이오, 설혹(設或) 사실(事實)이라 하여도 무마책(撫摩策)을 용(用)할지니 엄혹수잔(嚴酷手段)을 행(行)한다면 더욱이 해(害)로울 뿐이라 하다.[21]

김구는 철혈단을 모두 체포하여 엄하게 다스릴 것을 주장하나 안창호는 반대하며 무마책을 쓸 것을 주장했다. 안창호가 이렇게 말한 것은 김가진이라는 거물이 철혈단의 배경으로 있었고 더욱이 박은식, 김복이라는 상해 독립운동 진영의 실질적인 실력자 역시 철혈단에 관여되었다고 판단했기 때문이었다. 나창헌·김기제·김의한 등이 극형을 면한 것은 안창호의 무마책이 영향을 끼친 것으로 짐작된다. 다음 순서로 김복과 안창호가 대화하

---

21) 『안창호일기』, 1920년 7월 8일 자 일기

는 모습을 소개한다.

박은식(朴殷植) 군(君)으로 더불어 김복(金復) 군(君)을 방(訪)하여 대동려사(大東旅社)에 초대(招待)하여 오찬(午餐)할 새, 군(君) 왈(曰) 철혈단인(鐵血團人) 중(中) 김덕(金德)이가 자기(自己)에게 래왕(來往)하는데 정부(政府) 부직원(府職員)을 노상(路上)에서 봉착(逢着)하는대로 구타(毆打)하겠다 운(云)하니 정부(政府)로서 해(該) 청년(靑年)들을 선(善)히 무마(撫摩)하라 하는 지라, 여(余) 왈(曰) 불평(不平)의 표준점(表準點)된 정부(政府)는 무마(撫摩)키 난(難)하니 제삼자(第三者)인 민간(民間)의 유력자(有力者)가 무마(撫摩)해야만 안돈(安頓)되리라 하다.

김구가 안창호를 방문한 다음 날의 일기다. 일반적으로 나창헌이 철혈단의 대표로 알려져 있으나 의열단원 김덕(金德)도 깊게 관여한 것으로 짐작된다. 김덕은 당시 31,2세로서 나창헌(1896년생, 24세)보다 7, 8세 연상이었으며, 앞글에서 소개한 바 있지만 일제가 30명의 임정관련 주요요인에 포함한 인물이었다. 김덕은 철혈단 사건 이후, 의열단의 핵심으로써 큰 역할을 하게 된다.

아무튼 김덕은 김복을 통하여 임정 요인을 구타하겠다고 공언했고, 김복은 안창호의 역할을 기대했으나 사실 안창호로서는 경무국의 폭력 행위를 무마하기에도 벅찼을 것이다. 실제로 대동단·철혈단·의열단은 김복·박용만 등 북경의 무력 항쟁론자들과 깊은 관계가 있었기 때문이다.

경무국의 월권행위로부터 촉발된 철혈단의 내무부 습격 그리고 철혈단원 황학선의 죽음으로 이어진 일련의 사건은 무력투쟁론과 준비론 혹은 외교론 자와의 갈등의 한 단면이었으며, 몇 년 후 개최된 국민대표회의의 축소판이었다.

10

김구는 왜 박은식 부자를 구타했나

이승만이 상해에 머물고 있을 때 발표된 이 성명서는 한인 지사들에게 큰 충격을 주었다. "특히 임시정부 경무국장 김구(金龜) 등은 박은식(朴殷植)을 구타하고 욕설을 퍼붓기에 이르렀으며, 그 아들 박시창(朴始昌)이 김규식(金奎植)을 방문하여 변명하려고 하자 김구(金龜) 등은 또한 박시창(朴始昌)을 난타하여 끝내 골절하기에 이르러 입원치료를 하지 않으면 안 되는 등 분쟁은 더욱 치열해졌다."

김구가 박은식 부자를 폭행하는 장면이다. 이 무렵 박은식은 62세(1859년생)였고 김구의 나이는 45세(1876년생)였다. 아무튼 경무국장으로서 김구의 활약은 대단했었던 모양이다. 무엇보다 대통령 이승만의 신임을 확실하게 받게 된 것은 이동녕의 후원과 함께 그에게 든든한 배경이 되었다. 그 결과 김구는 이 무렵 초고속 승진을 하게 된다.

위임통치론과 김구의 역할

　임정 초창기 김구와 신규식의 노선은 거의 모든 면에서 동일했다. 특히 위임통치론 문제가 대두되고 이승만에 대한 탄핵문제가 거론될 때, 김구는 신규식과 함께 '협성회'에 가담하여 이승만을 비호하는데 큰 역할을 했다. '협성회'는 임시정부 초창기 김구의 노선을 파악하는데 중요한 참고가 된다. 이 문제를 거론하기 전에 당시 임정이 어떠한 상황에 처했는가를 알아볼 필요가 있다.

　임시정부 내분을 정확하게 파악하기 위해서 우리 측의 주장보다는 일제의 시각이 좀 더 객관적일 수 있다. 1921년 4월 29일 조선총독부경무국이 내각총리대신, 각 성 대신 등에게 '상해 재주 불령(不逞) 조선인의 상황'[1]이란 제목으로 보고한 문서가 있다. 이 무렵은 이승만이 상해에 거주할 당시다. 이승만은 1920년 12월 말경 상해에 도착했다. 대통령으로 선출된 지 1년 6개월 이상이 지나서야 정식으로 취임한 셈이다.

　이승만이 아직 미국에 있을 때, 일제는 상해의 임정에는 무단파인 이동휘와 비교적 온건한 안창호 파 등 두 개의 파벌이 있는 것으로 보았고, 안창호 일파는 이승만과 제휴한 것으로 파악했다. 하지만 1921년 5월 경 안창호가 국민대표회 지지입장을 표명함으로써 이승만과 결별하게 되고 이

---

1) 임시정부의 내홍(內訌, 내분), 고경(高警)제13706호, 『조선독립운동(朝鮮獨立運動)』 2

승만은 상해를 떠나 미주로 가게 된다. 결국 이동휘·안창호·이승만 등 세 개의 파벌로 개편되어 세력다툼을 하고 있다고 일제는 결론을 내렸다. 이 승만이 임정을 떠난 약 1년 6개월 후인 1923년에 개최된 국민대표회의가 창조파·개조파·임정고수파로 나눠진 것을 보면 일제는 상당부분 정확하게 임정의 상황을 파악한 셈이다.

이승만은 임정의 첫 대통령으로 선출되었지만 위임통치론 문제로 인해 정식 취임하기 전부터 임정 분열의 핵으로 존재했었다. 곳곳에서 성토문을 발표하며 이승만과 안창호 등을 곤경에 빠뜨렸다. 특히 북경에서는 박용만 신채호 등 이승만 반대세력이 결집하여 군사통일촉성회(1920.9)와 군사통일주비회(1921.4)를 결성하는 한편《대동》등 언론을 통해 이승만을 비난하는데 앞장섰다. 이러한 시기에 이승만을 보호하고 옹호한 단체가 '협성회'다.

단체가 정식 발족하기 전인 1921년 3월 5일, 조완구·윤기섭 등 임정의 소장파를 중심으로 이승만 지지자 45명이 '임시정부 절대 유지'를 주장하면서 이승만에 대한 절대적 지지를 주장하는 선언서를 발표했다.[2] 결의한 강령은 임시정부를 절대로 유지할 일, 현 대통령 이하 각 국무원을 신임할 일, 언론이나 행동은 물론하고 현 시국 파괴해위를 방지하기 위해 노력할 일 등이었다.[3]

그리고 3월 12일에는 민단사무소에서 연설회가 개최되었는데, 윤기섭은 '험한 바다 외로운 배에 함께 실린 우리'라는 제목의 연설을 하며 청중들

---

2) 국사편찬위원회, 『한국독립운동사-3』, 1967, pp.67-70
3) 선언문, 「신한민보」, 1921.3.5

을 사로잡았다고 한다.[4] 《독립신문》은 이 연설회의 개최 사실을 보도하며 임시정부를 후원할 취지하에 하나의 회를 조직하기 위해 선정된 위원 20인의 명단을 공개했다. 이들 중에 김구의 이름도 포함되어 있다. 다음은 위원 20명의 명단이다.

"윤기섭(尹琦燮) 조완구(趙碗九) 이필규(李馝珪) 황중현(黃中顯) 민충식(閔忠植) 김구(金九) 윤종식(尹宗植) 박찬익(朴贊翊) 김종상(金鍾商) 황청(黃淸) 김정목(金鼎穆) 옥성빈(玉成彬) 장기현(張起鉉) 정영준(鄭永俊) 박근창(朴根昌) 민제호(閔濟鎬) 문병무(文秉武) 김원식(金遠植) 정대호(鄭大鎬) 임재호(任在鎬)"

소장파의 이러한 움직임에 당시 법무총장을 맡고 있던 신규식과 국무총리 대리였던 이동녕이 적극적으로 후원하였다.[5] 결국 '협성회'는 1921년 4월 24일 상해 현성 서문 밖 혜령전수여학교에서 발회식을 갖게 된다.

하지만 협성회의 주장은 한인사회의 여론을 움직이지 못했다. 그것은 이승만의 사주에 의해 만들어졌다는 소문이 팽배했으며, 서명한 129명 중 유력자는 겨우 7, 8 명 정도이고 나머지는 정체불명의 인사가 대다수였기 때문이었다.[6]

협성회 회원을 비롯한 임정·이승만 비호세력이 천재일우의 기회로 기대한 것은 1921년 11월 11일 개최된 태평양회의였다. 그러나 이듬 해 2월 6일 막을 내린 태평양회의의 결론은 1919년도 파리강화회의와 하등 다를 바 없었다. 태평양회의에서 한국문제는 전혀 거론되지 않았다. 임정 요인들의 실망감이 극도로 팽배해 졌을 때 신규식은 마지막 선택으로 손문의

---

4) 연설회,「독립신문」, 1921.3.19
5) 김희곤〈대한민국임시정부와 신규식〉,『신규식 민필호와 한중관계』, 나남출판, 2003, p.73
6) 〈상해 재주불령선인의 상황〉『조선통치사료 8』, p.3

광동호법정부의 후원을 모색하였다. 하지만 비슷한 입장으로 중국의 임시정부였던 호법정부가 한국의 임정을 승인한다는 허울뿐인 성과만 거두었을 뿐, 정작 중요한 차관 교섭이 실패로 끝나자 신규식은 1922년 3월 20일 모든 공직에서 사퇴했다. 김구와 신규식의 인연은 이때까지였다.

신규식은 작고하기 전 25일 동안 음식도 들지 않고 말도 하지 않으며 눈을 뜨지도 않았다고 한다. 다음은 묵언하기 전 마지막 말이다.

> "나는 아무 죄도 없습니다.…나는 아무 죄도 없습니다. 그럼 잘 있으시오.
> 나는 가겠소.…여러분들! 임시정부를 잘 간직하시고 3천만 동포를 위해 진
> 력해주시오." 그리고 임종 때의 마지막 유언은 "정부! 정부!"였다.[7]

신규식의 노선 선택과 독립운동 방략에 대해선 비판을 할 수도 있다. 그러나 임시정부에 대한 그의 애정은 누구도 흉내 내지 못할 숭고함 그 자체였다고 본다. 임시정부 수립 과정에 있어서 신규식의 역할 그리고 공직 사퇴 전 마지막까지 그가 기울인 열정과 노력은 성과를 떠나서 우리가 인정해야 되리라 본다. 임시정부의 아버지라는 호칭은 아무래도 예관 신규식에게 바쳐야할 것 같다. 김구가 《백범일지》에서 신규식을 전혀 언급하지 않은 것은 임시정부를 걱정하며 자살한 예관이 부각될 경우 자신의 임정 사랑에 흠집이 갈 것으로 생각했기 때문인지 모른다.

---

7) 민필호 편찬, 『한국의 얼』, 공보실, 1955, pp.170-172

김구, 박은식 부자를 구타하다

이야기를 하나 빠뜨렸다. 국민대표회의 소집 및 이승만 보호에 관련된 김구의 역할에 관한 것이다. 이승만이 김구의 활약에 얼마나 감격했는지를 보여주는 일화가 있다.

우리 정부를 잘 옹호하시오-우리 정부는 난리에도 붙잡고 있소. 북경에서 처음부터 무정부주의의 행동을 하는 박용만 일파의…상해와 원동 한인들이 다 이 정부를 원하며 국민대회를 하는 것은 백성들이 원하는 바가 아니고 바라지도 않소. 우리 한인이 남만 못한 줄로 생각하지 마시오. 경무국장 김구 씨는 조용히 앉아 경찰 사무를 잘 보는 동시에 선전까지 잘 하오…[8]

이 글은 쫓기다시피 상해를 떠난 이승만이 1921년 8월 17일 국민회 북미지방총회 주최로 샌프란시스코에서 열린 환영회에서 연설한 내용의 일부이다. 김구가 정말 조용하게 사무만 보았는지 그리고 어떤 선전을 잘 했는지에 관해서는 언급을 하지 않겠다. 분명한 것은 이승만과 대립했던 박용만의 임정 불신임 행위에 분노하고 있으며 김구의 처신에 대해 굉장한 신뢰를 보이고 있는 점이다. 시간을 다시 뒤로 돌리겠다.

《백범일지》에는 신채호·신규식·신한청년당 등에 관한 내용이 전혀 나

---

8) 리대통령의 연설, 「신한민보」, 1921.8.25

오지 않거나 거의 다루지 않고 있다. 박은식의 경우도 마찬가지다. 그의 빛나는 이력과 치열했던 지사로서의 행적을 구태여 거론하지 않더라도, 그는 상해 임시정부의 제2대 대통령을 역임한 사람이다. 하지만 《백범일지》에서 박은식이 등장하는 장면은 아래에 소개하는 단 한번 뿐이다.

정부제도는 대통령 이승만이 교체되고 박은식이 취임하였고, 대통령제도를 변경하여 국무령제로 고쳤다.[9]

이승만이 왜 탄핵되었는지, 박은식이 취임하자마자 대통령제를 왜 국무령제로 변경했는지 김구는 전혀 설명하지 않는다. 아니 박은식 자체에 대해서 거론하길 거부한다. 사실 박은식과 김구는 악연이 있는 사이다.

상해에서 개최된 국민대표회의는 '잡종회(雜種會)'였다는 것이 김구의 인식이었다.[10] 국민대표회의 개최의 필요성을 문서로 처음 제기한 사람이 박은식이다. 1921년 2월 원세훈(元世勳) 박은식(朴殷植) 등은 '우리동포에게 고함'이라는 인쇄물을 반포하였다.

이승만이 상해에 머물고 있을 때 발표된 이 성명서는 한인 지사들에게 큰 충격을 주었다. "특히 임시정부 경무국장 김구(金龜) 등은 박은식(朴殷植)을 구타하고 욕설을 퍼붓기에 이르렀으며, 그 아들 박시창(朴始昌)이 김규식(金奎植)을 방문하여 변명하려고 하자 김구(金龜) 등은 또한 박시창(朴始昌)을 난타하여 끝내 골절하기에 이르러 입원치료를 하지 않으면 안 되는 등 분쟁은 더욱 치열해졌다."

---

9) 『도진순 백범일지』, p.316
10) 『도진순 백범일지』, p.312

김구가 박은식 부자를 폭행하는 장면이다. 이 무렵 박은식은 62세(1859년생)였고 김구의 나이는 45세(1876년생)였다. 아무튼 경무국장으로서 김구의 활약은 대단했던 모양이다. 무엇보다 대통령 이승만의 신임을 확실하게 받게 된 것은 이동녕의 후원과 함께 그에게 든든한 배경이 되었다. 그 결과 김구는 이 무렵 초고속 승진을 하게 된다. 이력을 정리하면 다음과 같다.

- 1919년 9월~1921년 5월: 경무국장
- 1923년~1925년 3월 13일: 내무부 총장
- 1924년 6월~? : 노동국 총판 겸직
- 1923년 4월 9일~1924년 4월 23일: 국무총리 대리 겸직
- 1926년 12월 14일~1927년 8월: 국무령

이승만이 미국으로 떠난 1921년 5월경, 경무국장직에서 물러난 김구는 임시의정원 의원으로만 잠시 활동하지만, 곧 1923년 4월 9일 내무총장에 취임하여 박은식 내각이 들어서기까지 노동국 총판, 국무총리 대리 등을 겸직하면서 임시정부의 실세로 떠오르게 되었다. 1923년 1월 3일부터 6월 7일까지 상해에서 국민대표회의가 열릴 때 김구는 내무총장이었다. 1923년 6월 김구는 내무총장 자격으로 국민대표회의 해산령을 내렸다. 또한 임정을 거부하는 세력에 대한 상해 추방을 선언한다. 이 무렵의 상황을 김구는《백범일지》에서 다음과 같이 서술했다.

국민대표대회에서 양파 공산당이 서로 투쟁하니 순진한 독립운동자들까지도 양파 공산당으로 나뉘어져 혹은 창조, 혹은 개조를 주장하여 전체가 요란하게 되었다. 이런 까닭에 내가 내무총장의 직권으로 국민대표대회의

해산령을 발표하니 비로소 시국이 안정되었다.[11]

김구의 주장에 의하면 국민대표회의는 '잡종회'며 공산당들의 권력다툼의 장이 되어 버린다. 그러나 한국독립운동사에서 1923년에 열린 국민대표회의의 개최는 큰 의미를 가진다. 국민대표회의는 임정 수립 후 나타나기 시작한 여러 모순을 극복하고자 했던 모임이었다. 물론 이 회의를 통하여 당초의 목적을 달성하지는 못했다. 하지만 민족협동전선의 성립에는 실패했음에도 불구하고 그에 대한 필요성을 절감하게 해주었다는 것만으로도 중차대한 의미를 부여할 수 있는 회의였다.

무엇보다 이 회의는 독립운동사상 가장 장기간 그리고 가장 많은 단체의 인원들이 참여했던 최대 규모의 모임이었다. 참고로 국민대표회의에 참여한 단체를 간략하게 분류하여 소개한다.[12]

① 무장·의열단체: 고려혁명군·서로군정서 외 39개 단체
② 정치·사회단체: 고려공산당·신한청년당 외 10개 단체
③ 청년단체: 고려공산청년회 청년회연합회 외 17개 단체
④ 민정단체: 대한통의부·대한인국민회 외 6개 단체
⑤ 종교단체: 천도교 외 3개 단체
⑥ 교육단체: 길림교육회 외 3개 단체
⑦ 노동단체: 흑룡강성노동회 외 3개 단체
⑧ 부인회: 대한민국애국부인회 외 3개 단체
⑨ 성격불명: ○○○○단 외 6개 단체

특별히 주목할 사항은 평소 임시정부에 냉담했던 무장 의열단체가 대부

---

11) 『도진순 백범일지』, pp.312-313

12) 김희곤, 『한국독립운동단체연구』, 지식산업사, 1995, pp.179-184

분 참여했다는 점이다. 그 대다수가 만주와 소련령에 있었던 무장단체들이 적극적으로 참여했다는 것은 독립투쟁론과 의열투쟁론을 독립운동방략으로 채택하고 있던 단체들 역시 이 국민대표회의에 큰 기대를 걸고 있었다는 방증이다.

63차례의 회의 그리고 창조파만의 회의가 세 차례 열렸지만, 아쉽게도 국민대표회의는 가시적인 성과를 거두지 못하고 문을 닫고 만다. 이 회의 결과 가장 타격을 입은 것은 상해 임시정부였다. 임정은 독립운동계의 구심점으로서의 위치를 다시 찾기 위해 1925년 3월 이승만을 탄핵하고, 4월엔 2차 개헌을 하는 등 체제를 다시 정비하지만, 임시정부의 선도적 역할은 실질적으로 이 대회를 계기로 종언을 고하게 된다. 즉 독립운동계의 구심점은 북경을 중심으로 한 무장투쟁론자들에게로 넘어 갔다는 뜻이다. '비로소 시국이 안정되었다'는 김구의 주장은 역사적 사실과 너무 다르다.

한 가지 확실한 것은, 국민대표회의가 이승만의 실각에 큰 역할을 했다는 점이다. 그리고 이승만이 대통령직에 탄핵됨과 동시에 출범한 박은식 내각에서 김구는 설 자리가 없었다. 하지만 1925년 11월 1일 박은식이 작고하고 그로부터 1년 후인 1926년 12월, 김구는 거의 빈껍데기만 남은 임시정부의 최고 수장 자리에 오른다.

11
김립 암살사건의 진상

《백범일지》에 나오는 김립의 축첩설 등은 대
부분 이르쿠츠크파로부터 나온 정보들이다.
하지만 엉뚱하게도 김립은 임정의 전 경무
국장 김구의 지시에 의해 오면직·노종균
등에게 피살당하고 말았다.

김립 암살 사건의 진상

앞줄 오른쪽 끝이 김립. 시계방향으로 박진순, 이동휘, 이극로, 김철수, 계봉우, 신원 미상.

1922년 2월 8일, 상해 북쪽 외곽의 중국인 밀집 지구인 자베이(閘北) 구역 바오퉁루(寶通路)에서 몇 발의 총성이 울렸다. 그리고 중국명 양춘산(楊春山), 한국인 김립(金立)이 유명을 달리 했다. 그의 나이 마흔 둘이었다.《백범일지》에는 김립의 암살에 대하여 아래에 소개하는 두 줄의 문장으로 간략히 기술하였다.

정부의 공금횡령범 김립은 오면직·노종균 등 청년들에게 총살을 당하니 사람들이 통쾌하게 생각하였다.[1]

1) 『도진순 백범일지』, p.313

김립의 죄상에 대해선 상기 문장을 기록하기 전에 이미 단죄를 내린바 있다.

한이 시베리아에 도착할 시기를 맞추어 이동휘는 비서장인 김립을 밀파해, 한형권을 종용하여 금괴를 임시정부에 바치지 않고 중간에서 빼돌렸다. 김립은 이 금괴로 북간도 자기 식구들을 위하여 토지를 매입하였고, 이른바 공산주의자라는 한인·중국인·인도인에게 얼마씩 지급하였다. 그러고서 자기는 상해에 비밀리에 잠복하여 광동여자를 첩으로 삼아 향락하는 것이었다.[2]

《백범일지》에 적힌 몇 줄의 글 때문에 우리민족은 위대한 독립지사 한 명을 영원히 잃어버릴 뻔했다. 물론 아직 그의 명예가 완전히 회복된 것은 아니지만 근래 들어 김립의 업적과 그의 억울한 죽음을 재조명하는 움직임이 조금씩이나마 나타나고 있는 중이다. 먼저 김구가 지적한 김립의 죄목을 살펴보자.

첫째: 이동휘·김립·한형권 등은 러시아가 상해 임정을 지원하기 위해 주기로 한 공금을 횡령했다.
둘째: 김립은 자신의 식구들을 위해 토지를 매입하였다.
셋째: 김립은 한인 및 중국·인도 공산주의자들에게 자금 지원을 했다.
넷째: 김립은 광동여자를 첩으로 삼아 향락을 일삼았다.

이 정도의 파렴치범이라면 당시 상해의 분위기로 봐서 당연히 암살당할 만 했다. 김립이라는 인물의 비중에 비해 그의 죽음을 보도한 언론은 극소수였다. 상해 임정의 기관지였던 《독립신문》은 다음과 같이 김립의 피살

---

2) 『도진순 백범일지』, p.311

사실만 짤막하게 보도했다.

> 상해(上海) 중국조계(中國租界) 보통로(寶通路) 이백사호(二百四號) 엇던 중국인가(中國人家)에 우거(寓居)하던 양춘산(楊春山)이라 칭(稱)하는 년기(年紀) 사십여세(四十餘歲) 된 우리 사람 하나이 지난 팔일(八日)에 엇던 청년(靑年) 사인(四人)에게 피살(被殺)되엿는대 일설(一說)에는 그 피살(被殺)된 이가 곳 김립(金立)이라고도 하더라[3]

미주에서 발행된 《신한민보》도 〈의심에 쌓인 김립의 암살〉[4]이라는 제목으로 보도했지만 암살배후에 대한 의문을 표시하는 정도였으며, 김립의 행적에 대해서 극히 비판적으로 다루었다. 《동아일보》 등 국내언론은 김립의 암살을 전혀 다루지 않았다. 반면 중국의 영자신문인 《The North-China Herald》지는 피살 직후인 2월 11일자 신문을 비롯하여 그 후 몇 차례에 걸쳐 김립의 죽음에 대하여 집중 조명하였다. 그 중 일부를 소개한다.

> 한 한국인 살인, 자페이(Chapei)의 비열한 폭행, 한 남자가 대낮에 총살, 살인범들은 도피.
> 무시무시한 살인이 수요일 아침 대낮에 빠오퉁(Paotung)로(주공로에서 떨어진 길) 자페이(Chapei) 철도2호문(門)에서 자행된 것으로 알려졌다. …(중략)…
> 외국인 복장(중국 국적을 취득했다고 말해짐)의 한국인이 북에서 남으로 철도를 향해 걷고 있었는데 갑자기 여러 명(어떤 보도는 2명, 다른 보도는 3명)이 그 사람의 앞을 가로막고 그의 머리와 몸 여러 군데에 여러 발을 발사했다. 암살범들은 흩어져 급히 부근 여러 골목길로 도망쳤다. 그의 시체는 넘어진 곳에 눕혀져 있었고 오후 늦게서야 중국경찰당국이 치웠다. 사망한 사람은 양춘산(수년전에 중국에 귀화한)이라는 한국인이다. 그는 상업인쇄공장에

---

3) 楊春山의 被殺, 「독립신문」, 1922.2.20
4) 의심에 쌓인 김립의 암살, 「신한민보」, 1922.3.23

가까운 파오산(Paoshan)단의 가옥에 홀로 살았다. 그의 가족은 길림에 살고 있다. 그는 혁명적 성향을 가진 자로 믿어지며 한국독립운동에 관심을 갖고 있었다고 한다. 그는 조계지로 향하고 있었는데 치명적이 된 총탄 7발을 머리와 몸에 맞았다.[5]

　《독립신문》과 비교할 때 피살 당시의 상황이 비교적 구체적으로 그려져 있다. 계속해서 3월 18일자《The North-China Herald》는 양춘산의 본명이 김립이라는 사실을 보도했으며, 4월 1일자는 '김립과 그의 금(Kim Rip and Its Gold)'이라는 소제목하에서 김립과 그가 관리하고 있던 모스크바 자금과 관련된 내용을 소개함과 아울러 암살 배후에 대하여 그들이 파악한 관점을 보도하였다.

　치타그룹(Chita Group)은 러시아어를 구사하며 시베리아와 관계가 있고 헤아릴 수없이 많은 가명을 쓰고 있는 김립이라는 사람이 대표하고 있는데 지난여름 초 40만 달러 상당의 러시아 금괴를 소지하고 북경(상해?)에 도착했다. 그는 주로 웨스턴힐(Western Hill)에 머물렀고 자신의 모든 정력을 금괴를 통용할 수 있는 은화로 바꾸는데 쏟아 부었다. 이 풍부한 자금은 자연히 당파와 관계없이 동국인들의 관심을 집중시켰다. 볼셰비키와의 타협적인 관계를 완강하게 반대하고 있는 정통한국혁명당이라 부를 수 있는 당은 김립에게 그의 방식의 과오를 인정하고 전체혁명자금으로 내놓을 것을 요구했다. 이르쿠츠크(그룹) 요원들은 여행비용과 하루생활비 100멕시코달러를 벌기 위해서 포도밭에서 일하고 있는데 행운아 김립에 합류함으로써 더 나은 조건을 기대했다. 그는 모든 당파들을 피하고 상해까지 따라온 이르쿠츠크 사람들과 나누어 갖기를 거부했다. 그리하여 그는 자금을 유용했다는 비난을 받고 지난 2월 11일 총살되었다.[6]

---

5)「The North-China Herald」, 1922.2.11, 28쪽; 반병률의 논문〈金立과 항일민족운동〉에서 재 발췌
6)「The North-China Herald」,1922.4-1.1, 28쪽; 반병률의 논문〈金立과 항일민족운동〉에서 재 발췌

이르쿠츠크파 공산당과 상해고려공산당의 갈등으로 본 이 신문의 시각은 비교적 정확했다. 다만 암살 배후가 상해 임정이라는 것은 전혀 예상하지 못했다. 보편적 상식으로 생각해 볼 때 상해 임정이 김립을 암살한다는 것은 있을 수 없는 일이었다는 뜻이다. 그러면 지금부터 김구의 주장이 얼마나 왜곡된 정보였는지 살펴보기로 하겠다.

《백범일지》에 의하면 김립이란 인물은 파렴치범이다. 그는 공금을 횡령하여 빼돌린 돈을 북간도에 있는 가족에게 보내어 토지를 사게 했으며, 자신은 독립운동을 한다는 핑계로 상해에 머물면서 실제로는 비밀리에 광동인 첩을 두는 등 사치와 향락에 빠진 인물로 그려져 있다.

사실 이 문제는 의외로 간단하게 해결된다. 러시아 자금의 사용내역은 김립이 암살당하기 4개월 전에 이미 이동휘·박진순의 명의로 보고서가 작성된 상태였다. 이 문서는 한형권이 대한민국 상해임시정부의 전권대표 자격으로 러시아 사회주의연방공화국 외무인민위원회 앞으로 보낸 것이다.[7]

이 보고서에 의하면, 우여곡절 끝에 수령된 총 액수는 이십오만사천삼백(254,300) 멕시코달러다. 이 중 이한영이 7천5백, 김립이 5만6천, 박진순이 19만8천 멕시코달러를 보관하고 있었다. 사용내역 역시 이 문서는 상세하게 보고하고 있다. 인쇄용 장비, 일본·중국 등 각 지역의 공산당 지원, 테러부대 지원 등으로 자금을 사용하고 현재 잔액은 6만3천6백 멕시코달러라고 밝히고 있다. 김립이 축첩 등 개인의 향락과 치부를 위해 공금을 횡령할 수 있는 여지가 전혀 없었음을 이 문서는 증명해 주고 있다. 만약 김립이 횡령을 했다면 이동휘·한형권·박진순 등으로부터 먼저 배척을 받았

---

7) 이동휘의 대한민국상해임시정부 비판과 소비에트 측이 제공한 혁명지원금의 사용내역 보고 《대한민국임시정부자료집-대한민국임시정부자료집 별책 5》-러시아문서관자료 1920.01.20-1924.02.12 이하 『러시아문서관자료』로 약함

을 것이다. 하지만 김립에 대한 이동휘의 신뢰는 김립 암살 이후 그가 남긴 문서를 보아도 확인이 된다.[8] 이 보고서에서 이동휘는 "금일 박밀양으로부터 김립이 살해되었다는 내용의 전문 한 통을 급작스럽게 전달받았습니다. 만약 그것이 사실이라면, 우리는 그의 암살 소식을 극도로 애석하게 생각합니다."라는 글을 남겼다.

모든 게 돈이 문제였다. 그리고 소비에트러시아 장성 포타포프(А.С.По тапов)의 상해 방문이 모든 갈등의 출발점이었다. 이 무렵 안창호의 일기를 보면 포타포프와의 접견을 둘러싼 한인들의 갈등이 얼마나 치열하고 심각했나하는 것을 알 수 있다. 아래에 간략히 기술한다.

- 1920.01.16.: 여운형이 안창호를 방문하여 포타포프를 만날 계획이 있음을 알린다.

- 01.20: '여운형은 일제의 앞잡이며 이동휘는 무능력·무가치한 인물이므로 임시정부와는 관계하지 말고, 아령(俄領)국민회의는 국민 다수가 신임하고 있으며 큰 인물이 많다'고 모 한인이 말하는 것을 포타포프로부터 직접 들었다고 여운형이 말하다.

- 01.21: 이동휘 국무총리가 방문하여 러시아 레닌정부에 파견할 특사 문제를 의논하다. '안창호는 위임통치론을 주장한 이승만·정한경과 함께 부미파(付美派)며 독립사상이 없으므로 그와 관계하지 말라'고 모 인사가 말했다 한다. 포타포프는 이 말을 한형권에게 전했으며, 안창호도 비슷한 이야기를 김립으로부터 들었다고 말하다.

- 01.22: 안창호가 안정근에게 안공근의 조속한 귀환을 요청하다. 그 이유로는 첫째, 포타포프 장군이 곧 떠날 것이니 소개할 기회를 놓쳐서는 안 될 것이며 둘째, 독일과의 외교 관계 등 여러 가지 현안을 해결하기

8) 이동휘의 모스크바 업무 현황 보고 『러시아문서관자료』, 1922.3.12

위해서도 러시아와의 외교를 우리가 먼저 선점해야한다고 말하다.

- 01.31: 포타포프의 초대를 계획하다.

- 02.01: 이동휘와 함께 포타포프와 만찬을 하다.

- 05.20: 이동휘가 한형권을 러시아에 독단으로 파송한 건으로 이동녕 이시영이 사의를 표명하며 이동휘 총리와는 함께 일을 하지 못하겠다고 하다. 그들은 이동휘 일파가 임정을 블라디보스토크 등 아령으로 옮기길 계획하고 있다고 믿다. 안창호는 만류하며 조만간 포타포프가 상해에 올 예정이니 경솔한 행동을 삼갈 것을 권유하다.

- 06.27: 안공근이 돌아오다. 이동휘가 통역을 대리고 위해위(威海衛)로 간 것은 모스크바로 갈 예정인 것으로 보인다. 또 포타포프가 말하길 이동휘가 비밀히 노농정부(勞農政府)를 조직하였다고 말하는 것을 보아 헛된 소문이 아닌 듯하다. 이러한 사실은 이동휘의 통역이 안공근의 조카와 동창이라는 인연으로 얻어낸 정보이다.

- 07.09: 김복이 러시아·중국·한국 3국 연합국을 제안하다. 6개 사단 규모이며 러시아가 조차지와 무기를 대고 중국 국민당과 러시아가 자금을 조성하는 것이 기본 골격이다. 김복·여운형·포타포프·진형명은 이미 합의를 했으며, 안창호가 총주관하기를 바란다고 말하다. 그러나 안창호는 거부하다.

대략 살펴봐도 포타포프를 둘러싼 암투가 얼마나 치열했는지 짐작이 간다. 1919년 11월부터 1921년 1월까지 이동휘가 임시정부의 총리로 재임하던 시기는 러시아 자금문제로 인한 암투와 겹친다. 이 무렵 임정에는 4개 이상의 정치세력이 있었다. 이승만 계열, 이동휘 계열, 안창호 계열, 신한청년당 세력 등이다. 러시아 자금 쟁탈전에는 위 4개 세력 외 대한국민의회(이르쿠츠크파)도 뛰어들었다.

한인 독립지사들에게 기대와 갈등을 동시에 갖고 온 포타포프에 대하여

우로부터 포타포프, 진형명, 김복, 여운형, 김진영(김복의 조카)

좀 더 알아보자.《독립신문》은 1920년 3월 1일자 신문에 포타포프의 약력을 간략하게 보도하였다. 이에 의하면, 포타포프는 1903 1904년 한성(漢城) 주재 러시아 공사관에서 무관으로 근무한 경력이 있다.

1917년 2월 혁명 당시에는 볼셰비키 측에 가담했으며, 혁명 후에는 시베리아에서 주로 활동했다. 이 무렵 한인들과도 교류가 있었다고 한다.[9] 이 신문은 3 1운동 1주년을 맞아 덕담을 나누는 모습도 보도했다.《독립신문》이 포타포프를 '짜르'정부를 전복한 공화국 건설의 원훈(元勳)이요 대붕(大鵬)이라고 소개하자, 그는 한국 독립운동을 적극 원조할 것을 약속했다.

포타포프는 1919년 12월 경 상해에 도착한 이후 상당히 많은 한인단체 대표들을 만났다. 확인된 것만 해도 임정을 비롯해서 대한국민의회, 대한인국민회, 신한청년당, 대한애국부인회, 대한여자청년회, 조선기독교청년회, 대동단, 노동자단체, 학생단체, 거류민단 등이며 만난 사람은 이동휘 안창호 한형권 장건상 문창범 이광수 여운형 김복 등이다.[10]

결국 선택된 것은 이동휘 세력이었다. 이동휘는 가장 먼저 포타포프와의 접촉을 시도했다. 그는 임정 국무총리 명의로 1920년 1월 20일, 러시아와 한국 인민들이 함께 공동 투쟁할 수 있도록 단결되기를 원한다는 취지의 공문을 보냈다. 이 공문에는 '문창범이 포타포프에게 보낸 협조문'도 첨부

9) 俄國第一革命의 용사 포타포브將軍의 담화와 약력,「독립신문」1920.3.1
10) 이애숙〈상해 임시정부 참여세력의 대소교섭〉

되었다.[11] 이동휘는 자신이 속한 한인사회당이 임정에 참여하기로 결정한 1919년 6월 경, 박진순·박애·이한영 등을 모스크바에 이미 파견했는데 이러한 선조치도 그에게 매우 유리하게 작용했다.[12] 모스크바에 보낼 외교원을 선정하는 것도 이동휘 세력의 뜻대로 되었다. 여기에는 다분히 행운도 따랐다.

당초 임정은 1월 22일의 국무회의에서 모스크바 파견 특사로 한형권 여운형·안공근을 선출했으나, 안공근은 부재중이었고 여운형은 1919년 11월의 방일 건 등으로 비토세력이 많았으며 게다가 신한청년당과 그 배후 세력인 동제사의 분열[13]로 지원세력이 미약한 상태였다. 이러한 상황에서 이동휘는 한형권을 단독으로 파견하였다. 이 결정이 김립 암살의 단초였다. 5월 20일《안창호일기》에 기록된 바와 같이, 이동녕·이시영이 사의를 표명하며 이동휘 총리와는 함께 일을 하지 못하겠다고 한 배경이 한형권의 단독 파송 건 때문이었다.

아무튼 한형권은 1920년 4월 말경 모스크바에 도착했고, 그곳에 채류중이던 같은 한인사회당 당원이었던 박진순의 도움으로 소련정부 외무인민위원회로부터 200만 루블의 지원약속을 받았고, 이 가운데서 60만 루블을 일차 분으로 지급받았다. 이쯤에서 잠깐 포타포프의 보고서를 살필 필요가 있다.[14]

이 보고서가 작성될 무렵은 60만 루블이 벌써 한인들에게 지급된 시점

---

11) 대한민국상해임시정부 국무총리 이동휘가 포타포프에게 발송한 서신『러시아문서관자료』, 1920.1.20
12) 강덕상,『현대사자료』26권, pp.235-251
13) 그 당시 신한청년당과 동제사 요원들은 외교론자와 무력항쟁론자로 분열이 되었다.
14) 대한민국 상해임시정부에 관한 포타포프의 보고서,『러시아문서관자료』, 1920.12.20

이었다. 한형권은 그때까지 여전히 대한민국상해임시정부의 전권대표 신분이었고, 이동휘도 총리직을 유지하고 있었다. 포타포프의 보고서는 그가 만난 한인단체들의 성격과 이력 등을 소개하고 있으며, 특히 한형권의 방소 이전에 모스크바에 도착하여 활약하고 있는 박진순, 이한영 등을 언급하고 있는 점이 눈길을 끈다. 앞서 설명한 바와 같이 이동휘 계열이 레닌자금 취득에 우선순위가 될 수 있었던 가장 큰 요인은 모스크바의 움직임, 그리고 포타포프가 전권을 가진 핵심인물이라는 것을 가장 먼저 파악했기 때문으로 보인다.

한 가지 의문은, 1920년 5월경 포타포프 진형명, 김복, 여운형이 3국 연합군 창설에 합의한 점이다. 물론 이 계획은 안창호의 합류 거절로 무산되었다. 하지만 이러한 시도가 있었다는 것은 이동휘 계열의 계획과 무관하게 별도의 목적으로 모스크바 자금을 사용할 수도 있었다는 방증이다. 결과를 떠나서 이동휘·안창호·김복 등이 한국독립을 위하여 서로의 노선을 극복하고 합쳤으면 임정의 미래가 어떻게 바뀌었을까하는 아쉬움이 남는다.

이동휘가 임정과 완전히 결별한 때는 1921년 3월이다. 물론 김립도 동반 사퇴했다. 이동휘는 총리직을 물러나기 전까지 임정의 개조를 위해 노력한 것은 분명하다. 하지만 그의 노력은 무산되었고, 그는 임정과 결별했다.

레닌자금이 임정의 공금이었다는 주장은 김구를 비롯한 일부 임정 요인들의 자기기만 행위였다. 지금까지 소개한 자료 외에 모스크바 자금의 처분권자가 누구인가를 밝혀주는 또 다른 문서도 있다. 국제공산당 중앙집행위원회 비서 쿠시넨이 1922년 5월 11일자로 작성한 훈령에 의하면, 문제의 40만 루블과 20만 루블이 모두 상해고려공산당에 지급된 것이라고 기록되어 있다. 그 자금의 결산 보고 의무도 상해고려공산당에 부과되어 있다. 그리고 모스크바 자금의 정산 실무를 위임받은 극동공화국 외무대신 얀손이 1922년 8월 18일 작성한 보고서에도 모스크바 자금의 수령자를 상해고려공산당으로 지목했다.[15] 아래에 레닌 자금과 관련된 사건 개요를 연표로 소개한다.

[레닌자금 관련 연표]

날짜	내역
1919.05.	블라디보스토크 근교에서 통합한인사회당 출범
06.	한인사회당, 임정 참가 결정. 이동휘 김립은 상해로, 박진순 박애 이한영 모스크바 파견
11.03	이동휘, 임정 총리 취임
11.14	김립, 국무원 비서장 임명
12.	포타포프 상해 방문
1920.01.16	여운형, 안창호에게 포타포프와의 면담 사실 보고
01.20	이동휘, 포타포프에게 서신보냄
01.21	이동휘와 안창호, 레닌정부 파견 특사 문제 논의
01.22	국무회의에서 한형권 여운형 안공근 특사로 선출 안창호, 안정근에게 안공근의 조속한 귀환 요청
02.01	이동휘 안창호 포타포프, 만찬을 함께 함
02.	국무원회의, 이승만의 구미위원회에게 미주지역 재정권 결정
03.01	독립신문, 포타포프 관련 기사 보도
04.	한형권 모스크바 도착

---

15) 임경석 "횡령범의 통쾌한 죽음" 김구가 찍은 낙인에 사후 90년 '불명예 굴레', 「서울신문」, 2012.11.19

05.17	임정 국무회의, 한형권의 소환을 의결함
05.20	한형권 단독파송 건, 이시영 이동녕 사의 표명
06.	이동휘 김립 윤현진 등 이승만 불신임 운동 추진
06.16	이동휘, 총리 직 사퇴서 발송 후 6월 22일 위해위로 떠남
06.27	안공근 상해 귀환
07.09	**김복, 안창호에게 3국 연합군의 총주관 제의하나 거절함**
08.11	보이틴스키의 만류로 이동휘 총리 직 복귀
09.	이한영, 모스크바 자금을 갖고 상해에 도착
10.	**청산리 전투**
10.	간도 참변
10월 말	베르흐네우진스크에서 김립 계봉우와 박진순 한형권 만남, 2차 자금 40만 루블을 상해의 한국공산당 주관사용 결의 한형권의 활동비로 6만 루블 지급
	박진순 22만, 김립 12만 루블을 상해로 운반키로 결정 김립은 8만 루블은 자신이 운반하고, 나머지 4만 루블은 이대암(이태준)에게 운송을 위임했으나 이태준이 피살당함
	박애 계봉우에게 3만 루블 지급, 기타 경비 제외하고 상해에 도착한 최종 금액: 31만 루블(254,300 멕시코달러)
12.20	**포타포프, 한국에 관한 약식 보고서 작성**
12.28	이승만, 임정 대통령 취임
1921.03.	이동휘, 임정 총리직 사임
05.	이승만, 상해를 떠남
05.04~17	이르쿠츠크에서 제1차 고려공산당 대표회의 개최
05.20~23	상해 고려공산당 대표회의 개최
06.28	**자유시 참변**
09.26	이희경, 임정특별전권 자격으로 치체린에게 서한 발송
10.16	이동휘 박진순, 혁명지원금 사용내역 보고

11월 말	한형권 고창일, 모스크바자금 20만 루블 휴대 상해 도착, 고려공산당이나 임정 등 어느 세력에도 넘겨주지 않음
	임정, 김립과 한형권을 처단하기 위한 테러단 조직 한형권, 윤해 고창일 등 국민의회 측 도움으로 도피
1921.11.12 ~1922.02.06	워싱턴 군축회의
1922.01.26	상해임정, 이동휘와 김립을 성토하는 포고문 발표
01.	모스크바에서 極東民族大會개최, 참석자의 3분의 1이 넘는 56명의 한국대표가 참석함. 김구, 金奎植과 呂運亨의 대회 참가에 반대하여 新韓青年黨을 탈당함
02.08	김립 피살
03.22	이희경, 외무인민위원회의 치체린의 접견 요청함
05.18	안공근, 상해 임정의 상황을 외무인민위원회에 보고함
05.31	안공근, 임정의 상황을 인터내셔널 집행위원회에 보고
06.06	이희경, 치체린에게 모스크바 출국을 통첩함
09.	임정, 한형권을 협박하기 위해 김상옥을 시켜 윤해 저격
09.25	신규식 사망

《The North-China Herald》의 보도처럼 이르쿠츠크파가 김립을 처형했다면 어느 정도 이해된다. 왜냐하면 레닌자금이 처음 대두되었을 때 이동휘 계열과 국민의회 계열은 서로 협력하는 동지였다가 자금이 들어 온 후에는 서로 결별했기 때문이다. 실제 자금의 소요 내역을 봐도 타국의 공산당에겐 지원을 했어도 국민의회 측에는 자금이 흘러가지 않았다. 결국 이 두 사회주의 계열은 이르쿠츠크와 상해에서 별도의 공산당 대표회의를 열었으며, 게다가 1921년 6월 28일의 자유시 참변으로 인해 돌이킬 수 없는

관계가 되어 버렸다. 자금을 손에 쥔 이동휘 계열은 이르쿠츠크파에 대한 지원을 거부할 수밖에 없었다. 당연히 이르쿠츠크파는 상해파에 대한 공격을 퍼부었다. 흥미로운 것은, 이동휘에 대한 공격보다는 김립을 공격하는데 주력했다는 점이다.《백범일지》에 나오는 김립의 축첩설 등은 대부분 이르쿠츠크파로부터 나온 정보들이다. 하지만 엉뚱하게도 김립은 임정의 전 경무국장 김구의 지시에 의해 오면직·노종균 등에게 피살당하고 말았다.[16]

덧붙일 것은 김립의 공적 문제다. 이승만·박정희·전두환·노태우 등 권위주의·군부독재 시절에 사회주의 계열의 건국훈장 포상은 거의 불가능했다. 그러나 김영삼 정권 때부터 조금씩이나마 해금이 되기 시작했다. 이동휘는 1995년에 대통령장이 수여되었으며, 여운형도 2005년에 서훈되었다. 하지만 김립의 경우 감감 무소식이다. 이동휘의 공적은 대부분 김립의 행적과 일치한다. 그런데 왜 김립은 서훈에서 계속해서 제외되고 있을까? 《백범일지》가 덧씌운 공금횡령범이자 파렴치범이라는 그 굴레가 언제쯤 벗겨질지 안타깝다.

---

16)『독립운동사자료집 11』, 의열투쟁사자료집-오면직 재판기록

살부회는 존재했는가?

1922년 1월 26일, 신규식(국무총리 겸 외무총장 겸 법무총장)·이동녕(내무총장)
·노백린(군무총장)·김인전(학무총장대리)·이시영(재무총장 겸 노동총판)·손정도
(교통총장) 등 임정 각료들은 이동휘와 김립·김희선을 성토하는 포고문을
발표했다.[17]

　이동휘는 한형권을 이웃나라에 몰래 파견하여 이웃나라의 후의에 의하여
거금을 정부에 증여케 하고 김립으로 하여금 이를 중도횡령케 하고 도리어
죄를 전 각원에게 돌리어 정부를 파괴하려고 꾀한 그 죄 천인(天人)이 함께
할 수 없다.
　김립은 이동휘와 서로 결탁하여 마침내 국금을 횡령하여 사복(私囊)을 살
찌우고 같은 무리들을 소취(嘯聚)하여 공산(共産)의 미명 하에 숨어서 간모
(奸謀)를 하고 있어 그 죄 극형에 처할 만하다.

　이 포고문을 선언할 무렵의 임정은 존립자체가 의문시되던 시기였다. 상
해의 혼란을 잠재우리라 기대했던 이승만은 오히려 분열만 더욱 조장한
채 미국으로 돌아갔고, 게다가 대한인국민회에서의 후원금마저 이승만이
독식해 버린 상황이었다. 무엇보다 기대했던 워싱턴 군축회의는 한국문제
를 상정조차 하지 않았다. 돈도 없고 명분도 잃은 사면초가의 신세였다. 이

---

17)『朝鮮民族運動年鑑』, 朝鮮獨立運動 第2卷 民族主義運動篇《출처 : 국사편찬위원회 한국사데이터베
이스 http://db.history.go.kr》

러한 상황에서 임정은 최악의 선택을 하고 말았다. 사실 이 포고문은 논리적으로도 맞지 않다.

임정은 분명히 공산주의를 비판하고 있다. 하지만 그들이 이웃나라라고 표현한 소비에트러시아야말로 공산국가의 종주국이었다. 그리고 공산국가가 지원한 금액이 어떻게 임정의 국금이 될 수 있는가? 더욱이 임정 차원에서도 공산국의 지원금을 얻기 위해 여러 가지 방법을 강구하지 않았던가?

이 무렵, 임정은 외교론에 치우쳐 이승만의 위임통치론을 묵과한 것 등 과오를 솔직히 인정하고 이동휘의 사회주의 계열 및 박용만의 무력투쟁론자들과의 대통합을 이루었어야 했다. 조만간 개최될 국민대표회의가 더 없이 좋은 기회였다. 하지만 그들은 임정고수라는 명분 하에 분열을 선택했다. 방법도 졸렬했다. 임정은 암살이라는 최악의 방법을 구사했다. 선봉은 경무국장을 지낸 바 있는 김구였다.

김립 암살과 별도로 이동휘에 대한 김구의 평가는 냉혹했다. 민주주의를 거부하고 공산혁명을 부르짖은 분열자로 게다가 민족의 자존심마저 상실한 인물, 김구가 바라본 이동휘의 모습이다. 《백범일지》에 김구와 이동휘의 대화 장면이 그려져 있다.

이동휘는 호가 성재(誠齋)인데 블라디보스토크(海蔘尉)에서 이름을 바꾸어 '대자유'라 행세하던 일도 있었다고 한다. 어느 날 이 총리가 나에게 공원 산보를 청하기에 동반하였더니, 조용히 자기를 도와 달라고 말하였다. 나는 좀 불쾌한 생각이 들어서,
"제가 경무국장으로 총리를 보호하는 터에 직책상 무슨 잘못된 일이 있습니까?" 대답하니, 이씨는 손을 저으면서 답변하였다.
"그런 것이 아니요. 대저 혁명이란 유혈사업으로 어느 민족에게나 대사인

데, 현재 우리의 독립운동은 민주주의혁명에 불과하오. 따라서 이대로 독립을 한 후 또다시 공산혁명을 하게 되니, 두 번 유혈은 우리 민족에게도 큰 불행이오. 그러니 적은이도 나와 같이 공산혁명을 하는 것이 어떠하오?"

나는 반문하였다.

"우리가 공산혁명을 하는데 제3국제당의 지휘·명령을 받지 않고 우리가 독자적으로 공산혁명을 할 수 있습니까?"

이씨는 고개를 저으며 말하였다.

"불가능하오."

나는 강경한 어조로 다시 말하였다.

"우리 독립운동이 우리 한민족의 독자성을 떠나서 어느 제3자의 지도·명령의 지배를 받는다는 것은 자존성을 상실한 의존성 운동입니다. 선생은 우리 임시정부 헌장에 위배되는 말을 하심이 크게 옳지 못하니, 제(弟)는 선생의 지도를 따를 수 없으며 선생의 자중을 권고합니다."

그러자, 이씨는 불만스러운 낯빛으로 나와 헤어졌다.[18]

실제로 이동휘와 김구가 위와 같은 대화를 나누었는지는 알 수 없다. 다만 우리는 이 글을 통하여 당시 김구가 공산주의를 어떻게 생각하고 있었는가를 짐작할 수 있다. 흥미로운 것은 민주주의 혁명과 공산혁명을 대립된 개념으로 보는 김구의 인식이다. "국무총리 이동휘는 공산혁명을 부르짖고, 대통령 이승만은 민주주의를 주창하였다."라고 주장함으로써 김구는 공산주의와 민주주의와의 경계를 분명히 하고 있다.

이동휘와의 대담 장면을 묘사한 위 장면의 시기는 1920년 무렵이다. 그리고 글을 작성한 때는 1942년이다. 1920년대 초기는 러시아 혁명이 진행되던 무렵이고, 1942년 즈음은 제2차 세계대전으로 인해 전 지구촌이 화염에 싸여있을 때다. 한 가지 알아야 할 것은, 우리민족을 후원하고 힘이 되어 줄 이웃나라가 과연 어느 나라인가 하는 것이다. 미국을 비롯한 대부

18) 『도진순 백범일지』, pp.309-310

분의 제국주의 국가들이 일본과 동맹국이며 우리나라의 독립에 대해선 관심이 전혀 없다는 사실이 베르사이유 조약과 워싱턴 군축회의 이 두 회의를 통하여 분명해졌다. 하지만 1942년은 이들 제국주의들 간의 역학 구도가 완전히 뒤바꾸어진 시기다. 미국·영국을 비롯하여 일본의 전통적 맹방국들이 교전국으로 뒤집어진 것은 제2차 세계대전이 발발하고서부터다.

1920년대 무렵, 소련은 어쩌면 거의 유일하게 한국의 독립을 지원했던 국가일지도 모른다. 그 무렵 김구가 표명한 공산주의 혹은 사회주의에 대한 증오심이 이해되지 않는다는 뜻이다. 더욱이 김구는 공산주의를 외세지향적인 사고방식으로도 생각했다. 이동휘로부터 공산주의혁명에 동참해달라는 권고를 받았을 때, 소련 등 외국 세력에 기대는 것이라며 참여할 수 없다고 거절하였다. 이해가 되지 않는 것은, 한민족의 독자성과 자주성을 강조하면서 이동휘를 비판한 그가, 미국에게 신탁통치를 청원한 이승만에 대해선 왜 일언반구도 하지 않았는가 하는 점이다. 김구는 협성회의 회원으로서 오히려 이승만을 비호하는데 전력을 기울였다. 공산주의와 민주주의 그리고 소련과 미국에 대한 김구의 이중 잣대를 우리는 어떻게 해석해야만 하는가?

김구가 공산주의를 접하게 된 것은 상해 도착 이후부터이다. 물론 그 무렵의 김구는 공산주의 혹은 사회주의에 대한 이론적인 지식은 전혀 없었다고 보아야 한다. 민주주의와 공산주의를 대립된 개념으로 본 것만 보아도 그렇다.

공산주의는 학술적으로 민주주의를 포함하는 개념이다. 그 실례로 옛 동독의 정식국명은 독일민주공화국(DDR)이었으며, 북한의 정식국명은 실제 민주주의의 실현 여부와는 상관없이 조선민주주의인민공화국인 것을 보면 알 수 있다.《백범일지》에는 공산주의자들이 무엇을 주장하고 있으며 그 이론적 배경은 어떠한지에 대한 설명 혹은 비판이 거의 없다. 마르크스 엥겔스의 그 유명한 공산당 선언에 대한 소개도 없다. 전 인류를 뒤흔든 1917년의 러시아 혁명에 대한 감회도, 1911년의 신해혁명에 대한 자신의 입장도 표명하지 않았다.

《백범일지》에는 헤겔 포이에르바흐[19]·마르크스·엥겔스 등 공산주의 관련 철학자뿐 아니라 진독수(陳獨秀)·이대교(李大釗) 등 중국의 이론가들도 등장하지 않는다. 일본 사회주의의 개척자이고 아나키스트인 행덕추수(幸德秋水, 고토쿠 슈스이)는 물론이고 윌리암 고드윈 푸르동·바쿠닌·크로포트킨 등 아나키즘(anarchism, 자유연합주의)의 선구자들 역시《백범일지》에서는 찾을 수 없다. 그러다보니 김구의 공산주의에 대한 비판은 감정적일 수밖에 없었다. 공산주의에 대한 김구의 혐오감을 상징적으로 보여주는 사건이 '살부회(殺父會)' 조직의 건이다. 먼저 김구의 육성을 소개한다.

공산당들은 상해의 민족주의자들이 자기의 수단에 농락되지 않음을 깨닫고 남북 만주로 진출해서, 상해에서보다 십 백배 더 맹렬하게 활동하였다. 이상룡(李尙龍)의 자손은 '살부회'까지 조직하고 있었다. '살부회'에서도 체면을 생각해서인지 회원이 자신의 손으로 직접 아비를 죽이는 것이 아니라, 너는 내 아비를 죽이고 나는 네 아비를 죽이는 것이 규칙이라 하였다.[20]

먼저 말해둘 것은 일제·러시아·미국 등의 기밀문서와 중국의 당안관 자료 그리고 당시 국·내외 언론 등 어떠한 일차자료에도 등장하지 않는 단

---

19) '나의 소원에' 포이에르바흐가 등장하나 이광수의 첨삭이 가능성이 높다.
20) 『도진순 백범일지』, p.314

체가 바로 '살부회'다. 오직《백범일지》에만 등장한다는 뜻이다.

'살부회'라는 유령단체의 파급력은 의외로 심각하다. 한국전쟁을 전후하여 공산주의를 비판할 때 약방의 감초처럼 등장하는 재료가 '살부회'였고 이것은 지금도 인구에 회자되고 있다. 몇 가지 예를 들어 보자. 한국전쟁 중이던 1952년 5월 경, 신성모 국방장관은 서창선 대위 살해사건에 대하여 일부 불순 책동에 속지 말라며 장병들에게 담화문을 발표했다. 공산주의자들은 과거부터 '살부회'를 조직하여 우리의 윤리를 뒤 흔든 자들이라고 말함으로써 신 국방장관은 자신의 주장을 합리화하는데 살부회를 이용했다.[21]

이 '살부회'란 조어는 좌익 전력이 있는 박정희를 공격할 때도 사용되었다. 5·16 쿠데타 후 미정 이양의 약속을 지키지 않고 대통령 선거전에 뛰어든 박정희를 향해 안호상 국민의당 최고위원은 다음과 같이 말했다.

북한에는 소군(蘇軍)이던 김일성이란 놈이 있고, 남한에는 일본군대(日本軍隊)였던 박정희 장군이 있다. 북쪽에는 살부회가 있고, 남한에는 정치적살형법인 정치정화법이 있었다.[22]

아이러니한 것은, 박정희가 집권한 후에는 박 정권을 옹호하기 위한 수단으로서 어용 언론들이 살부회를 즐겨 사용했다는 점이다.《경향신문》은 여적(餘滴)이라는 칼럼란을 통해 공산주의를 비판하는 재료로 삼았다.[23]

"공산주의는 인류를 무시하고 있다!" 이 얼마나 근사한 선전문구인가.

---

21) 친애하는 장병에게, 「경향신문」, 1952.5.24
22) 사상논쟁의 백병전, 「동아일보」, 1963.9.26
23) 여적, 「경향신문」, 1967.7.10, 1968.4.27, 1970.6.11, 1970.9.10

하지만 살부회가 조작된 용어라고 고백한 용감한 언론인도 있었다. 원로 언론인 이서구(李瑞求)는 그의 회고록에서 살부회는 누군가가 만들어낸 헛소문이라고 주장한 바 있다.[24]

세월이 흐르다보니 원출처가 《백범일지》라는 사실과 관계없이 '살부회'는 하나의 사회적 용어로 굳어진 듯싶다. 여기까지는 그리 큰 문제가 아닐 수도 있다. 어차피 북한을 주적으로 삼고 있으며 분단이 고착화된 현실에서 적측의 이데올로기를 공격하는 수단이라면 용납될 수도 있을 것이다. 문제는 김구가 거론한 실명 즉 이상룡이라는 독립지사의 명예훼손 부분이다. 유의해서 볼 것은 《백범일지》에 등장하는 이상룡과 독립지사 이상룡의 한자가 다르다는 점이다. 李尙龍과 李相龍의 차이다. 이것은 김구의 오기로 봐야 한다. 왜냐하면 살부회 이야기 전후에 나오는 유일독립당 운동과 정의부·신민부·참의부 등에 관련된 이상룡의 한자이름은 李相龍이기 때문이다.

김구가 '제 아비 죽일 놈들'이라고 폭언을 퍼부은 이상룡 일가의 행적은 경이로울 정도다. 기득권을 포기하고 온 가족이 고난의 길을 자청하여 독립운동에 투신했던 이회영 일가의 일화는 노블레스 오블리주의 귀감으로 흔히들 예를 든다. 이상룡 일가가 선택한 삶도 그에 못지않다. 친가·외가·처가 등 가문 일족 대부분이 서훈을 받았다는 점을 고려하면, 한국독립운동사에 있어서 거의 유일하게 전 일족이 독립 운동가였던 가문이라고 할 수 있다.

김구는 이상룡의 자손이 공산당이며 살부회까지 조직하고 있다고 했다.

---

24) 고범역정 기자수첩 반세기「동아일보」, 1972.12.22. "성급한 젊은이들 중에는 살부회까지 조직하기도 했었다. 하지만 나는 그러한 사람들을 만나지는 못했다. 아마 누군가 그럴싸하게 꾸며낸 헛소문이었을 것이다. 어쨌든 듣기만 해도 몸서리나는 '살부회' 소리까지 떠돌았으니…"

앞부분은 맞다. 이상룡의 아들 이준형은 중국공산당 만주성 위원회 반석현 책임자를 지냈으며, 손자 이병화는 남만공산청년총동맹에서 활동을 했다.[25)

이상룡의 직계 자손들 뿐 아니라, 조카 이광민은 재만농민동맹, 송강 청년총동맹 등에서 활동했으며, 이광민의 동생 이광국은 신흥청년회 간부로 남만청년총동맹을 조직하는데 참여하였다.[26) 만주지역에서 뿐 아니라 상해·북경·광동 등 관내에서 활동하던 독립지사들에게 1910, 20년대는 혁명의 시대였다. 봉건제국 청나라를 붕괴시킨 신해혁명이 1911년 10월 무창기의를 기점으로 불타올랐으며, 1917년에는 러시아 혁명으로 로마노프 왕조가 무너진 시기가 바로 그 때였다. 1921년 7월 23일에는 중국공산당 제1회 전국대표대회가 열렸다. 청년층뿐 아니라 중·장년 세대들도 민주공화국을 설립하는데 관심을 가지기 시작한 것은 시대의 흐름이었다. 자유·평등·인권·민권 등 낯선 개념이 나라 잃은 한인 지사들을 흥분시켰을 것이다.

하지만 그들의 의식 밑바탕 자체가 근본적으로 흔들린 것은 아니다. 김구가 지적한 이상룡의 자손이 아들 이준형인지 손자 이병화인지는 알 수 없다. 다만 이상룡이 작고했을 때 그 자손들이 행한 제례를 보면 그들이 사회주의자라기보다는 오히려 봉건 유림에 집착하고 있다는 완고한 인상을 버릴 수 없게 만든다. 이상룡이 정의부·신민부·참의부로 나뉘어 있던 운동 단체 통합을 위해 노력하다가 1932년 지린에서 병사했을 때, 그의 후손들은 언젠가 환국한 뒤 선산이 있는 안동에서 장사를 치를 계획을 세웠

---

25) 서중석, 『신흥무관학교와 망명자들』, 역사비평사, 2001, p.299
26) 서중석, 『신흥무관학교와 망명자들』, p.273

다. 그래서 집 근처에 있는 조그마한 산봉우리에 가매장하였다. 손자 이병화는 그 가묘(假墓)를 지키고 앉아 울며 날을 보냈다고 한다.[27]

사실 한민족에게 효란 개념은 이데올로기와는 전혀 상관없는 거의 천부적 관습이다. 이병화의 처이자 이상룡의 손자며느리인 허은은 김구가 만들어낸 '살부회'로 인해 상처받은 심정을 원한에 사무쳐 기록으로 남겼다.

허은은 평생의 한을 풀지 못하고 1997년, 90세를 일기로 작고했다. 허은과 그녀의 자녀들은 백범 김구라는 신화적인 인물의 후광 때문에 어쩔 수 없이 타협한 것으로 보인다. "김구 선생이 그런 글을 썼을 리 없다. 누군가가 첨삭하였다.…" 허은이 진정 그렇게 생각했다면, 결국 진실을 모른 체 유명을 달리한 셈이 된다. '살부회' 이야기는 김구 본인의 작품이 맞다. 김구의 친필로 기록된 《원본백범일지》에도 분명히 등장한다.[28] 그리고 1942년 김구가 '살부회' 운운한 글을 쓰고 있을 때, 이동녕(1869-1940)은 이미 작고한 후였다. 그러므로 이상룡과 함께 만주에서 활동하던 이동녕이 김구의 지근에 있었기 때문에 김구가 그러한 글을 작성했을 리 없었을 것이라고 자위한 것은 안타깝게도 진실이 될 수 없다. 이상룡 가문의 한을 풀 수 있는 방법은 사실 간단하다. 《백범일지》에 기록된 내용을 역사적 사실로 인정하는 지금까지의 풍토가 바뀌면 된다. 누누이 말하지만 《백범일지》는 역사적 사실과 어긋나거나 오류로 가득한 김구라는 한 개인의 자서전일 뿐이다.

---

27) 허은, 『아직도 내 귀엔 서간도 바람소리가』, 정우사, 1995, p.160; 허은(許銀, 1907.1.3~1997.5.19)은 왕산 허위가 재종조부이며, 이육사의 모친이 그의 고모다.
28) 『직해 백범일지』, p.245, 원전 185쪽

박용만을 부관 참시한 김구

앞글에서 위임통치론을 거론할 때 이승만과 김구와의 관계에 대하여 거론하였지만 박용만의 사후 처리를 보면 그 두 사람이 얼마나 긴밀한 사이였던가를 짐작하게 해준다. 먼저 해방공간에서 박용만이 어떻게 평가받고 있는 지부터 알아보기로 하자.

…당시 상해에는 이 두 개의 행동단체 이외에 일본첩자와 민족반역자를 색출·처단하는 기관으로 임시정부 내에 경무부가 또 따로 있었다. 이때의 경무부장(警務部長)은 역시(亦是) 백범(白凡)김구(金九)선생이었다. 이 경무부는 독립운동자를 가장하여 독립운동단체 내에 잠입하는 민족을 배반하는

일본 경찰의 밀정을 색출하는데 전력을 기울였는데 이 임정 경무부 속에 처단된 밀정의 수는 상당히 많았다.

그러나 이 행동대원 가운데는 사람을 죽이기는커녕 총소리만 들어도 혼비백산하는 선천적인 선인(善人)이 너무 많아 각가지 일화를 많이 남겼다. 이 일화 가운데서 대표적인 것 하나만을 골라본다면 동지를 왜경에게 팔아넘긴 박용만(朴容晩)을 죽인 이회명(李會明) 씨의 경우를 들 수 있다. 박용만이라는 자는 원래 상해·남경 등지를 전전하면서 처음에는 독립운동을 했으나 나중에는 왜경의 앞잡이가 되어 동지를 밀고하고 독립운동단체의 조직을 고자질하면서 갖은 못된 짓을 다했다. 그래서 백범 선생 밑에 있던 이회명 씨는 북경까지 쫓아가 박을 살해해버린 것이다. 그런데 이씨는 천성이 착하고 겁이 많은 사람이라 권총으로 박을 쏘아 박이 피를 흘리고 쓰러지게 되자 어찌나 놀랐던지 방문을 들이받아 그 자리에 졸도하고 말았다. 경찰들이 돌아와 보니 가해자인 이씨는 졸도해 있고 피해자인 박은 절명되어 있었다. 이 이회명 씨의 일화는 독립운동에 종사했던 사람은 대부분이 알고 있는 일이다.

그런데도 얼마 전 건국공로자 표창에서 이런 경위로 동족의 손에 죽은 박용만을 표창대상자 속에 포함시켜 놓았으니 심사하시는 분들은 좀 더 독립운동에 관해 신중히 사실을 확인해 주기를 바란다.[29]

독립운동가이자 6대 국회의원을 지낸 조경한(趙擎韓, 1900-1993)이 1962년 3월 9일자 「경향신문」에 기고한 글의 일부이다. 이 글에 의하면 박용만은 악질 밀정이 되고, 그를 살해한 이회명은 영웅이 된다. 암살을 사주한 김구의 행동은 물론 정당한 테러가 된다. 그러나 조경한이 주장한 바는 사실과 다른 점이 너무 많다는 것을 먼저 지적한다.

첫째, 박용만 암살범의 이름은 이구연(李龜淵, 1896-1950)이다. 그의 호는 태룡(泰龍)이며, 박용만 살해 당시는 이해명(李海鳴)으로 알려졌다. 그 외 이해명(李海明), 이해명(李解明) 등의 이명을 사용했다.[30]

---

29) 조경한, 독립운동비사-정당성 지닌 테러「경향신문」1962-03-09
30) 국가보훈처, 공훈전자 사료관 '이구연' 참조

둘째, 박용만 피살당시, 김구의 임정 내 직책은 국무위원이었다. 김구가 경무국장을 재임한 시기는 1919년 9월부터 1921년 5월까지다.

셋째, 박용만은 상해·남경을 주 무대로 활동한 적이 없다. 그는 미주와 하와이에서 주로 활약을 하다가 중국 망명 이후는 북경을 주 근거지로 무장투쟁을 하였다.

일단 이 정도만 보아도 조경한은 박용만 그리고 살해범 이해명에 대해서 그리 잘 알고 있는 인물이 아니라는 점을 알 수 있을 것이다. 그렇다며 그는 왜 박용만의 서훈 문제에 대해서 이의제기를 했을까?

한국 독립운동사에서 박용만의 역할은 크고도 깊다. 그가 일평생 변함없이 추구한 무력항쟁론은 항일투쟁의 핵심이었다. 그러나 박용만의 삶은 그의 비중만큼 알려지지 않았고 특히 그의 죽음에 대한 이유와 배후는 여전히 미궁에 빠져있는 상태이다. 박용만의 죽음에 대한 해석을 가장 상징적으로 보여 주고 있는 예는 국가보훈처의 행정처리다.

박용만을 암살한 이해명(이구연)은 1980년 건국훈장 독립장(3급)에 서훈되었다. 그에 대한 공훈자료에는 박용만 암살부분이 포함되어 있다. 한편 박용만의 경우 앞글에서 소개한 조경한 등이 이의를 제기했지만, 1962년 3월 1일 건국훈장 독립장이 추서되었고, 1995년에는 상급이 상향 조정되어 대통령장(2급)이 추서되었다. 피살자와 암살자 모두 독립유공자로 포상을 받은 셈이다. 이해명의 주장과 그의 행위가 옳다면 박용만은 일제의 밀정이 되므로 그에게 건국훈장을 수여한다는 자체가 말이 되지 않는다. 반면 박용만이 일제의 밀정이 아니고, 독립운동에 지대한 공헌을 했다는 그의 이력이 인정되어 서훈이 되었다면, 이구연에게 위대한 독립 운동지사를 암살한 책임을 물어야 될 것이다. 하지만 대한민국은 박용만과 이구연 양

자에게 모두 서훈을 주는 모순을 행하고 있는 중이다.

사실 오랫동안 박용만은 변절자이며 '의열단원 이해명'에게 암살되었다는 것이 정설이었다. 박용만을 일제의 밀정으로 단죄한 이들의 면면을 보아도 수긍하지 않을 수 없게 만들었다.

박용만은 상해임시정부의 초대 외무부장과 다음에 군무부장을 차례로 지냈고 북경에서 군사통일회를 소집한 일도 있어 소위 독립운동의 열렬한 지사로 당시 명성이 가히 혁혁한 바가 있던 사람이다. 그러나 그의 뜻은 굳지 못하였다. 그의 절개는 결코 송죽에다 비길 것이 아니었다. 어느 틈엔가 그가 왜적들과 비밀히 왕래가 있다는 정보를 받고, 이래, 의열단은 은근히 그의 동정을 감시하여왔다. 그리고 마침내, 그와 북경 외무성 촉탁 기후지(木藤)란 자와 사이에 은밀한 교섭이 있음을 적확히 알았다. 얼마 있다 이 변절한 자는 국내로 들어가 조선총독 사이토 마코도(齊藤實)와 만났다. 우리는 그들 사이에 있은 밀담의 내용을 알지 못한다. 그러나 전일의 소위 애국지사가 오늘날에는 강도 일본의 주구가 되어 옛 동지들을 왜적에게 팔려는 의논이었음은 다시 의심할 여지가 없는 일이다. 사이토와 밀담을 마친 그는, 곧 서울을 떠나 잠깐 해삼위를 들러서 북경으로 돌아왔다. 그리고 개척사업을 하겠노라 하여 대륙농간공사라는 것을 만들어 놓았다. 의열단은 이 추악한 변절자를 그대로 두어 둘 수 없었다. 그들은 이 자에게 마침내 사형을 선고하기에 이르렀다.

이리하여 1928년 10월 16일 밤에 원산출신의 단원 이해명은 이 자를 그의 집으로 찾아가 단총으로 그 목숨을 빼앗았다. 그리고 그는 그 자리에서 중국경찰의 손에 검거되었다. 그러나 중국법정은 그를 애국자라 하여 경하게 4년형을 언도하였다. 형기가 차서 옥문을 나서자 그는 황포군관학교에 입학, 그리고 북벌에 참가, 다음에 조선의용대에서 공작, 뒤에 조선의용대의 일부가 광복군과 합판하자 이번에는 광복군 제1지대에서 공작, 그리고 그는 해방 후 고국으로 돌아왔다.[31]

---

31) 朴泰遠, 『若山과 義烈團』, 白揚堂, 1947, pp.180-182

박용만 일제 밀정설을 주장할 때 가장 많이 인용되는 글이다. 이 글은 소설가 박태원이 약산 김원봉의 구술을 받아 기록한《약산과 의열단》이란 전기에 등장하는 일부다. 글 내용 중 사실과 어긋난 점이 얼마나 많은가에 대해선 구체적으로 상술하지 않겠다.[32] 이 외 김창숙이 해방 후 기록한 자서전[33] 의열단원 이종암의 회고록[34] 중국인 마의가 1942년에 쓴 〈마의 편지〉[35] 등을 보면 박용만이 적의 스파이이자 중국인 첩을 두며 호화생활을 했다는 내용이 기록되어 있다. 가장 결정적인 것은 김구가 쓴 기록이다. 사실《백범일지》에서 김구는 박용만을 거의 거론하지 않았다.《백범일지》상권에는 전혀 등장하지 않고, 하권에서 하와이 및 미주 동포들의 애국심은 이승만 박사, 안창호, 박용만 등의 가르침을 받았다고 술회할 때 단 한 번 등장시킨다.[36]《백범일지》만을 보면 김구가 박용만을 어떻게 평가했는지 알 수 없다. 박용만이 임시정부의 초대 외무총장으로 선임되었지만 취임조차 하지 않았다는 중요한 사실을 김구는 전혀 거론하지 않았다. 박용만이 이승만과 임시정부를 비판하며 북경에서 무력항쟁을 주도했다는 사실도《백범일지》를 통해선 알 길이 없다.

김구가《백범일지》에서 박용만을 언급하지 않은 이유를, 박용만에 대하여 잘 몰랐거나 혹은 그리 중요한 인물로 생각하지 않았기 때문이라고 볼 수도 있다. 하지만 다음에 소개하는 편지 글을 보면, 김구가 박용만을 얼마나 증오했는가를 알게 된다.

---

32) 배경식의 논문 〈임시정부 초대 외무총장 박용만 암살사건 - 공개처형인가, 암살인가?〉참조
33) 심산사상연구회엮음,『김창숙문존』, 성균관대학교출판부, 1997, p.277
34) 이종범,『의열단부장 이종암전』, 광복회, 1970, p.253
35) 馬義,「朝鮮革命史話」, 1944.(독립기념관 소장)
36)『도진순 백범일지』, p.320

…이번에 북경에서 이해명이 박용만을 처형한 것을 암살이라고 장편설(長篇說)을 기재한 것은 우리 독립운동자는 물론 모모주의자들도 '삼일신보'에 침을 뱉을 것입니다. 우리가 박용만이 적 총독부에 투항하고 목등(木藤) 놈과 동행하여 비밀입국하여 철도여관(조선호텔)에서 묵으면서 기밀비를 받아 가지고 나온 일이 발각돼 청년들이 총살하려고 함을 알고, 박은 비밀히 하와이에 가서 노동 동지들을 꾀어 자금을 긁어모아 가지고 북경에 몰래 와서 중국여자를 첩으로 두고 농간을 부리므로, 이해명이 총살하고 즉석에서 피포 돼 중국법정에서 조사한 결과 정치범으로 5년 역을 선고받은 지라.

박의 첩이 박용만이 평시에 운동하던 문적을 제출하고 이러한 역사가 있는 사람을 정탐이라 하느냐 항고하는 것을 안 우리 각 단체들이 연합증명을 하고 임시정부에서 중국정부에 박용만의 죄상이 사실임을 통보했습니다.

그러면 김구는 왜 그렇게 박용만을 증오했을까? 1920년 대 상해임시정부의 가장 큰 두통거리의 하나는 박용만을 중심으로 한 북경 주재 한인독립지사들이었다. 어쩌면 질시의 대상이었을지도 모른다. 1923년 국민대표대회 이후 상해임시정부는 사실상 무정부 상태였다. 그 무렵부터 1928년까지 상해 임정의 대략적인 연표를 아래에 소개한다.

[1920년대 상해 임정 연표]

일시	내 역
1922년 9월	신규식, 상해 프랑스 조계 애인리에서 자살
1923년 1월	상해에서 국민대표회의 개최
6월	김구, 임정내무총장 자격으로 국민대표회의 해산령 선포
1924년 4월	이동녕, 임정 국무총리 취임
1925년 3월	임시정부 이승만 면직안 의결, 박은식 임시대통령 선출, 대통령제 폐지 내각책임제로 개조함
4월	임시의정원, 구미위원부 폐지령 공포
7월	박은식, 임정 대통령 사임

1926년 5월	안창호, 임정 국무령에 선출되었으나 사임
7월	홍진, 국무령 선출
12월	홍진 등 전 국무위원 총사직, 국무령에 백범 선출
1927년 9월	국무령제를 집단지도체제인 국무위원제로 개편, 백범 국무위원에 선출됨
1928년 3월	《백범일지》상권 집필 시작, 대부분의 독립운동가들 임정을 떠남

이 기간 동안 제도와 사람만 이리저리 바뀌었지만 사실상 독립운동 기지로서 임정은 아무런 일도 못했다. 아마 재정적인 면도 극히 악화되었을 터이다. 이 무렵 백범이 기댈 곳은 이승만 뿐이었을 것이다. 백범은 나름대로 임시정부를 고수하고 이승만을 보호하기 위해 최선을 다한 것으로 보인다. 결국 문제는 돈이었다. 당시 백범의 비참한 상황을 알려주는 편지가 있다.

여러 차례 조소앙(趙素昻)의 편지를 통해 형이 여러 사람과 더불어 온 마음을 기울이고 있음을 알게 되었습니다. 매번 이야기하기를 매우 원했는데 먼저 편지를 해주시니 더욱 감사하고 고맙습니다. 보여주신 깊은 계획과 미래에 대한 고민은 우리들이 당연히 시행해야 할 대계(大計)가 아닌 것이 없습니다. 그러나 맨손과 맨주먹만으로는 절대로 성취할 수 있는 일들이 아닙니다. 반드시 먼저 자금을 마련한 연후에야 능히 추진할 수 있습니다. 그런데 돌이켜보면 자금이 어디에서 오겠습니까? 동생인 제가 능하지 못한 일이 바로 이 문제입니다. 형님께서는 이러한 고충을 헤아려 다시는 재정에 관한 일에 대해서는 언급하지 마십시오. 이에 객지(客地)에서 평안하시기를 바랍니다.[37]

1925년 4월 25일이면, 임정에서 이승만을 면직하고, 이승만의 터전이었던 구미위원부를 폐지했을 때다. 잘 잘못을 떠나 이승만 개인적으론 임정

---

37) 1925년) 4월 15일 이승만이 김구에게 보낸 편지

에 대한 분노가 극심했을 무렵이다. 이러한 이승만에게 김구는 자금 지원을 요청했던 모양이다. 당연히 냉정한 답변이 올 수밖에 없었다. 임정에 남은 이들이 이처럼 비참한 지경에 처했지만, 북경은 달랐다. 물론 그들에게도 이런저런 문제점이 산적했지만 그래도 무언가 일들을 했다. 그 무렵 박용만을 중심으로 북경 한인독립지사들이 추진했던 사업을 아래에 소개한다.

[1920년대 북경에서의 독립운동 연표]

일시	내역
1921년 4월	북경군사통일회 조직
	대조선공화국 임시정부 수립 선포
	제2보합단 조직(단장, 박용만)
	북경군사통일회 선전지《대동》발간
9월	의열단원 김익상 조선총독부 폭탄 투척
1922년 3월	김익상·오성륜·이종암 상해에서 다나카 저격
5월	오성륜, 상해 일본영사경찰관 파옥, 탈출
11월	북경흥화실업은행 창립(김복, 박용만)
1923년 1월	상해에서 국민대표회의 개최
	조선혁명선언서(의열단 선언) 발표
	김상옥, 서울에서 일경과 총격 끝에 사망
5월	김복·박용만, 직예파 조곤·오패부와 연대 추진
9월	"박용만, 김원봉 김홍의와 협력, 민심을 동요키 위해 리인규(李仁奎) 외 2명, 함영식(咸永植)외 2명에게 폭탄 5개를 휴대하고 국내로 잡입시킴."
	"마산 중심으로 한 박용만 부하 두명 종로에서 피체 (9월30일-신성무는 경성기차 안에서 피체)"
1924년 1월	김지섭 동경 이중교에 투탄
8월	석경산 농장 설립
1924년 1월	박용만, 국내 잡입
1924년	풍옥상과 연대 추진
	박용만, 풍옥상의 사절단 일원으로 서울에 감

1926년	의열단원, 황포군관학교에 대거 입학
	대본공사 설립
1927년	대륙농간공사 설립
1928년10월	군사학교 부지 설립을 위한 인허가 청원서 준비(염석산)
	박용만 피살

임시정부가 지리멸렬해 있을 즈음, 박용만을 중심으로 한 무장투쟁론자들은 만주지역의 군사단체들을 통합하고자 노력하고, 독립자금원을 조성하기 위해 은행[38]을 창립했으며, 일제의 간담을 서늘하게 한 의열투쟁을 줄기차게 시행했다. 직예파와 봉천파가 전쟁을 일으키자 친일경향의 봉천파를 배제하고자 직예파와의 연대를 도모하기도 했다. 상해 임시정부로서는 엄두도 못할 일들을 북경지역의 무장투쟁론자들은 거침없이 해낸 셈이다. 게다가 내몽고 지역에 100만 조선인들을 이주시켜 둔병제를 기반으로 조선침공을 계획한 것도 박용만·김복을 중심으로 한 무장투쟁론자들이었다. 하지만 이해명이란 정체불명의 암살자에 의해 박용만이 피살당함으로

써 모든 계획은 물거품이 되고 말았다. 그리고 김구를 비롯한 임정관련 인물들은 박용만의 사후에도 그를 부관 참시하여 그들의 입장을 옹호하는 방편을 삼았다.

우성 박용만(1881-1928)

1945년 해방공간부터 1960년 4월 혁명까지 박용만에 대한 언급은 금기사항의 하나였다.

38) 1922년 11월 4일 김복(김규흥)과 박용만의 주도로 북경에서 창립된 한중합작은행인 북경흥화실업은행을 말한다.

박용만은 사회주의 계열이 아님에도 제대로 평가받지 못하고 있는 드문 예다. 이유는 단 하나다. 그의 노선이 임시정부정통론이라는 현 사학계의 보편적 주장과 배치되기 때문이었다. 박용만의 죽음에 대한 논란은 지금까지도 진행 중이다. 하지만 박용만이 죽기 며칠 전, 당시 북경 군벌의 실세였으며 국민당 장개석 군과 연대했던 염석산에게 군사학교 부지 설립을 위한 인허가 청원서를 준비한 문서가 최근 발굴됨으로서 박용만 밀정설에 대한 논란은 이제 종지부를 맺게 될 전망이다.

12
윤봉길, 이봉창 의거의 진실

이봉창·윤봉길 등 의사들의 의열 투쟁에 대한 소개를 말하는 것이 아니다. 물론 그 내용 중엔 과장된 장면이 있으며 어느 정도의 왜곡도 있다. 이 문제에 대해서도 차츰 거론할 예정이지만, 무엇보다 문제가 되는 것은 책의 첫머리에서 인언(引言-머리말)을 쓴 김구가 스스로 선생이라고 칭하면서 계속해서 본문을 통하여 자신의 전기물을 소개하고 있다는 점이다. 이해할 수 없는 이러한 편집은 《도왜실기(屠倭實記)》의 원본 역시 한글판과 마찬가지로 엄항섭이 편찬했다면 어느 정도 의문이 풀린다. 그러나 아직도 대부분의 사람들은 김구가 《도왜실기(屠倭實記)》를 저술한 것으로 알고 있다.

사진조작에 대하여

인용 사진은 윤봉길 의사의 선서문과 일기 등 일부 유품과 함께 1972년 8월 보물 568호로 일괄 지정된 바 있다. 하지만 이 사진은 가짜로 판명되었고 당연히 보물지정에서 해제되었다. 해묵은 이 사건이 최근에 다시 불거져 보물로 재 지정해야한다는 주장이 제

「아사히신문」1932년 5월 1일자 1면에 거사 후 윤봉길 의사의 모습이라고 주장한 사진.

기되고 있다. 최초의 원인 제공자는 상하이 주재 한국총영사관 영사를 지낸 강효백(姜孝伯)이다. 그는 "사진 속의 인물은 당시 25세였던 윤 의사에 비해 10여세 위로 보일 뿐만 아니라 옷차림이 일제 경찰 등의 폭행으로 비가 내린 후 진창이 된 바닥에 쓰러졌던 사람의 것이라고 볼 수 없으며, 무엇보다 자신을 다 버리고 의거를 감행한 사람답지 않게 애원하는 모습을 하고 있어 절대 윤 의사일 수가 없다."[1]라고 문제점을 제기함으로써 가짜 사진 논란을 촉발시켰다. 진짜라고 주장하는 측은 윤 의사의 친·인척인 윤재의와 김옥남, 윤용 등이 포함된 기념사업회 측과 보훈처 등이다. 여기서 신동아 등 일부 언론이 가세했다. 반면 강효백(경희대 국제법무대학원 교수) 및

---

1) 윤봉길의사 거사후 체포사진 가짜 의혹,「연합뉴스」,1999.4.27

「아사히 신문」에 게재된 사진이 진본이라는 주주
장의 근거로 제시한 사진.「도왜실기」,「동아일보」
등에 실려 있다.

고 김준엽(金俊燁, 전 고려대 총장),「매헌 윤봉길 평전」을 쓴 김학준(金學俊, 전 인천대 총장) 그리고 SBS 등은 가짜 쪽에 무게를 두었다. 이 사건은 2011년 8월, 국과수가 감정서에서 "1932년 5월1일 아사히신문에 실린 윤 의사의 사진이 실제 윤 의사를 찍은 것이 맞는지를 판독할 수 없다."[2]고 밝힘으로써 어느 정도 정리된 듯하다.

이 사건은 많은 이의 호기심을 불러 일으켰지만 논란의 본질을 파악하고 보면, 한편으론 어이없는 해프닝으로 볼 수도 있다. 왜냐하면「아사히 신문」이 보도한 윤 의사 연행 사진이 가짜라고 주장한 측의 의도도 윤봉길 의사의 의거를 폄하하기보다 오히려 일제의 간교한 조작으로 판단하고 있기 때문이다. 그러므로 이 사진의 진위여부가 어느 쪽으로 판결된다고 하더라도 역사의 진실은 바뀔 수 없는 것이 이 사건의 본질이다. 사진 조작에 관한 정작 큰 문제는 다른 데 있다. 아래의 두 사진을 비교해 보라.

좌측의 사진은 우리에게 익숙한 모습이다. 역사 교과서를 비롯하여 독

----

2) 국과수 "윤봉길 의사 연행사진 판독 불가",「경향신문」, 2011.8.13

립기념관, 백범기념관, 서대문형무소역사박물관 등 역사관련 서적이나 전시회 등에서 쉽게 접할 수 있는 이봉창 의사의 모습이다. 이 사진의 원 출처는 1946년 3월 국제문화협회에서 발간한 한글판《도왜실기(屠倭實記)》다. 저자는 엄항섭으로 되어 있다.

흔히 알려져 있지 않은 우측의 사진은 1932년 12월 한인애국단에서 비매품으로 발행한《屠倭實記》에 실려 있다. 이 책은 전문이 한문으로 기록되어 있으며 한글판《도왜실기(屠倭實記)》의 원본이기도 하다.

이 두 사진에 나타난 이봉창의 표정은 너무나 대조적이다. 죽음을 초월한 듯 밝은 표정의 이봉창과 어둡고 비장한 모습의 이봉창, 어느 것이 진실한 이봉창의 진면목일까? 배경식은 좌측의 사진을 아예 합성사진으로 단정했다. 수류탄을 든 두 손과 배경의 태극기는 손으로 그렸으며 목에 건 선서문도 누군가가 새로 쓴 것으로 주장했다.[3] 그렇다면 해방공간에서 발간된《도왜실기》는 왜 원본에 실려 있는 사진을 제외하고 어떤 이유로 새로운 사진을 게재했을까? 하는 의문을 가져 볼 수 있다.

이 문제는 차츰 풀어보기로 하고 또 다른 사진을 함께 살펴보기로 하자.

이 사진 역시 우리가 쉽게 접할 수 있는 김구와 윤봉길의 모습이다. 원출처는 이봉창 사진을 조작한 것으로 의심되고 있는 한글판《도왜실기》다. 김구와 윤봉길이 함께 찍은 상기 사진은 윤봉길 의사의 의거에 김구가 배후였다는 것을 증명해 주는 결정적인 증거자료이다. 만약 이 사진이 이봉창 사진과 마찬가지로 조작되었다면 상

---

3) 배경식,『기노시타소조, 천황에게 폭탄을 던지다』, 너머북스, 2008, pp.9-12

해 홍구 의거의 전말은 전면적으로 검토되어야 하리라 본다. 지금까지 지적한 이러한 몇 가지 의문을 지니고 김구와 이봉창, 윤봉길 그리고《도왜실기》와 엄항섭에 읽힌 인과관계와 문제점을 풀어 보기로 한다.

도왜실기와 유방집의 차이

언론이 사회에 어느 정도 영향력을 행사하는지에 대해선 구체적으로 언급하지 않아도 될 터이다. 어느 나라든 언론을 지배하면 국민의 의식을 지배할 수 있다는 말이 있을 정도로 언론의 힘과 영향력은 막대하다. 일제강점기 하에서도 마찬가지였다. 독립운동 지사들 역시 언론의 중요성을 일찍이 알았기에 어려운 가운데서도 신문·잡지 등 간행물뿐 아니라 위인전기·선언서 등을 출판하여 독립에 대한 당위성과 방법론 등을 설파하였다. 이것은 중국관내, 만주, 연해주뿐 아니라 일본, 미주와 조선본국을 아우르는 보편적 현상이었다.

김구가 주로 활동한 중국관내 지역에서의 언론활동에 대해선 한시준이 잘 정리한 글이 있다.[4] 이 논문에 의하면 1910년대부터 1945년까지 중국관내에서 발간한 신문·잡지는 74종 이상이 된다. 발행 주체는 임시정부 및 그 계열, 반(反)임시정부 계열, 무정부주의 계열, 각종 군사단체 등이다. 그리고 한국독립당, 조선민족혁명당, 한국국민당, 한국혁명당, 조선민족전선연맹 등은 각 당의 기관지를 발행했다. 이외에 1920년대 중반의 민족유일당운동과 관련해서도 발행되었다.

이 논문에 포함되지 않았지만 범재 김규흥은 박은식을 주필로 초청하

---

4) 한시준, 「중국 관내 독립운동과 신문잡지」; 위암장지연기념사업회가 발간한 『한국 근대언론과 민족운동』, 커뮤니케이션북스, 2006, 제3부 제7장 참조

여 1913년 홍콩에서《향강(香江)》이라는 한·중 합작 잡지를 발간하여 공화주의 사상을 전파한 바 있으며 단행본으로선 박은식의《한국통사》《독립운동지혈사》《이순신전》《안의사중근전》, 신채호의《이순신전》《을지문덕전》《최도통전》그 외 김병조가 편찬한《한국독립운동사》등이 주목할 만한 저서 들이다.

이들 작품들은 외세에 저항한 역사적 위인들과 일제 강점기하의 독립투쟁을 소개함으로써 민중들의 의식을 깨우쳐 조국의 해방과 독립을 성취하고자 한 것이 저서 발간의 주목적이었다. 단행본을 포함하여 각종 신문 잡지의 필진들은 그들 자신이 열렬한 독립지사들이었지만 대개 필명으로 발표하였고 본인의 투쟁 활약에 대해선 거의 다루지 않았다. 견마지로(犬馬之勞), 박기후인(薄己厚人) 등의 고사 성어를 구태여 거론하지 않더라도 자신을 낮추는 것이 자신의 격이 오히려 높아진다는 것은 동서고금을 막론한 보편적 규범일 것이다. 그런데 1932년 연말, 사회적 통념을 깨트린 책이 비매품으로 보급되기 시작하였다. 바로《도왜실기(屠倭實記)》란 책자다.

이 책의 저자는 일부 자료에선 김구(金九)가 약술하고 엄항섭(嚴恒燮)이

1932년 12월 상해에서 발간된 도왜실기 표지

정리, 서술해 간행한 책 혹은 김구 원저-엄항섭 번역 등으로 되어 있으나. 백과사전을 비롯한 대부분의 자료는 김구를 저자로 보고 있다.《도왜실기(屠倭實記)》의 저자를 김구로 익히 알고 있는 독자들은 이 책의 목차를 보는 순간 갑자기 당황하게 된다. 다음은 1932년 출간《도왜실기(屠倭實記)》의 목차다.

이봉창·윤봉길 등 의사들의 의열 투쟁에 대한 소개를 말하는 것이 아니다. 물론 그 내용 중엔 과장된 장면이 있으며 어느 정도의 왜곡도 있다. 이 문제에 대해서도 차츰 거론할 예정이지만, 무엇보다 문제가 되는 것은 책의 첫머리에서 인언(引言-머리말)을 쓴 김구가 스스로 선생이라고 칭하면서 계속해서 본문을 통하여 자신의 전기물을 소개하고 있다는 점이다. 이해할 수 없는 이러한 편집은《도왜실기(屠倭實記)》의 원본 역시 한글판과 마찬가지로 엄항섭이 편찬했다면 어느 정도 의문이 풀린다. 그러나 아직도 대부분의 사람들은 김구가《도왜실기(屠倭實記)》를 저술한 것으로 알고 있다.

김구 선생 소전은 '18세 동자접주가 되시다'-'왜적을 꺼꾸러트리다'-'비밀결사에 참가하시다'-'임정의 문지기를 자원' 등의 소제목으로 구성되어 있는데, 역시 그 내용은 대부분 과장되었거나 왜곡된, 전형적인 전기물이다.

결국 이 책은 김구 개인의 홍보 책자라고 보아도 과언이 아니다. 김구선생소전에서 자신의 경력을 과장·왜곡했을 뿐 아니라 이봉창·윤봉길 의사의 의거 과정을 보면 다른 이들은 거의 등장하지 않는다.《도왜실기》에 의하면 오직 김구만이 모든 일을 준비하고 모든 의거를 지휘한 것으로 나온다. 이러한 집필 경향은《백범일지》역시 마찬가지다.

1933년 남경에서 간행된 유방집의 표지

비슷한 시기에 발간된 조소앙의 《유방집(遺芳集)》[5]은 여러모로 《도왜실기》와 비교된다. 《유방집(遺芳集)》에서의 유방(遺芳)은 후세에까지 남는 명예, 고인(故人)의 업적을 의미한다. 지은이 조소앙은 1905년 을사늑약이 체결되어 국권을 피탈당한 이후 순국한 민영환(閔泳煥)으로부터 1932년에 이르기까지 항일투사, 의사(義士) 등 81명에 대한 생애, 활동, 업적

등을 사진과 함께 개인별로 정의하였다. 아래는 그 명단이다.

민영환(閔泳煥)·조병세(趙秉世)·홍만식(洪萬植)·이상철(李相哲)·김봉학(金奉學)·송병선(宋秉璿)·이건석(李建奭)·이한응(李漢膺)·반종례(潘宗禮)··최익현(崔益鉉)·이린영(李麟榮)·이은찬(李殷瓚)·이강년(李康年)·유린석(柳麟錫)·서상렬(徐相烈)·허위(許蔿)·이광렬(李光烈)·이범윤(李範允)·이상설(李相卨)·이준(李儁)·박승환(朴昇煥)·지홍윤(池弘允)·손재규(孫在奎)·연기우(延基羽)·강기동(姜基東)·노희태(盧熙泰)·윤동섭(尹東燮)·민긍호(閔肯鎬)·박여성(朴汝成)·침남일(沈南一)·기삼형(奇三衍)·황중옥(黃重玉)·신걸석(申乭錫)·김수민(金秀敏)·고원직(高元直)·김석하(金錫夏)·이진용(李鎭龍)··채응언(蔡應彦)·최재형(崔在亨)·홍범도(洪範圖)·백삼규(白三圭)·김좌진(金佐鎭)·이남규(李南珪)·기산도(奇山濤)·장인환(張仁煥)·전명운(田明雲)·안중근(安重根)·이재명(李在明)·안명근(安明根)·이범진(李範晋)·김석진(金奭鎭)·홍범식(洪範植)·김도현(金道賢)·황현(黃玹)·박상진(朴尙鎭)·나인영(羅寅永)·강우규(姜宇奎)·박치의(朴治毅)·임일용(林日龍)·양근환(梁槿煥)·박열(朴烈)·김익상(金益湘)·김상옥(金相玉)·문창숙(文昌淑)·김지섭(金址燮)··김시현(金始顯)·이의준(李義俊)·김성범(金成範)·송학선(宋學先)·이덕삼(李德三)·이수흥(李壽興)·유택수(柳澤秀)·장진홍(張鎭弘)·나석주(羅錫疇)·조병운(趙炳雲)·조명하(趙明河)·최양옥(崔養玉)·이봉창(李奉昌)·윤봉길(尹奉吉)·이회영(李會榮)·남자현(南慈賢)

이 명단은 조소앙 본인의 관점으로 선정한 것이므로 완전한 객관성을 확

5) 趙素昻, 『遺芳集』, 東南印刷所, 南京, 1933

보하기에는 무리가 따른다. 하지만 일개 정파나 개인의 홍보물로 작성된 《도왜실기》와는 전혀 다르게 조소앙 개인의 주관을 배제하고자 한 흔적은 뚜렷하다. 이들 인물들은 대부분 일제의 침략행위에 분노하여 자결하거나 무력투쟁을 한 분들이다. 특히 이봉창 윤봉길을 비롯하여 안중근·강우규·박상진·박열·김익상·김상옥·김지섭 양근환·나석주 등 의열 투쟁을 시도한 분들이 많이 눈에 띈다. 그리고 이 책은 업적을 침소봉대하는 등 과장·왜곡된 부분은 극히 적다. 겨우 서너 명의 업적을 게다가 과장·왜곡으로 점철된 《도왜실기》와는 다르게, 81분 열사들의 업적을 비교적 정직하게 기록한 《유방집》은 독립운동사의 자료로서도 의의가 크다. 그러나 《백범일지》와 《도왜실기》는 익히 알려져 있지만 《유방집》에 실린 인물들은 대부분 잊혀져있다. 이것이 역사가 김구를 선택한 오늘의 현실이다.

그러면 당시 주위의 인물들은 김구와 《도왜실기》를 어떻게 평가했을까? 의외지만 부정적으로 보는 시각이 많았던 모양이다. 한 예로, 상해 임정 요원이었으나 만주지역의 무장 항쟁 세력과 깊은 교감을 나누었던 이규채(李圭彩)[6]가 재판 중 증언한 내용을 살펴보기로 한다.

● 당시 박남파(朴南坡)는 김구(金九)의 고굉(股肱)이다. 김구는 중국 측의 신용을 일신에 모으고 있는 때이니, 그대가 박남파를 방문한 것은 김구파의 후원을 얻어 중국 측에서 활동자금의 인출 운동을 하기 위한 것이 아닌가.
○ 정세는 혹시 그러했는지도 모른다. 또 그렇게 보아도 할 수 없으나, 그때 나의 감정은 다음과 같다. 김구는 윤봉길(尹奉吉)을 먹이로 삼은 사람이

6) 이규채(李圭彩, 1883-1947) 호는 우정(우정), 철영의 아들. 1924년 임시정부 의정원 의원이 되고, 1930년 한국독립당에 가입, 정치부원과 군사부 참모장을 겸임하다가 총무위원장이 되었다. 이듬해 중국군 상교참모로 있다가 신한독립당의 감찰위원장이 되었으나, 1935년 상해에서 일본 영사관 경찰에 체포되어 징역 10년을 선고받고 복역 1940년 가출옥되었다. 1963년 대한민국 건국공로훈장 단장이 수여되었다.

다. 그런 김구와 제휴하지 않더라도 중국 측에 원조를 신청하지 못할 이유는 없다. 가령 김구가 자금의 원조를 해 준다고 해도 그 돈은 한 푼도 받고 싶지 않다. 김구도 전부터 아는 사이지만, 박남파도 아는 사이이고, 또 박은 특히 중국 요인과의 교제도 넓어서 그에게 부탁하는 것이 득책이라고 생각하고 있었다. 그리고 당시 김구에게 원조를 요청한다면 혹시 원조해 주었을 것이다. 그러나 그들과 같이 건방진 사람에게 부탁할 필요는 느끼지 않았다. 그런데 박남파가 당시 김구와 일체가 되어 활동 중이란 것은 사실이라고 생각하니, 그는 혹시 그 육백 달러는 김구에게 밝히고, 혹은 원조를 받아 왔을지도 모른다. 혹은 또 직접 중국 측에 교섭하여 받았을지도 모른다. 왜냐하면 나는 전술한 바와 같이 김구 무리를 우리는 혁명가라고는 생각하지 않는다. 일례를 들면, 당시 김구파에서「도왜실기(屠倭實記)」를 발행한 일이 있는데, 일본인 오천만 중에서 삼천만을 없애면 혹은「도왜」라고 해도 좋을 것이나, 그 정도의 사람에게 시끄럽게 도왜 운운의 이름을 붙이는 것조차 이미 어리석기 짝이 없다. 그가 어리석다는 것을 예를 들자면 한정이 없으나, 나는 그를 그와 같이 보고 있기 때문에 박남파에 대해서도 김구에 관해서는 나쁘게 말한다. 따라서 박남파도 나에게는 김구를 상찬하는 말은 하지 않는다. 위의 육백 달러도 누구에게서 받았다고는 말하지 않고, 다만「이것도 겨우 마련했다」고 하면서 주었고, 나도 그것을 물을 필요도 없이 그대로 받았으므로 어디에서 나왔는지는 모른다.

● 이청천(李靑天) 일파가 낙양(洛陽)으로 간 이유와 그 뒤의 정황은 어떤가.

○ 먼저 진술한 바와 같이 원래 김구와 박남파는 서로 혁명운동을 위하여 활약했는데, 김구가 중국 측에서 신용을 얻게 된 것은 첫째로 박남파의 힘에 의한 것이다. 그런데 김구는 박남파를 통하여 이청천 일파와 합체하여 낙양에 군관학교를 설립하고, 소위 혁명투사를 양성하기로 하였으나, 김구는 박남파 때문에 그 지위를 얻었으면서 박남파를 자기의 부하처럼 대우하고, 낙양군관학교도 자기 혼자의 힘으로 설립한 것처럼 처신하므로 박남파는 그것에 분개하여 김구파와 관계를 끊고, 다시 서로 다투게 되었다. 맨 처음 중국 측에서 지급되는 돈도 박남파를 거쳐서 김구파에 지급되었는데, 작년 12월경부터는 김구가 직접 받게 되었다. 그 뿐만 아니라 김구는 위 군관학교 경영에 대해서도 자기 혼자의 학교처럼 처신하기 때문에 박남파 뿐만 아니라 이청천 일파도 불만을 품게 되어, 최초는 이청천이 총감독처럼 되어

이범석(李範奭)[7]이 교관이 되어 있었으나, 금년 6월 15일경에 모두 사임하게 된 모양이다. 그러나 지금의 물음에 대해서는 직접 내가 관계한 것이기 때문에 확실히는 모르나, 이청천 등의 관내 이전은 군관학교 경영에 있었다고 생각한다. 또 그러한 알선은 박남파가 한 것이 틀림없다.[8]

위 청취서의 내용은 우리가 알지 못했던 혹은 오해하고 있었던 많은 정보를 알려 주고 있다. 한번 정리해 보기로 하자.

- 김구는 윤봉길을 먹이로 삼은 사람이다.
- 김구는 건방진 사람이다.
- 김구 무리를 우리는 혁명가라고는 생각하지 않는다.
- 일본인 5천만 중에서 3천만을 없애면 혹은 「도왜」라고 해도 좋을 것이나, 그 정도의 사람에게 시끄럽게 도왜 운운의 이름을 붙이는 것조차 이미 어리석기 짝이 없다.
- 김구가 중국 측에서 신용을 얻게 된 것은 첫째로 박남파의 힘에 의한 것이다.
- 김구는 박남파 때문에 그 지위를 얻었으면서 박남파를 자기의 부하처럼 대우하고 있다.
- 낙양군관학교도 자기 혼자의 힘으로 설립한 것처럼 처신하고 있다.
- 맨 처음 중국 측에서 지급되는 돈도 박남파를 거쳐서 김구파에 지급되었는데, 작년 12월경부터는 김구가 직접 받게 되었다.

일단 이 정도의 정보를 숙지하고 다음 이야기로 넘어 가기로 하겠다. 상기 내용의 진위 여부는 차츰 알아보기로 한다.

---

7) 왕덕림(王德林)의 부하였던 사람, 경성(京城) 출신, 당 36세 정도, 작년 3~4월경에 왕덕림과 함께 남하한 사람, 그 뒤 일시 상해(上海)에 있었다고 들었음

8) 韓國獨立黨 관련 李圭彩事件, 『韓民族獨立運動史資料集 43』-中國地域獨立運動 裁判記錄 1

이봉창 의거의 진실

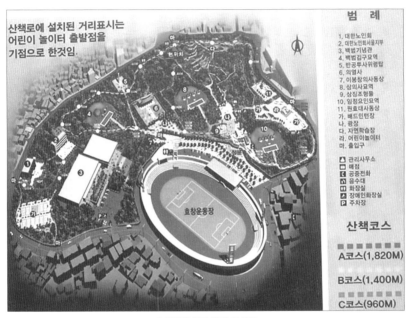

효창공원 이용 안내 표시표

지하철 6호선을 타고 효창공원역 1번 출구로 나가서 10분 정도 걸으면 효창공원이 나온다. 효창공원(孝昌公園)은 원래 5살의 어린 나이에 죽은, 정조의 첫째 아들 문효 세자와 몇 달 후 죽은 그의 어머니 의빈 성씨의 무덤으로 효창원이었으나, 일제 강점기 때 두 무덤은 서삼릉으로 강제 이장 당하고, 이름도 효창공원이 되었다. 현재는 김구의 묘소를 비롯하여 윤봉길·이봉창·백정기의 묘소와 주석이었던 이동녕, 군사부장 조성환, 비서부장

차이석 등 임시정부 요인들의 묘지가 있다. 그 외 백범기념관과 이봉창 의사의 동상도 이곳에 있다. 그의 동상과 묘지가 있는 효창공원은 이봉창의 고향이기도 하다. 원래 집터에서 약 250m정도 떨어진 6호선 효창공원역 앞 1번 출구에는 이 의사의 집터(용산구 효창동 118번지)를 알리는 표지석이 박혀 있다.

눈살이 찌푸려지는 것은 효창공원 내 사적지의 배치 구조다. 효창공원에는 독립운동 지사 7명의 묘와 1명의 가묘가 있다. 공원 제일 위쪽에 김구의 묘가 잡고 있고 우측 아래에 윤봉길·이봉창·백정기의 묘소 및 안중근의 가묘가 있다. 그리고 좀 더 아래쪽 우측에는 조성환·이동녕·차이석 등 3인의 임정 요인의 묘가 있다. 김구의 묘가 왕릉같은 규모인 반면 나머지 6인의 묘는 평범하다. 김구의 묘와 백범 기념관 바로 밑에 있는 이봉창의 동상의 위치 그리고 3의사와 3인임정요인 묘의 위치를 가늠하면 조선시대 왕이 마치 신하들의 조례를 받는 모습을 연상케 한다. 김구의 묘와 삼의사의 묘 그리고 이봉창의 동상 가운데쯤 위치하고 있는 의열사에는 김구·이봉창·윤봉길·백정기·조성환·이동녕·차이석 등 7인의 영정이 있는데, 만약 영혼이 있다면 그들이 어떤 대화를 하고 있을 지 궁금하다. 무엇보다 이동녕은 김구의 후원자이자 상관이었다.

단적으로 말해 보자. 김구가 과연 나머지 6인에게 봉대 받을 정도로 독립운동에 기여했을까? 김구의 업적은 임정의 마지막 주석이었다는 것 그리고 이봉창·윤봉길 의거를 기획하고 주도했다는 것 정도다. 만약, 혹시라도 이봉창·윤봉길 의거의 과정에서 우리가 알고 있는 것과 달리 김구의 역할이 생각보다 미미하다면 우리의 역사는 어떻게 될까? 먼저 이봉창의 동경의거에 관한 진실부터 추적해 보기로 하자.

1932년 1월 8일, 사쿠라다몬(櫻田門) 부근에서 만주국 황제 푸이와 함께 도쿄 교외에서 관병식을 마치고 돌아가던 중인 히로히토를 겨냥하여 던져진 수류탄은 전 세계를 놀라게 하였다. 안타깝게도 히로히토는 다치지 않아 거사는 실패했지만 이 사건의 파급력은 실로 엄청났다. 현장에서 잡힌 범인은 32살의 조선인 청년 이봉창이었다. '이봉창 의거'의 의의와 가치 그리고 이봉창 개인의 약력이나 환경, 성격 등은 이 글에선 생략하기로 한다. 검토할 것은 이 의거의 진행 과정에 관여된 인물과 사건 후 밝힌 이봉창 개인의 회환 등이다.

동경 폭탄 사건의 진실을 알기 위해선 무엇보다 이봉창과 거사를 계획한 단체 혹은 기획자로부터 생성된 자료가 가장 중요할 것이다. 이러한 자료로는 이봉창의 심문조서와 배후의 기획자라고 주장하고 있는 김구의 저작물《백범일지》와《도왜실기》가 있다. 문제는 김구의 기록과 이봉창의 자술 간에는 많은 차이가 있다는 점이다. 구체적으로 살펴보자.

《백범일지》에 의하면 이봉창이 가장 먼저 만난 인물은 김구다. 당시 민단장으로 봉직하고 있던 김구는 민단 사무실을 찾아 온 이봉창을 첫 대면하였고 잡다한 신변 잡담을 하다가 민단 사무원 김동우(金東宇)에게 명령하여 여관을 잡아 주라고 명령했다고 되어 있다. 이봉창은 이 두 사람 외 민단 직원 몇 사람과 접촉을 했지만 이름은 기록되지 않았다.[9] 하지만 이봉창은 다르게 말한다. 그가 처음 만난 사람은 민단 사무원 김동호(金東浩)다. 아래는 이봉창의 육성이다.

---

9) 『도진순 백범일지』, pp.322-324

[문] 상해(上海)에 건너간 뒤 무슨 일을 했는가?

[답] 나는 상해에 간 후 바로 소화(昭和) 6(1931)년 1월 프랑스 조계 마랑로(馬浪路) 보경리(普慶里)에 있는 민단 사무소를 방문했습니다. 민단 사무소는 바로 조선(朝鮮) 가정부의 사무소입니다. 나는 거기에 있던 사무원 김동호(金東浩)를 만나 일본 내지에서 온 이러이러한 사람이라고 말하고 인사를 한 뒤 취직 알선을 부탁했으나 영국의 전차 회사는 중국어나 영어를 말할 줄 모르면 안 된다고 해 취직 쪽은 거절당했습니다. 또 그때 김은 가정부의 주의 강령 등에 관해 아무런 이야기도 해 주지 않았습니다. 내가 천황에게 위해를 가해야겠다고 결심한 것은 그 후 민단 단장 백정선(白貞善)을 만나고 나서의 일입니다.[10]

　　이봉창이 말한 김동호는 김동우로 짐작된다. 김동우는 오면직과 함께 1922년 김립을 암살한 노종균(1894-1939)의 필명이다. 김구와는 동향인 황해도 안악 출신으로서 김구 계열의 핵심인물이다. 민단을 찾아 온 이봉창을 직원인 김동우가 먼저 만나고 그 뒤 어느 정도의 검증 절차를 거쳐 김구에게 소개했다고 보아야 정황상 자연스럽다. 이봉창도 그렇게 진술했다. 그러나 김구는 자신이 먼저 만났다고 했다. 그 이유는 독자들의 판단에 맡기겠다.

　　이봉창이 상해에 도착한 것은 1930년 12월이다. 그리고 이듬해 1월 경 민단사무소를 방문했다. 상해를 떠나 고베(神戶)로 출발한 것은 1931년 12월 17일이다. 그러므로 약 1년 동안 민단사무소를 거점으로 백정선, 김동호 등을 만난 셈이다. 이 기간 동안 백정선과 김동호는 본명은 물론 임시정부내의 위치, 그 동안의 이력 등 자신들의 정체는 철저히 숨겼다. 이봉창은 1932년 10월 11일 사형이 집행될 때 까지 김구에 대해선 전혀 모르고 죽음을 맞이하였다. 재판 심리 중 백정선에 대해서 이봉창이 어떻게 발언

10) 제2회 신문조서, 이봉창 재판기록 《대한민국임시정부자료집》

했는지 몇 가지 사례를 소개한다.

■ 나는 전에도 말씀드린 대로 조선 민족을 위해 희생할 각오를 가지고 그러한 행동으로 나갔던 것이므로 물론 죽음을 각오하고 있습니다. 또한 일본 천황을 폭격할 생각으로 폭탄을 던졌던 것이지만 백정선이 나에게 이야기한 것과 같은 폭탄의 위력이 없었기 때문에, 나의 목적을 달성할 수가 없었던 것을 유감으로 생각하고 있습니다.

《1932.01.10. 청취서》

■ 내가 여러 번 말씀 드린 바와 같이 죽을 각오로 천황 폐하의 생명을 빼앗으려고 생각하고 있었으나 폭탄의 위력이 작아 실패한 것에 대해 유감으로 생각합니다. 그는 상해에서 시험해 보자고 했습니다만 백정선이 이미 말씀 드린 대로 대단한 위력이 있는 폭탄이라고 말하면서 시험하지 않아도 괜찮다고 말하기에 이를 믿었던 것이 실패의 원인이며 이것에 대해서는 백정선을 원망하고 싶은 심정입니다.

《1932.01.12. 제3회 신문조서》

■ 나는 백정선을 그렇게 학문이 있는 사람이거나 또 인격자라고도 생각하지 않습니다. 그러나 민단의 단장이며 다른 조선인들이 백정선을 보면 인사한다는 점 등에서 나는 백정선을 상해에 있는 조선인의 총 대표자일 것이라고 생각했습니다.

《1932.02.13. 제7회 신문조서》

■ 나도 백정선의 배후에 상당히 훌륭한 사람이 있음에 틀림없다고 상상하고 있지만 나는 그것이 누구인지 전혀 짐작이 가지 않습니다. 민단 사무소에서 나는 '이 사람이다'라고 할 만한 훌륭한 사람이나 인격자 같은 사람과 만난 적이 없습니다.

《1932.02.13. 제7회 신문조서》

■ 처음에는 백정선이 단독으로 하는 것으로 생각했으나 여비 등을 받고 나서는 백정선 한 사람의 기획은 아니고 그 배후에 무엇인가 있다고 생각하게 되었습니다. 그러나 그 무엇인가 하는 것이 과연 가정부인지 어떤지에 대해서 까지는 생각해 보지는 않았습니다. 나에게는 당시 백정

선의 배후를 조사해 보려는 마음도 없었고 또 조사할 시간도 없었습니다.

《1932.02.13. 제7회 신문조서》

■ 그것들은 내가 던진 폭탄의 파편과 쇠붙이입니다. 이 가운데 가장 큰 파편을 경시청에서 보여주어 백정선이 엄청난 효력이 있다고 한 것이 형편없는 엉터리였다는 것을 알았습니다. 이것 때문에 화가 나 사진에 관한 것까지만 말하고 백정선에 관한 것 등은 말하지 않으려 했던 결심을 번복하여 모든 사실을 그대로 진술할 생각을 하게 된 것입니다.

《1932.02.13. 제7회 신문조서》

■ 백정선은 본명인가? 나는 본명이라고 여기고 있었습니다.

《1932.03.11 제8회 신문조서》

■ 나는 형무소에 수용된 후 불교 이야기를 듣거나 불교 책을 읽거나 하여 여러 가지 생각을 한 결과 나의 사상은 내가 사바세계에 있을 때와 아주 다르게 변했습니다. 나는 김구(金龜)로부터 부추김을 받아 결국 그런 마음이 생겨 천황 폐하에 대해 난폭한 짓을 했습니다만 오늘에는 군이 김구를 원망하지는 않으나 그 사람의 부추김에 놀아난 나 자신의 어리석음을 원망하고 있습니다. 나의 어리석음으로 엄청난 짓을 해 참으로 변명의 여지가 없다고 생각하고 있습니다.

《1932.06.27. 제9회 신문조서》

■ 김구(金龜)라고도 합니다. 어느 쪽이 본명인지는 알지 못합니다.

《1932.09.16. 공판조서》

이봉창은 재판과정을 통하여 백정선이 김구(金龜)라는 것을 알게 되었던 모양이다. 하지만 그 무렵의 김구는 金龜 대신 金九라는 이름을 주로 사용했다는 것은 몰랐고 더욱이 김창암, 김창수 등의 이름을 예전에 사용했다는 것은 전혀 몰랐다. 청취서와 신문조서, 공판조서 등 재판 기록을 보면 유난히 눈에 띄는 내용이 있다. 자신의 의거가 실패한 것에 대하여 "대단

한 위력이 있는 폭탄이다. 시험하지 않아도 괜찮다."고 말한 백정선의 호
언장담을 믿었음에 아쉬움과 함께 분노를 표명하는 장면이다. 충분히 납득
이 간다. 치밀한 계획 없이 의욕만 앞섰던 백정선에게 유감을 표시함과 동
시에 그의 학문이나 인격을 거론한 점도 흥미롭다. 이봉창에게 백정선 즉
김구는 어떤 의미며 존재였을까?

앞의 글에서 설명했듯이 이봉창은 백정선의 말만 듣고 폭탄의 성능을 믿
었고 시험 한 번 없이 거사에 임했다. 당연히 실패할 수밖에 없는 무모한
의거였다. 그러면 문제의 수류탄은 어떤 과정을 거쳐 이봉창의 손에 쥐어
졌을까?《백범일지》에 기록된 내용을 먼저 살펴보기로 하자.

나는 돈을 준비하는 이외에 폭탄 두 개를 구입하였다. 하나는 왕웅(王雄,
본명 김홍일, 1898-1980)을 시켜 병공창에서 구입하였고, 다른 하나는 김현
(金鉉)을 시켜 하남성의 유치(劉峙)에게서 구입하여 몰래 감추어 두게 하였
다. 하나는 일본 천황을 폭살하는데, 다른 하나는 자살용으로 사용하게 하였
다.[11]

이봉창의 동경 거사는 결과적으로 세상의 이목을 집중시킨, 대단한 성공
을 거둔 의거였다. 하지만 그 과정을 들여다보면 한심할 정도로 주먹구구
식의 거사였다. 계획을 주관한 김구는 거의 혼자서 독단적으로 수류탄을
준비하였고 경험이 전혀 없는 이봉창에게 모의실험 한 번 없이 사지로 내
몰았다. 게다가 거사를 담당한 이봉창은 원래 김구의 부하이거나 동료도
아니었다. 김구가 한 일이라곤 돈과 폭탄을 주고 일본으로 가서 이봉창 스
스로 알아서 천황에게 폭탄을 던지고 장렬하게 죽음을 선택하라는 주문이

11)『도진순 백범일지』, p.325

었다. 죽음을 앞둔 이봉창이 김구의 학문이나 인격을 거론하고, 거사의 실패 원인을 김구에게 돌리면서 원망을 한 그 심정이 이해가 된다.

그런데 일제는 수류탄의 입수 경위를 조금 다르게 본 모양이다. 1932년 3월 17일, 상해 일본 총영사가 외무대신에게 보고한 내용은 다음과 같다.

수류탄 입수 경위

이번에 동경(東京)에서 사용한 폭탄의 입수 경위에 대해 여러 수단을 동원하여 내탐 중에 있는바, 최근 병인(丙寅)의용대원이 흘린 것으로서 비교적 믿을 만한 정보에 의하면 이번이 이봉창의 행동은 첫째 김구가 개인으로서 획책한 것으로 한국 임시정부로서는 전혀 관여하지 않았고 그러한 가운데 김구는 재작년 소화(昭和) 5(1930)년 말 수류탄 6개를 블라디보스토크 지방의 고려공산당(高麗共産黨)을 통해 입수하여 이를 사용함으로써 불령행동을 감행하려는 의도를 품고 먼저 이를 심복인 한 병인의용대원(丙寅義勇隊員)에게 밝히고 결행을 종용했으나 독립운동 상으로나 실제상으로 효과가 적다는 이유로 거절당해 계속해서 적당한 인물을 물색하고 있던 중 이봉창을 발견한 것으로서 사용한 수류탄 2개 외에 나머지 4개를 지금도 가지고 있다 함.

이러한 가운데 최근 이봉창의 행동을 한국의 독립운동에 기여 공헌한 일대 장거로써 이를 경모상탄(敬慕賞嘆)하는 분위기임. 특히 최근의 시국에 자극되어 조직된 한국군인회의 수령 이웅(李雄)이란 자는 만주(滿洲)에서 온 인물로서 평상시에도 격양된 말투로 이를 말할 뿐 아니라 불령 과격행동을 일으킬 우려도 있다함. 이러한 인물들의 동정에 대해서는 계속하여 엄중 주의하고 있음.[12]

한국군인회의 수령 이웅(李雄)은 왕웅(王雄) 즉 김홍일일 것이다. 주목할 부분은 폭탄의 출처가 중국 국민당 쪽이 아니고 고려공산당으로부터 구했다는 점이다.

---

12) 上海 현지 수사상황 속보-기밀 제262호-재 上海 총영사 村井倉松, 외무대신 芳澤謙吉, 昭和 7(1932)년 3월17일《대한민국임시정부자료집》

그리고 병인의용대[13]가 관여되었다는 것도 흥미롭다. 만약 상기 내용이 진실이라면 이봉창 의사의 의거는 처음부터 새로이 조명해야할 것이다. 대부분 알다시피 김구는 일생을 통하여 공산당을 증오한 사람이다. 동경 의거의 배후에 공산당의 협조가 있었다면 우리는 어떻게 받아 들여야 하는가?

한편 일제의 이 조사가 참이라는 생각도 든다. 왜냐하면 김구가 관여한 의열활동 중 폭탄을 살상 무기로 사용한 경우는 이봉창의 의거와 같은 해 4월에 발생한 윤봉길의 의거 그리고 5월에 미수로 끝난 최흥식(崔興植)·유상근(柳相根)의 대련(大連) 사건 정도이기 때문이다. 세 사건에 소요된 폭탄의 수를 합치면 위 문서와 거의 일치한다. 게다가 김구는 1932년에 발생한 세 의거 이전에도, 이후에도 폭탄으로 의열투쟁을 한 바 없다. 덧붙일 것은 병인의용대는 상해 임정과 밀접한 단체였지만 김구 계열과는 일정한 거리를 둔 단체였다. 김구의 기록이 맞는지 일본 영사관이 기록한 문서가 정확한 정보인지 여부는 향후 풀어야할 숙제로 남겨 두겠다.

---

13) 1925년 말 상하이에서 나창헌(羅昌憲)·이유필(李裕弼)·박창세(朴昌世) 등이 주도하여 조직한 독립운동단체이다. 이 조직은 상하이 교민단 의경대가 주축이었는데, 의경대는 거류민의 치안과 질서를 유지하기 위한 대한민국임시정부의 하부조직이었다. 병인의용대는 형식상 계열을 갖지 않는 독립적인 단체로서 1926년 1월 1일부터 활동하여 일제에 대한 무력항쟁을 전개했다. 의용대 조직은 참모부 사령부 경리부로 임무를 분담했으며 대장 1명과 대부(隊副) 3명의 간부를 두고 18세 이상의 신체 강건하고 용맹한 독립운동자를 대원으로 했다. 1924년 4월에는 대원수가 50여 명에 이르렀다. 주요활동으로 1926년 2월 1일 김광선(金光善)·최병선(崔秉善)·장진원(張鎭元) 등이 밀정 박제건(朴齊乾)을 살해했고, 같은 해 4월 8일에는 동료가 검거된 것을 계기로 김광선·김창근(金昌根)·이수봉(李秀峰) 등이 상하이 일본총영사관에 폭탄을 투척하는 등 일제의 밀정 처단과 일본영사관을 비롯한 일제의 시설파괴에 주력했다. 1927년부터 민족유일당 결성운동이 추진되어 활동이 부진했으나 1933년 이후 재개하여 8월 박창세·강창제(姜昌濟)를 중심으로 조직을 재정비하여 석현구(石鉉九)·유인발(柳寅發) 등의 일제 앞잡이를 숙청했다.

윤봉길 의거의 진실

1932년 1월 8일 일본 왕 히로히토(裕仁) 암살이 실패한 지 3개월 여 후인 4월 29일 오전, 상해 홍구공원(현 노신공원)에서 천지가 진동하는 엄청난 폭음이 일어났다. 이 사건은 이봉창 의거보다 훨씬 파급력이 컸다.

우선 사상자가 다수 발생했다. 상해 일본인 거류민단장 가와바타 사다쓰구(河端貞次)는 현장에서 즉사하였고, 상해파견군 사령관 시라카와 요시노리(白川義則) 대장도 이후 사망하였다. 그리고 제3함대 사령관 노무라 기치사부로(野村吉三郎) 중장, 제9사단장 우에다 겐키치(植田謙吉) 중장, 주 중국공사 시게미쓰 마모루(重光葵) 등은 중상을 입었다.

더욱이 사건 당일은 일왕 히로히토의 생일인 천장절이었으며, 상해사변의 정전 조인 예정일이었다. 이 무렵 일본의 침략 행위는 거칠 것이 없을 시기였다. 전해인 1931년 9월 28일 만주사변을 일으켜 중국 동북부를 점거한 뒤 1932년 3월 1일 괴뢰국인 만주국을 설립하였다. 한편, 1932년 1월 28일 조계(租界) 경비를 담당하던 일본의 해군육전대와 중국의 십구로군(十九路軍) 사이에 전투가 발발하자 일본은 2월 중순에 육군 약 3개 사단을 파견하여 3월 상순에 중국군을 상하이 부근에서 퇴각시키고 상해를 완전히 장악하던 무렵이었다.

4월 29일은 당사국과 상해에 이해관계를 가진 영국·미국·프랑스·이탈리아 등 열강들의 압력과 만주에 식민지를 확보함으로써 소기의 목적을 달성했다는 판단에 의해 승전기념 및 정전 협정을 조인할 예정인 날이었다. 이러한 화평 제스처는 일본이 내외(內外)의 주의를 만주국 건국공작에서 벗어나게 하려고 의도적으로 도발한 책략이었던 것으로 보인다. 하지만 폭탄사건이 일어나 파견군 사령관이 사망함으로써, 협상은 난항을 거듭한 끝에 5월 5일 정전협정이 성립되었다.

이러한 역사적 배경으로 인해 윤봉길의 홍구 의거는 전 세계의 이목을 집중시켰다. 일제는 사건 초기에 보도를 통제하였으나 5월 7일 이후에는 해제하여 조선과 일본에서도 이 사건을 적극적으로 다루게 되었다. 그러므로 사건 직후의 보도는 중국의 언론이 큰 역할을 할 수밖에 없었다. 아래 표는 당시 언론 보도 기사를 날짜별로 정리한 것이다.

[윤봉길 의거 보도기사 모음]

날짜	매체	주요 보도 내용
4.29	시사신보 (時事新報)	天長節(天長節) 기념식에 참석한 중광(重光), 백천(白川), 야촌(野村) 등 부상
4.30	독매신문 (讀賣新聞)	상해(上海)의 폭탄사건
	시보 (時報)	오늘 새벽 3시 20분 일본거류민단장 하단(河端) 사망
		한인(韓人)이 폭탄투척
	시사신보 (時事新報)	어제 폭탄투척사건으로 백천(白川), 식전(植田), 중광(重光), 야촌(野村) 등 중상
	중앙일보 (中央日報)	상해(上海) 홍구공원(虹口公園) 폭탄투척사건
	대만보 (大晩報)	폭탄투척사건 발생 후 한국혁명당(韓國革命黨) 영수 안창호(安昌浩) 피포
	신보(申報)	어제 낮 다수의 일본요인 부상

5.01	시보 (時報)	프랑스조계당국, 체포된 안창호(安昌浩)를 일본헌병사령부에 인도
		폭탄투척사건에도 불구하고 일본은 정전회의 속개 결정
	시사신보 (時事新報)	홍구공원(虹口公園) 폭탄사건 후 대대적인 검색으로 한인 안창호(安昌浩) 등 피포
	대공보 (大公報)	윤봉길(尹奉吉), 이번 폭탄투척사건은 한국독립운동을 위한 의거라고 주장
5.02	시보 (時報)	일본경찰, 한국혁명당(韓國革命黨) 영수 안창호(安昌浩) 등 다수의 한인 체포
	대만보 (大晩報)	한국혁명당(韓國革命黨) 영수 안창호(安昌浩) 3일째 단식
5.03	시사신보 (時事新報)	홍구공원(虹口公園) 사건 후 동경(東京)에서 다수의 한인 피포
		안창호(安昌浩) 피포 후 한교(韓僑)들 자구책 마련에 부심
	상해보 (上海報)	한국동립당(韓國獨立黨), 일본인을 암살하는 등 상해(上海)에서 크게 활약 중
	신보(申報)	외국인들이 보는 안창호(安昌浩) 체포사건
	대공보 (大公報)	일본경찰, 폭탄투척사건을 빌미로 도처에서 한국독립당(韓國獨立黨) 체포
5.04	시사신보 (時事新報)	폭탄투척사건에 다수의 한인 연루
	중앙일보 (中央日報)	상해(上海)에서 한인 16명 피포
5.07	독매신문 (讀賣新聞)	상해(上海) 폭탄사건의 범인은 조선인, 윤봉길 외 12명 체포(육군성 발표)
	시사신보 (時事新報)	일본영사관, 윤봉길(尹奉吉)의 자백 내용 공개
	상해일보 (上海日報)	폭탄투척사건의 주범 윤봉길 사망설
	대공보 (大公報)	일본당국이 발표한 홍구공원(虹口公園) 폭탄투척사건의 시말
	조선일보 (朝鮮日報)	단본부(團本部) 습격 안창호(安昌浩)도 피검

5.08	시보 (時報)	일본신문도 홍구공원(虹口公園) 폭탄투척사건에 관한 일부 내용을 보도하기 시작	
	동아일보 (東亞日報)	안창호(安昌浩), 이유필(李裕弼) 거두 등 속속 검거	
	朝鮮日報	윤봉길(尹奉吉) 배후 김구(金九) 조소앙(趙素昻) 남경(南京)시로 피신	
		윤봉길을 조종한 이춘산의 본명은 김구(金九) 직계 이유필	
		김구(金九) 등 중국군 통해 폭탄 얻은 것으로 추정	
5.09	시사신보 (時事新報)	홍구공원(虹口公園) 폭탄투척사건 주모자 김구(金九)의 편지	
5.10	시보(時報)	홍구공원(虹口公園) 폭탄투척사건 연구자료	
	시사신보 (時事新報)	홍구공원(虹口公園) 폭탄투척사건 주모자의 자백	
	신보(申報)	홍구공원(虹口公園) 폭탄투척사건의 진상을 알리는 편지 한 통	
	대공보 (大公報)	김구(金九), 자신이 홍구공원(虹口公園) 폭탄투척사건의 주모자임을 스스로 밝혀	
5.13	시보(時報)	한인 체포사건에 대한 프랑스조계당국의 성명	
	조선일보	피검된 안창호(安昌浩) 전시군법(戰時軍法)으로 처단	
5.17	시사신보 (時事新報)	한인 인도문제에 대한 일본총영사관의 입장	
5.20	동아일보	김구 명의로 상해사건 직접 명령자는 김구임을 발표	
5.28	매일신보 (每日申報)	김구 습격 등 상해영사관경찰 불조계 수사에 혈안	
5.29	시보(時報)	홍구공원(虹口公園) 폭탄투척사건의 범인 윤봉길(尹奉吉) 일본으로 압송	
5.31	상해보 (上海報)	일본당국은 백천(白川)의 죽음에 대한 보복으로 윤봉길(尹奉吉)을 사형에 처할 듯	
7.20	향향화자일보 (香港華字日報)	한인애국단(韓人愛國團), 일본 요인 암살 기도	

사건 발생 초기 언론의 중점보도 방향은 피해상황, 범인, 배후 등 크게 3가지였다. 여기에 덧붙여 안창호의 피체 소식도 상당히 크게 다루었다. 윤봉길이 범인이라는 것에 대해선 더 이상 거론할 필요가 없을 터이다. 그러나 사건의 배후 혹은 주모자의 경우는 5월 9일을 전후로 완전히 다르게 전개된다. 윤봉길은 사건 직후 체포되었고 현지 헌병 장교의 신문을 받았다.[14] 그리고 그 내용이 중국 신문을 통하여 "李春山 체포를 위해 일본경찰 혈안" 등의 제목으로 보도되었다.[15] 이춘산(李春山)은 이유필의 다른 이름이다. 그의 호가 춘산이므로 가명이 아닌 실명이기도 한 이름이다.

일본 육군헌병대가 현장에서 윤봉길을 체포한 후 가장 먼저 언급한 인물은 이유필이다. 당시 보고서는 다음과 같다.

범인은 현장에서 체포되어 관계 용의자와 같이 심문 중이다. 윤봉길(尹奉吉)은 재 상해(上海) 한국독립당원이라고 칭하고 있으며 동 당원 이유필(李裕弼)로부터 폭탄 2개와 200원을 지급받고 투척을 명령받았다고 말한다.[16]

이 문서의 작성 시기는 사건 다음 날인 1932년 4월 30일이다. 취조가 어느 정도 끝난 5월 3일, 상해 총영사가 외무대신에게 보고한 내용도 마찬가지로 이유필을 주범으로 보고 있다.

본 범행의 연루자와 그 수사- 윤봉길의 진술에 의한 전기 이춘산(李春山)이란 자는 본 범죄의 주범으로 지목되는 바, '춘산'은 이유필(李裕弼)의 자이므로 이유필이 본건의 주모자가 아닌가 추측된다. 따라서 그의 인상 특징

---

14) 윤봉길 신문조서, 國會圖書館編, 『韓民族獨立運動史料』 中國篇, 713~715쪽. 715~717쪽

15) 韓國革命黨 영수 安昌浩 3일째 단식: 『大晩報』, 1932-05-02

16) 폭탄투척사건 관련 헌병대 보고,《대한민국임시정부자료집 28》

등에 대해 윤봉길에 질문하였더니 그 말하는 바가 극히 애매하며 단지 본인의 진술에 의해서는 이유필이라는 것의 확증을 얻기에 이르지 않았으나 어떻든 그 이름이 일치하는 점에서 일단 이유필을 주범이라는 혐의 하에 수사를 진행하기로 하고, 29일 오후 2시 불공부국(佛工部局) 경찰에 전화하여 정치부 주임 경부 '에메리아노프'의 방문을 요구하여 곧 하비로(霞飛路) 보강리(寶康里) 54호(五十四號) 이유필의 주소로 가서 검거하는 동시 윤봉길의 주소에 가서 가택수사를 실시케 할 것을 요구하였던 바, '에메리아노프'는 이를 승낙하고 돌아갔다. 이유필은 교민단정무위원장으로 한교 간에 중요시되는 동시 한국독립당(韓國獨立黨)의 집행위원이다. 그리고 동일 오후 6시에 이르러 불조계공부국 형사 2명을 붙여 1명의 한인을 당관에 인도하였는데 그가 말하는 바에 의하면 불(佛)경찰형사가 이유필 댁에 이르렀을 때는 이(李)는 이미 도주 후이고 그 가족의 말에 의하면 이(李)는 오전 8시경 외출하였다는 것이었으나 계속 그 가옥 내에 잠복 중 위 한인이 들어왔으므로 체포하였던 바, '자기는 중국인이다'라고 주장하였으므로 중국인임을 증명할 것을 보이라고 요구하였더니 환룡로(環龍路) 206호(二○六號)로 가서 중국공안국이 발급한 여권을 제시하였다. 그래서 그 여권이 들어있던 손가방을 압수하여 동행하였다고 한다. 따라서 해당 한인을 신문하였던 바, 이는 흥사단장(興士團長) 안창호(安昌浩,당년 48세)임이 판명되었으므로 곧 유치하고 목하 심문 중이다. 이번 폭탄사건은 미증유의 사건으로서 내외 각 방면에 충동을 주었는데 이의 선후 처치에 대해 곧 대책을 숙의하기 위해 29일 오후 5시 30분부터 당관 내에서 다음 군부 각 방면과 협의하였다.[17]

상기 보고서는 이유필을 주모자로 지목함과 동시에 연루자로서 김구(金九 57세) 이유필(李裕弼 48세) 이동녕(李東寧 64세) 조소앙(趙素昻 46세) 김철(金澈 47세) 박창세(朴昌世 44세) 엄항섭(嚴恒燮 35세) 최석순(崔錫淳 45세) 차리석(車利錫 49세) 백기준(白基俊 44세) 김석(金晳 22세) 김동우(金東宇 38세) 등 12명을 거론했다. 당시 임정과 민단의 핵심 인물들이다. 이들 주모자급은 단 한 명도 체포하지 못했지만, 의외로 독립운동계의 거물 안창호를 체포하였고 장상

---

17) 上海 虹口公園에서의 폭탄투척사건 관련 上海총영사 보고, 國會圖書館編, 『韓國民族運動史料』(中國篇), pp.703-713

국(張相國 26세) 호성원(胡聖源 24세) 이기함(李基咸 19세) 박제도(朴濟道 23세) 박제건(朴濟建 17세) 김덕근(金德根 18세) 장현근(張鉉瑾 24세) 김덕목(金德穆 19세) 박화산(朴華山 17세) 차균찬(車均燦 27세) 이달문(李達文 35세) 등 11명의 관계자를 체포함으로써 "불조계에서의 한인의 독립운동에 일대 충격을 주었음은 사실이며, 이 점에 있어 상당한 소기의 목적을 달하였던 것으로 사료된다."고 자기들 나름대로의 방어막을 펼친 것으로 보인다. 이춘산(이유필)이 사건의 주모자임을 최초로 보도한 언론은 상해에서 발간된 신문 대만보(大晩報)였다. 이 신문은

어제 오전 홍구공원에서 폭탄투척사건이 발생하자 오후 1시 일본영사관 경찰이 프랑스조계를 방문하여 한인 이춘산(李春山)의 체포 인도를 요청하였다(이춘산은 현재 한국교민단 총재로 일찍이 한국임시정부 요직을 역임하였다). 일본의 요청을 받아들인 프랑스조계당국은 즉시 사복형사대를 하비로(霞飛路) 보강리(寶康里) 27호 이춘산의 집에 파견하여 수색에 나섰다. 이춘산이 외출 중인 것을 확인한 형사대는 이씨가 귀가하기를 기다렸다. 이때 마침 이씨의 친구인 안창호가 일이 있어 이씨의 집을 방문하였다. 안창호를 이춘산으로 오인한 형사대는 안 씨가 집안으로 들어서자마자 그를 체포하여 로가만(盧家灣)에 위치한 순포방으로 압송하여 심문하였다. 안 씨는 자신이 이춘산이 아니라고 극구 부인하였다. 또한 소식을 듣고 달려온 한국인 유력인사들이 이구동성으로 안창호를 변호하며 구출하기 위해 백방으로 노력하였다. 그럼에도 불구하고 프랑스조계당국은 안창호를 일본영사관에 인도하였다.[18]

라고 안창호의 피포사실을 보도하는 가운데 이유필이 사건의 가장 중요한 인물이었음을 짐작케 하는 내용을 언급하였다. 이 신문은 일본 경찰이 "일본경찰은 무슨 수를 쓰든지 한국교민단 총재 이춘산을 체포하기 위해

---

18) 폭탄투척사건 발생 후 韓國革命黨 영수 安昌浩 피포, 「大晩報」, 1932.4.30

혈안이 되어 있다."[19] 라고 보도하기도 했다. 안창호 체포와 관련하여 대단히 흥미로운 문서가 있다.

폴 두메르(Paul Doumer) 의장을 노린 치졸한 암살 사건에 심심한 위로의 뜻을 전하는 바입니다. 지난 13년 간 우리의 독립당 당원들을 보호해준 것에 대한 감사의 뜻을 받아주시기 바랍니다. 그러나 1932년 4월 29일 홍커우 공원에서 발생한 폭탄 투척 사건으로 귀국의 경찰이 프랑스 조계지에 거류하던 한국인 11명을 체포하고, 그들을 일본 당국에 인도한 일은 매우 유감스럽고도 놀랍습니다. 수사는 계속 진행되고 있습니다.
체포된 사람들 가운데 안창호라는 우리 독립당의 지도자가 있습니다. 안 씨는 40년간 우리 당을 위해 일했고 따라서 국제적 보호를 받고 있었습니다. 다른 사람들도 젊은이들이거나 평범한 직장인들로, 폭탄 투척과는 그 어떤 관계도 있을 수 없는 사람들입니다. 이들은 적법한 영장 없이 체포되었습니다. 안 씨가 합법적인 영장에 의해 체포되었다는 귀국의 발표가 있었다고는 하지만 우리는 영장이 체포 이전이 아니라 이후에 발부되었음을 지적하고 싶습니다. 4월 29일 오후 4시에 안 씨가 이유필 씨의 자택에서 체포되었으며 한국거류민단장인 이 씨에 대한 영장을 근거로 체포되었음은 기정사실입니다. 다음과 같은 기막힌 사실들을 알려드리는 바이니 숙고해주시기 바랍니다.

1. 안 씨는 중국 시민이며, 상하이는 중국 영토라는 사실에도 불구하고 일본 경찰에게 인도되었습니다. 이렇게 해서 귀국은 불법적인 선례를 만들고 한국의 정치 망명자를 일본에 넘기지 않겠다는 지난봄의 거듭된 약속을 깼습니다.
2. 한 한국 여성은 브르니에 드 몽모랑(Brenier Montmorand) 가(街), 푸칭 테라스(Puching Terrace) 8번지에서 수색 도중 수갑이 채워진 채로 폭행을 당했습니다. 남편의 행방에 대한 정보를 얻어내기 위해 벌인 일입니다.
3. 한국인 2명의 가택을 수색하면서 은행 통장을 압수했습니다. 이는 폭탄 투척과 아무런 관계도 없는 데도 말입니다. 한국거류민단 사무실의 집기들도 귀국의 경찰서로 옮겨졌습니다.

---

19) 韓國革命黨 영수 安昌浩 3일째 단식 - 李春山 체포를 위해 일본경찰 혈안, 「大晩報」, 1932.5.2

4. 귀국의 경찰은 한국거류민단의 중국인 사환(Hsia Da Hsu)을 공산주의 자라는 이유로 체포해서 고문을 가한 후 일본 경찰에 넘겼습니다.

5. 귀국의 경찰 당국은 프랑스 조계지 내에 거류하는 한국인들의 가택은 그 어떤 곳이든 수색하고, 혹은 거리에서 아무 한국인이나 체포할 수 있 도록 일본 경찰에 전적인 자유를 준 듯합니다. 결국 한국인들은 감히 귀 국의 감독 하에 있는 조계지에 있는 거리에 나오지 못하거나 집에도 돌 아가지 못합니다.

6. 범죄자로 인정된 경우를 제외하면 해가 뜨기 전이나 진후에는 가택 수 색을 하지 않는 문명화된 법을 무시하고 귀국은 일본인들이 때와 장소 를 가리지 않고 한국인들을 수색하고 체포하도록 허용했습니다.

7. 이런 불법적 과정이 계속되고 있습니다. 5월 8일이었던 어제만 하더라 도 밤 11시쯤 일본 경찰 4명이 프랑스인들을 대동하지 않고 마르셀 티 요(Marcel Tillot)가 24번지에 있는 조상섭(趙尙燮 Chao) 목사의 집과 가 게에 들이닥쳤습니다. 조 목사는 집에 없었지만 그의 아내와 가족들은 경찰들이 총구를 들이밀자 위층으로 내몰렸습니다. 그렇게 해서 조 목 사의 사적인 편지, 현찰 25달러, 60달러 상당의 새 담요, 총 900달러에 달하는 16대의 안마기계와 설비를 가게에서 가져갔습니다.

프랑스 조계지에 거류한 지난 13년 간 체포되었던 한국인들은 정치 망명 자이든 범죄자이든 귀 당국에 의해 곧장 풀려나거나, 입회재판에 회부되더 라도 일본인들에게 인도된 일은 한 번도 없었다는 점을 상기해주시길 간청 합니다. 우리는 일본의 비인간적인 탄압과 비교할 수 없는 압제를 피해 귀 국의 법률과 헌법 아래에 피난처를 찾았습니다. 그런 우리의 믿음이 잘못되 었다는 점을 후회합니다.

우리 독립당 당원들에게 발부했던 영장을 즉시 철회해주시기를 호소하는 바입니다. 그들은 귀국의 법이나 정책에 도전하지 않았습니다. 또한 독립 운 동과는 하등 관련이 없으며 적법한 직업이나 무역에 종사하며 법을 준수하 는 천여 명의 한국 거류민들이 평화로운 삶을 살 수 있도록 보장해주기를 호소합니다. 귀국의 경찰이 불법적으로 압수한 한국거류민단의 은행 통장과 집기를 돌려주시기 바랍니다. 인류와 정의에 근거하고 정치적 망명자 보호 를 위한 조항을 명시한 귀국의 헌법의 이름으로 우리의 요구를 수락해주시 리라 믿습니다.[20]

20) 홍커우사건으로 체포된 한인들의 국적 문제, 프랑스 문서(1919-1937), 문서번호(Asie 1918~1940, Vol.7 Vues.188 : f 90) 발송자(윌덴 중국 주재 프랑스 전권공사) 수신자(프랑스 외무부 장관)《대한민 국임시정부자료집 24》

이 글은 이유필이 상해한국거류민단장 명의로 중국 주재 프랑스 공사 '앙리 A. 윌덴'에게 1932년 5월 9일 날짜로 홍커우 사건으로 체포된 한인들을 일본에 인도한 프랑스에 항의하는 문서다. 안창호의 체포가 불법이며 일제의 불법적 행위에 협력하고 있는 프랑스 경찰의 행위에 분노를 표명하며, 인류와 정의에 근거하고 정치적 망명자 보호를 위한 조항을 명시한 프랑스 헌법의 이름을 언급하면서, 부당한 피해에 대한 시정을 한국 독립지사로서 당당하게 요구하고 있다. 이유필은 같은 내용의 서신을 「이브닝 뉴스 Evening News」라는 영자신문에도 게재했다.[21] 물론 이유필의 항의와 요구는 모두 묵살되었다. 식민지 망국인의 비애이리라.

아무튼 일제의 경찰, 프랑스 공관, 각국의 언론 등이 상해 폭탄 사건의 주모자로 이유필로 단정하고 있을 무렵인 1932년 5월 9일, 뜬금없는 주장이 갑자기 대두하였다. 김구라는 인물이 홍구공원(虹口公園) 폭탄투척사건의 주모자임을 스스로 밝혔다는 내용이다.

김구의 자백은 〈폭탄투척사건의 진상〉이라는 내용으로 시보(時報) · 시사신보(時事新報) · 대공보(大公報) 등 당시 대부분의 언론에 대서특필되었다.

날마다 왜놈들이 미친개와 같이 사람을 잡으려고 돌아다녀 우리 임시정부와 민단 직원들은 말할 것도 없고, 심지어 부녀단체인 애국부인회까지도 전혀 활동을 할 수 없게 되었다. 이렇게 되자 우리 동포들 사이에서 나를 비난하는 소리가 생기기 시작하였다.

"이번 홍구사변의 주모책임자는 따로 있으면서, 자기가 사건을 감추고서 관계가 없는 자들만 잡히게 하는 것은 옳지 못하다."

이것은 이유필 등 일부 인사들의 말이었다. 나의 편지를 보고도 그날은

---

21) 위와 같은 문서, 윌덴 중국 주재 프랑스 전권공사가 프랑스 외무부 장관에게 1932년 5월 22일 자로 '프랑스 조계지 내 한국인 체포건'란 제목으로 작성한 문서 참조

아무 일이 없으리라 짐작하고 이씨 집을 찾아갔던 안창호 선생이 체포된 것은 그의 불찰이나, 주모자가 아무 발표가 없는 관계로 사람들이 함부로 체포된다는 원성이 있었다.[22]

김구가 엄항섭으로 하여금 선언문을 기초하게 하고 피치 부인에게 영문으로 번역시켜 로이터 통신에게 투고한 이유다. 김구의 이러한 주장은 몇 가지 모순이 있다.

첫째, 일본의 대대적인 수색으로 인해 많은 한인들이 체포되었고 교포들의 불안감이 증폭되고 있었다는 것은 사실이다. 하지만 주모자의 발표가 없어 한인들이 체포되고 있다는 김구의 주장은 전혀 설득력이 없다. 왜냐하면 앞글에서도 설명했지만 윤봉길이 체포된 그날 일제는 주범이 이유필이라고 단정했다. 이에 따라 일본경찰은 프랑스조계 당국에 위탁하여 이유필의 체포영장을 받아 그의 집을 급습했던 것이다.[23] 당시 일경이 주모자를 전혀 몰랐고, 그 주모자를 밝히기 위해 윤봉길에게 가혹한 고문을 가했다면 이해가 된다. 하지만 윤봉길은 거사의 배후가 이유필이라는 것을 자백했으며, 이에 따라 일제는 이유필 외 관련자로 김구, 이동녕, 조소앙, 김철 등을 잡으려고 혈안이 되었다. 그러므로 김구가 자신이 배후자라고 밝혔어도 그들의 수사 방향은 전혀 바뀌지 않았던 것이다.

둘째, 이유필이 불만을 제기했다는 주장도 신빙성이 없다. 상해 의거가 일어난 후 김구가 도피하던 초기 무렵은 김구와 이유필은 동행하지 않았다고 봐야 한다. 함께 동숙을 하면서 5월 9일 거의 같은 시기에 김구는 로이터 통신을 통하여 자신이 주모자라고 발표하고, 이유필은 「이브닝뉴스

22) 『도진순 백범일지』, pp.338-339
23) 安昌浩 피포 후 韓僑들 자구책 마련에 부심 - 李春山 체포에 혈안인 일본경찰, 「時事新報」, 1932.5.3

(Evening News)」와 프랑스 공사관에게 항의서한을 보냈단 것은 너무 부자연스럽다.

더욱이 피치의 집에서 김구, 안공근, 김철, 엄항섭 등 4명이 피신하고 있었다고 김구는 스스로 말했다.[24] 이유필은 다른 경로로 이미 피신했던 것이다. 독립 운동가들의 피신경로는 일제의 기밀문서에도 나와 있는데, 김구, 안공근, 김철, 엄항섭 등이 함께 했다는 부분은 거의 일치 한다. 아래에 그 부분을 소개하겠다.

김구는 4월 29일 홍구공원(虹口公園)에서의 관병식의 기회를 이용하여 흉포행위를 결행할 계획을 하자 그 반동으로 우리 측으로부터 강압을 받을 것을 예상하고 4월 26일 사전에 그의 거처인 불계환룡로(佛界環龍路) 118호의 19 러시아인 셋방 Mrs. Astahoff의 집을 나와 중국가봉래시장(中國街蓬萊市場) 부근으로 옮기고 한국임시정부 간부에 대하여는 극비밀리에 4월 29일 흉포행위 결행의 뜻을 말하고 피난여비조로 국무위원에 각 60불을, 비서에 30불을 배부·지급하였다. 사건이 발생하자 김구는 군무부장 김철(金澈)과 행동을 같이 하며 당지 교통대학 체육교사 한인(중국적) 신국권(申國權)의 주선으로 일찍이 김철의 면식이 있는 당지 외국인기독교청년회 주사 미국인 S. A. Fitch의 비호를 받아 그가 아는 모 목사의 사택에 잠복하였다. 그러자 당시 우리 측의 이들 일파에 대한 추적이 더욱 급함을 알고 김철은 5월 10일 도망하여 항주(杭州)로 가서 청태제이려사(淸泰第二旅社)에 투숙하고 제32호실에 들어 동소에 한국임시정부판공처(韓國臨時政府辦公處)를 개설하였다. 그리고 동처에서 사건 후 제1회 국무위원회의를 개최하기로 되어 있었으므로 김구 또한 5월 14일 상해(上海)를 출발하여 항주(杭州)로 가서 취영려사(聚英旅社)에 투숙하였다.

사건 후 양차의 검거로 불조계의 한인으로서 적어도 임시정부 또는 민단(民團) 내지 독립당(獨立黨)에 관계가 있는 자는 성내, 남시(南市) 혹은 항주(杭州), 소주(蘇州), 남경(南京), 북평(北平) 등으로 각각 그 연고를 찾아 도피사산했는데 임시정부 간부중 김구(金九), 김철(金澈), 외에 이동녕(李東寧), 조

24) 『도진순 백범일지』, p.338

완구(趙琬九), 조소앙(趙素昻) 등은 항주로 달아나고 민단 간부 이유필(李裕弼), 이시영(李始榮), 이수봉(李秀峰), 엄항섭(嚴恒燮), 최석순(崔錫淳) 등도 또한 일시 항주(杭州)로 도피하였으나 그 후 점차 상해(上海)로 돌아와 남시(南市) 성내에 잠복하였다.[25]

《백범일지》와 다른 점은 미국인 피치의 집이 아니라 그가 아는 모 목사의 사택에 잠복했다는 것과 안공근, 엄항섭과의 동행은 말하지 않고 김철만 언급한 정도다. 김구 일행은 5월 9일 로이타 통신을 비롯한 각 언론사에 보도자료를 배포한 뒤, 5월 10일 김철이 먼저 항주로 떠나고 곧 이어 14일에는 김구 및 안공근, 엄항섭 등도 항주로 피신한 것으로 보인다. 이유필의 도피 경로와 과정은 확실하지 않다. 다만 4월 29일 일경이 그의 집을 급습했을 때 부재중이었던 것으로 보아 윤봉길의 의거가 성공한 즉시 피신하여 모 처에 숨어 있다가 5월 8-9일경 항의서한을 발송하고, 그 뒤 항주로 도피한 것으로 짐작된다. 아무튼 김구가 주모자라고 발표하던 무렵 그와 이유필이 함께 있었을 가능성은 거의 없다. 그러므로 "이번 홍구사변의 주모책임자는 따로 있으면서, 자기가 사건을 감추고서 관계가 없는 자들만 잡히게 하는 것은 옳지 못하다."라는 말을 이유필이 했다는 김구의 주장은 허위라고 보아야 할 것이다.

그러면 김구는 자신의 선언문 배포의 변으로 왜 이유필을 거론했을까하는 의문을 가질 수 있다. 어려운 질문이다. 하지만 윤봉길 의거 후 김구와 이유필의 갈등 관계를 보면 어느 정도 이유를 짐작할 수 있다.

이유필은 김구보다 9년 아래인 1885년생이다. 김구와 마찬가지로 3·1

<hr>

25) 폭탄사건 후에 있어서의 金九 일파의 기타 동정 보고(1932-11-10), 발송자 재상해 총영사, 수신인 외무대신, 國會圖書館編, 『韓國民族運動史料(中國篇)』, pp.742-752

춘산 이유필(1885-1945)

운동 이후인 1919년에 상해로 망명했다. 임정 초기 이유필의 노선은 김구와 그리 충돌을 일으키지 않았다. 김구가 경무국장으로서 권력을 휘두르고 있을 때, 이유필은 차장급 국무위원으로서 내무부 비서국장, 재무차장 등을 역임했다. 외곽 활동으로는 인성학교의 교장을 역임했으며 한중호조사(韓中互助社) 설립 등에 관여했다.

1922년 10월 28일 노병회가 출범했을 때 이사장 김구를 보좌하는 경리부장을 맡음으로써 조직 내에서의 인연이 시작되었다. 그러나 1925년 박은식이 제2대 대통령으로 취임함으로써 김구와의 관계가 조금씩 벌어지기 시작한 것으로 보인다. 박은식 내각에서 김구가 실각한 반면 이유필은 내무총장으로 승진했으며 법무부장도 역임하게 된다. 노병회도 김구의 뒤를 이어 제2대 이사장직으로 선출되었다. 다시 김구가 세력의 우위를 점하는 시기는 1926년 4월 이동녕이 국무령을 맡고 부터다. 이유필은 1926년 8월 재무장을 잠깐 맡게 되지만 1927년부터는 임정의 내각에서 완전히 배제되고 그는 상해 민단, 병인의용대 등 외곽단체의 활동에 주력하였다. 이러한 시기에 이봉창·윤봉길 의거라는 대 사건이 터진 것이다. 김구와 이유필의 갈등은 다음 글 〈반김구 열기와 돈 문제〉에서 다시 다룰 예정이다.

아무튼 폭탄 사건의 주모자가 자신이라고 김구가 밝힌 1932년 5월 9일 이후 상해의 분위기는 묘하게 반전되었다. 일제의 시선도 이유필로부터 김구에게로 옮아가기 시작했다. 후세 역사가들의 평가마저 이유필의 역할은 전혀 언급되지 않게 되는데, 결정적인 자료는 1932년 5월 25일 선고된 판결문[26]과 1932년 10월 11일의 청취서[27]이다. 이 두 문서에서 이유필은 전혀 등장하지 않는다. 판결문에는 4월 중순 이후 김구와의 만남, 사진관에서의 촬영, 폭탄 교부 등이 언급되고 있다. 그리고 김구에 의해 유서를 작성한 경위가 청취서에 기록되어 있다.

김구가 윤봉길 의거의 주모자가 되기 위해선 판결문과 청취서 이 두 문서로 충분했다. 역사는 그렇게 정리되었다. 제1·2차 신문문서에 기록된 내용, 즉 이유필과 윤봉길과의 1년 동안의 만남 과정이 역사의 전면에서 사라지게 된 전말이다.

26) 판결문 - 윤봉길 재판기록 《대한민국임시정부자료집 30》
27) 청취서 - 윤봉길 재판기록 《대한민국임시정부자료집 30》

13
반 김구 운동 열기와 돈 문제

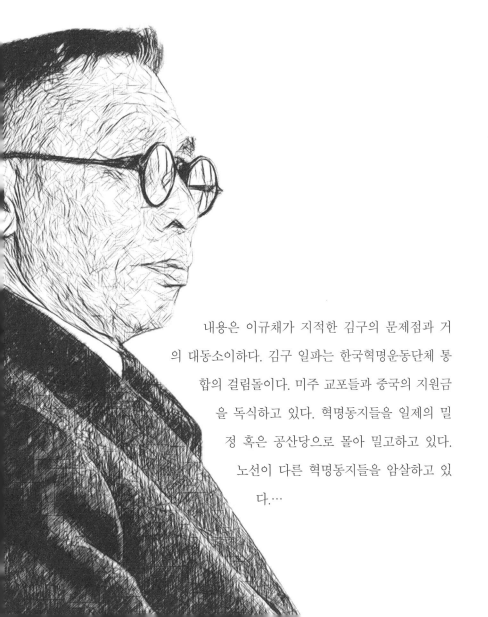

　　내용은 이규채가 지적한 김구의 문제점과 거
의 대동소이하다. 김구 일파는 한국혁명운동단체 통
합의 걸림돌이다. 미주 교포들과 중국의 지원금
을 독식하고 있다. 혁명동지들을 일제의 밀
정 혹은 공산당으로 몰아 밀고하고 있다.
노선이 다른 혁명동지들을 암살하고 있
다.…

반(反)김구 열기와 돈 문제

백범 김구를 평가할 때 대부분의 사람들은 그의 겸손함을 우선 떠올린다. 백범(白凡)이라는 아호, 임정의 문지기를 자청했다는 삽화, 평민(쌍놈)출신임을 숨기지 않는 솔직함…이러한 예화는 조작된 신화라는 것을 앞글에서 이미 밝힌 바 있다. 이봉창·윤봉길 의거의 경우도 마찬가지다. 김구가 진정으로 겸손한 사람이었다면 자신의 공을 내세우기 전에 함께 일한 동료·부하 등 주변의 사람들에게 먼저 공을 돌렸어야했다. 이 두 의거에 김구가 관여했음은 틀림없다. 하지만 주위의 도움이 없었다면 성사될 수 없는 일이었기도 하다.

특히 윤봉길의 홍구의거에 있어서 이유필의 공을 언급하지 않은 것은 아무래도 이해되지 않는다. 김구보다 더 오랜 기간 윤봉길을 접촉했고, 어쩌면 보다 더 결정적인 일을 했다고 볼 수 있는 이유필의 활약을《백범일지》와《도왜실기》에서 전혀 언급하지 않았다는 것은 아무래도 작위적인 혹은 음모의 냄새가 난다. "김구는 윤봉길을 먹이로 삼은 사람이다."라는 이규채의 말이 아니더라도 두 사건의 발생 후 김구의 행동은 여러 가지 의혹을 지울 수 없게 만든다. 특히 돈 문제로 인한 임정 요인들과의 갈등은 우리가 알고 있는 김구의 이미지와 너무 다르다. 먼저 두 의거를 전후로 임정

에게 전해진 교부금 내역을 소개한다.[1]

[윤봉길 의거를 전후하여 도착한 성금 내용]

날짜	금액(불)	교부자	수령자
1931년 말	?	주경란[2](朱慶▥)	박남파(朴南坡)
	안공근을 거쳐 김구에 교부하여 독립당의 비용에 충당하였다고 한다. 또 일설에는 이봉창의 일본 도항에 관계가 없느냐고 말하는 자도 있다.		
1932년 5월초	5,000	상해시상회(上海市商會)	김철(金澈), 조소앙(趙素昻)
	안창호와 윤봉길의 가족 구휼금으로 수령하였다고 말하나 2명이 횡령 착복하였다는 설이 있다.		
5월중순	각300	주경란	김홍서(金弘叙) 최동오(崔東旿) 김원봉(金元鳳) 신익희(申翼熙)
5월중순	2,000	주경란	박남파
	안공근을 거쳐 김구에 교부		
5월하순	1,000	주경란	박남파
	독립당단에 교부한다는 언질로 얻었으나 이유필과 박남파의 쟁탈전이 되어 아직 누구에게도 교부 돼 있지 않다.		
1932년	10,000	십구로군(十九路軍)	왕웅(王雄)
	안공근을 거쳐 김구에 교부하다 독립당비와 윤봉길 가족 구휼비로 하였다고 말함.		
1932년	?	주제청(朱齊靑)	한국혁명당(韓國革命黨) 왕공해(王公海)
6월초순	5,000	동북재민구제회(東北災民救濟會)	상해한인교민단(上海韓人僑民團)
1932년 10월9일	5,000	저보성[3](褚輔成)	안공근 (安恭根)
	교부의 승낙을 받았으나 아직 실제 접수가 없다고.		

....

1) 폭탄사건 후에 있어서의 金九 일파의 기타 동정 보고(1932.11.10)- 제5. 흉포 행위에 사용한 폭탄과 자금의 출처, 발송자 재상해총영사, 수신인외무대신, 國會圖書館編,『韓國民族運動史料(中國篇)』, pp.742-752

2) 1923년 中東鐵路特別區의 行政長官, 中國振災委員會 委員長 등으로 재직하면서 滿洲와 연해주 등지를 오가며 활동하던 한국독립군 무장부대를 위하여 후원하였으며, 1931년 9월 만주사변이 일어나자 독립군 단체들과 긴밀한 연락을 유지하면서 적극적으로 지원하였고, 1932년 4월 상해 홍구공원에서 윤봉길 의사가 의거를 일으킨 뒤에는 대한민국 임시정부에 대하여 재정지원을 한 사실이 확인됨

3) 저보성(1873-1948) 尹奉吉義士의 上海 投彈義擧 후 日警의 추격을 받은 金九 등 임시정부 요인들을 피신, 은닉시키는 등 임시정부를 지원하였고, 임시정부 요인들의 신변보호 등 독립운동을 적극 후원한 사실이 확인됨.

이규채(李圭彩)의 주장을 한 번 더 인용해야겠다.

가령 김구가 자금의 원조를 해 준다고 해도 그 돈은 한 푼도 받고 싶지 않다.…그러나 그들과 같이 건방진 사람에게 부탁할 필요는 느끼지 않았다.…그가 어리석다는 것을 예를 들자면 한정이 없으나, 나는 그를 그와 같이 보고 있기 때문에 박남파에 대해서도 김구에 관해서는 나쁘게 말한다.…김구는 박남파 때문에 그 지위를 얻었으면서 박남파를 자기의 부하처럼 대우하고, 낙양(洛陽)군관학교도 자기 혼자의 힘으로 설립한 것처럼 처신하므로 박남파는 그것에 분개하여 김구파와 관계를 끊고, 다시 서로 다투게 되었다.

당시 임정의 국무령은 이동녕이었고 재무부장은 김구였다. 원칙대로 하자면 모든 자금은 이동녕의 지휘 하에 김구가 관리하는 것이 옳다. 그러나 현실은 각 계파별로 자금을 충당했던 모양이다. 윤봉길 의거 이전엔 자금 문제로 인한 분란이 거의 없었다. 문제는 의거 이후 5월경부터였다.

거액의 자금이 갑자기 유입되자 자금의 분배와 사용처 문제로 인해 첨예한 대립이 발생하기 시작했고, 여기저기 분란이 불거지게 되었다. 상기 인용 글만 보더라도 김구의 자금관리와 배분은 원만하지 못했다는 것을 알 수 있다. 가장 큰 문제는 중국 국민당을 비롯한 각지의 후원금과 격려금을 김구 개인의 후원으로 여긴 김구의 태도였다. 《백범일지》를 보면 다음과 같은 김구의 술회가 적혀 있다.

이 거사로 인하여 미주, 하와이, 멕시코, 쿠바 등지의 한인 교포들의 임시정부에 대한 성원이 대단하였다. 동경 사건은 완전히 성공하지는 못하였지만 조금이라도 민족혼을 떨친 터에, 이번 홍구 사건이 절대적인 성공을 거두었기 때문이다. 이로부터 임시정부에 대한 납세와 나에 대한 후원은 급격하게 증가하여, 점차 사업이 확장되는 단계로 나가게 되었다.[4]

4) 『도진순 백범일지』, pp.340-341

이규채가 김구를 건방진 사람으로 평가한 것이 이해가 된다. 사실 이 시기는 김구의 일생이 큰 전환기를 맞이한 무렵이었다. 정부라는 명칭을 사용하는 자체가 부끄러운, 만주 벌판의 조그마한 항일무력 단체 한 곳 보다도 내세울 것이 없었던 임정의 그저 그런 간부였던 그가, 중국·일본·한국 등 적어도 동아시아에서는 상당한 명망가로 등장하기 시작했던 것이다. 물론 엄항섭을 비롯한 직계 인물들이 김구 영웅 만들기의 일환으로 "이봉창 윤봉길 의거 배후의 주모자는 바로 나, 김구다"라고 선언문을 배포한 결과다.

1943년 9월 24일, 김구의 절대적 지원자였던 국민당 주가화(朱家驊)[5]의 제자 이광제(李光濟)[6]가 '한국혁명진영 내부의 분규와 난맥상에 관한 보고 및 건의'란 제목으로 그의 스승에게 보낸 보고서에 다음과 같은 글이 있다.

5) 朱家驊(1893-1963) 中國 國民党의 重鎭이며 한국독립운동의 협조자로서 尹奉吉義士의 虹口擧義 후 전력을 다하여 한국독립투사 육성에 이바지 하였으며 8.15광복까지 시종일관하며 조국광복운동에 심혈을 기우려 준 사실이 확인됨.

6) 李光濟(본명: 辛公濟, 1888-?) 1. 1919년 3.1운동참가 후 上海로 망명, 天道敎 代表部에서 崔東昨 등과 활약, 李光洙 등과 獨立新聞社에서 복무, 公債募集으로 활약. 2. 1923년 南京으로 가서 공부하면서 中國學生會 및 中國革命黨과 연락하면서 반일투쟁. (同志 鮮于爀, 崔能賢 등) 3. 1925년 中國國民黨에 가입 1926년 蔣介石軍總司令部에서 근무. 4. 1927년 金奎植, 鮮于爀, 崔能賢 등과 統一促進會 조직. 5. 1929년 上海에서 安昌浩, 金九, 李東寧 등과 韓國獨立黨 조직. 6. 1930년 萬寶山事件으로 韓僑驅逐運動이 이러나메 중국정부와 교섭하여 排韓風潮를 정지시킴. 7. 1931~1945년까지 臨政議政院義員. 8. 1932년 被壓迫民族聯合會 韓代表 兼 常務委員 組織同盟에 가입 安昌浩와 같이 활동. 9. 1933년 對日戰線統一同盟組織. (韓獨運史 p.366) 10. 1934년 金奎植, 崔東昨, 中國人 馬占山, 誠允과 함께 中韓聯合軍 조직. 11. 1935년 梁起鐸 등과 朝鮮革命黨 조직, 그 후 新韓民主黨으로 개조. 12. 1938년 中國國民黨中央黨部總幹事 및 中央戰時督導團團長. 13. 1940년~1945년 臨時政府外交委員. 14. 1941년 新韓民主党 常務委員 兼 秘書長. (以上功績書 508,142)朝鮮革命黨幹部로서 中日戰爭을 계기로 대처키 위하여 韓國獨立黨, 韓國國民黨幹部들과 같이 정부의 외부단체로 〈韓國光復陳線〉을 결성. (韓獨運史 p.349) 15. 1935년 民族革命黨主要幹部. (韓獨運史 p.361); 1963년 독립장 수여

김구 일파의 죄악 :

1. 지난 4~5년 사이에 한국혁명단체는 10여 차례 통일운동을 진행했습니다. 그러나 매번 김구 일파의 반대와 파괴로 통일노력은 실패로 마감되고 말았습니다. 이로 인하여 한국의 국제지위는 날로 저하되고 혁명운동은 진전을 보지 못했습니다. 김구 일파는 왜 통일을 반대하는 것일까요? 그것은 첫째, 한국혁명단체가 통일되면 중국이 지원하는 보조금과 미주 교포들의 애국금을 독식할 수 없기 때문입니다. 둘째, 통일운동이 성공하면 반혁명세력이 혁명세력에 의해 도태될 것을 염려하여 통일운동을 적극 반대하고 파괴하는 것입니다.

2. 약헌(約憲)에 의하면 대한민국임시의정원의 의원 수는 53명으로 규정되어 있습니다. 그러나 지난 5~6년간의 상황을 보면 한국독립당 당적을 가진 겨우 15~6명의 의원이 의정원을 완전히 장악하였습니다. 규정된 의원수를 맞추지 않고 있는 것은 분명 약헌의 규정을 위배한 것일 뿐만 아니라 민의에 반하는 것입니다.

3. 개회기간에도 중국 군인과 헌병을 동원하여 의원의 의정원 진입을 막고 있습니다.

4. 곽태기(郭泰祺) 선생이 외교부장을 맡고 있을 당시부터 중국정부는 이미 한국임시정부 승인을 준비하였습니다. 그러나 김구 일파의 파괴로 통일운동이 실패로 마감된데다 김약산이 곽 부장에게 편지를 보내 김구가 이끄는 임시정부를 승인하지 말도록 요청하여 일이 성사되지 못하였습니다. 이런 사정이 알려지자 한인들은 저들을 제2의 이완용(李完用)이라 욕하고 있습니다.

5. 김구 일당은 중국방면에서 매달 지원하던 6만 원의 보조금은 착복하였습니다. 이것도 모자라 저들은 중앙당부에서 임시정부에 제공한 10만 원의 보조비도 횡령하고 지금까지도 돈을 받은 사실이 없다고 부인하고 있습니다. 20만 원으로 증액된 보조비도 중간에서 가로채려 하였으나 오 비서장이 보낸 함전(函電)으로 음모가 들통나 뜻을 이루지 못했습니다.

6. 김구 일당은 혁명동지들을 공산당 혹은 적의 첩자로 몰아 중국 군경당국에 밀고하곤 하였습니다.

7. 자신들의 뜻을 따르지 않는 수많은 혁명동지들을 암살하는가 하면 사사롭게 계파를 이뤄 온갖 죄악과 반혁명적인 행동을 저지르고 있습니다.[7]

---

7) 한국혁명진영 내부의 분규와 난맥상에 관한 보고 및 건의, 中央硏究院近代史硏究所編, 『國民政府與韓國獨立運動史料』, 1988, pp.174-191

내용은 이규채가 지적한 김구의 문제점과 거의 대동소이하다. 김구 일파는 한국혁명운동단체 통합의 걸림돌이다. 미주 교포들과 중국의 지원금을 독식하고 있다. 혁명동지들을 일제의 밀정 혹은 공산당으로 몰아 밀고하고 있다. 노선이 다른 혁명동지들을 암살하고 있다.…

지금까지 이 책을 통하여 증명하고자 한 김구의 맨 얼굴은 이규채·이광제를 통하여 이미 밝혀졌다는 것을 독자 여러분들에게 고백한다. 동경과 상해에서의 두 의거 이후 임정 내 각 파벌간의 돈 싸움과 김구파에 불만에 관해 잘 정리된 일제의 기밀문서가 있다. 아래에 그 내용이다.

4월 29일 홍구공원폭탄사범(虹口公園爆彈事犯)의 결행을 보자 김구, 김철 등은 다른 한인독립운동자와 더불어 그의 모습을 감추고 5월 중순 연이어 항주(杭州)로 도피하여 김철이 숙박한 청태(淸泰) 제2려사(旅社)에서 사건 후 제1회의 국무위원회의를 5월 15, 16일의 양일에 걸쳐 개최하였는데 그 출연자는 이동녕, 조소앙, 조완구, 김철의 5명이며 본회의에 의해 재무부장 김구를 군무부장에, 군무부장 김철을 재무부장으로 경질 임명하였다.

그런데 이보다 앞서 김구가 홍구공원사건 직후 19로군으로부터 임시정부에 증정한 것을 김철 일파가 7,000불을 횡령하였다는 소문에 분개하고 있던 김구 일파는 재남경(南京), 박찬익(朴贊翊)을 통하여 민단관계의 이유필(李裕弼) 일파와 서로 모의하고 5월 29일 박창세(朴昌世), 김동우(金東宇), 안경근(安敬根), 문일민(文逸民)을 항주(杭州)로 보내 그 소지금을 몰수케 하였다.

그런데 본 사건은 한인 간에 이상한 충동을 주어 금전문제를 중심으로 하여 그 투쟁이 더욱 첨예화하고 더 나아가서는 그 추한 상황을 사회에 폭로하고 중국 측에 대한 신용을 실추해 버릴 우려가 있게 되었으므로 그 선후조치를 강구하기 위해 6월 상순에 이르러 국무위원회를 가흥(嘉興)에서 전후 2회 개최하였다. 그 결과 위 항주판공처습격사건(杭州辦公處襲擊事件)을 심의하기 위해 독립당 이사회를 개최하기로 되어, 6월 하순 항주(杭州)시내

모 소학교에서 4일간에 걸쳐 회의한 바 있었다.

　본회의에 참석한 자는 이유필(李裕弼), 안공근(安恭根), 김두봉(金枓奉), 이시영(李始榮), 최석순(崔錫淳), 엄항섭(嚴恒燮), 송병조(宋秉祚), 박찬익(朴贊翊), 김구(金九), 김철(金澈), 이동녕(李東寧), 조완구(趙琬九), 조소앙(趙素昂), 김석(金晳) 등의 43명이다. 석상 박창세(朴昌世), 김동우(金東宇)를 불러내어 판공처습격사건의 전말을 보고케 하고 그 진상조사에 박찬익, 엄항섭, 김두봉을 선임하고 산해하였는데 이제껏 그 결과를 보지 못하였다. 이리하여 표면 본 문제는 일단 해결된 것 같으나 김구, 김철 간의 감정은 쉽게 융화하기에 이르지 못하고, 김철 일파에서는 항주판공처습격사건을 김구의 뜻을 받은 엄항섭의 사주에 의한 것이라고 믿고 크게 품은 바가 있는 실상이다.

　4월 29일 폭탄사건에 의해 분산하였던 한인독립운동자 간부 중 먼저 상해로 귀환한 자는 이유필 일파이며 이유필은 불계(佛界) 백래이몽마랑로(白來爾蒙馬浪路) 보경리(普慶里) 4호의 민단사무소를 중국가로서문금가방(中國街老西門金家坊) 112호로 이전하고 정치위원을 개선하여 정무위원장 이춘산(李春山), 의경대장 박창세(朴昌世), 재무부장 최석순(崔錫淳), 서무부장 엄항섭(嚴恒燮), 간사 이수봉(李秀峰)으로 하여 그 진용을 고쳤는데 엄항섭을 제외한 다른 사람은 모두가 이유필파의 인물로 점하였다.

　위 중 한사람 엄항섭은 김구의 측근으로 일한 인물인데 아마 김구파를 대표하여 민단위원에 참가된 것으로 사료된다. 그런데 엄항섭은 9월 20일자로 사표를 제출하고 상해를 떠났는데 그 후임에는 김두봉(金枓奉)을 임명하였으므로 민단에서의 김구 일파의 세력은 근절된 형태가 되었다.

　지난 5월 21일 중국지 『시사신보(時事新報)』 지상에 안창호(安昌浩)에 관한 기사가 게재되어 있다. 그 내용은 안창호를 욕하는 것으로 그 기사의 출처가 김철 일파인 김절(金晢)임이 판명되었으므로 일찍부터 종래 단에서 김구를 능가하는 세력을 가지고 있었으나, 재차의 폭탄사건 이래 김구의 성명이 홀로 올라감을 보고 내심 불쾌한 것이 있어 교민단을 자기 세력 하에 두고 기관지 상해한문을 이용하여 성대히 자기선전을 행하는 한편 직접 중국측 항일 제 단체에 접근하여 그의 후원을 얻으려고 힘쓰고 있는데 이를 위해 김구 일파에 대항하여 흉포행위를 획책하고 박창세(朴昌世), 이수봉(李秀峰) 등으로 하여금 이의 실행방법을 연구케 한 사실이 있다. 요컨대 현하 상해의 한인독립운동자는 폭탄사건과 이에 따르는 중국측 및 재미한교로부터 획득할 자금을 둘러싸고 김구파(金九派), 김철파(金澈派), 이유필(李裕弼)의 3파로 나뉘어 때로는 이합집산의 변화는 있어도 대체로 서로 정립하여 대항하고 추한 투쟁을 일삼는 실정이다.[8]

　물론 일제의 관점에서 쓴 글이므로 100% 신뢰하기는 어렵다. 하지만 그 무렵 김구파, 김철파, 이유필파 등 각 파벌의 분쟁이 있었음은 분명하고 금전문제로 인한 분란이 있었음도 확실하다.

---

8) 폭탄사건 후에 있어서의 金九 일파의 기타 동정 보고(1932.11.10)- ,제2. 독립운동자간의 분야와 그 파벌투쟁, 발송자 재상해 총영사, 수신인 외무대신, 國會圖書館編,『韓國民族運動史料(中國篇)』, pp.742-752

의열단과 한인애국단

 김구가 독립운동계의 거물이 되기 위해선 많은 사람들을 희생시켜야했다. 동경과 상해 의거의 독보적인 주관자가 되기 위해선 자신보다 조명이 더 집중될 수 있는 사람은 출연 자체를 아예 불가능하게 만들었으며, 자신의 측근을 중심으로 거사에 관여했던 소수의 사람들은 그저 그런 배역에 만족하게 만들었다. 본인 이외 주연이 될 가능성이 있던 이유필, 김철 등은 이 무대에서 아예 필요하지 않았던 배우였으며, 왕웅(김홍일), 안공근, 박남파(박찬익), 김동우(노종균) 등은 조역이나 엑스트라에 만족하도록 하였다.

 그러나 이봉창과 윤봉길은 달랐다. 이 두 사람은 김구와 함께 영웅이 되어야 했다. 두 사람의 업적이 조명될수록 그 빛은 김구에게로 향할 것이며, 인품이나 학식 의지가 높아진다면 그 만큼 김구의 안목도 덩달아 높아진다는 것을 그들은 분명히 알고 있었다. 엄항섭을 비롯한 김구 영웅 만들기의 기획팀들은 마지막 손질을 가하는 것을 잊지 않았다. 두 의거가 우연히 혹은 어떤 불순한 목적으로 시도하지 않았다는 것을 증명해야만 했다. 동기야 충분했다. 하지만 그들은 임시정부의 요인들이었다. 문제는 임정의 독립운동방략이었다. 1919년 임정이 출범한 이래 기본적인 방침은 외교에 의한 독립 쟁취였다. 여기서 탄생된 것이 '한인애국단'이었다. 사실 일제의 간담을 서늘하게 한 것은 1920년대 때와 장소를 가리지 않고 발발한 의열단의 의열투쟁이었다. 아래 표에 주요 의거 목록을 정리해 보았다.

[의열단 주요 의거 목록]

시기	의열투쟁의사	사건내역
1920.6.	곽재기 이성우	밀양 진영폭탄반입사건
1920.9.	박재혁	부산경찰서 폭파사건
1920.11.	최수봉	밀양경찰서 폭탄투척 의거
1921.9.	김익상	조선총독부 폭탄투척 의거
1922.3.	김익상 이종암 오성륜	상해 황포탄 의거(육군대장 다나카 저격)
1923.1.	김상옥	종로경찰서 폭탄투척 및 삼판통 효제동 의거
1923.3.	김시현 남정각 유석현	경기도 경찰부 황옥 경부 동원, 폭탄 국내 반입 기도 사건
1923.	김한	제2차 암살파괴계획
1923.9.	박열	일본황태자 암살미수사건
1924.1	김지섭	도쿄 니주바시(二重橋)폭탄투척 사건
1926.6.	송학선	사이토 총독 암살 미수 사건
1926.12.	나석주	동양척식주식회사 및 식산은행 폭탄투척

[한인애국단 의거 목록]

시기	의열투쟁의사	사건내역
1932.1	이봉창	일본 천황 암살 미수 사건
1932.4	이덕주(李德柱) 유진만(兪鎭萬)	조선총독 암살을 결행한 뒤 내지에 잠입, 요로의 대관을 암살할 목적으로 김구로 부터 권총 2자루를 교부받고 우선 조선 내에 잠입했는데 흉행착수 전에 검거됨.
1932.4	윤봉길	상해 홍구공원 폭탄 사건
1932.5	최흥식(崔興植) 류상근(柳相根)	관동군사령관, 滿鐵 총재 및 국제연맹 릿튼조사단 일행을 암살하라는 명령을 받고 물통형 폭탄 1개, 권총 1자루를 교부받고 大連에 가서 기회를 엿보는 중 검거됨.

의열단과 한인애국단을 비교해보면 조직, 투쟁기간, 횟수, 참여인원 등

모든 면에서 비교자체가 되지 않는다는 것을 알 수 있다. 하지만 대부분의 국민들은 한인애국단은 알아도 의열단의 업적에 대해선 구체적인 상황을 잘 모른다. 이봉창·윤봉길은 알아도 김익상·김지섭·박열은 모른다. 그러면 과연 그 이유는 무엇일까? 의열단원들의 투쟁 결과가 한인애국단원의 것보다 부족해서인가 아니면 그 절개가 미흡한 것일까?

그리 유쾌한 작업은 아니지만, 의열투쟁 대상과 이력이 흡사한 김지섭과 이봉창을 비교해 보기로 하겠다. 1924년 1월 5일 오후7시 일본 도쿄(東京) 한복판 황성(皇城) 정문 니주우바시(二重橋)에서 폭탄사건이 터져 일본을 경악케 했다. 그리고 8년 후인 1932년 1월 8일 사쿠라다몬(櫻田門) 인근에 떨어진 수류탄은 마차 한 대가 파괴되는 정도에 그쳤지만 일본인들의 간담을 서늘케 하였다. 장소가 비슷한 곳이고 인명피해가 없었다는 점은 우연의 일치라 하기에는 너무 묘하다. 형량은 달랐다. 이봉창은 사형을 선고받아 1932년 10월 10일 작고했다. 김지섭의 경우 사형 구형에 무기징역을 선고받고 복역 중, 1928년 2월 차디찬 감옥에서 숨을 거두었다. 정부의 공적 서훈은 1962년 같은 해에 두 의사 모두에게 대통령장(2급)이 수여되었다.

하지만 이봉창은 우리에게 익숙한 영웅이 되었지만 김지섭은 극히 일부에게만 알려진, 우리에겐 숨겨진 인물이 되었다. 그 이유는 무엇일까? 김지섭에 대한 자료가 부족해서일까? 결국 원인은 김구였다. 이봉창 본인에 대한 전기도 꽤 보급되었지만, 그것보다 국민의 필독서라고 할 정도로 널리 알려진《백범일지》의 탓이다.

사실 김지섭에 대한 자료는 차고도 넘친다. 무엇보다 김지섭은 일제가 주목하고 있던 요주의 인물이었다. 사쿠라다몬(櫻田門)의거 단 한 건뿐인

이봉창에 비해 김지섭은 1922년 의열단에 가입한 후 1923년 고관암살중
요시설 파괴계획의 주모자로 김시현·유석현 등과 함께 지목된 바도 있는
의열단의 주요 인물이었다. 그는 옥중에서 단식을 함으로써 일제의 재판에
항거했으며, 옥중일기를 남기기도 했다.

그밖에 지인에게 보낸 옥중편지, 옥중시, 자필 이력서, 의열단 신임장, 의
열단 특파원 신임장 등 많은 유품과 망명 이전 교원으로 재직 시의 자료도
꽤 많이 남아 있다. 하지만 김지섭에 대한 평전 하나 제대로 없는 것이 현
실이다. 김지섭의 마지막 변론은 지금 읽어도 가슴을 뭉클하게 만든다. 아
래에 동아일보가 보도한 기사를 소개한다.

포시(布施) 씨의 변론이 마친 후 재판장으로부터 피고의 답변을 허하자 김
지섭은 분연히 일어나 자기의 처지를 일장 설명한 후 "이 사건의 예심정(豫
審廷)에서 판사는 나를 대하여 너희들이 지금 독립이 무엇이니 떠들고 있으
나 만일 지금 독립을 시켜 준다고 하면 과연 너희가 독립하여 생활하여 갈
방도가 있느냐고 말하였으니 이것은 일개 판사의 몸으로 우리 2천만 조선
민중을 모욕한 것이 아니고 무엇이냐? 검사가 나에게 사형을 구형한 것은
나로서는 극히 원하는 바이다. 그리고 이번 사건에 한 가지로 황옥에게 대
한 밀정(密偵)이라고 말하는 것은 진정 우스운 일이며 둘째로 나를 강도라고
지목하나 그것은 전후 사실을 짐작하여 보아도 알 것이다. 근본 나의 성질
이 불같은 사람이라 그 날도 분김에 육혈포(六穴砲)를 뺀 것이오 백판사(白
判事)의 일만 하더라도 나는 재판소에까지 갔었다. 그러나 나의 일에 대하
여 방해하는 자가 있으면 물론 죽여 버리고 말았을 것이다. 셋째로 이중교
(二重橋) 사건이라고 하니 무슨 까닭으로 그것이 중요시 되느냐? 일본과 조
선과는 정치사상이 다르다"고 말하자 재판장의 주의를 받아 발언이 일시 중
지되고 다시 "폭탄인즉 습기가 들어 결국 폭발되지 않고 말았으나 나는 처
음부터 완전한 것이려니 생각하고 있었다. 법률의 정신은 내 정신과 일치한
다. 즉 법률이 사회의 질서를 유지하고 생명 재산을 보호하는 것으로 목적
함을 따라 나는 우리 조선 민중의 생명 재산을 위하여 그와 같은 행동을 취

한 것으로 법률상 하등의 벌이 있을 까닭이 없다. 그 뿐 아니라 모든 나의 거조(擧措)가 다 불능이었고 조금도 실해가 없으므로 실상 나의 신상은 결백하다고 말할 수밖에 없다. 그러므로 사형이나 무죄나 두 가지 중에 얼른 판단하여 주기 바란다."고 말한 후 다시 계속하여 "우리 조선의 독립선언은 일본에게 대한 선전포고(宣戰布告)이다. 그러므로 일본인은 나와 싸워 나는 일본인을 죽일 목적으로 건너왔으므로 일본인은 나를 죽이려고 할 것은 물론이다. 소위 군인의 훈장이라고 하는 것은 사람을 죽인 표장—그렇다. 결국 우리 조선 민중은 굶어 죽고 맞아 죽고 하는 가운데 나 홀로 적국에 들어와서 사형을 받는다 하는 것은 진실로 넘치는 광영이다. 나는 결코 다른 형벌을 바라지 않는다. 먼저도 말한 바와 같이 아주 죽여주던지 그렇지 아니하면 무죄로 하여 주던지 그 두 가지 중에 결단하여 달라."고 유창히 답변을 마친 후 강개한 태도로 자리에 앉았다.[9]

무죄나 사형 중 하나를 선택하라고 재판석을 향하여 일갈하는 의사의 기개에 고개가 저절로 숙여진다. "우리조선의 독립선언은 일본에게 대한 선전포고(宣戰布告)이다."라고 자신의 행위에 대한 당당함을 선포하는 김지섭 의사의 모습을 우리는 왜 지금까지 모르고 있을까? 사실 대부분의 의열단원들은 일제의 재판정에서 김지섭 의사와 같은 당당한 모습을 보여주었다. 일제 식민지하에서의 의열투쟁은 보편적 테러가 아니요 전쟁의 일부라는 것이 그들의 확신이었으리라. 이봉창·윤봉길의 신문조서나 재판기록을 본 독자들은 그들과 달리, 의열단원들의 당당함에 신선함을 느꼈으리라 본다. 그러나 지금까지의 역사는 김구를 선택했고 이봉창·윤봉길을 영웅으로 만들었지만, 자신의 행위에 대하여 당당했던 의열단원들의 기개는 외면해왔다.

9) 일본에 선전포고(宣傳布告), 「동아일보」, 1924.10.18

14
독립운동 단체의 통일운동과
김구의 독자노선

독립운동 진영의 통합운동은 1935년에 다시
불붙게 되어 어느 정도 가시적인 결과를 거두게 된
다. 바로 5당 통합운동이다. 그러면 이 무렵 김
구는 무엇을 하고 있었을까? 10여년에 걸쳐
몇 차례에 걸쳐 통합운동이 일어났지만 백
범 김구의 활약을 보는 것은 그리 쉽지
않다.

낙양군관학교의 파벌

　임시정부의 군사 활동이란 거의 없었다고 보아야 한다. 임정(臨政)의 정
책은 초기부터 외교론(外交論)이 기본이었고 의열 투쟁을 비롯한 독립전쟁
론(獨立戰爭論)은 백안시되었던 것이 사실이다. 1932년 이봉창·윤봉길 의
거를 기점으로 무력항쟁론이 잠시 등장하기는 했으나 결국 원위치가 되어
버렸다. 임정이 내세우는 군사활동으로는 낙양군관학교의 운영과 광복군
의 활동이 있다. 광복군에 관련된 사항은 다음 장의 주제이므로 이 장에선
낙양군관학교에 대해서 주로 거론하기로 하겠다. 《백범일지》에는 낙양군
관학교 관련 일화가 의외로 적게 기록되어 있다. 학교 설립문제에 관한 김
구와 장개석의 비밀회담이 거의 유일한 에피소드다.

　피차 날씨 인사를 마친 뒤, 장씨는 간단한 어조로 말하였다.
　"동방 각 민족은 손중산(孫中山) 선생의 삼민주의에 부합되는 민주정치를
하는 것이 마땅할 듯하오."
　"그렇습니다. 일본의 마수가 시시각각 중국 대륙으로 침입하니, 좌우를
물리쳐 주시면 필담(筆談)으로 몇 마디 올리겠습니다."
　"좋소."
　진과부·박남파가 문 밖으로 나간 후, 장씨가 붓과 벼루를 친히 가져다주
었다. 내가,
　"선생이 백만 원(百萬元)의 돈을 허락하면 2년 이내 일본·조선·만주 세
방면에서 대폭동을 일으켜, 대륙 침략을 위한 일본의 교량을 파괴할 터이니,
선생의 생각은 어떠하오?"

하고 묻자, 장씨는 붓을 들어 쓰기를

"서면으로 상세히 계획을 작성하여 보고해 주시오."

하기에 '그러겠다' 하고 물러나왔다.[1]

이상이 김구와 장개석의 회담 장면이다. 이 정도의 내용이 두 영수 간에 비공개 회담을 했을 정도의 사안이었을까 하는 의문은 접어두겠다. 아무튼 이 회담 이후 간략한 계획서를 작성하여 제출하였다고 한다. 하지만 요인 암살보다는 군인 양성의 필요성을 제기하는 진과부의 조언에 따라 낙양분교에 한인 군관을 양성하기로 하고 국민당이 자금을 지원하기로 결정되었다. 1기에 100명씩을 모집하기로 함에 따라 이청천, 이범석, 오광선, 김창환 등이 동북3성과 중국 관내의 청년들을 집결시켰고, 이청천과 이범석은 교관·영관으로 근무하게 되었다.

더 이상 자세한 이야기는 《백범일지》에 기록되어 있지 않다. 낙양군관학교를 통하여 양성된 군관이 어느 정도 되는지, 학교 졸업 후 그들의 활약은 어떠했는지 일언반구도 없다. 다만 "낙양군교 한인 학생은 겨우 1기를 졸업한 후 다시 수용하지 말라는 상부의 지시가 있었다. 중국에서의 한인 군관 양성은 이로써 종막을 고하였다."[2] 라는 뜬금없는 말만 《백범일지》에 씌어 있을 뿐이다.

낙양군관학교의 설립은 김구의 대표적 업적의 하나라고 할 수 있다. 그런데 왜 이야기를 하다가 중단해 버렸을까? 결론부터 말하자면, 낙양군관학교는 92명이 입학하여 62명이 졸업한 1기생 배출로 끝나버렸다. 사실 낙양군관학교는 정확한 명칭이 아니다. 국민정부군관학교낙양분교(國民政

---

1) 『도진순 백범일지』, pp.355-356

2) 『도진순 백범일지』, p.359

府軍官學校洛陽分校) 육군군관훈련반제17대(陸軍軍官訓練班第17隊) 보통반(普通班)이 정식 명칭이며 남경중앙군관학교(南京中央軍官學校)의 예비학교 역할을 했다.

낙양분교를 졸업한 한인들 일부가 남경중앙군관학교(南京中央軍官學校)특별반(特別班)에 입학했는데, 이들은 모두 퇴학을 당한다. 자세한 사정은 차차 거론하기로 하겠다. 낙양군관학교 문제는 사정이 그리 간단치 않다. 김구가 자세한 언급을 하지 않을만한 이유가 있었다. 낙양군관학교와 이청천 등에 관하여 얽힌 일화는 이규채·전봉남·백찬기 등의 재판기록이 많은 참고가 된다. 이들 문서를 중심으로 알려지지 않은 낙양군관학교 비화를 알아보기로 하자. 먼저 언급할 것은 학생들이 김구파 이청천파 의열단파로 분열되었다는 점이다.

전봉남(全奉南, 1936년 24세)의 예를 보자. 전봉남은 한인애국단의 추천으로 낙양분교에 입학했으나 재학 중 이청천의 신한독립당으로 갔다가 1935년 민족혁명당 설립 시 참여했던 인물이다. 아래는 전봉남의 증언이다.

그런데 전번 김구(金九)가 왔을 때에 제군은 자기를 영수로 받들어 자기의 명령에는 절대 복종하라고 하면서, 그 반면으로는 성적이 우수하고 또 자기의 출신지인 황해도(黃海道) 출신자를 중심으로 데리고 간 것이 아닌가. 김구는 그 과거의 경력으로 보아 확실히 우리 조선 혁명운동의 선구자임에는 틀림없지만, 도대체 김구는 혁명운동의 선구자로서 그 운동을 지도할 책임은 있지만, 자기의 명령에 절대 복종하라는 것은 공사를 혼동하는 사람으로 주제넘다. 특히 황해도 출신자만을 데려간 것은 아무리 생각해도 그 정책은 파벌적이라 아니할 수 없다.…그런데 우리들이 속한 애국당의 수령 김구의 처사는 이 혁명운동의 지도자로서의 직권을 멋대로 하고, 그 정책에서 가장 혐오하는 파벌정책을 쓰고 있는 등, 그의 행위는 실로 타락해 있다. 그러므로 우리들로서는 귀중한 생명을 던져서 하는 조선혁명운동에서 그와 같이

타락한 사람을 지도자로 받들 수가 없다는 것이었다.[3]

　전봉남이 먼저 지적한 것은 명령에 절대 복종하라고 하는 김구의 제왕
적 훈시였다. 전봉남은 이러한 김구를 공사를 혼동하고 있으며 주제넘은
사람이라고 표현했다. 게다가 황해도 출신을 우대하는 등 파벌정치를 하는
등 타락된 자라고 말했다. 김구의 제왕적 행위는 다른 사람의 증언을 통해
서도 확인할 수 있다. 낙양분교 재학 중 '김구(金九) 혁명 40년 기념식'이란
행사가 있었던 모양이다. 백찬기(白贊基)는 다음과 같이 증언했다.

　그 개황을 말하면 다음과 같다.
　사회자 안공근(安恭根)이 개회에 앞서서 일본영사관의 수사가 급박하기 때
문에 김구(金九)는 위험한 남경(南京)을 떠나 있으므로 이 자리에 참석하지
못하게 된 것을 유감으로 생각한다는 인사를 하고 개회를 선언했다. 식사는
안공근이 했는데, 김구는 시골 가난한 농가에 태어나서 고학을 하고, 19세
에 동학당에 들어가서 당원 2,000명을 움직여 혁명운동을 하다가 얼마 후
에 체포되어 인천(仁川)형무소에서 자칫 사형이 될 것을 1등급 감형으로 무
기가 되었다. 뒤에 탈출하여 산속에서 승려가 되었다. 이어서 만주(滿洲)로
들어갔다가 다시 조선으로 되돌아가서 2·3년간 혁명운동에 분주하다가 상
해(上海)로 건너와서 임시정부의 요직에 있었으나 그 임시정부가 붕괴됨과
동시에 남경(南京)으로 와서 동지를 규합하여 애국단(愛國團)을 결성했다. 그
40년 동안에 그 많은 난관에도 굴하지 않았으며 유혹에도 미혹되지 않고 조
금의 변절도 없었으며 오직 조선민족혁명을 위하여 여력을 경주해 마지않
는 정신은 진실로 중국의 손일선(孫逸仙), 독일의 카이젤 보다도 뛰어난 위
인이라 할 만하다. 운운… 이것에 대하여 내빈 두 명의 인사말이 있었는데,
첫 번째 사람은 40세쯤으로 키는 중키에 얼굴은 길고 검은 빛이고, 크름 테
의 안경을 끼고, 콧수염을 기른 사람이었는데, 김구 선생의 경력은 듣고 있
었으나 그렇게 훌륭한 인물인 줄은 미처 몰랐다. 우리들도 선생과 같이 굳
은 뜻을 가지고 한 마음으로 조선혁명에 정진해야 한다는 인사말을 했다.

---

3) 全奉南 신문조서(제四회) 《韓民族獨立運動史資料集 44(中國地域獨立運動 裁判記錄 2)》

이어서 35·6세로 키가 크고, 여윈 사람이며 얼굴은 둥글고 창백한데 눈은 둥글고 코가 높으며 턱수염은 깎았으나 짙고, 음성이 가는 사람도 거의 같은 의미의 인사말을 했다. 학생대표로서 이의흥(李義興 제10기 학생)이 우리들이 혁명의 길로 들어온 지 겨우 2개년에 불과하지만 그 동안에도 여러 가지로 난관에 봉착하여 흔들린 일이 있는데, 우리들의 영수 김구 선생은 40년에 걸친 혁명운동에 아무런 흔들림이 없이 늙어가면서 더욱 씩씩하게 한마음으로 조선혁명에 정진하심은 진실로 우리들 운동자의 귀감으로 우리들은 훌륭한 영수를 모신 것은 더 없는 기쁨이다. 동시에 우리들은 한층 더 선생의 명령에 절대 복종하여 혁명의 성공을 기할 것을 이에 굳게 서약한다고 했다. 그리고 시간이 지났으므로 사회자 안공근은 단상에 서서 조선혁명 성공만세, 혁명의 역량을 애국단 앞으로 집중하라. 약소민족 해방만세, 김구혁명 40년 기념 만세를 낭독하고, 만세를 연호하고 폐식했다.[4]

김구가 40년 동안 혁명 운동을 했다는 것도 어이없지만 중국의 손문보다 뛰어난 위인이라고 주장하는 안공근의 연설이 한편으론 안쓰럽기도 하다. 김구의 명령에 절대 복종하자는 학생대표 이의흥(李義興)의 인사말은 앞에서 인용한 전봉남의 증언과 맥을 같이 한다. 김구는 왜 그렇게 절대 복종을 강조했을까?

이 무렵은 김구가 임정의 실세로 떠오르던 시기였다. 물론 이동녕(1869-1940)이 당시의 주석이었고 홍진(1877-1946), 송병조(1877-1942) 등 김구의 상관으로 봉직했던 사람들이 있었지만, 이봉창·윤봉길 의거 후 자금줄을 쥐게 된 김구는 자신의 야망을 노골적으로 표출하기 시작했다. 새로이 권력을 쥐게 된 집단에게 가장 필요한 것이 무엇이겠는가? 선거를 통하거나 대중적 지지의 기반 없이 권력을 잡고자한 단체의 수장에게 요구되는 덕목이 과연 무엇일까? 이 점 김구 일파의 전략은 탁월했다고 보여진다. 조

---

4) 白貞基 신문조서 (제伍회)《韓民族獨立運動史資料集 43(中國地域獨立運動 裁判記錄 1)》

작된 이미지를 통한 영수의 홍보, 구성원에게 강요된 절대적 복종, 자금을 통한 조직의 지배…파시스트들의 전형적 수법이다.

하지만 반발이 없을 수 없다. 가장 먼저 이청천이 튀어나왔다. 이청천의 이력에 대해선 이규채의 증언이 많은 참고가 된다. 이청천(1888-1957)은 본명이 지대형(池大亨)으로 호는 백산(白山)이며 지청천으로도 알려져 있다. 1888년생으로서 이범석(李範奭, 1900-1972)보다 2살 위이며 김구보다 12살 아래다.

이청천과 김구, 1940년 9월 17일 중화민국의 임시 수도 충칭(中慶)의 가릉빈관에서 한국광복군 총사령부 성립전례식 후 찍은 사진이다.

이청천은 김구보다 젊었지만 독립운동가들에게 명망은 오히려 더 높았다. 특히 무장투쟁 이력은 비교 자체가 되지 않았다. 한국무관학교, 일본 육군사관학교, 신흥무관학교, 서로군정서, 대한독립군, 정의부, 3부(정의부 참의부 신민부)통합유일당운동…등이 그의 화려한 경력이다.

그러나 1931년 9월 만주사변이 일어나고 뒤이어 1932년에 만주국이 건국되어 일제의 관동군이 만주 지역을 완전히 장악하게 되자, 만주지역에서 주로 투쟁하던 그는 발판을 잃을 수밖에 없었다. 소수의 부하들을 이끌고 중국자위연합군과 연대하는 등 여러 방안을 모색했지만 일제와의 전투는 전혀 가망이 없는 상황이었다. 이 무렵 과거 동료였던 이규채로부터 연락을 받았던 모양이다. 당시의 정황을 이규채는 다음과 같이 증언했다.

내가 먼저 남경(南京)에서 박남파(朴南波)와 상의했을 때, 내가 독립군도 이미 만주(滿洲)에서 활동이 불가능하게 되었으니 무엇인가 적당한 일을 만들어서 불러오면 좋겠다고 하니, 박남파는 「현재 남경(南京) 중앙군관학교 낙양(洛陽)분교에서 조선인을 모집하고 있다. 그것은 자기가 중국 측에 여러 가지로 교섭한 결과 조선인 군인을 낙양(洛陽)분교에서 양성하게 되었는데, 이청천(李靑天)을 불러서 그 학교에 취직시키는 것이 득책이 아니겠느냐」고 해서 그것은 잘된 일이라고, 나는 600원을 받아서 이청천을 마중하려고 김림(吉林)으로 갔던 것이다. 최초 박남파의 말로는 양력 10월 1일에 개학할 예정이므로 그 이내에 이청천의 한 패를 불러오라는 것이었는데 일행이 낙양(洛陽)에 도착한 것은 음력 9월 하순이었으므로 개학기에 12·3일 정도 늦었던 모양이다. 그 뒤 나와 통신연락을 하고 있었는데, 이청천은 낙양시내에서 도식하고, 부하는 전부 입학시켰다는 것이다. 이청천의 주소는 최초 낙양남대가삼복가(洛陽南大街三復街) 24호였다. 소화 9년 음력 6월경에는 낙양공평가(洛陽公平街) 33호로 이전했다는 통신이 있었다. 그들의 통신에 의하면 「아무런 용무도 없이 소일하고 있다」고 했으니 아마도 교관으로는 취직하지 않은 것으로 생각한다.[5]

낙양분교에 한인 청년들을 입학시키기로 국민당과 합의한 김구는 정작 고민에 부딪혔을 것이다. 학생 모집과 그들을 지휘할 군 인사, 특히 임정 내에서 쉽게 찾을 수 없는 무장투쟁 경력을 가진 인물의 확보가 가장 큰 문제였을 것으로 짐작된다. 이 모든 것을 박남파(박찬익)가 책임졌다. 박찬익이 이규채를 만난 것은 행운이었다. 이청천이야말로 모든 것을 구비한 장군이었고, 이청천과 인연이 깊은 이규채는 그를 설득시킬 수 있는 적임자였다. 아래는 이규채가 박찬익으로 부터 낙양분교 소식을 전해들은 후, 이규채와 이청천과의 대화 내용이다.

- "우리 사업은 진행할 수가 없다. 왜냐하면 중국인과 교제할 수도 없고, 군관학교에 대해서도 아무런 책임도 없으니 자신 하나라도 여기에 있을

5) 李圭彩 청취서(제二회)《韓民族獨立運動史資料集 43(中國地域獨立運動 裁判記錄 1)》

수가 없다.”

○ “지금까지 어떻게 생활하고 있는가?”

● “김구가 매월 50원씩 주는데, 집세 7원을 빼고 43원으로 아내와 아들 (10세) 1명, 중국인 하인 1명 등 4명이 생활해야 하므로 도저히 이대로 는 생활을 할 수가 없다.”

○ “나도 북평(北平)에서 매우 생활에 곤경을 겪고 있다. 이대로는 도저히 운동을 할 수가 없으니 구경할 겸 남경(南京)이라도 가 보자. 그러나 여 기까지 왔으니 군관학교에 가서 동지를 찾아보자.”

● “군관학교는 중국 측에서 비밀로 하고 있으므로 방문해도 별수가 없 다.”[6]

이규채의 증언과 달리 이청천은 결국 낙양분교의 한인특별반의 책임자 로 취임을 했다. 아마 생활고가 가장 큰 이유였던 것으로 짐작된다. 하지만 김구로 부터 생활비를 받는 자체가 그로선 굴욕이었을 터이다. 더욱이 자 신에게 절대 복종하라고 학생들에게 훈시하는 김구의 연설은 마치 자신에 게 하는 말처럼 들렸을 것이다. 결국 이청천은 칼을 빼들었다. 자신을 추종 하는 젊은이들을 중심으로 당을 만들기로 했다. 바로 신한독립당이다.

선봉은 염응택(閻應澤. 1902-1950)[7]이 앞장섰다. 원래 염응택은 김구 계열 의 애국당 추천으로 낙양분교에 입교했었다. 하지만 낙양분교에 재학 중이 던 김구파 학생 44명 중에서 25명을 선발할 때 누락된 분노로 이청천파로 옮긴 것으로 보인다. 전봉남은 염응택, 마자초(馬子超) 등을 김구 배척의 최 선봉으로 표현했으며, 자신도 염응택의 설득에 의해 신한독립당에 가입했 다고 진술했다.[8] 김구파가 공격을 받은 것은 지역감정뿐 아니라 그들의 호

6) 李圭彩 청취서(제二회)《韓民族獨立運動史資料集 43(中國地域獨立運動 裁判記錄 1)》

7) 염응택은 염동진으로 흔히 알려져 있는데 제2부에서 다루어질 백의사의 창설자이다.

8) 全奉南 신문조서(제四회)《韓民族獨立運動史資料集 44(中國地域獨立運動 裁判記錄 2)》

화스런 생활도 문제가 되었던 모양이다. 다음은 백찬기의 증언이다.

"김구는 중국의 남경정부와 양해가 이루어져 중국과 한국 공동의 적인 제국주의 일본을 타도하는데 협력한다는 점에서 매월 남경정부에서 대양전으로 2,500원을 받고 있다는 것으로 상당히 호화로운 생활을 하고 있는 것으로 이것은 다 김구, 안경근(安敬根) 등 사이에서 적당히 하고 있는 모양이며 혁명운동에는 의외로 돈을 쓰지 않는 모양으로 보였다."

"안공근(安恭根)도 김구와 같은 황해도 출신인 것 같으나 황해도의 어디인지는 모른다. 안공근(安恭根)이 본명인 것 같고 안공근(安公根)이라고도 한다. 금년에 55·6세가 되는데 중국에 와서 벌써 10여 년이 된다는 것이다. 항상 주거지를 숨기고 있는데 어디인지 중국사람 집에 있는 것 같았다. 김구파 제1의 세력가이고, 가장 인기 있는 역할을 하는 사람으로 김구의 참모이자 또한 김구의 대리로서 일체를 처리하여 김구파의 혁명운동은 모두 이 안공근의 의도에서 나온다고까지 일컬어져 있다. 남경정부에서 김구파가 받는 대양전 2,500원도 김구와 안공근 사이에서 적당히 안배하여 처분되고 있는 모양이다. 출입할 때는 언제나 인력거를 쓰는데 그 싼 곳에서도 한 달에 인력거 비용만 40원이 된다는 소문으로 그들의 생활이 호화로움을 알 수 있을 것이다. 이렇게 해서 김구파의 간부들은 호화로운 생활을 하고 있으면서 나와 같이 병으로 쓰러진 사람에 대해서는 의료원으로 가라고 여비 정도만 주어 쫓아버리는 식이니 자연스럽게 부하의 신망도 엷어지는 것으로, 이 점에서 의열단과는 정반대이며 의열단은 운동을 위해서는 상당히 돈을 쓴다는 것이다. 그런 점으로 보아 김구파는 의열단에게 그 세력이란 점에서 멀리 떨어진 것으로 생각한다. 그리고 또 이 안공근은 상해의 프랑스조계 이하는 모르고, 가족을 맡겨 놓고 상당한 자산을 가지고 있다는 소문이나 아직 가 본 일이 없으므로 프랑스조계 어디쯤인지는 알 수 없다."[9]

이러한 와중에 낙양분교 학생들은 자연스레 이청천파 김구파 의열단파로 나뉘게 되었다. 이렇게 갈라진 각 계파는 1935년 7월 (조선)민족혁명당이 창당될 때 다시 합치게 되지만 김구 계열은 끝내 동참하지 않는다. 이

---

9) 白贊基 신문조서 (제伍회) 《韓民族獨立運動史資料集 43(中國地域獨立運動 裁判記錄 1)》

문제는 다음 장에서 다시 거론할 것이다.

하지만 아직 풀리지 않는 의문이 있다. 그렇게 어렵게 시작된 낙양분교와 남경중앙군관학교를 통한 한인 군인 양성 계획이 왜 단 한 차례로 끝나게 되었을까? 자금은 원래 장개석 국민당이 부담하기로 되어 있었다. 조선인이 해야 할 일은 오직 학생을 모집하는 일 뿐이었다. 그렇다면 일제와 싸우겠다는 결심을 가진 열혈 조선 청년들이 갑자기 증발했다고 보아야할까? 이 질문에 대한 답변 역시 전봉남이 대신 해준다.

앞서도 말한 대로 중앙육군군관학교 제10기, 제11기와 동교 낙양분교 제2기에 김구가 조선민족혁명당을 대표하여 혁명 각 당 소속의 청년들을 다수 입교시켰으나, 그 성적이 매우 좋지 않아서 김구는 남경정부의 신용을 잃었고, 그가 추천하는 사람은 입교시키지 않기로 방침을 취한 것 같았다. 그리고 한편 이청천(李靑天), 김원봉(金元鳳) 등의 민족혁명당이 추천한 사람에 대해서만 시험을 쳐서 중앙군관학교에 입교시키게 되어서 앞에서 말한 대로 시험 결과 약 20명이 입교했었으나 김구의 농간으로 약 2주간 뒤에 이들 20명은 완전히 학교에서 추방되었으며, 그 뒤는 전연 남경정부가 불응하게 되었다. 그리고 그 뒤에는 내가 아는 범위로는 그 학교에 입교한 사람은 없다. 또 낙양분교에서도 우리들이 졸업할 때까지는 제4기의 입교에 대해서는 아무 것도 들은 바가 없다. 그 뒤 남경으로 와서 신한독립당이 민족혁명당으로 해소된 뒤인 소화 10년 9월경에 애국당에서 온 김강일(金剛一)의 말에 의하면 애국당의 최고 간부 김구, 양동오(梁東五) 등은 그 소속의 신당원 중 아직도 군사훈련을 받지 않은 청년들을 다수 데리고 소화 10년 5월경 낙양으로 가서 낙양분교에 수용해 달라고 강력히 교섭하였으나, 불응하므로 이들을 데리고 동당 남경 수용소에 두었는데, 그 중 조선에서 모아온 신당원은 약 20명이었다고 했다. 그리고 자기도 그 한 사람이었다고 했다. 미루어 생각해 보면 낙양분교는 우리 제3기 졸업생까지이고, 그 뒤 조선인의 입교는 거절되었다고 할 수 있다.[10]

---

10) 全奉南 신문조서(제四회) 《韓民族獨立運動史資料集 44(中國地域獨立運動 裁判記錄 2)》

결국 한인 독립 운동가들의 분열이 가장 큰 원인이었다. 중국 국민당 입장으로서도 탈영자 문제로 골치 아픈데다가 입교생들의 성적도 대단히 불량하고 게다가 세 파로 분열되어 통제마저 어려운 한인학생들을 구태여 돈까지 들여가며 양성할 필요가 없었을 터이다. 이 글에서 김구파, 이청천파 김원봉파 중 어떤 파의 잘잘못을 따지고 싶지 않다. 다만 기껏 입학한 20명 학생의 퇴교 이유가 김구의 농간 때문이었다는 전봉남의 진술이 참이라면, 이 문제는 확실히 짚고 넘어가야할 사안이라고 본다. 뒤늦게라도 역사의 심판을 내려야하다는 뜻이다.

5당 통일 운동과 김구의 독자노선

한국 독립운동사에 있어서 기억해야할 통합운동이 몇 차례 있었다. 1923년의 국민대표회의, 1920년 후반에 일어난 민족유일당운동 그리고 1935년의 5당 통합운동이 여기에 해당한다.

1919년 3·1운동으로 조선민중들의 독립에 대한 의지를 확인한 독립운동가들은 결집된 조직을 갈구하게 되었다. 이에 대한 결과물로 탄생한 것이 임시정부다. 하지만 이승만의 위임통치론에 대한 비난을 시작으로 독립운동 방략(方略)에 대한 내부적인 갈등을 겪게 되고, 임시정부 자체에 대한 변화를 요구하는 집단이 생기게 되었다.

이러한 문제점을 해결하기 위해 소집된 통합운동이 국민회의다. 1923년 1월 3일부터 6월 7일까지 74회에 걸쳐 당시 국내외 각 지역과 주요 독립운동단체에서 선발된 125명의 대표가 모인, 한국독립운동 사상 최장·최대 규모의 대통합 운동이었다. 그러나 국민대표회의는 창조파와 개조파 그리고 임시정부 고수파와의 갈등을 끝내 극복하지 못하고 산회되고 말았다.

결국 임시정부는 좌익세력과 무장투쟁론세력의 이탈 등으로 인해 침체국면으로 들어가고, 우익세력의 일부가 타협주의노선으로 선회함으로써 위기를 맞게 되었다. 북경·만주 지역도 어려움을 겪기는 마찬가지였다. 하지만 이 위기를 타개하고 새로운 활로를 열기 위해 1926년부터 중국전선에서 좌우익세력의 협동전선을 지향하는 민족유일당운동이 일어났고, 국내에서는 1927년에 신간회운동으로 나타났다.

이 운동이 가장 먼저 일어난 곳은 북경이었다. 1926년 10월 한국독립유일당 북경촉성회가 창립되었다. 이 무렵 독립운동가들은 이당치국(以黨治國) 즉 '나라를 다스리는데 정치의 매개체로서 정당이 필요하다'는 것을 인식하여 '유일당운동(唯一黨運動)' 혹은 '대독립당운동(大獨立黨運動)'의 형태로 민족협동전선운동을 전개하였다. 같은 맥락의 움직임이 국내에서도 일어났고 구체적인 성과를 거두었으니 1927년 2월 창립된 신간회(新幹會)가 그것이다.

이러한 움직임은 임시정부에도 내부적인 변화를 가져왔다. 1927년 4월, 국무령을 역임했던 홍진(洪震, 1877-1946)과 사회주의자 홍남표(洪南杓, 1888-1950) 등에 의해 한국유일독립당 상해촉성회가 발족되었다. 북경 및 상해 촉성회의 성립은 다른 지역에 큰 파급력을 끼치게 된다. 5월에 광동촉성회, 9월에는 남경과 무한에도 촉성회가 구성되어, 결국 1927년 11월 9일 각 단체 간의 한국독립당 각촉성회대표연합회(各促成會代表聯合會)가 개최되는 성과를 거두게 되었다. 1927년 12월에는 산하 전위 활동조직으로서 중국본부한인청년동맹이 결성되기도 했다.

중국 관내 지역의 촉성회 운동은 만주에 있는 독립운동단체의 통합운동에도 큰 영향을 주게 된다. 1927년 4월 길림성 신안둔(吉林省新安屯)에서 제1회 대표자회의를 열리게 된 것이다. 회의에는 정의부, 정의부 군대측(軍隊側), 남만주청년총동맹, 한족노동당(韓族勞動黨) 대표단 등 52명이 참석하였다. 만주지역은 그 이전에 대통합을 한 번 이루었다가 다시 분열된 아픈 과거가 있다.

1922년 8월 환인현(桓仁縣)에서 군정서(軍政署) 등 7개 단체들이 대한통의부(大韓統義府)로 통합된 것이 그것이다. 그러나 대한통의부는 일부세력들이 1923년 분리되어 나가 각각 의군부(義軍府)와 참의부(參議府)를 조직하였다. 그렇지만 만주에 있는 독립운동단체들 간의 통합을 위한 움직임은 계속되었고 그것은 구체적인 성과를 거두었다. 1925년 대한통의부·대한독립단 등이 중심이 되어 발족된 정의부(正義府)와 대한독립군단·북로군정서(北露軍政署) 등이 통합되어 조직한 신민부(新民府)가 그것이다. 이로써 참의부·정의부·신민부 등 3부가 성립되었고, 이들 단체들은 일제의 세력이 강력한 북간도를 제외한 전체 만주의 교포사회를 3분하여 통치한 사실상의 정부였다. 이후 한 걸음 더 나아가 3부를 포함, 좌우익의 민족독립운동을 합작하여 단일전선을 형성하려는 움직임이 일어났는데, 그것이 곧 만주지역의 민족유일당운동이었다. 아쉽게도 유일당 운동은 끝내 실패하고 말았다.

그러나 독립운동 진영의 통합운동은 1935년에 다시 불붙게 되어 어느 정도 가시적인 결과를 거두게 된다. 바로 5당 통합운동이다. 그러면 이 무렵 김구는 무엇을 하고 있었을까? 10여년에 걸쳐 몇 차례에 걸쳐 통합운동이 일어났지만 백범 김구의 활약을 보는 것은 그리 쉽지 않다. 그러면 이쯤에서《백범일지》로 돌아가 통합운동에 대한 김구의 목소리를 들어 보자.

이때 우리 사회에서는 또다시 통일바람이 일어나, 대일전선통일동맹(對日戰線統一同盟)의 발동으로 의논이 분분하였다. 하루는 의열단장 김원봉 군이 특별면회를 청하기로 남경 진회(秦淮) 강가에서 밀회하였다. 김군이 나에게 묻기를,

"현재 발동되는 통일운동에 참가 아니 할 수 없으니 선생도 동참하는 것이 어떻습니까?"

"통일하자는 대원칙은 같으나, 그 내용이 같은 이불 밑에서 다른 꿈을 꾸

는 것(同床異夢)으로 간과되니, 군의 소견은 어떻소?"

"제가 통일운동에 참가하는 주요 목적은 중국인들에게 공산당이라는 혐의를 면하고자 함이올시다."

"나는 목적이 각기 다른 그런 통일운동에는 참가하길 원하지 않소."라며 거절하였다.[11]

도대체 김구의 목적은 무엇이며, 김원봉의 목적은 무엇이었을까? 왜 두 사람의 목적이 다르다고 김구는 생각했을까? 5당 통일운동이 일어나던 시기는 1935년 무렵이다. 앞에서 설명한 바 있는 낙양분교에서, 한인학생들이 이청천파·김구파·김원봉파 등으로 갈라져 졸업 후의 진로 문제 등으로 한참 고민하고 있을 때다.

김구의 목적은 한국혁명운동의 패권 장악이다. 간략하게 요점을 정리해 보기로 하자.

- 김구는 원래부터 다른 한인독립운동단체와의 제휴를 꺼리고 있으며, 자신의 사조직인 애국단을 이끌고 독자행동을 하는 자이다.
- 상해홍구 의거 후 중국 측의 신뢰를 획득하여 1934년 말 경에는 그 위세가 절정을 구가하고 있었다.
- 목적 달성 일보 직전에, 이청천·김원봉이라는 강력한 경쟁자가 나타났다.
- 1934년 7월, 김원봉의 주도 하에 민족단일당을 표방한 신당 '민족혁명당'이 결정되자 고립무원의 처지에 빠지게 되었다.
- 수차례 신당 합류를 권유받았으나 거절했으며 자파인 애국단의 결속에 힘쓰다가 원 소속인 한국독립당을 10월에 탈당했다.
- 임정 보수파인 송병조 일파를 교묘하게 설득하고, 노인들을 규합하여 동년 11월 진강(鎭江)에서 한국국민당을 출범시켰다.
- 젊은 층의 절대적인 지지를 받고 있는 민족혁명당에 비해, 김구는 윤

---

11) 『도진순 백범일지』, pp.357-358

봉길·이봉창 사건을 유일한 선전재료로 하는 구시대적인 이론을 고수하여 신선미가 없다.
- 참모격인 안공근은 인기가 없으며, 더욱이 특무대 예비훈련소를 폐지한데다가 김구의 제자이자 핵심이었던 김동우 일파가 김구파를 떠남으로써 중국 측의 신용도 점차 잃고 있는 중이다.
- 작년부터 신용을 만회하기 위하여 중국인 및 각 방면에 각종 선전물을 배포하고 있다. 특히 가장 중요한 재정적 기반인 미주지역에는 한인애국단 명의로 선전 격문을 발송하고 있다.
- '마르크스 학도가 독립운동계의 영도권을 쟁취하려고 한 음모처럼 독립운동자 동맹을 조직하고 있다. 즉 민족혁명당은 국제공산당의 음모이다' 등의 노골적인 악선전을 하고 있다.
- 그러므로 순전한 민족주의자들로 구성되어 있고 역사가 있는 임시정부로 모이라고 선전하고 있다.

되어가는 꼴을 보고 있다는 일제의 조롱 섞인 마지막 글귀가 가슴 아프다. 김원봉은 사회주의자가 맞다. 하지만 자신은 공산주의자가 결코 아니라고 김구와의 회담에서도 분명히 말했다. 설령 공산주의자라 하더라도 그 당시 가장 시급한 것은 최우선의 적 일본제국을 타도하기 위하여 민족진영의 통합을 무조건 이루어야하지 않았을까?

중국이 왜 국공합작을 시도했는가를 그리고 그 협약이 깨어졌을 때 어떠한 결과를 초래했는지 조금이라도 생각했어야 했다. 아직 매카시 열풍이 불기도 전인 1930년대에 벌써 공산주의에 대한 증오를 표출하여, 정적 제거를 위해 이념 갈등을 조장하며 이용하는 모습에 소름이 끼친다.

민족혁명당의 설립과정을 좀 더 자세히 짚어보자. 민족혁명당의 다른 명칭은 조선민족혁명당(朝鮮民族革命黨)이며 조선혁명당(朝鮮革命黨)·조선의열단(朝鮮義烈團)·한국독립당(韓國獨立黨)·신한독립당(新韓獨立黨)·대한독립당(大韓獨立黨) 등 5당을 통합하여 만들어진 당이다. 1934년부터 1년에 걸처 조국독립을 위한 대의명분 아래 한국대일전선통일동맹(韓國對日戰線統一同盟)을 발족하고 1935년 7월 5일부로 동참한 다섯 당의 해체를 선언하고, 바로 그 날 출범한 것이 민족혁명당(民族革命黨)이다. 1935년 7월 5일 남경에서 개최된 창립식에는 2,200여 명의 독립지사들이 모여 창당을 자축했다.[12] 각 당의 주요 구성원은 다음과 같다.

- 조선혁명당: 최동오, 김학규, 김활석
- 조선의열단: 김원봉, 윤세주, 진이로, 이종희, 박효삼
- 한국독립당: 김두봉, 조소앙, 최석순
- 신한독립당: 이청천, 신익희, 윤기섭
- 대한독립당: 김규식
- 사회주의자 및 기타: 최창익, 한빈, 허정숙, 안광천, 이광제, 이관일

창당 당시 중앙집행위원은 김원봉(金元鳳,金若山)·김백연(金白淵,金枓奉)·김규식(金奎植,金仲文)·윤기섭(尹琦燮)·최동오(崔東旿)·이청천(李靑天,池大亨)·석정(石正,尹世胄)·김학규(金學奎)·조소앙(趙素昂,趙鏞殷)·진의로(陳義路)·김활석(金活石)·최석순(崔錫淳)·이관일(李貫一,李永衡)·이광제(李光濟,辛公濟)·신익희(申翼熙,王海公) 등 15명이 선출되었다.

그리고 중앙집행위원 후보로 성주식(成周寔,成駿用)·강창제(姜昌濟,姜華祖)·박창세(朴昌世) 외 2명, 중앙검사위원으로 양기탁(梁起鐸)·홍진(洪震,洪晩湖[悟])·한일래(韓一來,千炳日)·정건(鄭騫,鄭籃田) 외 1명과 후보로 김추당(金秋堂,金昌煥) 외 1명을 두었다.

각 지역의 지부장도 결정되었는데 상해 김홍서(金弘敍), 남경 김두봉(金枓奉), 항주 윤기섭(尹琦燮), 광동 윤일민(尹逸民), 사천 최석순(崔錫淳), 만주 김

---

12) 『한국사대사전』, 고려출판사, 2004, p497

학규(金學奎) 등이다. 당무위원으로는 서기부 부장 김원봉, 조직부 김두봉, 선전부 최동오, 군사부 최청천, 국민부 김규식, 훈련부 윤기섭, 조사부 이광제 등이 3명 내외의 부원과 함께 조직을 이끌었다.[13]

이들의 성향은 사회주의·아나키스트·민족주의 등으로 다양했고, 출신 지역·활동지역도 구분이 없는 듯했다. 임시정부 요인들도 대부분 참여했다. 국무위원 7인 중 김규식·조소앙·최동오·양기탁·유동열 등 다섯 사람이 그들이다. 만주 지역에서 게릴라 활동을 하던 일부 독립지사를 제외하곤 당시 대부분의 독립지사들이 민족혁명당에 결집한 셈이다. 지난 1920년대 후반 실패했던 유일당 운동의 아픔이 이제 5당 통합으로 치유되는 듯했다. 하지만 이 거국적인 민족통합운동에 참여를 거부한 부류가 있었다. 바로 김구 계열의 인사들이다. 다시《백범일지》를 통하여 김구의 주장을 들어보자.

5당 통일 속에는 임시정부를 눈엣가시로 보는 의열단원 김두봉·김약산 등의 임시정부 취소운동이 극렬하였다. 당시 국무위원 김규식·조소앙·최동오·송병조·차이석·양기탁·유동열 7인 중 김규식·조소앙·최동오·양기탁·유동열 다섯 사람은 통일에 심취하여 임시정부 파괴에 무관심하였다. 이것을 본 김두봉은 임시 소재지인 항주에 가서 송병조·차이석 양인을 보고, "5당 통일이 되는 차제에 명패만 남은 임시정부를 존재케 할 필요가 없으니 취소하여 버리자."고 강경하게 주장하였으나, 송·차 두 사람은 강경 반대를 하였다. 국무원 7인 중 다섯 사람이 직책을 내놓으니 국무회의를 진행시킬 수가 없었다.
이 무렵 나는 임시정부가 무정부상태라는 조완구 형의 친서를 받고 심히 분노하여 급히 항주로 달려갔다. 그곳에 주재하던 김철은 이미 병사하였고, 5당 통일에 참가하였던 조소앙은 벌써 민족혁명당에서 탈퇴하였다.
그때 항주에 주거하던 이시영·조완구·김붕준·양소벽·송병조·차이석 등

---

13) 朝鮮總督府 高等法院 檢事局 思想部, 『思想彙報』제7호, 1936.6, pp.45~47

의원들과 임시정부 유지 문제를 협의하였다. 그 결과 의견이 일치되어 일동이 가흥에 도착하여 이동녕·안공근·안경근·엄항섭·김구 등이 남호(南湖)에 놀잇배 한 척을 띄우고 선중에서 의회를 개최하였다. 이 회의에서 이동녕·조완구·김구 3인을 새로 국무위원으로 보선하니, 기존의 송병조·차이석을 합하여 모두 5인이 되어, 비로소 국무회의를 진행할 수 있게 되었다.[14]

14) 『도진순 백범일지』, pp.358-359

김구의 김구에 의한 김구를 위한 정당,
한국국민당의 출범

　결국 김구는 1935년 11월, 항주에서 자신을 이사장(당수)으로 하는 한국
국민당을 결성한다. 한국국민당은 1935년 11월에 결성되어 1940년 5월
한국국민당·한국독립당·조선혁명당이 통합되어 한국독립당으로 재출범
할 때까지 5년 가까이 존속한 당이다. 그러나 당의 강령·정책·구성원 등
을 비교해보면 오랜 기간 준비하고 여러 정파들을 설득하여 만들어진 민
족혁명당에 비해 무언가에 쫓기듯 급조한 흔적이 뚜렷하게 들어났다.

　무엇보다 이사장·이사·감사 등 당의 간부들은 있지만 당의 조직은 제대
로 구성되어 있지 않다. 하지만 당을 홍보하는 기관지는 의외로 많다. 김
구 계열은 당이 출범하기 이전인 1935년 3월 15일에《한민(韓民)》을 창간
했으며 이 신문이 11월 이후 당 기관지 역할을 하게 된다. 그 외 청년단 기
관지로서 1936년 8월 27일 발간한《한청(韓靑)》과 청년전위단이 1937년 2
월《전선(前線)》을 간행했다. 엄격하게 보자면 한국국민당은 공당이라기보
다는 김구 개인의 사조직에 가까운 사당이었다.

　당의(黨義), 당강(黨綱)이 불분명한 한국국민당에 비교해 민족혁명당은 21
세기 현재의 각 정당에 비교해보아도 손색없을 정도로 당강(黨綱), 정책(政
策)이 뚜렷하다. 참고로 1935년 6월 29일 발표한 민족혁명당의 당의(黨義)
당강(黨綱) 정책(政策) 당장(黨章) 등을 아래에 소개한다.

《당의(黨義)》
본당(本黨)은 혁명적(革命的) 수단을 가지고 구적(仇敵) 일본(日本)의 침략세력을 박멸(撲滅)하고 5천년 독립(獨立) 자주(自主)하여 온 국토(國土)와 주권(主權)을 회복하고, 정치(政治)·경제(經濟)·교육(敎育)의 평등(平等)에 기초를 둔 진정한 민주공화국(民主共和國)을 건설하고, 국민 전체의 생활(生活) 평등(平等)을 확보하며, 나아가 세계인류(世界人類)의 평등(平等)과 행복(幸福)을 촉진함.

《당강(黨綱)》
❶ 구적(仇敵) 일본(日本)의 침략세력을 박멸하고 우리 민족의 자주독립(自主獨立)을 완성(完成)한다.
❷ 봉건세력 및 일체의 반혁명세력을 숙청하고 민주집권(民主集權)의 정권(政權)을 수립한다.
❸ 소수인이 다수인을 박삭(剝削)하는 경제제도(經濟制度)를 소멸(消滅)하고 국민생활(國民生活) 평등(平等)의 제도(制度)를 확립한다.
❹ 1군을 단위(單位)로 하는 지방자치제(地方自治制)를 실시한다.
❺ 민중 무장을 실시한다.
❻ 국민(國民)은 일체의 선거(選擧) 및 피선거권을 가진다.
❼ 국민(國民)은 언론(言論)·집회(集會)·출판(出版)·결사(結社)·신앙(信仰)의 자유(自由)를 가진다.
❽ 여자(女子)는 남자(男子)의 권리(權利)와 일체 동등으로 한다.
❾ 토지(土地)는 국유로 하고 농민(農民)에게 분급(分給)한다.
❿ 대규모의 생산기관 및 독립기업을 국영으로 한다.
⓫ 국민(國民)의 일체의 경제활동(經濟活動)은 국가(國家)의 계획 하에 통제한다.
⓬ 노농운동(勞農運動)의 자유를 보장한다.
⓭ 누진율의 세칙(稅則)을 실시한다.
⓮ 의무교육과 직업교육은 국가의 경비로써 실시한다.
⓯ 양로(養老)·육영(育營)·구제(救濟) 등 공공기관을 설립한다.
⓰ 국민(國賊)의 일체의 재산과 국내에 있는 적(敵) 일본(日本)의 공사유(公私有) 재산을 몰수한다.
⓱ 자유(自由)·평등(平等)·호조(互助)의 원칙에 의거 세계 피압박 민족해방운동과 연결 협조한다.

《정책(政策)》

❶ 국내(國內)의 혁명대중(革命大衆)을 중심(中心)으로 내외(內外)에 전민족적(全民族的) 혁명전선(革命戰線)을 결성(結成)한다.

❷ 국내(國內)의 무장 부대를 조직하고 총동원을 준비한다.

❸ 적의 세력에 아부하는 반동세력을 박멸한다.

❹ 국외의 무장 부대를 확대 강화한다.

❺ 해외 아(我) 민족(民族)의 총단결을 촉성(促成)한다.

❻ 아(我) 혁명운동(革命運動)에 동정(同情) 원조하는 민족국가(民族國家)에 대하여는 이와 연락을 꾀한다.

그리고 《당장(黨章)》은 제1장 당명(黨名)·위치(位置) 제2장 당원(黨員) 제3장 조직(組織) 제4장 구부(區部) 제5장 지부(支部) 제6장 전당대표대회(全黨代表大會) 제7장 중앙집행위원회(中央執行委員會) 제8장 검사위원회(檢査委員會) 제9장 紀律(紀律) 제10장 財政(財政) 제11장 附則(附則) 등으로 구성되어 있다.[15]

무엇보다 당강과 정책을 눈여겨 볼 필요가 있다. 당의 정책에는 국내외의 무장 부대를 확대·강화하고 총동원을 준비하여 전 민족적 혁명전선을 결성하여 일제와 싸우겠다는 결의가 명문화되어 있음을 확인할 수 있다. 민족혁명당의 정책은 1938년 10월 조선의용대를 결성함으로써 구체화되었다. 만약 김구 계열이 민족혁명당에 동참하여 민족진영이 분열되지 않았더라면 조선의용대의 활약은 보다 컸을 것이다. 한편, 일제는 한국국민당의 창립 및 운동 경과에 대하여 다음과 같은 시각으로 바라보았다.

본 당은 소화(昭和) 10년 중국 강소성(江蘇省) 진강(鎭江)에서 김구를 중심으로 이른바 가정부사수파인 송병조(宋秉祚), 차리석(車利錫), 조완구(趙琬九) 등에 의해 결성된 것으로, 소화(昭和) 10년 7월 의열단 김원봉(金元鳳) 일당

---

15) 朝鮮總督府 高等法院 檢事局 思想部, 『思想彙報』제5호, 1935.12, pp.98-103 《대한민국임시정부 자료집 37》

을 중심으로 결성된 재중국 불령선인 단체의 대동단결체 '조선민족혁명당'에 대항하여 김구의 주창 하에 급거 결성된 것이다.

본 당은 그 후 소화(昭和) 11년 7월 당 소속의 청년분자로서 '한국국민당 청년단'을 조직하고, 다시 소화(昭和) 12년 2월 초순 광동성(廣東省) 광주(廣州)에서 '한국청년전위단'을 결성하여 활발한 활동을 전개하고 있었는데, 같은 해 9월 초순 '한국청년전위단'은 앞에서 기재한 '한국국민당청년단'에 발전적 해소를 이루어 극력 자파 진영의 확대 강화에 힘쓰고 있다.

그 후 소화(昭和) 12년 2월 상순 이청천(李靑天) 일파가 '조선민족혁명당'을 이탈하여 새로 '조선혁명당'을 창립하고 재항주(在杭州) '한국독립당재건파'와의 사이에 제휴 기운이 대두되자 위 양파를 자기 휘하에 결집하려고 기도하고 같은 해 7월 초순 남경(南京)에서 당대표 송병조를 시켜 '한국독립당' 대표 홍진(洪震), '조선혁명당' 대표 이청천(李靑天)과의 합동 내지 제휴책에 대해 협의한 결과, 우선 재미 불령단체의 유인에 힘쓰게 되었다. 때마침 중일전쟁의 발발은 그들의 이러한 운동에 박차를 가하여 급속하게 진전을 보아 같은 해 9월에 이르러 '한국광복운동단체의 중일전쟁에 대한 선언'이라는 것을 내고, 재미 '대한인국민회' 외 4단체 및 '한국독립당', '한국애국단'(김구 일파의 비밀 테러단)과 함께 '한국광복운동단체연합회'를 결성하고 반 김원봉파 세력의 대동단결에 성공하게 되었다.

이래 중국 측의 항일운동에 참가하고 앞에서 기술한 바와 같이 불온책동을 강력하게 전개하고 있는데, 최근 뒤에 쓰는 것처럼 중국 측의 항일민족 전선의 통일결집책에 곧바로 응하여 김원봉 일파와 제휴가 성립되어 새로 양파의 연합체인 '전국연합진선협회(全國聯合陣線協會)'를 결성하고 여러 해 계속된 파벌투쟁을 청산하고 흔연하게 중국 측의 항일전선에 일체가 되어 참가하는 모양이어서 향후의 활동은 특히 엄중한 경계를 요한다고 인식된다.[16]

그러면 한국국민당은 창립 이후 어떠한 활동을 했을까? 무엇보다 한국 국민당의 재분열을 거론하지 않을 수 없다. 5당 통합 운동에 있어서 조소 앙의 위치와 역할은 애매모호하다. 그는 민족혁명당 구성 당시 누구보다 열성적으로 참여했다. 하지만 당이 출범하자마자 조소앙은 탈당하고 만다.

---

16) 한국국민당, 金正明 編, 『朝鮮獨立運動 Ⅱ』, pp.545-547

결국 그는 자신이 당수로 있었던 한국독립당을 재건하고 말았다. 그 후 조소앙은 김구가 창당한 한국국민당에 참여하지 않고, 1940년 한국국민당·한국독립당·조선혁명당이 합당할 때까지 독자적인 노선을 추구하게 된다. 이 무렵, 한국국민당의 결성을 임시정부 탈취 즉 쿠데타로 표한 일제 기밀 문서가 있어 눈길을 끈다. 이 문서에는 조소앙 일파의 움직임에 대해서도 거론하고 있다. 다음은 그 내용 중 일부이다.

요컨대, '한국국민당'의 결성 및 그 '대한민국임시정부' 지지는 김구 일파가 다년간의 야망을 이루어 위 정부 탈취에 성공한 것이라 말할 수 있으며, 동 당의 절대세력은 물론 김구 일파에게 있다. 김구 일파가 종래 수차례 거듭해온 불령행위로 인해 얻은 중국 측의 신뢰와 동 파가 중국 측으로부터 얻고 있는 월 3000元 정도의 경제적 원조 앞에는 신당 내의 각 파가 도저히 대항할 수 없는 정황이다. 그리고 김구 일파는 안공근 등의 유력한 무정부주의자를 끼고 있는 관계상 신당은 다분히 무정부주의적 경향을 띤다.

그런데 신당이 결성되자마자 이미 김구 일파 간에 내분을 야기하고 있음은 주목할 만하다. 즉 김구의 비서 참모격인 전기 안공근의 횡포와 그의 인색함에 분개한 김구 일파의 테러반인 특무대원 김동우, 주효춘, 한도원, 양여주 등 10명은 올해 1월 중순 경부터 끼리끼리 책동 중이었으므로, 단연코 김구 일파와 결별하고 '한국독립당재건파'인 박창세, 조소앙 일파에 합류하기로 결정하고 현재 착착 교섭 중이다.[17]

조소앙의 탈당 경위는 확실하지 않다. 무엇보다 조소앙 자신의 명의로 된 탈당 성명서 등이 없다. 다만 민족혁명당의 기관지인《민족혁명당(民族革命黨) 당보(黨報)》등을 통하여 미루어 짐작할 수밖에 없다. 1935년 10월 18일에 발간된《민족혁명당 당보》제2호에 의하면, 조소앙은 당으로부터 제명되었다. 민족혁명당 중앙집행위원회는 제4회(10월 9일), 제5회(10월 17

---

17) 한국국민당의 內情,『사상정세시찰보고집 2권』, pp.273-275쪽,《대한민국임시정부자료집 35》

일), 제6회(10월 20일) 등 세 차례의 회의를 열어 조소앙(趙素昻)·박창세(朴昌世)·문일민(文一民)·김은준(金恩準)·이창기(李昌基) 등의 중앙 및 구당부(區黨部)의 당직을 파면하고 상기 5명과 박경순(朴敬淳) 등 6명을 당적에서 제명하였다. 연명으로 발표한 '전(前)한국독립당 재건설 선언'이 그 이유였다. 이는 혁명정신·정치·경제문제 등을 중심으로 하는 결사를 당내에 둘 수 없다는 원칙에 따른 것이었다.[18]

조소앙의 민족혁명당 이탈은 적지 않은 파문을 일으켰다. 조소앙 등은 출당조처를 받자마자 곧 한국독립당을 재건했다. 결국 독립운동 진영은 민족혁명당, 한국독립당, 김구 계열의 한국국민당 등 세 갈래로 갈리게 되었는데 이청천 마저 자파 세력을 이끌고 1937년 7월 조선혁명당을 출범시키고 만다. 이로써 독립운동 진영은 1935년 7월 5일 민족혁명당이 출발하기 이전으로 돌아가게 되어 버렸다.

한편, 재건 한국독립당은 김구와 함께 구)한국독립당을 탈당한 사람들 중 원래 자파였던 인물들을 재규합하기 시작했다. 빌미가 된 것은 앞에서 지적한 것처럼 안공근 등 김구파의 전횡에 대한 불만이었다. 그 결과의 하나가 오면직·노종균 등 김구파의 핵심들이 김구와 결별하고 맹혈단을 조직한 것이다.

---

18) 『民族革命黨 黨報』제2호(1935.10.18.) 《대한민국임시정부자료집 37》

7당 통일운동 실패의 원인

　1939년 8월 27일, 항일단체를 통일하기 위한 '7당통일회의'가 기강(綦江)에서 열렸다. 광복진선(光復陣線) 소속의

　① 한국국민당 : 조완구·엄대위(엄항섭)

　② 한국독립당 : 홍진·조소앙

　③ 조선혁명당 : 이청천·최동오,

민족전선연맹 소속의

　④ 조선민족혁명당 : 성주식·석정(윤세주)

　⑤ 조선혁명자동맹 : 유자명·하유

　⑥ 조선민족해방동맹 : 김규광·박건웅

　⑦ 조선청년전위동맹 : 왕해공(신익희)·김해악 등 7당의 대표 2명씩 총 14명이 참석했다.

　결과는 역시 실패로 끝났다. 그런데《백범일지》의 김구와 당시 '기강한국7당통일회의경과보고서'를 작성한 중국 국민당 중앙조사통계국 소속 왕영생(汪榮生)은 실패의 원인을 다르게 보고 있다.

　김구는 조선민족해방동맹과 조선청년전위동맹의 1차 이탈의 이유를 "자기 단체가 해소되기 원하지 않는다." 즉 일당 통일보다는 연합을 원해서라고 보았다. 여기에 덧붙여 양 동맹은 민족운동보다는 자기 단체의 존속을

바라는 공산주의 단체이므로 이미 예상하고 있었다고 말했다.[19]

반면 왕영생은 "두 공산주의 단체는 각 당파의 주의와 사상이 다르다는 이유로 단일당 방식의 통일을 강력히 반대하였습니다. 자신들의 의견이 받아들여지지 않자 해방동맹과 전위동맹 대표는 퇴석을 선언하였다."[20]고 했다.

여기까지는 대체로 의견이 같다. 다만 신익희가 공산주의였는가하는 문제는 좀 짚어 보아야할 사안일 것이다. 아무튼 처음의 7당에서 5당 통일회의로 축소된 후, 9월 22일 회의가 계속되었으나 결과는 마찬가지였다. 김구는 모든 책임을 다음과 같이 김원봉에게 모두 미루었다.

그런데 민족혁명당 대표 김약산 등이 갑자기
"통일문제 제창 이래로 순전히 민족운동을 역설하였으나, 민혁당 간부는 물론이고 의용대원들까지도 공산주의를 신봉하는 터에 지금 8개조를 고치지 않고 단일조직을 결성하면 청년들이 전부 도주케 되니 탈퇴한다."고 주장하여 결국 통일회의는 파열되었다.[21]

김구의 이 주장만 들으면 5당 회의 파행의 책임은 김원봉을 비롯한 민족혁명당 측이 져야 한다. 하지만 당시 회의록의 내용과 중국 국민당의 반응은 김구의 주장과 많은 차이가 난다. 먼저 중국 측이 분석한 자료를 보자. 왕영생(汪榮生)은 주가화(朱家驊)에게 한국혁명정당 통일문제 실패의 원인을 다음과 같이 보고했다.

첫째, 한국인의 민족성 자체가 단결정신이 부족하기 때문이다.

---

19) 『도진순 백범일지』, p.380
20) 江에서의 韓國 7個黨 統一會議 經過報告書(1939.10.5)《대한민국임시정부자료집 34》
21) 『도진순 백범일지』, pp.380-381

둘째, 민족혁명을 영도할 위대한 영수가 존재하지 않기 때문이다.

셋째, 중심사상의 결핍

넷째, 각 당파 간에 극심한 시기 질투 견제 등 현상이 난무하고 있기 때문이다.

민족성 운운하는 왕영생의 표현이 거슬리지만, 사실 그가 지적한 네 가지 사항 모두 옳다. 특히 마지막으로 언급한 내용 중 "시대적 요구에 의해 소집된 이번 통일회의에 참가한 각 당파는 누차 진정으로 합작할 것을 공언하였지만, 각 당파는 모두 자기들의 기존 이익이 침해되지 않을까 노심초사하며 통일문제 자체에는 별다른 관심을 보이지 않았습니다. 서로 기득권을 지키는 데만 급급하여 전혀 양보하는 자세를 보이지 않는 당파들이 진정한 통일을 이루는 것은 지극히 어려워 보입니다." [22]라는 왕영생의 분석은 너무나 뼈아픈 말일뿐 아니라 임정을 중심으로 한 독립운동 진영의 미래를 정확히 예측한 것이다.

다음은 통일 회의가 실패로 끝난 후인 1939년 10월 19일 김원봉파의 왕현지(王現之, 본명 이영준 李英駿)와 김구파의 박찬익(濮精一)이 발표한 담화문을 비교해 보는 차례다.[23]

■ 진국빈(陳國斌, 김원봉)의 대표 왕현지(王現之)가 말한 담화내용

■ 조선혁명단체는 마땅히 벌써 합작되었어야 했다. 관내 각 당의 통일은 전국 민중이 다 같이 요구하는 것이다. 그러나 끝까지 통일을 이루지 못하는 원인은 여러 가지를 해결하지 못한 데에 있기에 여기서 나누어 기술하겠다.

---

22) 위와 같은 자료

23) 韓國黨派 統一會議가 決裂된 후 각파가 말한 담화기록(1939.10.19) 國史編纂委員會, 『韓國獨立運動史』 資料26(臨政篇?), 1994, pp.27~35

❶ 임시정부의 존재에 관하여 : 중국은 조선혁명운동의 책원지(策源地)이므로 중요한 혁명분자의 대다수가 바로 이곳에 집중하고 있다. 관내 각 당의 통일문제에 관해 각방에서는 벌써부터 주의하고 있었던 것이다. 9·18사변(곧 만주사변)이 발생하자 본당은 즉각 중심조직(中心組織)의 수립을 급히 도모하기 위하여 장위원장(蔣委員長)께 조선간부훈련반의 개설을 특별히 요구하였고 이어 그 간부 청년을 조합하여 '조선민족혁명당'을 설립하고 기타 당인을 아울러 흡수하여 각 당을 통일하는 기초로 삼았으나, 임시정부의 당인이 참가에 윤허(允許)하지 않았던 까닭에 두 개의 중심조직(中心組織)을 조성하는 형태가 되었으므로 이것이 실로 의견이 갈리는 가장 큰 원인이다.

❷ 연맹방식을 주장하는 자가 행하는 파괴에 관하여 : 연맹방식(聯盟方式)을 강력히 주장하는 단체는 '한국독립당' '조선혁명당'(이상은 광복진선에 속함) '전위동맹' 및 '해방동맹'(이상은 민족전선연맹에 속함)이다. 앞에서 말한 단체는 단일당방식의 통일을 반대하고 있는 까닭에 고의적으로 파괴하고 있는데 그 수단은 다음과 같다.

A. '한국독립당'과 '조선혁명당'은 장래 있을 신당조직에는 상무위원제를 반드시 채택해야 하고 일체 공문서(公文書)에는 반드시 각 상무위원의 공동서명을 거쳐야 한다고 공동 제출하였다. 위와 같은 이런 제안은 공무 격식에 적합하지 않을 뿐 아니라 지금과 같은 혁명공작에 있어서는 신속을 힘껏 강구해야 하는 때에는 더더욱 적합지 않은 바이다. 이런 제도를 주장하는 소이는 실로 고의적인 까다로움으로서 파괴하는 마음을 갖고 있는 것이다.

B. '전위동맹'의 책임자 이건우(李健愚 본명 최창익崔昌益)는 "동북으로 가자"는 슬로건을 내어걸고 의용대 제2구대의 청년 18명을 인솔하여 서안(西安)으로 간 단독행동으로 분열시키려는 뜻을 가졌다. 당시 일부 청년은 관내의 환경관계로 실제공작은 매우 적어 정신상의 고민을 느끼므로 인해 이건우(李健愚)의 우롱을 받았던 것이다. 그러나 지금 이(李)의 '동북으로 가자'는 슬로건을 실행할 수 없음을 알게 된 대부분의 청년들이 속속 귀래하고 있는 바이다.

❸ 광복진선 내에서의 김구에 대한 불만에 관하여 : 홍구공원(虹口公園)에서 적장(敵將) 백천(白川)을 폭사시키기 전의 김구는 원래는 임시정부내의 경무국장으로 내무부에 예속되어 있어 정치적인 지위는 낮고 미미하였는데

지금 영수 위치에 충임(充任)되어 있는데 대해 임시정부의 원로(元老)들은 마음속으로 불복하고 있다. 그리고 9월 1일 중앙(中央)과 가졌던 담화에서 그 원로(元老)들의 동의도 없이 중앙의 희망을 받아들인데 대해 더욱 불만을 표시하였고, 타도 김구의 마음을 갖고 있기 때문에, 통일회의를 고의적으로 파괴하였다.

❹ 광복진선은 사전에 절대조건을 결정해 두었기에, 통일할 성의가 없음에 대하여 : 광복진선의 각 당은 7당회의 전에 먼저 절대조건을 결정해 놓고 절대 양보하지 않기로 하였다. 그 조건은 다음과 같다.

A. 토지국유(土地國有)
B. 조직하는 신당은 상무위원제를 채택한다.
C. 신당은 반드시 임시정부를 옹호해야 하고, 군정(軍政)과 외교(外交)는 반드시 정부에 맡겨 처리해야 한다.
D. 당원자격은 평소에 어떤 신조를 갖고 있음을 막론하고 본당의 당의(黨義)·당강(黨綱) 및 당규(黨規)에 복종하는 자는 다 입당할 수 있다.
E. 삼균주의(三均主義) 즉 정치·경제·교육의 3권(三權)을 균등(均等)하게 실행한다.

위에서 기술한 다섯 가지는 문자상 타당치 못한 것이 많을 뿐 아니라 그 내용면에서 실시하는 데에 매우 어려운 점이 역시 있다. 대체로 말하자면 토지국유정책은 조선환경에 적합하지 않고, 상무위원제는 혁명정당에 사용하는 것이 맞지 않으며 신당은 혁명시기의 최고 권력기관이라야 마땅하고, 임시정부를 옹호하는 것은 이론상 타당성이 부족하며 군권도 임시정부에 맡겨 처리한다는 것도 이치에 맞지 않는다. 그 원인은 현재의 조선의용대는 중국정부가 영도하고 있는 까닭에 당연히 임시정부에서 통할할 수 없기 때문이다. 그리고 당원자격이나 삼균주의(三均主義) 등은 문자상으로 타당치 않은데도 광복진선의 당인들은 그것을 절대 조건으로 보고 상토(商討)할 여지를 두지 않으니 통일에 뜻이 없음은 이것으로 가히 알 수 있는 것이다.

총괄하여 말하면 본당은 원래 김구 선생을 영수로 옹호하고 진대장(陳隊長 진국빈陳國斌)으로 하여금 보조하게 하여 통일된 신당을 건립하려 했었다. 그러나 '한국독립당'의 조소앙과 '조선혁명당'의 이청천·최동오 등의 고의적인 파괴와 임시정부 원로들의 사상낙오(思想落伍) 및 불명대체(不明大體)로 인해 통일회의는 결국 파괴되고 말았던 것이다.

■김구(金九)의 대표 복정일(濮精一 박찬익朴贊翊)이 말한 담화내용■

조선민족혁명당은 본시 사회주의자들의 단체이다. 최성기 당원이 170여 명에 이르렀는데 이들은 모두가 적색분자들이었다. 국민혁명군의 북벌시기 국민당과 국민정부가 무한(武漢)과 남경(南京) 두 방면으로 분열되었을 때 진국빈(陳國斌)은 무한 방면을 추종하였다. 뿐만 아니라 그는 이 무렵 단독으로 민족혁명당의 전신인 조선공산당을 조직하여 본당의 입장과 완전히 반대되는 노선을 걸었다.

작년에 회면한 자리에서 김·진 두 사람은 조국광복의 중차대한 임무를 완수하기 위해서는 민족의 이익을 최우선으로 삼아야 하며, 더 이상 혁명진영의 분열상이 계속되어서는 안 된다는 인식을 같이하기에 이르렀다. 이런 공통인식의 바탕 위에 두 사람은 합작을 결정하였던 것이다. 그러나 합작의 구체적인 조건을 논의하는 과정에서 쌍방의 의견이 맞지 않아 결국 회담이 결렬되고 말았다. 어느 누구의 잘잘못을 떠나 지금까지도 혁명진영이 통일을 이루지 못하고 있는 사실에 대해 부끄럽게 생각하고 있다. 담판이 결렬된 원인은 여러 가지가 있지만, 아래 두 가지가 가장 중요한 요인이었다.

❶ 당원의 자격문제

당원의 자격에 대해 본당은 "평소 어떤 정치신조를 가지고 있었던지 상관없이 본당의 당의·당강·당규에 복종할 의사가 있는 자는 모두 입당이 가능하다"고 주장하였다. 그러나 민족혁명당은 "어떤 주의와 신앙을 가지고 있던 상관없이 본당의 당의·당강·당규에 복종할 의사가 있는 자는 모두 입당이 가능하다"고 주장하며 반드시 '평소'라는 단어를 삭제해야 한다고 입장을 바꾸지 않았다. 민족혁명당의 주장은 기존의 어떤 당파를 물론하고 모두 신당의 활동에 참가할 수 있도록 허용하자는 것이다. 만일 그들의 주장이 관철되면 장래 신당의 형식과 내용에 엄청난 파장을 불러일으킬 것이다.

❷ 임시정부문제

임시정부는 1919년 3·1운동 당시 전국 대표들이 상해에 모여 대표대회를 열어 조직한 것이다. 이는 임시정부가 한국의 혁명역사와 함께한 조직인 것을 의미하며 이는 중대한 의의를 갖는 것이다. 더구나 국내 동포와 해외 각지에 산재한 한교가 모두 임시정부에 대한 옹호와 지지를 표시하고 있다. 예를 들어 미국에 거주하고 있는 한교들이 찬조하는 혁명자금은 예외 없이 임시정부를 수령인으로 명시하고 있다.

물론 임시정부에 대해 비판하는 목소리가 없는 것은 아니다. 하지만 임시정부는 당연히 보호받아야 할 가치가 있는 조직으로, 대내적으로나 대외적으로나 존속할 필요가 절실하다. 임시정부가 유일한 합법적 영도기관임으로 조선의용대의 통솔권이 임시정부에 귀속되는 것도 이론상 당연한 조치이다. 조선의용대의 통솔권을 임시정부에 귀속시킨다 해도 대장의 자리는 여전히 진국빈에게 맡길 것이다. 임시정부가 의용대 지휘권마저 앗아가겠다는 의도는 전혀 없다.

장래 당과 정부의 관계에 대해서도 우리는 각기 직능과 권한에 분명한 경계를 둘 작정이다. 정부가 나서서 해야 할 일은 마땅히 정부가 처리하도록 맡길 것이며, 정부의 직권 외에 속하는 사무는 당에서 처리하도록 할 것이다. 직능과 권한이 분명하게 확정된다면 분규 발생을 염려하지 않아도 좋을 것이다. 그러나 민족혁명당 방면에서 우리의 견해에 대해 강력하게 반발함으로써 회의가 파행으로 치닫게 된 것이다. 현재 각 당의 태도로 보아 단일당방식의 통일은 전혀 가망이 없어 보인다. 그러나 연맹방식의 통일조직 출현은 전혀 희망이 없는 것은 아니다.

이상 두 가지 문제가 광복진선과 조선혁명당[24] 사이의 가장 큰 쟁점이다. 통일회의가 결렬된 것도 이 두 문제에 대해 의견을 일치시키지 못했기 때문에 나타난 결과이다. 그러나 김구 선생이 너무 사람이 좋다보니 종종 야심가들에게 이용되는 것도 이번 통일회의 실패의 또 다른 요인 가운데 하나이기도 하다.

김구 측의 대변인 박찬익은 당원자격 문제와 임시정부의 권위를 인정하지 않는 것 두 가지를 실패의 원인으로 꼽았다. 한 가지 눈길을 끄는 것은 같은 임정 고수파내 경쟁 파벌인 한국독립당과 조선혁명당의 문제점에 대해선 전혀 언급을 하지 않고 있는 점이다. 이것은 향후 추진할 3당 합당을 염두에 둔 탓으로 보인다.

반면 민족혁명당의 왕현지는 보다 구체적으로 문제점을 지적하고 있다. 토지의 국유화, 신당의 상무위원제 채택, 임시정부 옹호와 군사·외교 방면의 임정 경유 처리, 당원 자격, 삼균주의 실행 등 5가지 문제점을 지적했

---

24) 민족혁명당의 오기로 보인다.

지만 단 한 가지도 양보를 얻지 못했다고 주장했다. 특히 "현재의 조선의 용대는 중국정부가 영도하고 있는 까닭에 당연히 임시정부에서 통할할 수 없기 때문"이라고 밝힘으로써 광복진선 측의 주장이 허울뿐인 명분론이라는 것을 지적했다. 그뿐 아니라 같은 파벌인 전위동맹이 제기한 의용대의 동북 진출 요구로 인한 분열문제도 다루었다.

그리고 광복진선 내에서의 김구에 대한 불만을 말한 부분이 있는데, "경무국장이란 미미한 자리에 있다가 상해 홍구 사건 이후 영수의 자리를 차지하고 있는 김구에 대하여 임시정부의 원로들은 마음속으로 불복하고 있다"라는 흥미로운 부분이 눈에 띈다. 왕현지는 글의 끝부분에서 "본당은 원래 김구선생을 영수로 옹호하고 진대장(陳隊長 진국빈陳國斌)으로 하여금 보조하게 하여 통일된 신당을 건립하려 했었다. 그러나 '한국독립당'의 조소앙(趙素昻)과 '조선혁명당'의 이청천(李靑天) 최동오(崔東旿) 등의 고의적인 파괴와 임시정부 원로(元老)들의 사상낙오(思想落伍) 및 불명대체(不明大體)로 인해 통일회의는 결국 파괴되고 말았던 것이다."라고 구체적인 실명까지 거론하면서까지 임정 고수파와 김구의 갈등을 조작하는 듯싶은 글을 남기기도 했다.

이러한 민족혁명당의 분열책에 박찬익은 "김구 선생이 너무 사람이 좋다보니 종종 야심가들에게 이용되는 것도 이번 통일회의 실패의 또 다른 요인 가운데 하나이기도 하다."라고 응답했다. 그러나 김구는 결론적으로 민족혁명당 측의 구애를 거절하고 자신의 한국국민당과 조소앙의 한국독립당, 이청천의 조선혁명당을 통합하는 길을 선택한다.

그리고 1940년 5월 중경으로 옮겨온 후 3당이 한국독립당의 이름으로 합당하고 자신은 당수로 취임한다. 임시정부 주석 직은 이미 두 달 전인

1940년 3월 13일에 확보한 상태였다. 1932년 4월 윤봉길 의거 후 8년에 걸친 집념의 승리였다. 김구의 나이 64세였다. 한편, 3당 합당 결정 직전인 1940년 1월, 당시 국민당 특무 조직인 중앙조사통계국 부국장 서은증(徐恩曾)에게 통일운동 실패의 책임을 모두 공산당 탓으로 돌리는 정지작업도 김구는 결코 잊지 않았다.

15
이운환이 김구를 저격한 이유

박창세와 이운환을 제외하곤 대한민국 정부가 인정하고 있는 애국지사들인 셈이다. 가해자와 피해자가 모두 서훈을 받았다는 것은 무엇을 말하는가? 그건 그렇고 일제 밀정의 애비라는 오욕을 덮어쓴 박창세와 희대의 악적이 되어버린 이운환, 그들은 과연 그렇게 평가를 받아야 마땅한가?

이운환의 김구 저격 사건

독립운동계의 분열에 결정적 역할을 했던 김구에게 그 화살은 결국 부메랑이 되어 돌아왔다. 1938년 5월 6일, 중국 호남성 장사시 개복구 남목청(湖南省長沙市開福區楠木廳)에서 4발의 총성이 울렸다. 가해자는 이운환(李雲煥)이었고 김구를 비롯한 4명이 총상을 입었다. 《백범일지》에 묘사된 당시의 상황은 다음과 같다.

그날 남목청에서 연회가 시작될 때, 조선혁명당원으로 남경에서부터 상해로 특무공작을 가고 싶다 하여 내가 금전 보조도 해준 적이 있는 이운환이 돌입하여 권총을 난사하였다. 제1발에 내가 맞고, 제2발에 현익철이 중상, 제3발에 유동열이 중상, 제4발에 이청천이 경상을 입었다. 현익철은 의원에 도착하자마자 절명하였고, 나와 유동열은 입원 치료하고 상태가 호전되어 동시에 퇴원하게 되었다 한다.[1]

문제는 자신이 테러를 당한 이유와 배후에 대한 김구의 인식이다. 김구는 이운환의 배후로 강창제·박창세 두 사람을 지목하였다. 김구는 이운환을 조선혁명당원으로 주장하며, 그가 강창제·박창세의 마수에 이용되어 남목청 사건을 일으켰다고 했다. 여기에 덧붙여 강·박 두 사람은 혁명난류(革命亂類)[2]라고 단정하며 게다가 박창세의 아들 박제도(朴濟道)를 일본 영사

---

1) 『도진순 백범일지』, p.369
2) 亂類; 법에 위반된 행동을 함부로 하는 무리

관의 정탐으로 취급했다. 이운환은 필시 강·박 양인의 악선전에 이용된 나머지 정치적 감정에 충동된 철없는 젊은이로 취급해 버렸다.[3] 과연 그러한가?

사실 이 사건의 실상을 정확히 파악하는 것은 매우 힘들다. 왜냐하면 당사자인 이운환의 진술이 없기 때문이다. 이운환은 사건 직후 무사히 탈출했으나 며칠 후 시골 역에서 체포되었다 한다. 그 후 탈옥하여 귀주 방면으로 도피했다[4]는 김구의 진술 외 그의 행적은 미궁에 빠진 채 확실한 정보가 없다.

참고로 사건 당시 관련 당사자의 건국훈장 서훈을 살펴보자. 김구의 경우는 모두들 알다시피 최고의 등급인 대한민국장(1급) 수여자다. 그 외 남목청 사건 피해자의 서훈 등급은 다음과 같다. 현익철(독립장, 3급) 유동열(대통령장 2급) 이청천(대통령장 2급) 등이 서훈을 받았다. 그 다음 차례는 사건 혐의자들의 경우다. 강창제(독립장 3급) 송욱동(애국장 4급) 한성도(애국장 4급) 등이다.

박창세와 이운환을 제외하곤 대한민국 정부가 인정하고 있는 애국지사들인 셈이다. 가해자와 피해자가 모두 서훈을 받았다는 것은 무엇을 말하는가? 그건 그렇고 일제 밀정의 애비라는 오욕을 덮어쓴 박창세와 희대의 악적이 되어 버린 이운환, 그들은 과연 그렇게 평가를 받아야 마땅한가? 이 두 사람의 행적을 중심으로 남목청 사건의 진실을 추적하는 작업을 시작하겠다. 먼저 소개할 것은 사건 당시의 자료들이다.

---

3)『도진순 백범일지』, pp.369-370

4)『도진순 백범일지』, p.370

1) 1938년 6월 20일 자 김구의 편지

흉수 이운환(李雲煥)은 일개의 불량분자로서 수삭 전에 조선혁명당에서 출당까지 당하였는데 사변발생 후 육일 만에 중국군경에게 체포되어 현재 연루자들과 한께 심리 중에 있은즉 그 간계의 전후 전말은 미구에 정식으로 발표되려니와 그 행동이 반혁명적이며 왜적에게 상을 탈만한 짓이라는 것은 누구나 의심할 여지가 없나이다.[5]

2) 국무위원 6인(이동녕·이시영·조성환·송병조·조완구·차리석) 보고서(1938. 6. 15)

…이때에 마츰 죄극악극(罪極惡極)의 반동분자(反動分子) 이운환(李雲煥)이란 자(者)가 실내(室內)를 향(向)하야 단총(短銃)을 난사(亂射)하는 통에 백범(白凡) 동지(同志)는 흉부(胸部)를 마저 중상(重傷)하고…범인(犯人) 이운환이란 자로 말하면 본래(本來) 조선혁명당(朝鮮革命黨) 당원(黨員)으로서 반동사상(反動思想)을 품고 우리 운동계(運動界)의 중요인물(重要人物)들을 살해(殺害)하려는 음모(陰謀)가 있다는 말을 탐문(探聞)하고 해당(該黨)에서 궐자(厥者)를 출당(黜黨)식히고 개신(改新)하기를 바랏던 바 해한(該漢) 더욱 험악(險惡)한 뜻을 품고 마츰내 이같은 화변(禍變)을 늘으켰는대 그놈의 소위(所爲)는 실(實)로 극흉극악(極凶極惡)치 안타고 할 수 없읍니다.[6]

3) 신한민보의 보도-장사사변의 판명

…이 사건의 진상을 알지 못하여…최근 원동 통신에 의하면 상해에 있던 왜적이 발표하기를 왜적 서기관이…흉도 이운환을 사서 암살을 행한 것이라고 한다. 한인의 피를 가지고 왜적에 팔려 자국 애국자를 암살한 흉도 이운환은 죽어도 그 죄가 남을 것이다.[7]

일단 이 정도가 이운환에 대한 그 무렵의 평가다. 구태여 이운환을 변호하고자 하는 것은 아니지만, 상기 주장에는 오류가 너무 많다. 이운환은 조선혁명당의 당원이었던 적이 없다. 그러므로 출당당할 이유가 없다. 특히

---

5) 김구 편지(1938.6.20.)《대한민국임시정부자료집 42》
6) 국무위원 6인 보고서(1938.6.15)《대한민국임시정부자료집 8》
7) 장사사변의 판명, 「신한민보」, 1940.5.23

신한민보의 보도는 오보임이 분명하다. 왜냐하면 이운환을 매수한 왜적 서기관이라는 자의 정체를 알 수 없고 기사의 출처도 불명확하기 때문이다. 일제 기밀문서에서는 이러한 내용을 찾을 수 없다. 더욱이 장사를 탈출할 때 최덕신에게 10원을 탈취하고, 걸인 행색으로 귀주 방면으로 도주 중이라는 전언을 들었다는 김구의 주장과도 배치된다. 일제에게 돈을 받았다면 그의 도피 행로가 그렇게 비참했겠는가? 그렇다면 그는 왜 임정 요인들을 살해하려고 했을까? 이운환의 거사 동기는 아래 선언서가 참고 된다.[8]

한국혁명청년단(韓國革命靑年團) 창립선언문(創立宣言)

우리 혁명청년(革命靑年)들! 목하(目下) 일본제국주의자(日本帝國主義者)의 중국(中國)에 대한 횡폭적(橫暴的) 침탈행위(侵奪行爲)는 곧 우리가 예측(豫測)하던 세계대전(世界大戰)의 서막(序幕)인 동시(同時)에 몰락(沒落)의 절정(絶頂)에서 헤메이는 일본 제국자의자의 최후(最後) 천식(喘息)의 표현(表現)이다. 이때야말로 우리 민족(民族)의 존망(存亡)이 결정(決定)되는 모멘트이다. 따라서 우리 혁명가(革命家)들은 이 기회(機會)를 잃지 않고 민족(民族)의 소생(蘇生)을 위(爲)하여 싸워야 할 것이며 더구나 혁명(革命) 전위(前衛)인 우리는 함께 뭉치어서 우리 광복운동(光復運動)의 전위적(前衛的) 사명(使命)을 다하기 위하여 희생(犧牲)하여야 할 것이다. 그러나 우리 혁명청년(革命靑年)은 아직도 함께 뭉치지 못하였으므로 혁명전위적(革命前衛的) 사명(使命)을 열성적으로 수행(遂行)하지 못하였다. 이것은 우리 혁명청년(革命靑年)의 큰 수치(羞恥)인 동시(同時)에 우리 민족(民族)의 불행(不幸)이다. 그러면 우리는 어떻게 하여야 할 것인가. 우리는 혁명청년(革命靑年)의 분자(分子)로서 우리의 수치(羞恥)를 솔직(率直)히 시인(是認)하는 순간(瞬間)에 굳게 뭉치어서 하루 바삐 우리 자신(自身)의 훈련(訓練)을 엄밀(嚴密)히 하여 혁명전위적(革命前衛的) 사명(使命)을 완성(完成)하여야 할 것이다.

이에서 우리는 참다운 정성을 가지고 뭉치어서 한국혁명청년단(韓國革命靑年團)을 조직(組織)하였다.

우리 혁명청년들! 우리 민족적 자유독립을 위하여 개인의 모든 것을 공

---

8) 中國 湖南省 長沙에서 反金九系의, 國史編委編 韓國獨立運動史資料 3卷 518-519面《일제침략하 한국36년사 12권》

헌(貢獻)하고 희생(犠牲)할 것을 각오(覺悟)한 우리 청년 남녀는 누구나 함께 뭉치자. 우리의 구호(口號)는

　一. 한국(韓國) 혁명청년(革命靑年)은 굳게 뭉치자!
　一. 혁명적(革命的) 훈련(訓練)을 엄밀(嚴密)히 하자!
　一. 혁명전위적(革命前衛的) 사명을 다 하자!

기원(紀元) 4271년 2월 1일
한국혁명청년단창립대회(韓國革命靑年團創立大會)

　이 선언서는 이운환이 남목청에서 김구 등을 저격하기 3개월 전에 발표되었다. 한국혁명청년단에 대한 개요는 다음과 같다.

　본 단은 김구파의 전횡에 불만을 품고 조선혁명당으로부터의 합류 분자 박창기(朴昌基), 강창제(姜昌濟) 일파에 속하는 청년투사 이창기(李昌基), 신기언(申基彦), 이운환(李雲煥) 등의 주창 하에 반 김구파 청년투사를 결집하고 새로운 혁명공작을 전개하려는 목적으로 소화(昭和) 12년 1월 호남성(湖南省) 장사(長沙)에서 결성된 것이다. 그런데 이듬해 소화(昭和) 13년 5월 이운환의 김구 등 암살사건(김구, 류동설柳東說 부상, 현익철玄益哲 사망)으로 인해 수뇌부가 검거되었고, 그 이래 단원이 어쩔 수 없이 사방으로 흩어지게 되어 자연히 소멸 상황이 되었다.[9]

　결국 이운환은 나름대로의 소신에 의해 테러를 감행했다는 뜻이다. 이운환은 원래 일제의 밀정 등에 대한 암살 테러를 전문으로 하던 열혈 청년이었다. 대표적인 사건으로 1933년 8월, 일본 측 밀정으로 근무 중인 석현구를 사살할 때 이은호와 공모한 것을 들 수 있다.[10] 이운환이 조선혁명당 당원이었다는 주장도 터무니없다. 그는 한국독립당의 당원이었다. 박창세

---

9) 한국국민당, 한국혁명청년단, 金正明編『朝鮮獨立運動 Ⅱ』pp.643-645
10) 최근 불령선인의 흉폭 행위 개요《대한민국임시정부자료집 28》

계열의 핵심으로서 대개 그와 행동을 같이한 것으로 보인다. 1936년 7월 1일 자 재건 한국독립당 당원 명부에는 박창세·노종균 등의 이름과 함께 이운환의 이름을 확인할 수 있다.[11]

이제 박창세에 대한 의문을 풀어볼 차례다. 박창세에 대한 자료는 의외로 많다. 그가 서훈을 받지 못했다는 사실이 믿기지 않을 정도다. 1934년 일제가 작성한 용의조선인명부를 보면 박창세의 이름이 나온다. 그는 당시 일제가 파악하고 있는 조선의 독립지사였다는 뜻이다. 박창세의 본명은 박창순(朴昌順)이며 별명으로 박창세(朴昌世), 박명경(朴明鏡) 등을 사용했던 모양이다. 1884년생이고 본적은 평안북도 영변군 봉산면 구정동이다. 1934년 현재 대한교민단 의경대장(大韓僑民團 義警隊長), 이 정도가 용의조선인 명부에 실린 박창세의 이력이다.

박창세는 의경대 외 병인의용대와 끊을 수 없는 관계다. 김구는 "종전 상해에서 이유필이 지휘한 단체로서 금전을 휴대한 동포를 강탈하기도 하고, 일본의 정탐을 총살도 하며 직접 따르기도 한즉, 우리 사회에 신용은 없으나 반혁명자로 규정하기는 어려웠다."[12]고 병인의용대를 평가했으나, 실제 일제가 파악했던 병인의용대의 평가는 달랐다.

본대는 대정(大正) 15년(1926년) 임시정부의 세력이 실추된 데에 분개하여 이유필(李裕弼)·나창헌(羅昌憲) 등에 의해 암살 파괴의 테러행위를 목적으로 하여 상해에서 조직된 것이다. 즉 과격분자를 사주하여 친일 조선인을 암살하고 특히 같은 해 4월 15일 및 같은 해 9월 25일의 2회에 걸쳐 재상해 일본제국총영사관에 폭탄을 투척하였으며 또 이왕(李王) 전하의 장례에 즈음하여 소요를 야기하려고 대원에 폭탄을 휴대하고 조선 내에 잠입하게 하는

---

11) 재건 한국독립당 당원(1936.7.1)《대한민국임시정부자료집 33》
12) 『도진순 백범일지』, p.369

등 흉폭행위를 기획 감행하였다. 그 후 점차 대원의 이산 또는 체포 등에 의해 세력을 잃고 하는 일 없이 추이해왔는데 소화(昭和) 8년(1933년) 8월 대장 이창세(朴昌世)는 부대장 강창제와 협의한 다음 대칙안(隊則案)을 작성하여 그 세력이 일시 구태로 회복되는 듯이 생각되었다. 그러나 다시 쇠퇴하고 지금은 전혀 유명무실한 것이 되어버렸다.[13]

1936년 6월 경 일제가 파악하고 있던 병인의용대의 개요다. 병인의용대의 몰락은 아무래도 이유필이 일경에 체포된 영향이 큰 것으로 짐작된다. 이유필이 1933년 3월 상해에서 일본영사관 경찰에게 체포된 뒤 김구파가 《한민》 등을 통하여 '이유필 변절설'을 퍼뜨린 것과 박창세의 아들 박제도를 일제의 밀정으로 몰아간 것은 대단히 밀접한 상황으로 보인다. 병인의용대를 평가 절하한 것도 같은 맥락이다. 이봉창·윤봉길 의거를 자신들만의 업적으로 포장하고자 한 김구 계열의 숨겨진 의도가 이러한 모든 일의 핵심이 아닐까하는 의심이 든다.

박창세의 이력에 대해선 1938년 9월 6일, 상해 일본총영사관 경찰에 체포된 박경순(朴敬淳, 1895-?)이 재판과정에서 진술한 조서에 상세히 기록되어 있다.[14] 이 문서에는 민족혁명당의 성립과정과 김구 및 일부 임정 인사들의 불참 이유, 조소앙 등이 참여했다가 곧 탈퇴한 과정, 박창세가 왜 재건 한국독립당을 탈당할 수밖에 없었는지 등에 관한 내용이 비교적 구체적으로 서술되어 있다.

---

13) 『사상휘보』 제7호(調査 上海및南京지방조선인 사상 상황, 1936.6. 1).

14) 朴景淳 신문조서(제六회)《韓民族獨立運動史資料集 46(中國地域獨立運動 裁判記錄 4)》

16
안공근 살해범은 누구인가?

안공근의 증발과 관련하여 "김구의 최측
근 인사인 모 독립지사의 수하들이 안공근을
제거했다는 주장이 지금까지도 독립운동가 후
손들 사이에 널리 언급되고 있다." 그러나 안중
근 가문과 김구와의 오랜 인연을 알고 있는 이들은
이러한 견해에 강력히 이의를 제기한다. 설혹
김구와 안공근 사이에 무언가 끔찍한 사연이
발생했다고 하더라도 '암살'이라는 극한
수단까지 동원했을 리 없다는 주장이다.

안공근 살해범은 누구인가?

안공근이 사라졌다. 김구의 오른팔을 넘어 임시정부의 제2인자로 자타가 공인하던 안공근의 행적이 갑자기 묘연해졌다. 주위의 사람들에게 뿐 아니라 대부분의 문서에서도 등장하지 않는다.

《백범일지》뿐 아니라 《대한민국임시정부공보》《한국독립운동사자료》《한민족독립운동사자료집》《한국사연표》 등에서도 그의 흔적을 찾을 수 없다. 심지어 단골로 등장시키던 일제의 기밀문서마저 안공근을 외면하고 있다. 그 기준은 1939년 5월 30일이다. 그날 도대체 무슨 일이 일어난 것일까?

안공근의 최후는 암살당했다고 보는 것이 공통된 인식이다. 오영섭은 안공근의 암살 배경으로 일본의 스파이에 의한 암살설, 중국계 마적단에 의한 암살설, 안공근과 갈등하던 김구의 다른 측근에 의한 암살설 등을 제시했다.[1] 김삼웅의 경우 독립운동단체 내부의 분파투쟁에서 희생되었다는 설과, 일제 밀정이 암살했다는 주장을 소개하고 있다.[2]

가장 논란이 되는 부분은 백범 김구의 관련 여부이다. 안공근의 증발과 관련하여 "김구의 최측근 인사인 모 독립지사의 수하들이 안공근을 제거했다는 주장이 지금까지도 독립운동가 후손들 사이에 널리 언급되고 있

---

1) 오영섭, 『한국 근현대사를 수놓은 인물들(1)』, 경인문화사, 2007, pp.302-303
2) 김삼웅, 『안중근평전』, 시대의 창, 2009

다."[3] 그러나 안중근 가문과 김구와의 오랜 인연을 알고 있는 이들은 이러한 견해에 강력히 이의를 제기한다. 설혹 김구와 안공근 사이에 무언가 끔찍한 사연이 발생했다고 하더라도 '암살'이라는 극한 수단까지 동원했을 리 없다는 주장이다.

안중근 가문과 김구와의 특별한 인연은 구태여 설명하지 않아도 대부분 알고 있다. 하지만 이 두 가문은 몇 가지 사건을 통하여 균열이 가기 시작한다. 최초의 균열은 1937년 중일전쟁의 여파로 상해를 탈주할 때, 형수를 데려오지 못했다고 김구가 안공근에게 큰 면박을 준 사건이 계기가 되었다. 이 사건을 김구는 대사건이라고 표현했다. 그 뿐 아니라 안중근 부인 구출에 대한 일화를 두 번에 걸쳐《백범일지》에 소개하였다. 질책하는 김구의 목소리를 먼저 들어보자.

양반의 집에 화재가 나면 사당에 가서 신주(神主)부터 안고 나오거늘, 혁명가가 피난하면서 국가를 위하여 살신성인한 의사의 부인을 왜구의 점령구에 버리고 오는 것은, 안군 가문의 도덕에는 물론이고 혁명가의 도덕으로도 용인할 수 없는 일이다. 또한 군의 가족도 단체생활 범위 내에 들어오는 것이 생사고락을 같이 하는 본의에 합당하지 않겠는가?[4]

양반의 집에서 불이 나면 사당의 신주부터 옮겨내 온다고 하는데, 우리가 혁명가로 의사 부인을 적치구역에서 구출하는 것 이상으로 긴급한 일은 없다.[5]

처음 인용 글은 중일전쟁 발발로 인해 생긴 삽화다. 1937년 7월 7일 중

---

3) 오영섭, 『한국 근현대사를 수놓은 인물들(1)』, p128
4) 『도진순 백범일지』, p.362
5) 『도진순 백범일지』, p.374

일전쟁이 시작되었다. 1945년 8월 15일 제2차 세계대전이 종전될 때까지 8년에 걸쳐 지속된 중국과 일본의 전면전이었다. 북경 교외 13km 지점에 위치한 노구교(盧溝橋) 부근에서 시작된 충동은 7월 11일의 정전협정을 거쳐 곧 대규모의 전면적인 전투로 전개된다.

8월 15일부터는 일본군의 남경폭격이 시작되고, 말경에는 상해에서도 치열한 전투가 벌어졌다. 이 무렵의 안공근 행적을 기록한 일제의 기밀문서가 있다.[6] 함께 검토해 보기로 하자.

■ 중일전쟁에 대한 책동 상황
김구파는 김원봉파처럼 그 활동이 표면적으로 화려하지 않지만, 전부터 장개석(蔣介石)으로부터 "시기가 도래하면 100만 원까지는 지출할 것이다"는 내밀한 약속이 있었기 때문에 이번에 중일전쟁이 발발하자 절호의 기회가 도래했다고 하여 만주사변 당시 감히 행했던 불령(不逞) 불궤(不軌)를 다시 감행하려고 안공근과 함께 이의 입수에 분주하는 한편 다음과 같은 각종 불령공작에 광분하고 있다.
■ 7월 3일경
남경에서의 김구와 장개석의 비밀회동 후, 지원 금액의 증액을 요구하는 김구 측의 요청을 중국 국민당이 받아들임
■ 7월 중순
시국 공작상 필요에 의한 희생적 결사청년을 모집하기 위해 부하 청년 몇 명을 화북(華北)에 파견하고, 안공근은 상해 거주 조선인에게 공작을 진행함
■ 8월 25일
안공근은 중국 측의 각 신문기자 십 수 명을 상해의 모 요릿집에 초청하여 한국국민당의 종래 활동상황을 과대하게 선전함
■ 8월 하순
안공근, 박창세, 김홍월은 8월 하순 부하 몇 명을 거느리고 상해에 잠입하여 친일적 중국인, 조선인의 암살을 기도하는 한편, 중국 측 편의대(便

6) 한국국민당(김구파)의 개황, 金正明 編, 『朝鮮獨立運動 Ⅱ』, 595~598쪽 《대한민국임시정부자료집 35》

衣隊) 본부 및 중국 각 항일신문사 등에 출입 연락하여 중한연합의 책동에 광분함

- 9월 29일

김구의 어머니 곽악원(郭樂園)은 손자 김인(金仁)을 데리고 몰래 상해에 와서 프랑스조계 패륵로(貝勒路) 신천상리(新天祥里) 20호 안공근의 집에 피난하였다

- 10월 30일

상해 남시 지역의 함락이 목전에 다가오자 종래 프랑스조계 남지(南支) 방면에 소굴을 이루고 있던 불령선인들은 대공황을 초래하여 김구의 어머니 곽악원은 안공근을 따라 10월 30일 자동차로 남경으로 달아났다.

이 자료의 내용은《백범일지》와 상당한 차이가 있다. 김구는 안공근에게 안중근 의사의 부인을 왜구의 점령구에 버리고 왔다고 표현하면서 안공근이 도덕적으로 문제가 있는 인물이라고 했다. 또한 안공근의 가족을 단체 생활을 거부하는 이기적인 사람들로 몰았다. 그리고 김구는 안공근에게 자신의 가족과 형수를 모셔오라고 했으나, 공근은 자신의 가솔들만 데리고 왔다고 서술했다. 한편, 김구는 어머님과 아들 신(信)을 자신이 데려온 것처럼 기술했다.[7]

여기서 먼저 지적할 것은 안공근이 김구의 가족들을 자신의 가족이나 형수보다 더 중요하게 생각했다는 점이다. 일제의 상해 피폭 후 안공근은 김구의 가족들을 한 달 동안이나 피신시켜줬으며 상해를 탈출할 때도 자동차를 준비하는 등 많은 배려를 한 흔적이 보인다. 게다가 오영섭에 따르면 안공근은 자신의 가족들을 제쳐두고 김구의 어머니 곽낙원만을 모시고 난징으로 나왔다.[8] 이를 두고 오영섭은 "이로 보아 안공근의 김구에 대한 절

---

7) 이 부분은 보기에 따라 다르게 해석할 수 있다. 다만 분명한 것은 김신과 곽낙원의 탈출 주체가 안공근이라는 것을 밝히지 않았다.

8) 오영섭, 『한국 근현대사를 수놓은 인물들(1)』, p.300

대적 충성심을 익히 짐작할 수 있다."[9]고 평가했다.

자신의 가족만 데리고 탈출했다는 김구의 주장과 자신의 가족에 대한 안전보다 모시는 상관의 가족에 대한 배려를 최우선적으로 실행했다는 주장, 어떤 자료가 보다 진실에 가까울까?

김구는 1938년 7월경 장사에서 광주로 다시 이동했으며, 그 무렵 홍콩을 잠시 방문한 적이 있다. 목적은 안정근·안공근 두 형제에게 그들의 형수를 상해로 모셔올 것을 재차 촉구하기 위해서다. 이 부탁을 김구는 대사건이라고 표현했다.[10] 그리고 첫 번째 인용문과 마찬가지의 내용으로 두 형제를 꾸짖었다. 두 번째 인용문이 그 내용이다.

김구가 안중근 부인 김아려의 상해 탈출 문제에 관해 그렇게 흥분한 이유를 짐작할 수 없다. 윤봉길 의거 후 가흥으로 탈출 당시 만난 중국 여인 주애보를 월 15원씩 주고 남경으로 데려와 회천교 부근에서 동거하며[11] 단 꿈에 젖어 있을 때, 안공근은 상해로 다시 돌아와 많은 비밀공작을 했다. 상기 인용 자료에도 나와 있는 것처럼 중일 전쟁이 일어났을 때에도 위험한 상해에서 여러 가지 활동을 했었다. 더욱이 상해를 탈출할 때는 자신의 가족보다 김구의 모친 곽낙원의 안전을 더욱 배려했다.

또한 고려할 점은 당시 안준생의 나이이다. 중일전쟁 당시 안준생은 서른 살이었으며 어머니 김아려와 함께 살고 있었다. 그렇다면 가장으로서의 책임은 안준생에게 있었다고 보아야 할 것이다. 일제의 상해 침공 이전 김구가 안중근 가족에게 특별한 관심을 보였다는 흔적은 없다. 평소에 내왕이

---

9) 오영섭, 『한국 근현대사를 수놓은 인물들(1)』, p.288
10) 『도진순 백범일지』, pp.373-374
11) 『도진순 백범일지』, pp.353-354,362

있었고 김아려의 생활이나 안준생의 교육 등에 관심을 가지고 있었다면, 아들에게 어머니의 안전문제를 상의했어야했다. 하지만 김구는 시동생 안공근에게 모든 비난을 퍼부었다.

보편적 상식으로 이해하기 어려운 김구의 이러한 행위 때문에, 김구와 안공근의 갈등이 시작되었다고 많은 학자들이 보고 있는 모양이다. 아무튼 이 무렵부터 안공근의 모습은 역사의 전면에서 볼 수 없게 된다. 그러다가 1939년 5월 경 갑자기 실종된 것이다. 하지만 증발된 안공근이 문서에 다시 등장하게 된다. 1945년 4월 5일 날짜의 미국 기밀문서에서다. 그 내용 전문을 소개한다.[12]

1945년 4월 5일, 대한민국 임시정부는 저녁식사에 놀렌버그 씨(Knollenberg)와 본인을 환대했다. 이 자리에는 김구 주석, 이청천 장군, 이범석 장군, 김학규 소장, 조소앙 외무부장, 그리고 정환범이 있었다.

놀렌버그 씨와 본인은 오후 5시 30분에 대한민국 임시정부 본부를 방문했다. 김구 주석이 도착하고 몇 분 후에, 일본 군대를 탈영해서 안휘(安徽)에서 중경으로 온 여덟 명의 한국인들을 만났다. 이후에 중국 식당에서 저녁식사가 이루어졌다.

대화는 주로 일반적인 내용이었고, 전후 한국의 입장을 강조하는 내용도 포함되었다. 대화는 주로 놀렌버그 씨, 김구 주석과 외무부장 조소앙 사이에 이루어졌다. 관련 내용은 아마도 놀렌버그 씨가 보고할 것이다.

1945년 4월 5일
이번 저녁 대화에서 이범석 장군은 본인에게 이청천 장군이 다음과 같은 정보를 입수했다고 말했다.

(1)데이비드 안(David An)의 친 삼촌의 아들인 안젤라 안(Angela An)의 남동생이 최근에 이범석 장군을 암살할 목적으로 중경에 도착했다.

------

12) 싸전트의 한국관련 비망록《대한민국임시정부자료집 12》

이범석 장군에 따르면, 몇 년 전 안젤라 안의 아버지(그리고 이범석 장군을 암살하기 위해 중경에 왔다고 하는 그 소년의 아버지)는 죽었다. 최근에 당시 홍콩에 머물고 있던 그 젊은 안에게 다음과 같은 내용의 교신이 있었다. 그의 아버지를 살해한 사람이 이범석 장군이며 이범석 장군은 중경에 있고 이때가 바로 자기 부친의 암살을 복수할 좋은 기회라는 내용이었다. 이 교신에 대한 답신으로, 이범석이 본인에게 보고한 정보에 따르면 그 소년은 이범석을 죽임으로써 그의 아버지에 대한 죽음을 복수하기 위해 중경에 왔다고 한다.

젊은 안과 교신한 것에 대한 책임과 관련해서 이범석은 대립(戴笠)을 언급했다. 하지만 본인은 그가 명확히 대립의 요원이 그 교신에 대해 책임이 있다고 말했는지 또는 아마도 대립의 요원이 그 교신에 책임이 있다고 의심하고 있는지 기억나지 않는다.

노트; 여섯 달 전에 본인은 안젤라 안의 아버지 죽음에 대한 말들을 들었다. 그 중 하나는 몇 년 전에(내 생각에)(아마 홍콩에서) 몇몇 이유를 들어서 그를 원했던 중국 당국자에 의해서 귀양(貴陽)으로 유인되었다는 것이다. 그는 거기서 체포되고 투옥되었다. 그 후, 그는 중국 당국자에 의해 암살(또는 재판 없이 처형)되었다. 그의 죽음에 대한 다른 말은, 안젤라 안의 아버지가 중국 당국에 구금되어 감옥에 갇혀 있다는 것을 제외하고는 다음의 내용과 같다. 안의 아버지를 구금시킴으로써 중국은, 당시 특히 미국을 위한 요원으로 일하고 있던 안젤라를 통제할 수 있다는 것이었다(본인이 알기로는, 이러한 말들의 정확성은 떨어지지만 이것이 본인이 들은 유일한 보고들이다).

이 문서에서 말하는 데이비드 안(David An)은 안공근의 조카이며 안정근의 맏아들인 안원생이다. 그리고 안젤라 안(Angela An)은 안공근의 맏딸 안련생(安蓮生)을 말한다. 안련생의 남동생은 안지생(安志生)으로 짐작된다.

안중근의 조카뻘 되는 생자(生字) 항렬 인물들 대부분의 종적이 묘연하지만 특히 안지생의 경우는 미스터리 자체다. 안지생의 흔적이 나타나 있는 자료는 이청천이 중경시 사회국에 보낸 공문이 유일하다.

이 문서는 1942년 11월 28일 유한책임한국광복군 총사령부 관병 소비 합작사가 중경시 사회국에 보낸 공문의 첨부자료다.[13] 이 자료에는 215명의 사원명부가 포함되어 있다. 김구·이청천·김원봉·차리석·유동렬·조성환 등 임시정부의 고위 관료들 뿐 아니라 안중근 일가의 명단도 꽤 보이는데, 안지생·안금생·한지성(안금생의 남편)·안미생·안우생·안원생 등을 확인할 수 있다. 명단에는 각자의 연령, 소속, 중국망명시기, 외국인등록 여부 등이 기록되어 있어 안지생에 관한 일말의 정보를 얻을 수 있는 희귀한 자료이지만 안타깝게도 판독이 거의 불가능하여 안지생의 나이를 확인하는데 실패하였다.

하지만 싸전트[14]가 소년(boy)이라고 표현했음을 볼 때[15] 안지생의 나이는 대략 20세 이전이라고 추측해 볼 수 있다. 한편 1928년생인 김자동이 나와 가까운 친구[16]라고 표현한 것도 참조가 된다. 안지생의 위로 금생이라는 손 위 누이가 있고 그 위로 1913년생인 낙생이 있다는 것 등을 고려할 때 안지생은 대략 1925년생쯤으로 추정해본다. 이 경우 1945년 당시 안지생의 나이는 20세가 된다. 아무튼 이 문서에서 말하는 안젤라 안(Angela An)의 남동생은 안지생이 틀림없을 듯싶다. 일단 이 정도의 기본적인 정보를 배경으로 하고 상기 문서를 정리해 보기로 하자.

---

13) 이청천이 중경시 사회국에 보낸 공문,　《공공데이터포털》원문은 독립기념관 자료번호: 3-008695-034

14) 이 문서의 작성자, 본명은 Cledy B. Sargent 이며 직급은 대위다. 독수리 작전 관련자이다.

15) 안우생은 1907년생이니 당시 38살이고, 1913년생인 안낙생의 경우 당시 32살이니 소년이라고 부리기에는 무리가 따른다.

16) 김자동, 『상하이일기』, 두꺼비, 2012, p.216

- 이범석 장군 암살을 목적으로 안지생이라는 소년이 최근에 중경에 왔다. 이 소년의 누나는 안련생이며 작고한 아버지는 안공근이다. 안원생과는 사촌간이 된다.
- 이 정보는 이청천으로 부터 입수했다고 이범석이 싸전트에게 말했다.
- 남의사의 대립(戴笠)이 관련 정보를 안지생에게 주었을 것이라고 이범석은 추정했다.
- 싸전트는 여섯 달 전에 안공근의 죽음에 대한 소문을 이미 들었다. 내용은 두 가지였다.
- 첫째, 안공근은 중국 당국자에 의해 귀양(貴陽)으로 유인되어 체포되었으며, 재판없이 처형되었다. 즉 암살당했다.
- 둘째, 안공근을 구금시킨 이유는 미국의 요원인 안련생을 통제하기 위해서였다고 하나 신빙성이 없는 정보라고 판단된다.

아마 이 이야기가 주위의 사람들에게 퍼지고 여기에 안공근이 김구로 부터 심하게 꾸지람을 받았다는 소식이 덧붙여져 김구의 측근에게 안공근이 암살당했다는 소문이 퍼진 것으로 짐작된다. 그러면 진실은 과연 무엇인가? 안타깝게도 정확한 사실은 알 수 없다. 다만 상당히 설득력이 있는 주장 한 가지와 참고가 되는 몇 가지 사안을 소개하고자 한다.

1) 이중간첩 나검북 암살설

2008년 8월 중국 상해에 소재한 〈상해경제〉란 웹진 사이트에 개제되었는데[17], 내용 자체가 구체적이고 설득력이 있어 한국의 학자들도 많이 인용하고 있다. 안련생을 안정생으로 그리고 김원봉의 민족혁명당을 김광원(金光遠)의 통일자유당으로 표기한 것 등 몇 가지 오류를 제외하면 이 글의 내용은 비교적 정확하다. 특히 장개석의 두 첩보기관 군통과 중통의 갈등

---

17) 왕병의(王炳毅), '한국항일의사 안공근 중경실종 안내막', 37쪽, 오영섭, 『한국 근현대사를 수놓은 인물들(1)』, 경인문화사, 2007, 재인용

과 주가화가 안공근에게 한국독립단체의 통일운동에 참여하라고 권고하는 것 등은 당시의 실제 상황과 정확히 일치한다.[18]

이 글에 의하면 안공근의 암살 주범은 나검북이며 하수인으로는 군통에 속했던 조웅이 된다. 살해 원인은 이중간첩 나검북이 일제의 밀정과 접선하는 장면을 안공근이 우연히 목격했기 때문이다. 그리고 장개석 정부는 조웅 등 3인을 처형함으로써 이 사건을 종결시켰다. 어쩌면 이 사건은 상기 내용처럼 처리되었는지도 모른다. 왜냐하면 안우생·안낙생·안련생 등 안공근의 유족들은 그 후로도 중국 국민당과 접촉함과 동시에 김구 계열로서 활동했기 때문이다.

2) 김구와 안공근 불화설

그러나 이 사건을 나검북의 소행으로 단정하기에는 무언가 석연치 못한 점이 많다. 중국 국민당이 사건을 서둘러 종결시키기 위해 한 편의 드라마를 작성하지 않았나하는 의심을 거둘 수 없다. 나검북 암살설에 이의를 제기할 수 있는 증언을 몇 가지 소개한다. 먼저 김구 및 안중근 가문과 밀접한 관계를 맺었던 김자동의 증언이다.

중국 공안당국이 이 사건을 일본과 중국 이중간첩의 소행으로 결론을 내렸다는 글을 읽은 적이 있다. 그러나 주범으로 지목된 중국인이 영국 시민권을 갖고 있었기 때문에 확고한 증거가 없어 기소하지 못했다는 것이다. 그러나 나는 당시 한인 청년들이 충칭에서 개업 중인 한인 의사 유진동 선생의 병원으로 공근 선생의 시신을 들고 왔다는 말을 들었다.

당시 유 선생이 간호사와 내연의 관계를 맺고 지내는 사실은 주변이 다 알고 있었다. 유 선생은 충칭 시내의 병원에서 기거했으며, 본부인 강영파

---

18) 안공근이 실종된 지 3개월 후인 1939년 8월, 기강에서 7당 통일회의가 개최되었다.

여사와 딸 수란은 강남에서 약 30㎞ 떨어져 있는 투차오의 우리 집 옆방에 살고 있었다. 근처에 병원 하나 없이 지내던 그때 형편에 강 여사는 집에 작은 약방을 차려 놓아 마을의 의사 같은 구실을 했고 조산원 면허도 갖고 있었다. 그는 남편에게 지극히 충성스러워 남편의 외도 소문을 오히려 감싸려 했다. 또 내 어머니를 형님이라고 불렀을 뿐 아니라 참으로 좋아했다. 강 여사는 중국인 간호사가 공근 선생 시신 사건을 알고 있기 때문에 어쩔 수 없이 데리고 사는 것이라는 남편의 해명을 어머니에게 전하기도 했다. 어느 여름밤에 마당에서 돗자리를 깔고 자는데, 옆에서 하는 말을 듣고 다음날 어머니에게 물어보았는데 절대로 그 사실이 새나가서는 안 된다고 하여 그 뒤 계속 비밀을 지켜왔다.

지난 60여 년 동안 이 사실을 아무에게도 발설하지 않았으며, 이것은 나만이 알고 있는 비밀이라고 여겨왔다. 그런데 2년 전으로 기억나는데, 6월 26일 백범 선생 기일에 참배하려 효창공원 안으로 올라가던 중 두 사람을 중간에서 만났는데, 나에게 "안공근 씨의 시신을 유진동 씨 병원에서 처리했다는 것을 아십니까?" 하고 물었다. 무척 놀라고 당황하지 않을 수 없었다. 나는 결국 "세상에 완전한 비밀은 없네요." 하고 답할 수밖에 없었다.[19]

김자동에 의하면 안공근의 시신은 유진동의 병원에서 처리한 것으로 된다. 유진동이 안공근 살해에 직간접으로 관여했다는 뜻이다. 한국인 치과의사 즉 유진동은 전혀 혐의가 없었다는 중국 국민당 측의 조사와 전혀 다른 결과다. 비밀을 지켜야한다는 김자동의 어머니 정정화(1900-1991)의 반응도 이해할 수 있는 행동이다. 김자동은 더 이상의 구체적인 언급은 피했다.

별도의 관점에서 안공근과 김구 사이에 갈등이 심했다는 증언을 한 사람이 있다. 김구·안공근 등 임정계열과 서로 협조를 하면서도 갈등관계에 있었던 아나키스트 정화암(鄭華岩, 1896-1981)은 자신의 자서전《이 조국 어디로 갈 것인가 : 나의 회고록》에서 김구가 안공근을 축출하는 과정을 다음

---

19) 김자동, 『상하이 일기』, 두꺼비, 2012, pp.215-216

과 같이 서술했다.

그런데 임정의 김구는 나와 안공근의 사이가 멀어져 있는 것을 모르고 있었다. 그 전까지만 해도 안공근의 상해에서의 모든 활동은 나와 위혜림과의 협조 하에 이루어져 왔다는 것을 김구가 알 까닭이 없었지만, 홍구공원사건 후 임정의 살림이 나아졌고 특히 서간단 사건으로 김구와 나 사이가 어색해졌다. 더욱이 박찬익을 사이에 둔 임정과 우리 남호연맹과의 이간공작, 그 후의 김오연을 사이에 둔 김구와 나와의 와해공작 등이 어떻게 하여 어떤 목적 하에 꾸며졌는가를 모르고 있는 김구는 오히려 안공근의 말만 믿었을지도 모른다. 그것은 나와 안공근과의 사이가 멀어지고 있는 때에도 김구가 안공근을 내세워 나와의 면담을 요청하여 온 것으로 미루어 알 수 있다.

내가 안공근과 사이가 멀어지자 안공근의 활동에는 많은 위축을 가져왔다. 위혜림이 그에게 협조를 안 했기 때문이다. 이에 안공근은 유서와 함께 일을 해보려 했지만 상해에서의 일은 유서로서는 불가능한 것이 많았다.

그렇다고 안공근은 이러한 사정을 김구에게 이야기할 수도 없다. 자칫하면 김구로부터 무능력 무자격자라는 낙인을 받게 되기 때문이다. 그렇게 되면 그가 김구를 대신하여 장개석 정부로부터 받는 운동자금도 자기 마음대로 쓸 수 없는 처지가 된다.

안공근은 운동자금 명목으로 중국정부로부터 많은 돈을 받아 자기 마음대로 지출을 해오면서 낭비가 많았다. 한번은 김구가 안공근에게 어떤 용도가 있어 5원의 지출을 요구했다가 돈이 없다는 이유로 거절을 당했다. 어디에 돈을 썼느냐고 물으니 화암과 위혜림에게 주었다고 대답했다.

이에 김구가 의심을 품고 자기의 큰 아들 김인과 김종수, 나월환, 김원룡, 이해평을 나에게 보내왔다. 나는 이들에게 그동안 안공근을 만난 일도 없고 위혜림을 통해서 접촉한 일도 없다고 말해 주었다. 이들은 위혜림에게 가다시 이 사실을 확인했다.

김구는 비로소 나와 안공근이 소원해지고 있다는 것을 알았다. 이와 같이 상황이 바뀌어 가자 안공근은 안공근대로 딴 공작을 하기 시작했다. 국민정부의 정보기관인 남의사의 대립이란 사람과 손을 잡고 김구를 몰아내고 자기의 형 안택근(安宅根)[20]을 내세우려고 계략을 꾸민 것이다. 그러나 그것이 제대로 될 리가 없다.

내막까지 알게 된 김구는 즉시 안공근을 축출하고 그동안 안공근이 맡았던 중국정부와의 모든 연락과 교섭업무 일체를 성암 이광에게 맡겼다. 그리고 안공근을 중심으로 했던 모든 활동을 봉쇄하고 정보업무에 필요한 공작기계(전신기계)와 그가 쓰던 집까지 몰수해 버렸다. 그 후 안공근은 중경에서 병원을 경영하는 교포 유모의 집에 자주 내왕했는데 그 뒤의 소식은 알 수 없다.[21]

정화암의 이 증언은 그와 이정식과의 면담을 기초로 펴낸《혁명가들의 항일회상》에 기록된 내용[22]과도 일치한다. 상기 내용은 정화암 자신의 입장에서 쓴 글이므로 검증이 필요한 부분도 있을 것이다. 하지만 정화암과 안공근 사이에 갈등이 있었고, 그 외의 독립운동가들 사이에도 많은 문제점이 내재되었던 것은 틀림없는 사실이다. 사실 돈 문제로 인해 독립운동 진영에 많은 갈등이 있었다는 것은 지금까지 이 글을 진행하면서 여러 사례를 소개했다.

투명하지 못한 재정문제로 인해 김구와 안공근 사이에 알력이 있었고, 지금까지 충성했던 공로는 전혀 무시하고 자신에게 가혹한 처분을 내리는 김구에게 배신감을 느껴 일종의 쿠데타를 시도했다. 이와 같은 정화암의 증언에다가 이 후의 줄거리로 김자동의 증언을 갖다 붙이면, 김구 계열의

---

20) 안정근의 오기로 보인다.
21) 정화암, 『이 조국 어디로 갈 것인가-나의 회고록』, 자유문고, 1982, pp.180-181
22) 면담 이정식, 해설 김학준, 『혁명가들의 항일회상-정화암』, 민음사, 1988, pp.426-428

누군가가 안공근을 암살하고 안공근의 시신을 유진동의 병원에서 처리했다.…충분히 상상해 볼 수 있는 스토리다. 이러한 내용을 안련생과 안지생이 누군가로부터 전해 듣고, 그 실행자를 이범석으로 확신하여 그를 암살하기 위해 안지생이 중경으로 왔다. 하지만 임정 내의 혼란을 수습하기 위해 장개석 정부가 나검북이라는 이중첩자를 창조해 냈다.…

지금까지 발굴된 자료로는 이 사건의 진상을 확실히 알 수 없다. 분명한 것은 김구와 안공근 사이에 무언가 알 수 없는 문제점이 있었다는 것은 사실로 보인다. 김구 자신이 기록한《백범일지》의 내용이 그 증거다.

17
광복군 창설과 9개 준승의 비밀

1935년 7월의 5당 통일운동의 실패 원인은 김구의 불참이 결정적이었다. 조선의용대가 출범하기 전인 1938년 7월 초에도 김구는 김원봉의 조선의용대 합류 제안에 분명히 거절했었다. 그런데 이 두 사람이 갑자기 통일당 운동을 재차 들고 나온 것이다. 결론은 너무 뻔했다.

조선의용대의 창설과
중국 국민당 김구의 분열 공작

1938년 10월 10일, 호북성 삼교가 한구중화기독교청년회 YMCA에서 열린 조선의용대의 창설식 기념사진

　1935년의 5당 통일운동이 실패로 끝나고 1939년 다시 7당의 통합움직임이 일어나기 전인 1938년 10월 10일, 호북성 무한에서 한국 독립운동사에서 가장 중요한 사건 중의 하나라고 할 수 있는 조선의용대가 창설되었다. 주요 구성원은 다음과 같다.[1]

----

1) 염인호, 『한국독립운동의 역사-제53권 조선의용대　조선의용군』, 독립기념관, 2009; 김영범, 『한국근대민족운동과 의열단』, 창작과비평사, 1997 등 참조

- 대　　장 : 김약산(40, 金若山)·김원봉(金元鳳)
- 기밀주임 : 신악(48 申岳)·신영삼(申榮三)
- 총무조장 : 이집중(45, 李集中)·이인영(李仁洪)
- 정치조장 : 김규광(40, 金奎光)·김성숙(金星淑)
- 각조성원 : 이형래(24, 李瀅來)·이유민李維民)·주세민(周世敏)·김운학
　　　　　　(金雲鶴)·이춘암(33, 李春岩)·변해량(藩海亮)·석성재(31, 石成
　　　　　　材)·장지민(張之民)·김인철(30, 金仁哲)·김강일(金剛一)·윤세
　　　　　　주(37, 尹世胄)·석정(石正)·한지성(25, 韓志成)·진일평(25, 陳一
　　　　　　平)·김석락(金錫洛)
- 제1구대 대장 : 박효삼(35, 朴孝三)
　　　　부대장 : 김세일(28, 金世日)·왕영재(王英載)
　　　정치지도원 : 왕통(26, 王通)·김탁(金鐸)
- 제2구대 대장 : 이익성(27, 李益星)·이의흥(李義興)
　　　　부대장 : 진원중(陳元仲 임인준林仁俊)
　　　정치지도원 : 김학무(27, 金學武)·김준길(金俊吉)

　　창립 시 조선의용대의 전체 규모에 대해서는 분분한 의견이 제기되고 있지만 대체로 100여 명에 달한다는 견해가 설득력을 얻고 있다. 이들이 속한 당파는 대부분이 민족혁명당 계열이었으나 중국 공산당원(이형래 등)도 있었으며 조선청년전위동맹원(이익성, 김성숙 등)도 다수 포함되었다.
　　주목할 것은 조선민족전선연맹(朝鮮民族戰線聯盟)[2]의 기치 아래 조선의용대가 결성되었다는 점이다. 조선민족전선연맹은 조선민족혁명당·조선민

---

2) 1937년 12월 조선민족혁명당　조선민족해방자동맹　조선혁명자연맹(일명 조선무정부주의자연맹) 조선청년전위맹 등 4개 단체가 참가하여 결성한 좌파계의 항일 민족연합전선이다. 대표는 조선민족혁명당의 김원봉(金元鳳), 조선민족해방자동맹의 김규광(金奎光), 조선청년전위동맹의 최창익(崔昌益), 조선혁명자연맹의 유자명(柳子明) 등이었다. 처음에는 난징(南京)에서 결성하였으나 일본의 침략으로 난징이 점령되자 본거지를 한커우(漢口)로 이전했다가 우창(武昌)으로 옮겼다. 기관지인《조선민족전선》에 실린 글 '조선민족전선연맹 결성과정'을 통해 유자명은 연맹의 성립배경을 민족의 총단결을 강조하게 된 역사적 조건의 변화 때문이었다고 설명하였다. 연맹은 주의와 사상을 달리하는 각 단체의 독자성을 인정하고 그 바탕 위에서 공동의 정강(政綱)을 가진 통일전선을 구축하려 한 점에서 종래의 통일전선운동과는 차이점이 있다.

족해방자동맹·조선혁명자연맹(일명 조선무정부주의자연맹)·조선청년전위동맹 등 4개 단체가 참가하여 결성한 조직이다. 대부분 좌파 단체들이다. 1935년 5당 통일운동 시 동참하지 않았거나 통합이후 탈퇴했던 한국국민당(김구), 한국독립당(조소앙), 조선혁명당(이청천) 등 우익 혹은 임시정부 계열의 인사들은 조선의용대 출범에 모두 참여하지 않았다. 그런데 '조선의용대성립선언'을 보면 도저히 이해할 수 없는 내용이 있다는 지적을 받을 수 있다. 아래는 성립선언문 전문이다.

[조선의용대성립선언(朝鮮義勇隊成立宣言)]

금일(今日)의 동양(東洋)의 강도(强盜) 일본군벌(日本軍閥)은 아세아(亞細亞)를 경탄(鯨呑)하고, 나아가서는 다년(多年)의 미몽(迷夢)인 세계정복(世界征服)으로 옮기려하는 광기(狂氣)가 되어, 중화민국침략전쟁(中華民國侵略戰爭)을 개시(開始)하였다. 피등(彼等) 일본(日本)은 가장 야만(野蠻)이고, 난폭(亂暴)한 수단(手段)으로써 중국(中國)의 가장 항일중심지(抗日中心地)인 무한(武漢)을 래공(來攻)하여 왔다. 이때를 당(當)하여 전중국민중(全中國民衆)은 중국(中國)을 위(爲)하여 민족독립(民族獨立)과 자유(自由)를 위(爲)하여, 또는 인류평화(人類平和)와 정의(正義)를 정취(征取)하기 위(爲)하여, 감연(敢然)히 일어나 이 위대(偉大)한 항일혁명전쟁(抗日革命戰爭)에 가입(加入)하였다. 이에 있어서 아등(我等) 재화조선혁명당원(在華朝鮮革命黨員)은 모름지기 이 정의전(正義戰)에 가입(加入)하고 다시 본전쟁중(本戰爭中)에 조국(祖國)의 독립(獨立)을 쟁취(爭取)해야 할 것이다. 인(因)하여 아등(我等)은 우선(于先)「조선민족전선연맹(朝鮮民族戰線聯盟)」의 기치하(旗幟下)에 일치단결(一致團結)하고, 동시(同時)에 동양(東洋)에 있어서의 항일(抗日)의 위대(偉大)한 최고지도자(最高指導者)인 장위원장하(蔣委員長下)에 참집(參集)하여, 조선의용대(朝鮮義勇隊)를 조직(組織)한 것이다.
때마침 제27주쌍10절(第27周雙10節)인 중국(中國)의 국경기념일(國慶紀念日)을 복(卜)한 것은, 중한량민족해방사상(中韓兩民族解放史上)의 위대(偉大) 또 유의의(有意義)한 광영(光榮)의 1혈(頁)이라고 말 할 수 있는 것이다. 27年前(년전) 금일(今日), 동양(東洋)의 위대(偉大)한 혁명선구자(革命先驅者) 손중산(孫中山) 선생(先生)은, 다시 4억(億) 5천만(千萬)의 중화민족(中華民族)의 독립(獨立)과 세계인류(世界人類)의 평화(平和)를 실현(實現)한 것이다. 그리고 중화민국(中華民國)의 국기(國基)를 정(定)하고 다시 철저적(徹底的) 혁명(革命)을 완성(完成)하기 위(爲)하여, 전세계약소민족(全世界弱小民族)의 연합(聯合)을 크게 제창(提唱)하였다.

중한양민족(中韓兩民族)의 공동구적(共同仇敵)인 일본제국주의(日本帝國主義)가, 가장 참혹(慘酷)한 수단(手段)을 써서 조선혁명운동(朝鮮革命運動)을 탄압(彈壓)하였을 뿐 아니라, 다시 야만적(野蠻的)인 침략정책(侵略政策)을 채용(採用), 중화혁명(中華革命)의 진전(進展)을 조해(阻害)하고, 연(延)하여는 중한양민족(中韓兩民族)의 연합전선(聯合戰線)의 성립(成立)을 방해(防害)하였다. 생각컨대 중국혁명(中國革命)의 완성(完成)이 없는 것은 즉(卽) 일본제국주의(日本帝國主義)의 조선압박착취(朝鮮壓迫搾取)를 가(加)한데서 기인(起因)하고, 또 조선민족(朝鮮民族)의 완성(完成)을 이르지 못하는 것은 일본제국주의(日本帝國主義)의 중국(中國)에의 침략(侵略)을 자행(恣行)하고 있는 까닭으로, 상호(相互)의 인과(因果)를 갖이고 있다. 9.18사변(事變) 이래(以來) 일본제국주의(日本帝國主義)는 중국병합(中國併合)의 기도(企圖)를 실현(實現), 조선·대만민족(朝鮮·臺灣民族)에게 착취(搾取)를 가(加)할뿐만 아니라, 일본국내대중(日本國內大衆)의 고혈(膏血)까지 짜서 드디어 중화침략대규모(中華侵略大規模)의 전쟁(戰爭)을 개시(開始)하고 드디어 례(例)의 노구교사건(蘆溝橋事件)을 보고, 전중국(全中國) 4억(億) 5천만민중(千萬民衆)의 강렬(强烈)한 항전(抗戰)을 받기에 이르렀다. 과거(過去) 1년간(年間)에 있어서 중국민중(中國民衆)은 위대(偉大)한 지도자(指導者) 장개석(蔣介石) 하(下)에 있어서 단결(團結)하여 일어서, 실(實)로 용맹(勇猛)하게 싸워 왔다. 이것만으로 하더라도 일본제국주의(日本帝國主義)의 아세아병탄(亞細亞併呑)의 미몽(迷夢)을 타파(打破)할 수 있었다.

이 사변중(事變中) 조선민족급(朝鮮民族及) 기타(其他) 동양(東洋)의 약소민족(弱小民族)은, 각각(各各) 역(力)을 치(致)하여 차지(此地)에 와서 정력(精力)을 진(盡)하여 중국(中國)의 항전(抗戰)을 지지(支持)하여 왔다. 여사(如斯)히 하여 금일(今日) 성립(成立)한 조선의용대(朝鮮義勇隊)의 임무(任務)는 비상(非常)히 중대(重大)하다고 말해야 할 것이다. 우리는 식민지(植民地)의 노례(奴隷)로 화(化)함을 원(願)치 않는다. 천수백만(千數百萬) 조선동포(朝鮮同胞)로 하여금 조선의용대(朝鮮義勇隊)의 기치하(旗幟下)에 참집(參集)시켜야 할 것이다.

다시 전(轉)하여 일본국내(日本國內)의 군벌(軍閥)의 중압하(重壓下)에 있는 일절(一切)의 대중(大衆)과 연합(聯合)하여, 우리의 참된 구적(仇敵) 일본군벌(日本軍閥)을 타도(打倒)하여, 동양영원(東洋永遠)의 평화(平和)를 출현(出現)시켜야 할 것이다. 우리는 금일(今日)이 중국쌍십절(中國雙十節)의 좋은날에, 조선의용대(朝鮮義勇隊)의 기(旗)를 게(揭)하여 영웅적(英雄的) 중국인형제(中國人兄弟)와 악수(握手)하고, 필승(必勝)의 신념(信念)으로서 정의(正義)의 항일전(抗日戰)에 참가(參加), 반드시 이 신성(神聖)한 임무(任務)를 관철(貫徹)하지 않으면 안된다. 벌써 최후(最後)의 일각(一刻)까지 노력(努力)을 표(要)하는 때가 되어 왔다.

중한민족(中韓民族) 연합(聯合)하여 일어나라!
일본제국주의(日本帝國主義)를 타도(打倒)하라!
동방항일주장(東方抗日主將) 장개석(蔣介石)을 수호(守護)하라!
조선민족전선(朝鮮民族戰線)을 수호(守護)하라!
중국항일승리 만세(中國抗日勝利萬歲)!
조선민족해방만세(朝鮮民族解放萬歲)!

이 선언서에는 "항일의 위대한 최고지도자인 장위원장 하에 참집하여, 조선의용대를 조직한 것이다.""동방항일주장 장개석을 수호하라!"등의 내용이 포함되어 있다. 극우의 대변인이라 할 수 있는 장개석의 후원 아래 좌익 조선인들이 조선의용대를 만든 것은 사실이다. 그러면 이러한 모순을 어떻게 이해해야 할까?

조선의용대의 창설은 일제가 조작한 1937년 7월 7일의 노구교(蘆溝橋)사건과 그 전해인 1936년 12월 12일에서 25일까지 장개석이 자신의 부하인 장학량에 의해 감금된 서안(西安)사건, 이 두 사건의 결과물의 하나라고 보아야 한다. 노구교사건이 중일전쟁의 신호탄이었다면, 서안사건은 1937년 9월 22일 성립된 제2차 국공합작의 시발점이었다. 만약 국공합작이 이루어지 않았더라면 조선의용대의 창설은 불가능했을 것이다.

조선민족혁명당(이하 민혁당)을 주축으로 한 중국 관내 한인독립지사들의 무장부대 창설 기도는 꽤 오랜 역사를 가졌다. 1935년 7월 민혁당이 창립되자 그 구성단체의 하나인 이전 조선혁명당 소속 재만 조선혁명군은 형식상 민혁당의 일부 군사기관 즉 '민혁당 제1집단군'으로 간주되었다.[3] 하지만 만주지역을 석권한 일본군의 영향으로 인해 조선혁명군과의 연락은 이미 두절된 상태였다. 결국 민혁당은 중국 관내 지역에서 자체적으로 무장 세력을 양성할 수밖에 없었다. 유일한 희망의 불씨는 중앙육군군관학교 특별훈련반에 편입된 조선인 학생들이었다.

6개월 동안의 단기훈련을 마치고 졸업한 학생들은 1938년 5월 24일 졸업식을 거행하고, 5월 31일 교관 김홍일의 인솔 하에 한구에 도착했으며 이튿날 무창에 임시 주둔하였다. 이 무렵 국민당 정부와의 합작을 주장한 김원봉과 동북진출 입장을 견지한 최창익 일파와의 노선투쟁이 극열하게 일어났다. 결국 최창익은 자파의 구성원들을 이끌고 민혁당을 탈당하게 되는데, 이후 이 그룹을 '공산주의자전위동맹' 또는 '조선청년전시복무단'으로 부르게 되었다.

탈당 후 최창익 일파는 결국 동북으로 진출하지 못했다. 중국공산당의 지지를 받지 못했으며 무엇보다 그를 따르는 구성원들의 수가 너무 적었다. 그들은 무한에 머무르면서 독자적인 활동을 하다가 조선의용대가 출범하게 되자 대부분 합류하게 된다. 이 무렵 일제는 김원봉의 동정에 관하여 다음과 같은 보고서를 남겼다.

---

3) 社會問題資料硏究會편, 思想情勢視察報告集3, 京都: 東洋文化社, 1976, 286쪽.《최봉춘, 조선의용대의 창설과 활동 보유, 『한국독립운동사연구 제25집』》에서 재인용

이에 즈음하여 김원봉은 당의 분열 방지 및 청년층 획득을 위해, 7월 초순 중국군사위원회에 조선민족전선연맹의 청년분자로써 조선의용군을 조직하여, 여러 전투구역에 배속시킴으로써, 제일선공작(第一線工作)에 진출하고 싶다는 희망을 제안하였다. 그러나 군사위원회에서는 전체 조선민족단체의 가맹·합동을 전제조건으로 내걸고, 이를 허용할 수 없다고 회답하였다. 그래서 김원봉은 즉시 전시복무단(戰時服務團) 및 김구파의 한국광복운동단체연합회(韓國光復運動團體聯合會)에 그 취지를 전달하고 통일당(統一黨) 조직에 협력할 것을 선동하였다. 김구파는 이를 끝내 거절하였으나, 전시복무단은 마침 경제문제로 고심 중이었으므로, 이에 찬동하고 9월 조선청년전위동맹(朝鮮靑年前衛同盟)이라고 개칭하고, 조선민족전선연맹에 가맹하였다. 이로써 중국군사위원회도 조선의용대 조직 방안을 승인하기에 이르렀다.[4]

여기서 주목할 것은 김구파의 행적이다. 보편적으로 조선의용대의 출범은 좌파들만의 연대에 의해 이루어졌다고 보고 있다. 하지만 상기 문서의 내용이 사실이라면, 조선의용대 출범 주축 세력들은 좌·우 구분 없이 모든 민족 세력을 규합하여 무장 군대를 발족시키고자 한 것이 된다. 이러한 의도는 1937년 말 조선민족전선연맹의 투쟁 강령에서도 확인된다. "국외 여러 지역의 민족무장부대와 연합하여 통일적인 민족혁명군을 조직하며 민족혁명투쟁을 실행한다."[5]

김구파가 합류를 거절한 것은 중국 국민당의 지원을 둘러싼 김원봉과 김구의 갈등이 결국 광복군의 창설로 이어지는 과정과 깊은 연관이 있다. 이 부분은 다음 글에서 다시 언급할 예정이다.

조선의용대가 발족하게 된 것은 김원봉 계열의 의지와 노력이 절대적이

---

4) 思想彙報제22호, 163쪽.《최봉춘, 조선의용대의 창설과 활동 보유,『한국독립운동사연구 제25집》에서 재인용
5) 朝鮮民族戰線제4기(1938.5.25), 24쪽.《최봉춘, 조선의용대의 창설과 활동 보유,『한국독립운동사연구』제25집》에서 재인용

었다고 볼 수 있지만, 배후의 지원 세력을 간과해선 안 된다. 조선의용대 창설에는 일본인 반전운동가 아오야마 가즈오(靑山和夫)가 조선의용대조직 계획방안을 작성해서 국제문제연구소장 왕봉생(王凡生), 정치부장 진성(陳誠), 부부장 주은래(周恩來)와 장여생(張勵生), 정치부 제2청장 강택(康澤), 정치부 비서장 하충한(賀衷寒) 및 군사위원회 위원장 장개석(蔣介石)의 동의를 얻어낸 것으로 기록되어 있다. 이들 중에서 특히 주목할 사람은 강택과 아오야마 가즈오 및 왕봉생 3인이다.

강택(康澤)은 앞에서 거론한 강서성 성자현(星子縣)소재 중국중앙군관학교(中國中央軍官學校) 특별훈련반(特別訓練班)의 주임이었다. 그의 다른 신분은 삼민주의역행사(三民主義力行社) 즉 남의사(藍衣社)의 상무 간사 중의 한 사람이다. 그의 임무의 하나는 대공산당(對共産黨) 작전지구의 민중을 조직·훈련하는 일이었다. 강택의 원래 목적은 조선인들을 남의사 요원으로 훈련시켜 공산당 점령 지역 내에서의 선전·교란 작전의 임무를 부여시키는 것이었을 터이다.[6] 하지만 국공합작 시대에 태어난 조선의용대는 그의 본뜻과 상관없이 공산당과 협력하여 일본군 점령지역내의 선전·교란 작전에서 큰 활약을 하게 된다. 아무튼 특별훈련반 조선인들과 인연으로 인해 강택은 국민당 우파로서 조선의용대 및 민혁당의 후원자가 되는 이력을 갖게 된다.

기이한 것은 조선의용대조직계획방안을 민혁당의 김원봉이나 김성숙 박건웅 등 조선민족해방동맹 소속의 조선인 이론가가 아니라 일본인 아오

---

6) 염인호, 『한국독립운동의 역사-제53권 조선의용대 조선의용군』, 독립기념관, 2009

야마 가즈오(靑山和夫)[7]가 작성했다는 점이다. 원래 아오야마의 계획은 조선인들로 먼저 군대를 결성하고 대만인이나 일본인들로 이어서 제2대 혹은 제3대 등의 국제의용군을 창설한다는 즉 극동반파시스트동맹 결성이었다. 아오야마의 배후에는 중국인 실력자 왕봉생(王芃生)이 있었다. 왕봉생은 장개석 측근이라는 지위를 이용하여 일본인·조선인·대만인 등의 반파시스트 운동을 자신의 정치적 지반으로 삼고자 했다고 한다.

왕봉생·아오야마 등은 조선의용대를 자신들이 주도하는 극동반파시스트동맹의 지휘 하에 두려했지만, 자주성을 보장받기 위해 극동반파시스트동맹의 지도하에 두는 것을 반대하는 김원봉 등 조선인들의 주장에 결국 굴복하고 말았다. 조선의용대는 결국 중국군사위원회→정치부→지도위원회→조선의용대 대본부로 이어지는 지휘 체계 아래에 있게 되었다. 아무튼 이러한 우여곡절 끝에 조선의용대는 1938년 10월 10일 출범하게 된다. 조선의용대의 공작방침은 다음과 같다.

제1안(第1案) 당원(黨員)을 다수(多數) 만주(滿州)에 밀파(密派)하여 밀산현(密山縣)을 본거(本據)로 동지(同志)를 규합(糾合), 일만군(日滿軍)의 후방(後方) 교란(攪亂)에 전력(全力)을 경주(傾注)한다.
제2안(第2案) (제1안)第1案이 경비(經費)과 교통상(交通上) 곤난(困難)한 경우에는 중국군(中國軍) 제일선(第一線) 부대(部隊)의 직후방(直後方)에 진출(進出)하여 조선의용군(朝鮮義勇軍)의 선전(宣傳), 중국군(中國軍) 원조공작(援助工作)을 담당한다.
제3안(第3案) 제2안(第2案)의 효과(效果)가 없는 경우에는 많은 희생(犧牲)

7) 靑山和夫(1907~?)의 본명은 흑전선치(黑田善治)였고 일본 동경 출신으로 명치대학 전문학부 법과를 중퇴하였으며 은행에 근무하면서 고고학 인류학을 연구하였다. 1933년 5월경부터 일본 전투적 무신론자동맹에 참가하였다. 1934년 2월 검거되었다가 같은 해 8월에는 기소되었다. 그러나 전향하여 출옥하였는데 1935년 9월 징역 2년 집행유예 4년의 형을 받았다. 중일전쟁 발발 직전인 1937년 3월에 중국 상해로 망명했으며 상해 함락 후에는 홍콩과 베트남에서 활동하였다. 그 후 무한에서 활동하였는데 특히 일본군의 남경 학살 폭로에 앞장섰다고 한다.

을 각오(覺悟)하고 상해(上海)·천진(天津)·북경(北京) 등 요지(要地)에는 물론 일본(日本)·한국(韓國)·대만(臺灣)·만주(滿洲) 각지(各地)에 첨예분자(尖銳分子)를 밀파(密派)하여 본부(本部)와의 연락(連絡)을 밀접히하여 임의(任意)로 적극적(積極的) 활동(活動)을 담당하게 한다.[8]

조선의용대는 창건이후 독자적 활동을 전개하기는 곤란했지만, 어려운 가운데 중국군과 공동작전을 전개하였다. 특히 대원 대부분이 일본어를 구사할 줄 알았고 일본의 상황을 어느 정도 파악하고 있었다는 점으로 인해, 중국의 항일전선에 분산 배치되어 중국군에 대한 일본어 교육 및 일본군의 관습·성질(행태) 등을 알리는 등의 정치공작, 일본군에 대한 군사정보 수집과 반전 선전활동, 함화(喊話) 등을 통한 일본군에 대한 투항권고, 일본군 포로 심문, 일본군의 후방교란을 위한 선전공작 등 특수 분야 작전에 주로 종사하였다.[9] 주력 세력이 화북으로 이동하기 전, 조선의용군의 활약을 보도한 중국 신문 기사 몇 꼭지를 소개한다.

조선의용대는 그간 전방과 적 후방에서 대적 선전공작을 전개하여 빛나는 성과를 거두었다. 조선의용대 일부 대원들은 적의 출현을 기다리며 지난 3월 23일 저녁 9시부터 모처에서 매복에 들어갔다. 다음날인 24일 오전 8시 30분경, 탱크 2대와 차량 8대를 앞세운 적 보병부대가 조선의용대가 매복하고 있던 대사평(大沙坪)의 동쪽지역에 출현하였다.
적들이 매복지점에 다가오자 조선의용대원들은 일제히 폭탄을 투척하고 총격을 가하였다. 마침 주변에 있던 아군이 합세하여 기습공격을 가하자 적들은 산등성이로 올라가 기관총을 난사하며 격렬하게 저항하였다. 아군이 반격하는 와중에 조선의용대원들은 일본어로 구호를 외치며 대적 선전활동

8) 中國 國民政府軍事委員會와 朝鮮民族, 朝鮮總督府警務局編 最近に於ける朝鮮治安狀況 285面《일제침략하 한국36년사 11권》
9) 國民公論에 揭載된 朝鮮義勇隊 宣傳記事, 金正明編,『朝鮮獨立運動 Ⅲ』, pp.678~685《일제침략하 한국36년사 12권》

을 전개하기도 하였다. 대략 반시간 정도의 격전 끝에 임무를 완수한 조선의용대와 아군은 유유히 강을 건너 동쪽으로 되돌아갔다. 당일 전투에서 조선의용대와 아군은 아무런 피해도 입지 않았으나, 적은 30~40명의 사상자를 내고 나머지는 모두 도망하였다.[10]

중국 항전에 참가한 이후 조선의용대는 여러 방면에서 상당한 성과를 거두었다. 지난달 아군 부대는 평강(平江) 동남 약 1리쯤에 있는 석산(錫山)의 적진을 향한 포위공격을 감행하였다.

당시 유운서(柳運瑞) 중대장은 중대원 전원과 조선의용대원을 지휘하여 5겹 철조망을 돌파하고 적진에 들어가, 적군 50여 명을 사살하고 60여 명에게 부상을 입히는 전과를 거두었다. 공격작전이 막바지에 이를 무렵, 갑자기 날아든 총탄에 맞은 유 중대장이 땅바닥에 쓰러지고 말았다. 이때 마침 옆에 있던 조선의용대 모 동지가 유 중대장을 등에 업고 진지를 빠져 나왔다. 그런데 바로 그 뒤로 적군 하나가 손에 군도를 들고 추격하기 시작하였다. 적군이 뒤쫓는 것을 알아챈 의용대 모 동지는 걸음을 멈추더니 뒤돌아서서 큰 소리로 "우리 모두의 공동의 적은 일본 군벌이라는 것을 분명히 알라"고 외쳤다. 이 순간 50미터 정도 떨어져 뒤쫓던 적군 병사는 어디에선가 날아온 총탄에 맞아 쓰러지고 말았다.

이 광경을 본 의용대 모 동지는 일단 부상을 입은 유 중대장을 안전한 곳에 내려놓은 뒤, 총에 맞아 쓰러진 적군 병사에게 다가가 상태를 살폈다. 적군 병사는 오른쪽 가슴에 총상을 입어 이미 기절한 상태였다. 의용대 모 동지는 혼자 힘으로 번갈아가며 두 부상자를 옮긴 끝에 안전하게 중대본부로 귀환하였다.

응급치료를 받은 뒤 유 중대장은 상태가 호전되기 시작하였으나, 부상을 입은 적군 병사는 출혈이 심하여 끝내 숨을 거두고 말았다. 죽기 전 적군 병사는 의용대 모 동지에게 "오늘에야 비로소 군벌에게 속았음을, 중국이 우리의 적이 아님을 알게 되었다"는 말을 남겼다. 적 병사가 마지막 순간에나마 뉘우쳤다는 소식을 들은 모 군장(軍長)은 적 병사의 장례식을 후하게 치르도록 지시하는 한편, 의용대 모 동지의 영용한 정신을 가상히 여겨 특별히 상을 내려 장려하도록 하였다.[11]

---

10) 조선의용대, 모처에서 매복중 적 수십명 섬멸, 重慶「大公報」,1939.4.5

11) 朝鮮義勇隊의 적 사병 감화,「柳州日報」, 1939.6.4

악 조건 속에서도 조선의용대의 이러한 활약은 조선인 청년들을 급속히 유입시키는 효과를 낳았다. 그런데 이 무렵 한인 독립운동세력을 통일시키라는 장개석의 훈령이 갑자기 구체화되기 시작했다. 주도한 곳은 국민당내 중통(中統 국민당 중앙집행위 조사통계국)이었다. 중국 국민당 내의 움직임이 이상하게 흘러가기 시작했다는 뜻이다.

조선의용대가 출범한 지 두 달도 되지 않은 1938년 11월 말, 장개석은 김구를 중경으로 불렀다. 그리고 다음 해 1월에는 김원봉을 불렀다. 용건은 김구를 영수로 하는 광복진선(韓國光復運動團體聯合會)과 김원봉을 수반으로 하는 민족전선(朝鮮民族戰線聯盟)의 대동단결이었다.[12] 또한 장개석은 중국국민당 중앙당부 비서장 주가화에게 조선 당파 간의 문제를 책임지고 처리하도록 지시하였다. 1938년 겨울 무렵의 일이다.

이러한 막후 움직임 끝에, 1939년 초 김원봉은 조선민족혁명당을 대표하여 각 당파에 대해 원래의 조직을 해산하고 통일적인 단일당의 결성을 제의하였으며, 아울러 각 당파의 의견을 널리 받아들였다. 김원봉의 정치주장에 대하여 한국국민당의 김구와 조선혁명자연맹의 유자명이 제일 먼저 동의를 표시하였다. 김구는 친히 조선민족혁명당의 본부를 방문하여 모든 단체를 하나의 민족주의적인 단일당으로 통일할 것을 제의하였다.[13]

《백범일지》에는 김구가 조선의용대와 민족혁명당 본부를 찾아 민족주의 단일당 결성을 가장 먼저 주장한 것으로 되어 있으나[14] 아무래도 진실이 아닌 듯싶다. 상기 인용 자료를 미루어보면, 1939년의 7당 통일운동은 중

---

12) 朝鮮獨立運動Ⅱ, 657쪽.

13) 최봉춘, 조선의용대의 창설과 활동 보유, 『한국독립운동사연구 제25집』, pp.241-242

14) 『도진순 백범일지』, p.377

국 최고당국의 압력으로 시작되었다는 것을 짐작할 수 있다.

결국 김구와 김원봉은 1939년 5월, 연명으로 '여러 동지·동포에게 드리는 공개편지'를 발표하게 된다. 명분은 "해외의 모든 혁명단체들을 해소하여 통일적인 단일당을 결성함으로서, 역량을 집중하고 지휘를 통일한다."는 것이었다.

알 수 없는 일이다. 1935년 7월의 5당 통일운동의 실패 원인은 김구의 불참이 결정적이었다. 조선의용대가 출범하기 전인 1938년 7월 초에도 김구는 김원봉의 조선의용대 합류 제안에 분명히 거절했었다. 그런데 이 두 사람이 갑자기 통일당 운동을 재차 들고 나온 것이다. 결론은 너무 뻔했다. 7당 통일운동과 5당 통일운동의 실패 과정은 앞 장에서 이미 설명한 바 있다.

이쯤에서 주가화를 비롯한 중국 국민당 중통(中統)측의 움직임을 살펴보자. 주가화는 1940년 1월 이후 여러 차례에 걸쳐 한인 각 당파의 통일운동에 관한 경과를 장개석에게 복했다. 다음은 그의 보고서 가운데 주요한 내용 몇 가지를 발췌한 것이다.

이에 내부적으로 토론과 연구를 거친 결과 한국혁명단체 통일운동에 대해 이후 우리 당은 적극적이고 주동적인 태도를 취하는 것이 마땅하다는 결론을 얻게 되었습니다. 한국혁명단체 통일운동이 속히 성과를 거둘 수 있도록 이후로는 각 당파에 실현가능하고 구체적인 방안을 제시하며 우리의 주장을 강화할 것입니다. 서은증(徐恩曾) 동지 등이 위와 같은 내용의 편지를 보내왔기에 일을 서두르도록 답장을 보내는 한편 공산분자들은 통일운동의 대상에서 제외하도록 했습니다.[15]

한국혁명단체 통일운동이 지지부진한 이유 가운데 하나는 그동안 우리가

---

15) 한인 각 당파의 통일운동 경과보고, 주가화가 장개석에게(1940.1.26) 《대한민국임시정부자료집 25》

이 문제에 적극적으로 나서지 않았기 때문이기도 합니다. 그래서 이제부터는 적극적이고 주동적인 태도를 취하기로 방침을 바꾸었습니다. 한국혁명단체 통일운동이 성과를 거두어 속히 내부통일을 이룰 수 있도록 이후로는 각 당파에 실현가능하고 구체적인 방안을 제시하며 우리의 주장을 강화할 것입니다. 다만 계속 대한공작을 진행하고 일정한 성과를 거두기 위해 통일의 대상에서 공산분자는 제외시킬 것입니다.

듣자하니 근자에 한국혁명단체 중 공산분자들이 다방면으로 활동을 전개하고 있다 합니다. 저들이 기도하는 바는 결국 통일운동을 파괴하는 것입니다. 혹 저들이 정치부에 보조를 바라거나 도움을 청하거든 즉시 그 내용을 전해 주시고, 정치부에서 독자적으로 처리하는 일이 없었으면 합니다. 더불어 정치부에서도 저들의 활동에 대해 세심한 주의를 기울여 주시면 감사하겠습니다. 편안하시기 바랍니다.[16]

주가화는 통일의 대상에서 공산분자를 제외시킨다고 했다. 그리고 자금 지원도 고려해야 된다고 했다. 그렇다면 한국혁명단체의 통일운동은 왜 기획했을까? 기존 조선의용대가 본격적으로 활동하기 시작했는데 왜 김구에게 별도의 부대 즉 광복군을 만들게 했을까? 결론은 자명하다. 자신들이 사육하고 있다고 생각하고 있는 조선의용대가 이제는 오히려 주인을 물어뜯는 맹견으로 둔갑할 우려가 있다고 본 것이다. 그러면 김구는 어떻게 행동했을까? 앞글에서 이미 언급했지만, 중국 국민당의 한인 분열책에 철저히 추종하는 김구의 모습을 한 번 더 소개한다.

지난 20년간 한국독립단체 간 분쟁의 씨앗은 공산당이 뿌린 것입니다.…중국국민당(中國國民黨)이 공산당 숙청작업을 진행한 이후 저들은 더 이상 관내 각지에서는 공개적인 활동을 할 수 없게 되자 동북방면으로 활동의 장소를 옮겼습니다. 그곳에서 저들은 살인과 방화 등 온갖 악랄한 방법으로 한인사회를 이간질시켰습니다.…중국당국에서 민족운동 진영을 확실하게

---

16) 한인 각 당파의 통일운동 경과, 朱家驊가 陳誠에게(1940.2.15)《대한민국임시정부자료집 25》

지원해 준다면 우리는 독립운동의 주도권을 쥐고 모든 공작을 효과적으로 수행해 나갈 수 있을 것입니다.…어찌 삼한반도가 붉은색으로 물들도록 내버려 둘 수 있겠습니까. 삼한반도가 붉은색으로 물들 것을 생각하면 전율을 느끼지 않을 수 없습니다. 이점을 살피시어 전번에 청한 대로 도움을 주시어 우리의 민족운동이 속히 진행될 수 있도록 협조 바랍니다. 우리의 민족운동이 중도에 멈추거나 좌절되지 않기 위해서는 중국당국의 도움이 절실히 필요합니다.

김구가 중앙조사통계국 부국장 서은증(徐恩曾)에게 이 편지를 보낸 시기는 1940년 1월이다. 주가화가 장개석에게 '한인 각 당파의 통일운동 경과보고'를 한 시점과 거의 일치한다. 즉 김구는 중국 국민당의 의도를 정확히 파악했다는 뜻이다. 이 무렵부터 조선의용대는 급속하게 분열되기 시작한다. 1939 1941년 사이에 조선의용대의 주력은 차례로 일본군과 교전 중인 화북 지역으로 들어갔으나, 김원봉을 비롯한 소수의 대원들은 국민당 통치구역에 잔류하고 만다. 당시 민혁당의 분열과정을 정리해 보자.

[민혁당의 분열과정]

일시	내역
1935년 7월 5일	조선민족혁명당 창립
1935년 11월	한국국민당 창립
1938년 10월	조선의용대 결성
1939년 8월 27일	기강에서 7당 통일회의 개최-조선민족해방동맹과 조선청년전위동맹 이탈함
1939년 9월 22일	5당 통일회의 개최-조선민족혁명당, 조선혁명자동맹 이탈
1940년 5월	3당(한국국민당, 한국독립당, 조선혁명당)합당, 한국독립당 출범

1940년 9월	한국광복군 창설
1940년 가을	조선민족해방동맹과 조선청년전위동맹 및 조선민족혁명당 탈당자, 조선민족해방투쟁동맹 결성
1941년 1월 10일	화북조선청년연합회 결성
1941년 11월	민혁당 제6차 전당대회 개최 - 임시정부에 참여키로 결정
1942년 5월	중국 군사위원회, 조선의용대의 한국광복군 편입 명령
1942년 가을	잔류 조선의용대, 한국광복군 제1지대로 출범

광복군의 창설과 9개준승의 비밀

　우여곡절 끝에 임시정부의 주석과 통합 한국독립당의 영수 직에 오른 김구였지만 정작 고민은 따로 있었다. 이제 강력한 경쟁자로 자리매김한 민족혁명당과의 관계 설정이었다. 무엇보다 민족혁명당에는 조선의용대라는 무장 세력이 있었다. 이봉창·윤봉길 의거 이후 내세울만한 실적이 없었던 김구 계열에게 무장 부대가 없다는 것은 치명적이었다.

　장개석 국민당의 지원에 전적으로 의존하던 임정에게, 국민당의 지원이 두 갈래로 나눠진다는 것은 당장의 생존뿐 아니라 명분마저 잃을 위험이 큰 사안이었다. 결론은 임시정부 산하 군부대의 창설이었다.《백범일지》에 의하면 광복군은 너무나 간단하게 창설된 것으로 나온다.

　보조금 문제 등으로 평소 내왕이 있던 중국 국민당 중앙당부의 당국자 서은증(徐恩曾)과 몇 차례 상의한 뒤, 계획서를 장개석 장군에게 보내니 즉시 김구의 광복군 계획을 흔쾌히 허락한다는 회신이 도착하였다고 하는 것이 대략적인 내용이다.[17] 그 다음 임정에서는 이청천을 광복군 총사령에 임명하고 1940년 9월 17일 중경 가릉빈관(嘉陵賓館)에서 국내외 귀빈을 모시고 광복군 성립 전례식을 거행하였다고 주장하고 있다. 그러나 실상은 다르다. 광복군이 중화민국 정부에 의해 정식으로 인정받은 것은 1941년

---

17)『도진순 백범일지』, pp.382,393

11월경이다. 중국 국민당은 광복군 출범 이후 1년 이상이나 승인을 미룬 것이다. 왜 그들은 광복군의 승인을 이렇게 질질 끌었을까? 그리고 김구는 왜 중국 국민당의 승인을 그처럼 애타게 갈구했을까?

한국광복군 총사령부 성립 전례식 기념사진

우리는 1940년 9월 17일 중경 가릉빈관(嘉陵賓館)에서 한국광복군이 정식으로 출범했음을 알고 있다. 그런데 기이하게도 김구는 1941년 연초부터 한국광복군의 성립 여부를 질문하는 편지를 중국 국민당 관계자들에 수차례에 걸쳐 끈질기게 보내곤 했다. 이러한 사실은 무엇을 말하는가? 먼저 김구가 작성한 편지를 날짜별로 정리해 보겠다.

• 1941년 1월 11일 : 김구 → 주가화(한국혁명운동에 대한 중국당국의 명확한 태도 요청 공함)
"천재일우의 호기를 맞은 지금 한국광복군(韓國光復軍) 성립 여부는 민족의 계절존망과 밀접한 관련이 있는 중차대한 문제입니다. 부장님께서 진상을 제대로 파악하시어 알려주시고 그간의 노력이 헛되지 않도록 도와주시기를 청합니다."

• 1941년 1월 : 김구 → 주가화(한국광복군의 향후 공작 방침에 대한 의견요청. 절략節略)

"한국광복군 성립이 이미 비준되었습니다만 정식 성립을 비준해주시기 바랍니다."

• 1941년 2월 14일 : 김구 → 주가화(한국광복군의 조속한 정식 편조를 요청하는 편지)

"그런데 듣자하니 그 안건이 여전히 소관 과(科)에 계류 중이고 아직 정식으로 상부에 보고되지 않았다 합니다. 만일 이것이 사실이라면 우리들로서는 엄청난 조바심을 느끼지 않을 수 없습니다. 이에 재차 공함(公函)을 올리오니 살펴보시고 장 위원장님께 보고하여 주셨으면 합니다. 아울러 유관 군사당국에도 연락하시어 조속히 정식으로 비준을 받을 수 있도록 도와주시면 감사하겠습니다."

• 1941년 2월 : 김구 → 주가화(한국광복군의 정식 편성을 청원하는 편지)

"전에 정식으로 한국광복군을 편성 조직을 청원하는 일로 올린 편지를 귀부장(貴部長)을 통해 장(蔣) 위원장과 중앙의 유관기관(有關機關)에 전달하여 진술하여서 심의 재결하고 허가해달라고 청하였습니다. 그 후 한 달이 지나도록 지시를 받지 못하고 있습니다. 일이 대단히 긴급하고 절실하여 초조하기 짝이 없습니다."

• 1941년 3월 3일 : 김구 → 주가화(한국광복군의 신속한 정식편조가 되도록 도움을 청하는 공함)

"류선(騮先) 부장님 보십시오. 지난번에 편지와 함께 첨부문건 보내 드리고 답장을 기다렸지만 아직 소식이 없어 초조함을 금할 수 없습니다. 여러 사정이 있으시겠지만 한국광복군이 하루 빨리 정식으로 편성 조직될 수 있도록 부장님께서 더욱 힘써 주시기를 간절히 바랍니다."

• 1941년 3월 21일 : 김구 → 주가화(광복군의 편제 계획서를 제출했다는 김구의 함函)

"류선(騮先) 부장(部長)님 보십시오. 3월 6일 및 20일 두 차례의 존함(尊函)을 받아보고 모든 것을 잘 알았습니다. 한국광복군은 우리 공(公)의 시종 알선에 힘입어 마침내 성사되기에 이르렀습니다. 협정(俠情)과 의풍(義風)에 다만 3천만 한국민족이 감격하여 눈물을 흘릴 뿐만 아니라 장래 동아 각 민족의 신흥(新興)의 역사에서 마땅히 영원히 영광스러운 기록으로 남을 것입니다."

• 1941년 4월 28일 : 김구 → 주가화(한국광복군 편조문제의 조속한 처리를 위한 도움을 청하는 공함)

"여러 사무로 바쁘시겠지만 부장님께서 하 총장에게 속히 본안이 마무리될 수 있도록 협조를 청한다고 부탁해 주셨으면 합니다. 아울러 위원장 시종실에도 편지를 보내 장 총재께 본안의 중요함을 재차 진언하여 속히 시행될 수 있도록 도와주시면 고맙겠습니다."

• 1941년 5월 26일 : 김구 → 주가화(한국광복군 승인을 촉구하는 공함)

"류선(驅先) 부장님 보십시오. 한국광복군 편성조직 문제가 아직 정식으로 승인받지 못함에 초조함을 금할 수 없습니다."

• 1941년 6월 9일 : 김구 → 주가화(광복군의 안건을 알선해 준 데 감사하는 김구의 함函)

"이 안은 미묘한 관계로 인하여 지체된 지 1년 남짓이 되었습니다. 아직도 바라건대, 때때로 전도(前途)를 재촉하여 조속히 실시되게 해주신다면 지극히 감사하겠습니다."

• 1941년 6월 13일 : 김구 → 주가화(광복군 활동에 대해 협조와 보호를 해 주기를 청하는 함)

"광복군 문제가 아직 발표되지 않고 보류중이어서 초조함을 면치 못합니다. 특별히 간구하기는, 집사께서 주관장관(主管長官)에게 전하여 재촉하여 빨리 실시하게 해주시기를 바랍니다."

• 1941년 7월 28일 : 김구 → 장개석(김구가 장 위원장에게 보내는 절략節略)

"한국광복군이 비록 위원장님의 허가를 얻어 정식으로 성립되었지만 각 전구(戰區)에까지는 아직 공식적인 명령이 하달되지 못하였습니다. 이로 인하여 전방에 파견되었던 공작인원들이 각 전구장관의 협조를 얻지 못하고 적 후방에서의 공작 진행에 많은 어려움을 겪고 있습니다. 한국광복군 사무를 관장하는 군사당국에 속히 명령을 내려 한국광복군 인원이 공작을 전개하는데 도움을 줄 수 있도록 부탁드립니다."

• 1941년 9월 18일 : 김구 → 주가화(장개석 접견의 재성사를 청하는 공함)

"한국광복군 문제를 해결할 마지막 방안으로 장 위원장을 직접 뵙고 청원할 예정이었으나 적기의 공습으로 인하여 접견의 기회를 갖지 못한 점 너무나도 아쉽게 생각합니다. 그간 한국광복군 성립을 더디게 만들었던 각 유관기관이 내세운 이유와 구실들이 모두가 사실이 아닌 것으로 분명히 밝혀졌습니다. 그럼에도 불구하고 한국광복군 문제가 여전히 제자리걸음을 면치 못하고 있는 이유가 무엇인지 도대체 이해할 수 없습니다. 지난 수년간 부장님께서 한국혁명사업에 진정으로 동정과 지원을 아끼지 않으셨지만 여전히 한국광복군 문제가 해결되지 못하고 있는 것은 모두가 우리의 불민함 때문입니다. 이점을 생각할 때마다 죄송스러움을 금할 길 없습니다. 정세가 날로 긴박하게 돌아가고 있지만 아직도 적과 맞서 싸울 준비를 마치지 못하고 시간만 흘려보내고 있다고 생각하니 초조함을 금할 수 없습니다. 장 총재님을 속히 접견할 수 있도록 부장님께서 다시 한 번 힘써주시기를 부탁드립니다. 두서없이 장황하게 우리의 입장만 늘어놓아 죄송합니다."

• 1941년 9월 26일 : 김구 → 주가화(광복군 숫자가 증가하여 20만원의 보조를 청하는 절략節略)

"만약에 이 명을 기다려 적을 죽이려는 수많은 열혈청년을 번갈아 핍박하는 굶주림과 추위에 맡겨두고 좌시하며 구조하지 않는다면 사기를 북돋우고 귀순해 오는 것을 격려하기에 부족할 듯합니다. 이에 감히 정에 근거하여 호소하니 항전을 하는 장사(將士)를 위로하는 예에 비추어 20만원을 보조하여 유지하는 바탕이 되게 하고 항전에 유리하게 해주시기를 가장 바랍니다."

• 1941년 11월 18일 : 김구 → 주가화(속히 한국광복군이 편제될 수 있도록 도움을 청하는 서함書函)

"한국광복군은 국내외 동지들의 독촉과 더불어 속히 적과 맞서 싸우려는 사기가 충만하여 더 이상 편제를 미룰 수 없습니다. 속히 이 문제가 해결될 수 있도록 도움 부탁드립니다. 아울러 절략을 첨부하오니 가능성 여부를 잘 살펴보시고 끝까지 도와주셨으면 합니다. 더불어 절략을 장 총재님께 전해주시면 감사하겠습니다."

• 1941년 12월 9일 : (광복군의 활동 경비 지원을 요청하는 절략節略)

"중경에서 활동하고 있는 한국임시정부와 한국독립당 및 한국광복군의 징모(선전 포함) 등 활동 경비 및 이상 기관 소속 인원의 남녀 권속 120여 명의 생활비는 지금까지 전적으로 미국령 호놀룰루에 거주하고 있는 한교들이 보내주는 매달 약 3천 달러의 성금에 의존하여 그럭저럭 버텨왔습니다. 그러나 이달 7일 미국과 일본이 개전하면서 미국으로부터의 송금이 단절되고 말았습니다. 그 결과 각항의 활동에 필요한 경비를 마련하지 못해 애를 먹고 있습니다. 필요한 경비 가운데 광복군 부분에 들어가는 비용은 광복군의 편조가 완성되면 더 이상 지출하지 않아도 되겠지만, 그 외 당·정 활동에 들어가는 각종 경비와 권속의 생활비는 어찌해야 할지 난감하기만 합니다. 바라옵건대 이런 사정을 살피시어 현상을 유지할 수 있도록 장 위원장님께 매달 법폐(法幣) 6만 원을 지원해주시도록 말씀드려 주셨으면 합니다."

• 1941년 12월 11일 : 김구 → 주가화(이진강李振剛을 광복군 총사령부 참모

장에 권정(圈定)해달라고 청하는 함(函))

"간절히 바라건대, 집사(執事)께서는 빨리 허가하여 신속히 유위장(劉爲章) 차장(次長)에게 부탁하여 이진강(李振剛) 동지를 선택 파견하여 광복군 참모 장을 맡기신다면 감사하겠습니다."

• 1941년 12월 13일 : 김구 → 주가화(서안西安으로 옮긴 광복군 사령부 활동 허가에 관한 함函)

"간절히 바라기는, 수고스럽겠지만 장(蔣) 총재(總裁)에게 실상에 의거해 서 전하여 말씀드려주시고 아울러 하(何) 부장(部長)과 상의하여 활동을 개 시하도록 허가해주시고 아울러 군위회(軍委會)에서 인원을 파견하여 광복군 을 편성 훈련하는 일에 참가해 주시기 바랍니다. 한인 각층의 역량을 집중 하는 사항에 이르러서는 광복군이 만일 정식으로 활동을 개시한다면 극히 단기간 내에 통일을 완성하고 대적(對敵) 행동을 할 수 있으리라고 확신합니 다. 이는 전 민족이 '소수 이색분자를 제외하고' 1백 분의 99가 절대적으로 임시정부를 옹호하고 광복군이 항적(抗敵)을 개시하기를 열렬히 기대하고 있기 때문입니다."

• 1942년 2월 9일 : 김구 → 주가화(장 위원장 접견 기회를 요청하는 함函)

"류선(騮先) 부장님 보십시오. 간청할 것이 있어서 절략을 덧붙여서 보내 니 감핵(鑒核)하셔서 사실에 따라서 장 위원장님께 첨정(簽呈)하여 채납(採 納)을 허가해주시기를 바랍니다. 아울러 만나 뵐 기회를 특별히 마련해주셔 서 충정(衷情)을 면전에서 전달할 수 있도록 해주십시오."

• 1942년 2월 : (중국정부의 한국독립 원조와 관련한 몇 가지 사실)

"조선의용대 제1·제2·제3 각 지대원들이 모두 자진하여 북상을 위해 도 강(渡江)한 뒤 남은 소수 간부 10여 명은 무장 세력의 통일을 기하기 위해 본시 혼합조직 형태로 한국광복군에 귀속되어야 마땅합니다. 그러나 근자에 들리는 소문에 의하면 이를 주관하는 중국 군사당국이 조선의용군을 새로 편조(編組)하여 한국광복군과 병행 발전을 추진하고 있다 합니다. 만일 이것 이 사실이라면 이는 한국 무장대오의 통일을 저해할 뿐 아니라 내부 마찰을 일으킬 염려가 다분합니다. 이런 사정을 잘 살피시어 신속하게 소관기관에 통령하여 군령의 통일을 기하기 위해 한국광복군 외에 다른 명의의 무장대 오가 존재하지 않도록 조치해 주셨으면 합니다. 그리고 저와 동지들에 책임 지고 조선의용대의 잔여 간부인원을 극히 공평한 방법으로 광복군 대오 가 운데 상당한 지위를 부여하여 안치시킬 수 있도록 하겠습니다."

• 1942년 5월 1일 : 김구 → 주가화(진국빈陳國彬의 광복군 부사령 임명에 관 한 김구의 공함公函)

"군사위원회 방면에서는 조선의용대를 한국광복군에 귀속시켜 개편하고 조선의용대 진국빈 대장을 한국광복군 부사령에 임명하고자 하는 것으로 알고 있습니다. 그러나 현재 한국광복군의 편제에는 부사령의 자리가 없습니다. 혁명과정에서 사람을 위해 자리를 마련하는 것은 적당치 않은 조치로 여겨집니다."

• 1942년 5월 17일 : 김구 → 하응흠(김약산金若山을 광복군 부사령 겸 지대장으로 한다는 편지)

주 부장의 편지는 장 위원장님의 양(陽) 7일 대전(代電)의 내용을 전해주는 것이었습니다. 그 내용은

"2월 11일 올린 김구의 보고 잘 받았습니다. 이 안건을 하(何) 총장에게 연구토록 하였더니 '(一) 조선의용대를 광복군에 합병 편조하는 문제는 김약산 등과 여러 차례 상의하였습니다. 김약산은 자신이 광복군 부총사령에 취임하고 아울러 조선의용대를 광복군의 한 지대로 개편시키는 조건 하에 광복군과의 합병을 수락하였습니다.' 는 내용의 보고를 올렸습니다. 하 총장의 의견이 옳다고 생각되어 그대로 따르도록 하였습니다. 이런 사정을 전하니 참고하기 바랍니다."는 것입니다. 우리 한국임시정부 국무회의는 김약산을 한국광복군 부사령 겸 지대장으로 파견하기로 결정하였습니다.

1941년 무렵의 김구는 임시정부의 주석이었다. 이상과 현실의 차이는 컸지만, 당시 임시정부는 외국의 승인을 얻기 위해 동분서주했던 한 나라의 정부임을 자처했다. 그러한 단체의 수반이었던 김구가 중국 국민당 일개 관료에게 애걸하는 장면을 목격하는 중이다. 이 글에 인용하지 않았지만 주가화를 공대하는 김구의 모습, 특히 장개석을 찬양하는 장면은 차라리 비참할 정도다. 어쨌든 김구는 장개석으로부터 한국광복군의 승인을 받아 내었고 자금 지원도 받았다.

다시 처음의 질문으로 돌아가자. 중국 국민당 정부는 왜 그렇게 광복군의 승인을 지연시켰을까? 몇 가지 요인 중 하나는 다음의 문서를 보면 이해할 수 있다. 1942년 2월 9일 장개석의 접견 기회를 요청하는 김구의 편지 말미에, 주가화는 장개석에게 보내는 비밀 메모를 덧붙였다.

의용대 분자가 복잡하며, 다수 대원이 다투어 공산당의 대오로 뛰어들고 있다는 것은 사실임. 연래 한국동지들 간의 의지를 집중하지 못하고 있음. 단결과 통일을 촉구할 수 없는 것은 실은 좌경분자에게 이용되는 결과가 되기 때문임. 김구 군이 의용대 나머지 소수인원을 광복군에 편입시켜 정리하려고 청구하였는데, 그럴 필요가 있을 듯함.[18]

결국 장개석 정부의 원래 목적은 조선의용대의 와해였다. 아마 그들이 가장 원했던 시나리오는 김구가 조선의용대를 완벽히 장악하여 김원봉을 포함한 한인 좌익 계열 모두를 국민당의 수족으로 만드는 것이었을 것이다. 그들이 한인 지사들의 통일, 통일을 요구했던 것은 국민당 우익의 깃발 아래에 모이라는 신호였던 것이다.

하지만 김구의 능력은 한계가 있었다. 더욱이 김원봉마저 그들의 예상과 달리 조선의용대 대원뿐 아니라 민혁당 당원조차 제어하지 못하는 상황이 되어버렸다. 이제 그들이 선택할 수 있는 것은 소수이나마 조선의용대 소속 인원을 한국광복군에 편입시키고 김원봉을 허수아비로 만드는 것이었다. 그리고 통합된 한국광복군을 돈으로 조정하고 거기에다 법적으로도 종속되게 만드는 것이 최종 계획이었던 것으로 보인다. 대부분이 그들의 뜻대로 되었다.

김원봉은 발톱 빠진 호랑이가 되었으며 한국광복군의 일개 지대장으로 전락되고 말았다. 김구 및 임정계열 인사들은 돈으로 완전히 조정할 수 있게 되었다. 인사권도 국민당의 몫이었다. 마지막 남은 것은 새롭게 만들어진 한인들의 무장 세력을 법적으로 완벽히 제어하는 것뿐이었다. 여기에

---

18) 蔣 위원장 접견 기회를 요청하는 函.(부 : 收文登記)《대한민국임시정부자료집 10》

등장하는 것이 '9개 준승'이다.《백범일지》는 이 문제 역시 너무나 간략하게 언급하고 만다. 다음은 '9개 준승'에 대한 김구의 회고다.

중국 중앙정부 군사후원회(군사위원회)가 한국광복군의 소위 '9개 행동준승(行動準繩)'을 발표하였는데, 조항 중에는 우의적인 것도 있고 모욕적인 것도 있었다. 그런 까닭에 임시정부와 광복군 간부들은 준승의 접수 여부에 의논이 비등하였다. 그러나 그것을 다시 교정하려면 시일만 연기될 뿐이므로, 우선 접수하고 불합리한 조건을 시정하기로 하였다.[19]

그러면 '9개 준승'이 과연 무엇이며 어떤 내용을 담고 있는가에 대한 의문부터 풀어보기로 하자. 아래에 그 전문을 소개한다.

[한국광복군 이(李) 총사령(總司令) 보십시오.]
한국광복군이 본회의 통할과 지휘에 귀속된 뒤 일체 활동의 준승(準繩)에 관하여 아래와 같이 규정하였습니다.
  1. 한국광복군은 우리나라 항일작전 기간에는 본회에 직접 예속되며, 참모총장이 운용을 장악한다.
  2. 한국광복군은 본회의 통할과 지휘에 귀속된 뒤로는 우리나라의 계속된 항전 기간 및 해국(該國) 독립당(獨立黨) 임시정부(臨時政府)가 한국 경내로 들어가기 이전에는 다만 우리나라 최고통수부(最高統帥部)의 유일한 군령만 접수하며, 다른 어떤 군령도 접수하지 않음. 혹 다른 정치적 견제를 받더라도 한국독립당 임시정부와의 관계는 우리나라의 군령을 받는 기간에는 여전히 고유한 명의(名義) 관계를 보류(保留)하도록 한다.
  3. 본회는 한국광복군이 한국 내지를 향하여, 그리고 한국 변경의 지역에 접근하여 활동하는 것을 원조함으로써 우리나라 항전공작(抗戰工作)에 배합하는 것을 원칙으로 하며, 한국 변경에 들어가기 이전에는 응당 한인을 흡인(吸引)할 수 있는 윤함구(淪陷區)를 주요 활동구역으로 삼으며, 군대의 편성과 훈련기간에는 특별히 우리나라 전구(戰區) 제1선(군부軍

19) 『도진순 백범일지』, pp.393-394

部 이전) 부군에서 조직과 훈련을 할 수 있도록 허락한다. 다만 우리의 당지(當地) 최고군사장관(最高軍事長官)의 절제(節制)를 받아야 한다.

4. 전구 제1선 이후의 지구에서는 다만 전구장관 소재지 및 본회 소재지에만 연락통신기관을 설립하도록 허락하며, 초편부대(招編部隊)가 멋대로 주둔하거나 혹은 다른 사정의 활동도 모두 할 수 없다.

5. 한국광복군 총사령부 소재지는 군사위원회(軍事委員會)에서 지정한다.

6. 한국광복군은 윤함구(淪陷區) 및 전구(戰區)를 막론하고 모두 우리 국적 사병(士兵)을 초수(招收)하지 못하며 마음대로 행정관리를 설치하지 못한다. 만약 화적(華籍) 문화공작 및 기술인원을 이끌어 쓰고자 할 경우에는 반드시 군사위원회에 신청하고 군사위원회에서 조사하여 파견한다.

7. 한국광복군의 지휘명령 및 청령관계(請領款械) 등의 일에 관해서는 본회가 지정하는 판공청(辦公廳) 군사처에서 처리를 책임진다.

8. 중일전쟁이 끝나기 이전에 한국독립당 임시정부가 만약 이미 한국 경내에 들어갔을 때에는 한국광복군과 임시정부의 관계에 있어서 별도로 명령 규정을 의정(議定)하였다. 단 계속하여 본회 군령을 받아서 작전에 배합하는 것을 주로 한다.

9. 중일전쟁이 끝났으나 해(該) 임시정부(臨時政府)가 여전히 한국 경내에 들어가지 못했다면 해(該) 광복군(光復軍)을 이후 어떻게 운용할 것인가 하는 문제는 군사위원회(軍事委員會)가 일관된 정책을 근본으로 하여 당시의 정황을 살펴서 독자적으로 처리를 책임진다. 이상 각 항은 이미 상신서를 제출하여 핵준을 받았으며 특전(特電)을 전달하니 자세히 살펴보시고 처리해주시기 바랍니다. 군사위원회(軍事委員會) 판공청(辦公廳) 산투판일참인(刪渝辦一參印)

부건(附件) : 군사위원회(軍事委員會) 판공청(辦公廳) 30년 11월 13일 판일참자(辦一參字) 제18045호 대전초건(代電抄件)

한국광복군(韓國光復軍) 이 총사령 보십시오. '한국광복군은 중화민국의 항일작전 기간에는 본 군사위원회에 의해 직접 통할과 지휘를 받으며, 한국광복군의 일체 활동의 준승 및 한국독립당 임시정부와 관계된 사항은 별도로 지금의 규정에 따라 처리하는 외에 즉시 부반(附頒)된 해(該) 총사령부(總司令部) 편제표대로 편성 보고하고 아울러 각지에 흩어진 부대의 실력을 사실대로 조사 보고하라.'는 비밀 지시를 받고 분전(分電) 외에 상응전(相應電)으로 청하니 처리해주시기 바랍니다.

군사위원회(軍事委員會) 판공청(辦公廳) 산투판일참인(刪渝辦一參印)(부 : 한국
광복군 총사령부 잠행편제표暫行編制表 1빈份)

한국광복군 총사령부 잠행편제표(생략)

이 글을 읽는 이들은 대부분 이승만이 헌납한 전시작전권을 떠올리리라
믿는다. 한국전쟁 초기인 1950년 7월 14일 당시 대통령 이승만은 주한 미
국대사 무초(John J. Muccio)를 통해 아래와 같은 각서를 더글러스 맥아더 유
엔군사령관에게 보냈다.

맥아더 장군 귀하,
대한민국을 위한 유엔의 공동 군사 노력에 있어 한국 내 또는 한국 근해
에서 작전 중인 유엔의 육해공군 모든 부대는 귀하의 통솔 하에 있으며, 또
한 귀하는 그 최고사령관에 임명되었음에 감하여 본인은 현 작전 상태가 계
속되는 동안 대한민국 육해공군의 일체의 지휘권을 이양하게 된 것을 기쁘
게 생각하는 바이며…(이하 생략)

사실 임정이 헌납한 작전권과 한국전쟁 당시 이양한 작전권을 동일시 한
다는 것은 무리한 발상이다. 그러나 임시정부 정통론을 내세우고 일부에
서 광복군을 한국군의 효시라고 주장하는 집단이 있음이 사실인 이상, 김
구의 행위는 재검토해야할 필요가 있다. 그런데 여기에 또 다른 문제가 있
다.《백범일지》에 의하면 '9개 행동준승(行動準繩)'은 모두에게 공개된 사안
이다. 조약 중에 모욕적인 것도 있었지만 차후 불리한 것을 시정한다고 김
구는 말했다.

하지만 이 '9개 행동준승'은 임정의 핵심인사도 몰랐던 비밀조약이었다.

김구는 왜 거짓말을 했을까? 사실 '9개 행동준승'은 미국의 첩보망이 아니었다면 영원히 묻혀 졌을 지도 모른다. 아니면 적어도 제2차 세계대전이 끝날 때 까진 비공개 자료로 분류될 수도 있었다. '9개 행동준승'이 공개되어가는 과정을 짚어보기로 하자.[20]

• 1942년 11월 25일 - 한국독립운동
"중국 국민당정부가 이른바 현재 진행 중인 한국독립운동에 대한 통제권을 확보하겠다는 목적과 전쟁 후 한국에 대한 어느 정도의 지배권을 성취하겠다는 궁극적인 목표를 위해 한국 애국자들의 취약한 입지를 이용하려 한다는 점 등입니다. 중국 당국이 대한민국임시정부에 1940년 11월 요구했던 것으로 알려진 '9개 준승' 조문을 입수하도록 노력하겠습니다."

[1942년 11월 18일 - 대사를 위한 비망록]
"중국 국민당정부 당국은 그들 자신의 목표를 위해 한국의 민족운동을 이용하려 했고, 1940년 11월 임시정부에 '9개 준승'을 제시했으며 김구와 이청천(한국광복군 총사령)은 이를 받아들였습니다. 이 준승의 정확한 성격은 알려지지 않았지만 처음 두 항목은 본질적으로 (1)중국 국민당 정부가 한국이 독립을 되찾은 후에도 한국군에 대한 통제권을 계속 행사는 것과 (2)국민당 정부가 중국군사위원회를 통해 현 단계의 한국독립운동에서 중국 쪽의 군사적, 정치적 측면에 대한 통제력을 행사하는 것이라 생각됩니다.…임시정부의 광복군과의 합병 당시 김약산 조직은 한국민족운동을 중국 국민당정부에 저당 잡히는 '9개 준승'의 존재를 몰랐으며, 현재 개회 중인 의회에서 이런 조건은 거부되어야 한다는 주장을 밀어붙이는 중입니다."

[1942년 11월 23일 - 대사를 위한 비망록]
"엄은 중국 국민당정부에 대한 분노를 드러냈는데, 그의 주장으로는 (1) 한편으로 한국 민족운동에 필요한 재정 지원을 이루어주지 못했으며 (2)다른 한편으로는 상황을 조작해 전쟁 후의 한국을 속국으로 만들려 하고 있다는 것이었습니다.…조소앙은 1940년 9월 대한민국임시정부가 이곳에서 세워졌을 때 중국인들이 도와주고 싶다는 희망을 밝혔다고 말했습니다. 결과

---

20) 태평양전쟁기 중경주재 미 대사관의 보고문건《대한민국임시정부자료집 26》

적으로, 원조는 거의 없었고 임시정부는 아마도 3백만 명의 애국자가 될 수 있었을 중국의 한국 민족주의자들을 무장 세력으로 조직하는데 필요한 재정 지원을 받지 못했습니다. 중국인들의 땅에 독립군을 조직하는 것을 허락한다면 또 다른 팔로군 문제가 일어나지 않을까를 국민당 정부가 두려워했다는 조짐이 보입니다. 거기에 더하여 중국이 전쟁 후 한국을 정치적으로 지배하는 것을 고려하는 계획을 세웠다는 근거도 있습니다.…'9개 준승'으로 인해 한국광복군에 대한 재정 지원도 통제권도 가지지 못하게 된다면 임시정부는 광복군을 마땅히 그렇게 되어야 할 군대로 만들 희망을 가지지 못하게 됩니다.…안원생이 말하기를, 현재의 상황 하에서는 광복군이 계속 존재할 수가 없다는 것입니다."

[첨부문서 2호. 조소앙의 수석 보좌관인 엄(Um)과의 대화]
"엄은 클럽에게 1941년 11월 1일 중경의 한국인 조직에 전달된 중국어로 된 '한국광복군 활동 지침' 사본을 건넸다. 아마도 중국군사위원회 참모총장인 하응흠(何應欽)과 총통 자신이 이 문서에 대한 책임이 있을 것이다. 이 문서는 공식 협약은 아님에도 불구하고 효력을 발생한다. 임시정부 관리인 안원생(安原生 David An)은 이 문서에 관한 특정 정보를 이승만 박사에게 전달하고 미군 고위급 장교(아마도 한국계인)를 만나기 위해 인도로 가고 있다. 안원생의 여행은 극비이며 한국의 활동에 대한 중국의 통제를 피하기 위해 비밀이 지켜져야만 한다. …하(何) 장군을 비롯한 여러 중국 지도자들은 문제의 문서에 관련되어 독립운동에 족쇄가 채워진 것에 당혹함을 표했지만 이를 없애기 위해 아무것도 하지 않았다. 1942년 4월 중국정부는 임시정부 승인에 동의했고 5월에 국민당 중앙집행위원회가 이 승인을 찬성하고 확인했지만, 7월이 되자 중국은 입장을 바꾸고 한국에 대한 제국주의적 의도를 보였다. 이러한 전개로 인해 임시정부는 워싱턴으로의 이동을 고려하고 있다."

• 1942년 12월 9일 - 조소앙으로부터 입수한 정보
"12월 7일 한국 측으로부터 극비리에 입수된, 1941년 11월 중국군사위원회가 한국독립운동에 부가했다고 알려진 '9개 준승(11월 25일자 대사관 전문 750호 참조)' 사본은 중국의 한국 군대를 조직하고 지휘하는데 있어 중국의 엄중한 통제를 의미하지만, 조소앙 측이 제국주의적 의도를 비난함에도 불구하고 전쟁 후 한국을 지배하려는 중국의 의도에 대한 명확한 근거는 되지 못함. 조소앙 측의 대표가 논의를 위해 누군가를 만나고 워싱턴의 이승만에

게 중요한 정보를 알린다는 명백한 목적을 가지고 인도로 갔음."

→1942년 12월 11일-한국과 중국정부 간의 협정(9개 준승)
"대한민국임시정부 주석인 김구는 이 '9개 준승'을 원래 그의 소속 정당
이 승인과 재정 지원이라는 형태로 외부로부터의 조력을 절실히 필요로 하
고 있을 때 받아들였습니다. 현재 내각 내에는 의견 차이가 있는데, 이 조건
들이 한국인들의 국내 및 국외 정책을 지나치게 크게 통제하며, 특히 궁극
적으로 한국이 독립한다면 더더욱 그럴 것이라 생각되기 때문입니다."

• 1942년 12월 11일-한국독립운동
"'한국광복군 활동 지침'은 12월 7일 데이비드 엄(David Um, 엄대위嚴大衛)
으로부터 입수한 것인데, 그는 소위 대한민국임시정부 '외무부장'인 조소앙
의 최측근으로 보입니다. 조소앙 자신이 12월 2일 이 문서의 사본을 제공하
겠다고 말했으며 여기 제출되는 문서는 한국 혁명가들이 대화에서 한국에
관해 중국 국민당정부가 알려진 대로 제국주의 정책을 펼친다고 비난하고
있는 내용이라 생각됩니다. (이에 대해서는 1942년 11월 25일자 대사관 전문 750
호를 참조하십시오).
대사관에 의해 입수된 중국어 문서에는 날짜도 서명도 없습니다. 그러나
대사관의 정보 출처에 의하면 이 '준승'의 해당 날짜는 (11월 25일자 대사관
전문에서 말했던 1940년이 아니라) 1941년 11월입니다. 그 문제에 관한 중국
측과 한국 측의 협약 서명은 없지만, 그럼에도 불구하고 '9개 준승'은 현재
유효합니다."

• 1943년 1월 15일-한국독립운동
"중국 국민당 정부에 의한 한국광복군 활동에 제약을 가하는 협약을 받아
들인 것이 대한민국임시정부 주석인 김구이며 그 대가로 한국 측은 각각 총
통의 기밀 조사부, 교육부, 총통의 내무사무국 인력과의 책임자인 대립(戴
笠), 진립부(陳立夫), 진과부(陳果夫)로부터 매달 6만 중국 달러의 보조를 받
게 되었다는 언급은 흥미롭습니다."

[무관 보고서 110호]
"김구는 이곳 중경에서 임시정부를 이끄는데 있어 스스로 분규에 휘말
린 것으로 보인다. 중국 중앙정부로부터의 지원금에 대한 대가로 그는 개인
적으로 임시정부의 활동을 타협시키고 제한하는 중국 중앙정부와의 협약을

받아들였다. 달마다 중국 비밀정보부의 대립(戴笠), 교육부의 진(陳, 진립부·진과부) 형제로부터 6만 중국 달러의 지원금을 받는 대신 그는 중국의 정치적, 군사적 조언자들을 받아들였다. 협약에서 눈에 띄는 조항은 동양에서의 전후 계획에서 한국을 중국에 묶어놓는다는 것이다. 이는 한국인들을 상당히 화나게 했고, 적어도 김구를 난처하게 했다."

• 1944년 3월 8일 - 임시의정원 정기회의
"상당한 논쟁을 수반한 문제는 소위 한국광복군의 지위 문제였다. 광복군의 활동에 대한 중국군사위원회와 한국 임시정부 간에 존재하는 현재 협약은 비판의 대상이다. 이 협약의 중국어 원문은 극비라는 성격으로 인해 1942년 12월 11일자 우리의 171호 편지로 군사정보국장에게 번역을 위해 보내졌다. 임시의정원 회의에서는 새로운 국무원이 기능하게 되고 3개월 후에 진정한 한국 국민군이 되도록 군대의 지위를 변화시키고 '9개 준승'을 양 측이 서명한 동등한 조약으로 대신하게 만드는 협상이 다시 이루어져야 한다고 결정되었다."

• 1944년 10월 24일 - 대한민국임시정부 및 한국광복군
"한국광복군은 5년 전 중국군사위원회의 지원과 그 위원회가 요구한 '9개 준승'을 조건으로 조직되었다. 총사령부는 중경에 있으며 병력은 두 지대로 나누어져 있었다. 제1지대는 중국 동북부의 팔로군에 있었으며 그 중 몇몇은 노하구(老河口)에 주둔했다. 제2지대는 서안(西安)에 주둔했다. 광복군이 조직된 이후 중국군사위원회는 자금을 조달해주었고 임무를 지시했으므로 한국인들에게는 자유는 없었다. 그로 인해 1943년 겨울 동안 임시의정원은 주석과 외무부장, 총사령과 부사령에게 중국군사위원회의 '9개 준승'을 철회시키는 일을 책임지도록 하였다. 장개석은 이를 철회했지만 재정지원도 철회했고, 1943년 10월부터 광복군은 모든 것을 임시정부에 의존하면서 어려움을 겪게 되었다."

대한민국임시정부사에 의하면 광복군 '9개 준승' 취소안이 통과된 것은 1943년 12월 1일이다. 그리고 실제로 폐기된 것은 1944년 8월이다. 우리는 가쓰라-태프트 밀약에 분노하고 전작권 이양을 단행했던 이승만의 행위를 증오하고 있다. 하지만 이 두 가지를 합친 것 같은 '9개 행동준승'의

과정에 대해선 너무 모르고 있었다. 숨겨졌던 '9개 준승'의 비밀 내용을 다시 정리해 보자.

첫째, 한국광복군은 '9개 준승'을 조건으로 조직되었다.

둘째, '9개 준승'의 핵심은 중국 국민당 정부가 한국광복군 활동에 제약을 가하는 협약이다.

셋째, 중국 국민당 정부가 한국이 독립을 되찾은 후에도 한국군에 대한 통제권을 계속 행사하는 것도 포함되어 있다.

넷째, 이 조약을 받아들인 것은 대한민국임시정부 주석인 김구였다.

다섯째, 김구는 밀약 합의의 대가로 매월 6만 중국 달러의 지원금을 받았다.

여섯째, '9개 준승'을 폐기한 것은 임시의정원이었다.

일곱째, 장개석은 '9개 준승'을 철회한 후 광복군에 대한 재정지원을 중단했다.

18

진공이냐 침투냐, 독수리 작전의 실체

겨우 몇 백 명 수준의 그것도 목총 하나 제 대로 없는 광복군을 3개 사단이라고 주장하고 있다. 왜곡·과장 정도가 아니라 거의 소설 수준이다. 심하게 얘기하자면 사기라고도 할 수 있다. 개인의 사적인 편지가 아니라 그래도 한 나라의 정부를 자칭하고 있는 단체가 이러한 문서를 작성하여 공식적으로 발송했다는 자체가 믿어지지 않는다. 미 대사관의 반응이 궁금하리라 믿는다. 이 문서를 검토한 미 대사관은 1942년 3월 19일, 서비스 (John S. Sevice)라는 직원으로 하여금 중국 외교부 동아시아 국장 양운죽(楊雲竹) 박사를 면담케 하고 자세한 사정을 알아보게 하였다.

장준하가 본 임시정부, 장준하가 알고 있던 김구

"왜적이 항복 한다오"
하였다.
"아! 왜적이 항복!"
이것은 내게는 기쁜 소식이라기보다는 하늘이 무너지는 듯한 일이었다. 천신만고로 수년 간 애를 써서 참전할 준비를 한 것도 다 허사였다. 서안과 부양에서 훈련을 받은 우리 청년들에게 각종 비밀한 무기를 주어 산동에서 미국 잠수함을 태워 본국으로 드려 보내어서 국내의 요소를 혹은 파괴하고 혹은 점령한 후에 미국 비행기로 무기를 운반할 계획까지도 미국 육군성과 다 약속이 되었던 것을 한 번 해보지도 못하고 왜적이 항복하였으니 진실로 전공이 가석이어니와 그 보다도 걱정되는 것은 우리가 이번 전쟁에 한 일이 없기 때문에 장래에 국제간에 발언권이 박약하리라는 것이다.[1]

역사는 만약이라는 가정을 허용하지 않는다. 하지만 유독 백범 김구에겐 너무나 너그럽다. "만약, 한국광복군이 일제를 항복시켰다면?" "만약, 전쟁이 한 달 정도라도 더 늦게 끝났더라면?" "만약, 미국이 히로시마와 나가사키에 원폭을 투하하지 않았더라면?"

위 문장은 김구 스스로 쓴 글이 아니다. 원전은 좀 더 건조하게 작성되었으나 이광수가 윤문을 한 것이다. 내용 자체야 그리 다르지 않지만, "아! 왜적이 항복!"이라는 김구의 탄식을 삽입함으로써 독자들의 마음을 흔드는 문학적 기교를 부렸다. 아무튼 이 문장은 세간에 너무 잘 알려져 있고,

....

1) 『국사본 백범일지』, p.351 《백범김구전집, 2》 p.803

해방 후 미 소 강대국들에 의해 국토가 분단되는 아픔과 교묘하게 결합되어 만약에…라는 안타까움의 가정이 널리 퍼진 것으로 보인다. 물론 어떠한 모순을 겪더라도 하루라도 빨리 전쟁이 끝나길 바라는 순전한 평화주의자들은 김구의 탄식에 비판의 날을 세울 것이다.

반전주의자들의 반응을 제외하더라도 우리가 오해하고 있는 것이 있다. 김구가 말하는 작전의 성격과 규모 등을 정확하게 알아야 만약에…라는 가정이 성립될 수 있다는 뜻이다. 생각해 보라. 김구의 기대대로 미국의 국내 침공 작전에 광복군이 참여하여 소기의 성과를 거두었다고 하자. 하지만 임정과 광복군의 공적을 미국이 어떻게 평가했을지 궁금하지 않은가? 여기에도 만약이 성립할 것이다.

중요한 것은 당시 광복군이 어느 정도의 규모였으며, 훈련 상황 그리고 전쟁 수행 능력과 실전 경험이 어느 정도 수준이었는가 하는 점이다. 물론 작전의 주관처도 중요하다. 김구의 주장처럼 미국 육군성과 협의 하에 계획된 작전이었는지 혹은 일개 단위부대의 단독 작전이었는지도 우리가 파악해야 할 주제의 하나다. 이러한 여러 문제를 알아보기 전에 당시 광복군의 상황을 먼저 알아보기로 한다. 실제 작전에 참여했던 장준하의 도움을 받기로 하겠다.

…가능하다면 이곳을 떠나 다시 일군에 들어가고 싶습니다. 이번에 일군에 들어간다면 꼭 일군 항공대에 지원하고 싶습니다. 일군 항공대에 들어간다면 중경폭격을 자원, 이 '임정' 청사에 폭탄을 던지고 싶습니다. 왜냐구요? 선생님들은 왜놈들에게서 받은 서러움을 다 잊으셨단 말씀입니까? 그 설욕의 뜻이 아직 불타고 있다면 어떻게 '임정'이 이렇게 네 당, 내 당하고 겨누고 있을 수가 있는 것입니까? …분명히 우리가 이곳을 찾아 온 것은 조국을 위한 죽음의 길을 선택하러 온 것이지, 결코 여러분들의 이용물이 되

고자 해서 이를 악물고 헤매어 온 것은 아닌 것을 말합니다. 이것으로 저의 말을 맺습니다. 안녕히 계십시오.[2]

우로부터 장준하, 김준엽, 노능서

장준하가 그렇게 그리던 중경 임시 정부에 도착한 1945년 1월 31일이다. 1944년 1월 20일, 일본군 학도병으로 징집되어 평양에서 훈련 받은 후 중국 서주(徐州) 쓰가다(塚田) 부대에 배속된 지 1년 정도 지난 후다. 일군 부대를 탈출한 7월 7일부터 헤아리면 대략 6개월이 지났다. 거리는 6천리 길이었다. 일본군의 눈을 피해가며, 죽음을 그림자로 달고 제비도 넘기 힘들다는 파촉령을 넘는 대장정의 험난한 길이었다. 하지만 중경에 대한 거의 맹목적인 기대가 환상이었다는 것을 깨닫는데 소요된 시간은 겨우 2주일이면 충분했다.

'임정 청사 폭격'이란 희대의 항명발언을 했지만 장준하는 처벌을 받지 않았다. 오히려 이 사건을 계기로 임정 내 계파 간 분열은 더욱 심화되었다. 이쯤에서 1945년 당시 광복군의 현황을 알아보기로 하자. 다음 표는 군무부공작보고서 및 임시정부의정원 문서를 참조하여 작성한 것이다.[3]

2) 장준하, 『돌베개』, 청한문화사, 1971, p.307

3) 군무부공작보고서(1945.4.1), 국회도서관 편, 『대한민국임시정부의정원문서』, pp.822-826 《대한민국임시정부자료집 9》

[1945년 광복군 현황]

구분	책임자	위치	인원			
			장교 (한/중)	대원	병사	소계
총사령부	이청천	중경	56 (13/43)		52	108
제1지대	김원봉	중경	21 (10/11)	48	20	89
-제1구대		노하구	-	-	-	-
-제2구대		연산	-	-	-	-
제2지대	이범석	서안, 건양	28 (17/11)	222	35	285
제3지대	김학규	부양	4	112	3	119
주인도 공작대[307]	한지성	가이가답 (加爾加答)	-	13	-	13
합계						614

1945년 3월경 광복군의 총인원은 614명이다. 물론 이 숫자는 그 무렵 탈출해온 학병출신과 중국군인을 포함한 것이다. 이 당시 한국광복군은 1944년 8월부로 '9개 준승'이 폐기되었으므로 형식상 독자적인 부대를 운영하고 있었다. 하지만 실제 내막은 다르다. 비슷한 시기에 중국 국민당이 작성한 문서를 보면 다음과 같은 내용이 있다.

한국광복군은 우리 군사위원회의 도움으로 그나마 오늘과 같은 규모를 갖추게 되었습니다. 그러나 최근 한국광복군의 동태를 보면 주화미군(駐華美軍)의 원조를 더욱 중시하는 것 같습니다. 현재 서안(西安) 방면의 한국광복

---

4) 過去 朝鮮民族革命黨과 英國印度軍事當局과의 協定締結에 依하야 印度에서 工作을 進行하던 印度工作隊의 一切關係는 이미 臨時政府에서 接受辨理케 하였고 目前工作을 좀더 擴大發展식히기 爲하여 政府에서는 英國軍事當局과 다시 新協定締結의 交涉을 進行하고 있음. 印度工作은 主로 英軍과 配合하여 對敵宣傳, 虜 向, 敵文件飜譯, 宣傳, 비라作成, 地放送 等인데 目下 工作上 必要로 因하여 政府로서는 伍名을 增派하기로 決定하였음.

군은 미국의 협조를 얻어 훈련반 개설을 적극 추진하고 있습니다.[5]

실제 광복군은 중국 국민당으로부터 일방적인 원조를 받다가 차츰 미국 쪽으로 방향을 선회한 것은 맞다. 하지만 중국에의 의존도가 아직은 절대적이었다. 광복군과 중국 국민당과의 관계는 일단 이 정도로 하고 시간을 좀 뒤로 돌리자. 장준하의 눈에 비친 광복군의 실제 모습은 어떠했을까? 장준하는 광복군 1·2·3지대를 모두 경험하는 이색적인 체험을 하였다. 쓰가다(塚田)부대를 탈출한 장준하가 광복군을 제일 처음 접촉한 곳은 안휘성(安徽省) 임천(臨泉)에서였다. 1944년 8월경이다. 이곳에서 그는 중국 중앙군관학교 임천분교의 한국광복군훈련반(한광반)에 입소한다. 바로 김학규가 지대장으로 있던 제3지대다. 그곳에서 장준하 일행은 3개월 과정의 군사훈련을 받게 된다. 장준하는 이곳에서의 경험담과 비애감을 다음과 같이 피력했다.

그것은 기대 밖의 환영이요 감격이었다.
…(중략)…
오후 다섯 시, 항례대로 교내 광장에서 하기식이 거행되었다. 우리도 참석하게 되었다. 우리는 태극기를 생각했지만, 내려지는 것은 청천백일의 중국기였다.
…(중략)…
이튿날부터 우리는 중국군복으로 다시 갈아입고 그들과 같이 행동하게 취하게 되었다. 자동적으로 입교가 된 셈이었다.
…(중략)…
애초부터 기대를 가질 수 없었지만, 이곳에서 실시하는 그 교육이란 것이 시간의 낭비라는 것으로 해석되었다. 하루의 일과라는 것이 중국국기의 계

5) 대한민국 임시정부의 최근 동태(1945년 5월 23일), 추헌수,『자료한국독립운동』1, 연세대출판부, 1971, p.403《대한민국임시정부자료집 13》

양식과 하기식 거행에 참가하는 것 외에 하루 한 두 시간 정도씩의 도수 교련-중국인 장교 한 사람과 우리나라 장교인 진경성 교관이 지도했다-과 김학규 주임의 한국독립운동사 강의를 청강함이 고작이고

…(중략)…

그런가하면 막사 옆에 있는 중국 군인들은 사격연습도 하고 박격포도 쏘고 집총을 하고 제법 군인 같은 훈련을 하는데 우리에게는 목총 한 자루 없는 형편이어서 더욱 맥이 풀릴 수밖에 없었다.

…(중략)…

노는 것도 하루 이틀의 일이요, 또 때와 경우를 따라야지, 탈출의 군은 각오와 자존심이 더 이상 용납할 수 없을 정도로, 해이하고 안일한 생활의 반복이 계속되었다.

…(중략)…

조국이 없는 군대에는 목총 한 자루도 없었다. 집총훈련은 고사하고 이곳에선 총을 한번 만져보지도 못하였다.

…(중략)…

우리는 졸업식장에서 중국군 육군 준위에 일제히 임명되었다. 준위의 계급은, 사병의 계급에서 장교로서의 대우를 받는, 최초의 계급이었다. 졸업이라니, 더구나 중국 정규군 준위의 계급을 달자니, 속으로는 우스운 생각이 들었다.[6)]

장개석 군(軍)이 한국광복군에게 훈련조차 제대로 시키지 않고 왜 비무장 부대로 더욱이 전선에 투입시키지 않았나하는 의문에 대해선 앞의 글 〈광복군의 창설과 '9개 준승'의 비밀〉에서 이미 설명했다. 이러한 사정을 알 수 없는 장준하 일행은 임시정부가 있는 중경은 다르겠지…하는 거의 맹목적인 중경에 대한 동경심을 갖게 되었던 모양이다.

"가 보나마나다. 내가 있어 봐서 안다. 가 보면 곧 환멸을 느낄 것이다."[7)] 라는 김학규의 만류를 뿌리치고 장준하 일행 50여 명은 중경을 향해 출발

---

6) 장준하, 『돌베개』, pp.141-188
7) 장준하, 『돌베개』, p.195

한다. 온갖 고생 끝에 그들은 또 다른 광복군 근거지에 도달했다. 광복군 제1지대 제1구대가 있던 노하구다. 장준하는 노하구를 떠난 이유를 아래와 같이 피력했다.

노하구의 도시가 시야에 들어 왔을 때, 우리에게 스며드는 환희는 감격의 소리를 지르게 만들었다.

"왔구나! 다 왔어요."

어떤 동지는 배뱅이굿의 춤을 추며 길거리에서 돌아왔다.

우리를 맞이해준 광복군은 예상대로 더 할 수 없는 친절과 접대를 해주었으나, 그 규모는 단 세 명뿐이었다. 그들은 총사령부의 전방파견대가 아니고 제1지대의 분견대였다.

…(중략)…

김약산이 군무부장 겸 제1지대장으로 있으면서 우리의 도착을 미리 알고 이들을 파견하여 자기 산하에 조종해서, 우리들 50여 명의 청년동지들을 자기 세력 확장을 위해 흡수하고 노하구에 그냥 머물러 있도록 하려는 공작의 서곡이었다.

…(중략)…

설득의 내용은 이곳 노하구에 계속 머물러서 제1지대를 보강시키자는 것이었다. 결국 우리들의 중경 행을 막으려는 수작이었다. 우리를 자기네 산하 세력으로 만든다는 것은 대단한 성과일 수도 있었다.

결국 장준하 일행은 노하구를 떠났다. 25일간의 노하구 생활을 털어버리고 중경을 향해 출발했다. 중경 도착 이후의 실망감에 대해선 이미 거론했다. 장준하가 최종 선택한 곳은 제2지대였는데, 그 곳에서의 생활은 다음 글 〈진공이냐 침투냐, 독수리 작전의 실체〉에서 다룰 예정이다. 아무튼 장준하는 광복군 제1·2·3지대 모두를 경험한 셈인데, 장준하가 만난 대부분의 독립지사들은 그의 비판에서 벗어날 수 없었다. 열혈 청년의 눈에 비친 노회한 독립지사들의 우울한 모습은 그리 유쾌한 장면은 아니나, 임정과 광복군의 진실을 알려주는 점에 있어 가치 있는 정보라고 판단된다.

하지만 예외가 있었다. 김원봉에 대한 평가가 공산주의에 대한 혐오감 때문이지 상당히 편향되었다고 볼 때[8], 백범 김구에 대한 그의 서술은 거의 경외(敬畏)에 가까웠다. 아마 왜곡된 정보에 의한 세뇌였을 것으로 짐작된다. 장준하가 김구에 대하여 기록한 부분을 검토해 보기로 하겠다.

여기서 잠깐 김구 선생에 대한 그의 독립투쟁을 훑어보기로 하자. 백범은 그의 호다. 황해도 출생으로 열여덟이 되던 나이에 동학당에 가입하여 그 이듬해에 해주 동학군의 선봉으로 나섰으나 실패하였다. 그 때 이름은 김창수였다.

1896년 2월에 안악 치하포 주점에서 일본군 육군 중위 쓰지다를 살해하고 체포되었다.

인천 감리영에서 사형선고를 받고 8월 26일 사형 집행 직전에 왕의 특명으로 집행 중지, 2년 뒤에 탈옥하였다. 이때부터 백범의 투쟁은 시작된 것이다. 한 때는 삼남지방을 방랑도 하고 공주의 마곡사에 들어가 중이 되기도 하였으나, 오래지 않아 하속하여 황해도 고향에 학교를 세워서 육영사업을 시작하였다.

그러나 1909년 11월에 만주 하르빈에서 이등박문이 저격되자, 그 배후 인물로 혐의를 받아 다시 검거되어 해주감옥에 투옥되었다. 이것이 그의 두 번째 옥고였다.

1910년 망국 직후에 신민회의 결의대로 남만주에 무관학교를 설립할 기금을 모으다가 다시 피검, 17년의 형을 받고 지겨운 복역생활을 1915년까지 끌었다.

1919년 3·1운동 직후에 상해로 망명, 임시정부의 경무국장에 취임, 1923년에 내무총장이 되고, 17년엔 국무령이 되었다.

1932년 정월에 백범은 이봉창을 일본 동경에 보내어 일본천황에게 폭탄을 던지게 했고, 다시 그해 4월에는 윤봉길로 하여금 백천 대장에게 폭탄을 안기게 하여 상해를 점령한 일군에게 크나큰 상처를 입히고 전 중국인의 쾌

---

8) 예를 들면 김원봉이 연립내각에 참여하기 위해 '조선민족혁명당'을 조직한 것으로 보고 있는데, 이것은 명백한 오류다. '조선민족혁명당'의 성립과정은 〈5당 통일운동과 김구의 독자노선〉에서 이미 설명했다.

재를 불러일으킨 홍구공원 사건은 너무나 잘 알려져 있는 일이다. 이렇게 되자 백범을 체포하려는 일본은 숱한 한인을 매수하여 앞잡이로 내세웠다. 돈에 매수된 같은 동포의 눈총이 백범을 찾아 다녔고 할 수 없이 가흥으로 몸을 피신하지 않을 수 없었다.

이러던 중 장개석 씨의 요청으로 남경에서 그를 만나본 백범은 낙양의 중국군관학교에 부설로 한국군관학교 설립 합의를 보고 곧 착수하였다. 중원 각지에서 군관후보생을 모집하여 이청천·이범석 두 장군에게 그 교육을 담당케 하여 1년여를 교육 중, 연약한 중국정부는 일본의 압력으로 이를 해산해 버렸다.

여기서 우리의 본격적인 무장 항쟁의 기초가 무너지게 된다. 그 후 각지로 교포와 동지들을 끌고 임시정부의 간판을 한 몸에 둘러멘 채, 또 다시 때를 기다리며 방랑하다가 마침내 중국요로 인사들과 함께 일군에 쫓겨 1940년 중경에서 임시정부의 주석이 되어 현재에 이른 것이다.[9]

이 글의 내용이 얼마나 허구에 찬 그리고 왜곡·과장으로 점철되어 있는가 하는 것은 지금까지 이 책을 통하여 증명하였다. 다만 정리하는 의미로 장준하가 잘못 알고 있는 김구의 모습을 아래에 다시 소개하고자 한다.

• 김구는 1895년에 해주 동학군의 선봉이 된 적이 없다.
• 치하포 주점에서 김구가 살해한 사람은 일본군 육군 중위 쓰지다가 아니고 평범한 상인이었다.
• 고종은 김구의 사형 집행 중지를 특명으로 내린 적이 없다.
• 김구는 안중근 의사의 배후로 지목되어 옥고를 치른 적이 없다. 다만 혐의 인물로 잠깐 거론되었으나 불기소 처분되었다.
• 신민회의 결의대로 남만주에 무관학교를 설립할 기금을 모으다가 다시 피검된 적도 없다. 김구가 1911년에 체포된 것은 안명근의 안악 사건을 계기로 황해도 일대의 민족주의자 일제 소탕 검거 작전에 연루된 때문이다. 일제는 이후 이 사건을 더욱 확대하여 소위 105인 사건으로 알려진 데라우치 총독 암살미수사건을 조작하였다. 그리고 김구의 형량은 17년형이 아니다. 15년형으로 판결이 났으나 7년으로 감형되었다가 최종적으로 5년으로

---

9) 장준하, 『돌베개』, pp.291-292

감형되었다.

- 이봉창·윤봉길 의거의 과정은 상당히 복잡하므로 제12장 중 〈윤봉길 의거의 진실〉을 참조할 것
- 장개석 국민당 정부와 합의한 것은 한국군관학교 설립이 아니고 중국군관학교 낙양분교에 한국인들을 입학·교육시키는 것이었다.
- 중국 정부는 이청천·이범석을 낙양분교의 정식교관으로 임명한 적이 없다.
- 중국정부는 일본의 압력으로 낙양분교를 해산한 적이 없다. 낙양분교에 한인 학생들이 더 이상 입학할 수 없었던 사정은 김구의 책임이 컸다. 보다 상세한 내용은 제14장 중 〈낙양군관학교의 파벌〉편을 참조할 것

만약 장준하가 이 정도의 진실을 알고 있었더라면, 그래도 김구를 그렇게 높이 평가했을까? 그러면 장준하는 어떤 경로로 김구에 대한 정보를 알게 되었을까하는 의문도 들 것이다. 물론 엄항섭의 공로다. 1945년경이면 《백범일지》 상·하권이 완성되었을 때다. 그리고 《도왜실기》도 이미 출판하였고 그 외 한국국민당과 한국독립당의 기관지 역할을 했던 《한민》 등을 통하여 장준하는 백범 김구에 대한 정보를 습득하였을 것으로 짐작된다. 김구와 함께 생활을 하지 않았던 장준하가 김구의 이력을 오해하고 있었다는 것은 하등 이상한 일이 아니라는 뜻이다.

임정의 끊임없는 짝사랑과 미국의 극동정책

장준하가 당시 임시정부와 김구를 정확히 파악하기는 무리였을 것이다. 그렇다면 좀 더 객관적 자료의 제시가 필요하리라 본다. 미국이 바라본 임시정부의 실체를 알아보기로 하자.

《백범일지》에는 OSS 국내침투훈련 즉 독수리작전과 관련하여 미국과의 관련을 잠시 다루고 있으나, 미국이 임정 및 한인독립운동단체에 관심을 두기 시작한 것은 상당히 오래전부터였다. 원래 상해 임시정부는 미국으로부터 관심밖의 영역이었다. 그러나 태평양 전쟁이 발발한 이후인 1942년부터는 갑자기 정보량이 폭증하기 시작한다. 정보 공급경로는 중경주재 미 대사관이 주축이었고, 다음은 OSS[10]로 대표되는 군사 및 정보 관계자들이었다. 먼저 미 대사관이 워싱턴의 국무부에 보고한 현황을 살펴보자.

[태평양전쟁기 중경주재 미 대사관의 보고문건]

발송자	발신일자	제목
고스	41.12.20	1) 자칭 대한민국임시정부외무부장 조소앙의 편지
	42.01.03	2) 대한민국임시정부의 현 상황에 대한 보고
	42.01.31	3) 조소앙의 미국방문 신청
	42.02.12	4) 대한민국임시정부
	42.03.25	5) 한국독립운동과 승인 요구
	42.03.28	6) 한국 독립에 관한 미국의 성명 발표

10) Office of Strategic Services, 전략사무국. CIA의 전신이다. 1942년에 창건되었다. 주 임무는 정보활동과 유격활동을 병행하며 적 후방지역을 교란시키는 것이었다.

	42.03.28	7) 중국 입법원 원장 孫科의 임정승인 발언
	42.04.10	8) 임정 승인문제에 대한 중국정부의 태도
	42.04.10	9) 대한민국임시정부
	42.04.14	10) 대한민국임시정부
	42.04.15	11) 임정 승인문제에 대한 중국정부의 태도
	42.04.18	12) 임정 승인문제에 대한 중국정부의 태도
	42.05.05	13) 대한민국임시정부
	42.05.07	14) 임정 승인문제에 대한 중국정부의 태도
	42.05.13	15) 중국관내 한인독립운동세력의 통합문제
	42.05.16	16) 한국독립운동단체 간의 불화
	42.06.19	17) 중국 국민당 통치지역 내 군사조직 통합
	42.09.29	18) 한국 군사지도자가 미 대통령에게 보낸 편지
	42.11.19	19) 김약산 측으로부터 입수한 정보
	42.11.21	20) 미국 내 중한민중동맹단과 임정과의 관계
	42.11.24	21) 조소앙으로부터 입수한 정보
	42.11.25	22) 한국독립운동
	42.12.09	23) 조소앙으로부터 입수한 정보
	42.12.11	24) 한국과 중국정부 간의 협정(9개 준승)
	42.12.11	25) 한국독립운동
	42.12.29	26) 한국독립운동
	43.01.15	27) 한국독립운동
	43.02.02	28) 대한민국임시정부
빈센트	43.03.15	29) 조선민족혁명당과 군소정당의 집회 결과
	43.03.17	30) 조선민족혁명당의 재조직과 중국정부 측 태도
	43.04.12	31) 임정 및 광복군대표자의 미국 인도 파견 제안
	43.05.11	32) 신탁통치설에 대한 조소앙의 확인 요청
애치슨	43.06.11	33) 한인대중집회에서 미 대통령에게 보낸 편지
	43.08.13	34) 임정 주석 김구의 동향에 대한 정보
	43.08.20	35) 한국문제의 몇 가지 측면
고스	43.11.15	36) 한국독립운동
	43.12.06	37) 한국의 장래 지위
	43.12.07	38) 한국정당대표자, 카이로선언에 대한 해명요구
	44.02.23	39) 한국내 상황
	44.04.13	40) 조소앙 등의 미국 방문과 임정 최근 상황
	44.04.18	41) 한국 상황 : 한국대표단의 미국방문 제안
	44.04.26	42) 임정 각료의 재인선
	44.05.04	43) 임정 재조직에 대한 정보
	44.05.15	44) 한국 임정 : 한국인 그룹의 미국방문 제안
	44.05.19	45) 대한민국임시정부
	44.06.01	46) 한국, 중국국민당중앙집행위원회에 대한 호소

	44.06.03	47) 중한문화협회의 임정승인 주장
	44.06.21	48) 대한민국임시정부의 미국에 대한 승인 요청
	44.06.29	49) 중국 내 한국인들에 대한 비망록 송부
	44.09.28	50) 전후 한국
애치슨	44.11.14	51) 전후 한국
	45.03.01	52) 조소앙과의 면담 내용
	45.03.03	53) 비망록 송부 : 한국 임시정부
	45.04.02	54) 임정과 프랑스와의 '사실적 관계' 수립 주장
	45.04.09	55) 중경주재 프랑스 대사의 해명
헐리	45.05.29	56) 이승만의 '얄타밀약설'에 대한 임정의 입장 표명
헐리	45.08.14	57) 조소앙의 미 국무부에 대한 요청
※고스(Clarence E. Gauss) : 駐中 대사		
※빈센트(J. C. Vincent) : 주중(駐中) 대사(대리)		
※애치슨(G. Atcheson) : 주중 대사(대리)		
※헐리(Hurley) : 주중 대사		

1941년 12월 7일 태평양 전쟁이 발발하여 일본과 미국이 적대국이 되자 중경의 임시정부와 미국 대사관에 갑자기 대화의 통로가 생겼다. 그동안 미국과의 접촉은 대한민국민회와 동지회 그리고 한족연합회와 주미외교부 등 미주 한인들의 독점물이었으나, 이제 중경 주재 미국 대사관이라는 새로운 대화의 창이 개설된 것이다.

안타까운 것은 이승만을 비롯한 미주 한인들이 실패한 전철을 중경 임정도 마찬가지로 답습하고 있다는 점이다. 임시정부의 승인, 바로 그것이다. 상기 표에 나타난 바와 같이, 임정은 1941년 12월 20일 외무부장 조소앙의 명의로 미 국무장관에 편지를 보낸 이후로 1945년 종전 무렵까지 끈질기게 임정의 승인을 요구한다. 물론 임정이 망명정부로 승인이 되어야만 무기대여법(武器貸與法)에 의해 미국의 지원을 받을 수 있다는 사실을 모르는 것은 아니다. 하지만 협상의 상대자가 바보가 아닌 이상 정보의 정확성과 타당함을 검토하지 않을 리 없을 것이다.

1942년 2월 경, 조소앙은 자신의 미국 방문을 위한 여권 신청을 요청함과 동시에 엄청난 장문의 문서를 미 대사에게 제출했다. 이 글은 I.서론 II.임시정부의 조직 III.정부와 임시의정원 IV.정부와 국내활동 V.임시정부와 만주의 한국인들 VI.임시정부와 미국의 한국인들 VII.임시정부와 러시아의 한국인들 VIII.임시정부와 한국독립당 IX.임시정부와 광복군 X.임시정부와 연합국 XI.주요 한국독립운동가들 XII.태평양전쟁과 한국 그 외 한국독립당의 원칙들과 목적들, 정책 등으로 구성되어 있다. 문제는 내용의 장황함을 차치하더라도 쉽게 파악할 수 있는 정보도 과장 왜곡이 심하다는 것이다. 예를 들어 보겠다. 이 문서 중 〈V.임시정부와 만주의 한국인들〉 항목을 아래에 소개한다.

만주라고 알려진 중국의 동북 3성으로 한국인들이 대규모로 이주하기 시작한 것은 대략 한 세기 전부터다. 이 지역에는 300만 명이 넘는 한국인들이 살고 있으며 그들은 임시정부의 지도하에 압록강과 두만강 유역을 근거지로 삼아 일본군 3개 사단과 전투를 벌여 왔다. 이는 1931년 만주사변이 일어나기 이전 상황이며, 만주사변 이후로 임시정부와 만주의 한국인 전사들 사이의 연결이 끊어졌다. 지금 한국 전투요원들은 중국의용군에 합류했고 그로써 중한연합군의 이름이 알려졌다.

현재 임시정부는 최소한 2만 명의 군대를 보유하고 있지만, 외부에서 장비와 군사비용이 지원된다면 그 숫자는 쉽게 10만 명으로 늘어날 수 있다. 지리학적으로 말하자면, 산과 숲이 많은 중국 - 러시아 국경지역은 적과 싸우는데 유리하게 이용될 수 있다. 또한 그 지역의 한국인과 중국인 거주자들의 반일 정서를 이용하는 것 역시 중요하다. '만주국' 허수아비 군대가 자신들의 총검을 '돌려서' 괴뢰조직과 일본 침략자들로 향하게 만들기 위한 목적으로 이들과 비밀 접촉이 이루어져야 한다.

임시정부 지도의 결과로 가장 최근에는 비밀결사와 농민조직을 책임지고 있는 사람들 모두가 활동을 더 강화했는데, 연합국으로부터의 군사 보급품

지원이 있다면 이는 대규모로 추진될 수 있다.

만주에 사는 사람들 외에도 중국의 여러 지역, 특히 강소(江蘇), 절강(浙江), 산동(山東), 호북(湖北), 찰합이(察哈爾)와 수원(綏遠)에 2백만 명이 넘는 한국인들이 흩어져 살고 있다. 이 숫자 중 25만 명의 한국인들은 전쟁을 위해 일본에 의해 강제로 중국에 보내졌는데 그들 중 아주 많은 숫자가 이미 한국광복군으로 넘어왔다.

현재 임시정부는 세 가지 목표를 가지고 있는데 첫째, '점령'지역의 무장 한국인들이 봉기하여 '돌아서게' 만드는 것. 둘째, '점령'지역의 한국인들이 심리적으로 한국 독립전쟁에 참여하게 만드는 것. 셋째, 위의 두 단계가 성공하면 이 활동을 만주에서의 작업과 '연계'시키는 것이다. 이 모든 조처를 실행하기 위해서는 연합국으로부터의 대규모 도덕적, 물질적 원조가 필요하다.[11]

만주에 살고 있는 330만 명이 넘는 한국인들이 임시정부의 지도하에 일본군 3개 사단과 전투를 벌여왔다. 임시정부는 최소한 2만 명의 군대를 보유하고 있다. 군수물자의 지원만 따른다면 쉽게 10만 명으로 늘어날 수 있다.… 낯이 뜨거울 지경이다. 하나 더 예를 들겠다.

Ⅶ. 임시정부와 러시아의 한국인들

러시아의 한국인들은 러시아군 당국의 지휘 하에 있는 2개 사단을 제외하고 70만 명 정도로 추정된다. 그러나 특정 상황 하에서는 이 한국인 군대가 임시정부의 명령을 받을 수 있으며, 만주의 한국군과 연계된 이후에는 한국 광복군 총사령 휘하에서 일본군에 대항해 싸울 수도 있다. 1919년 대한민국임시정부가 수립되자마자 그 주요 대표들이 새로운 혁명 기관에 참여하겠다고 보낸 전문에서 드러난 것처럼 러시아 영토에 거주하고 있는 한국인들이 임시정부에 열광적인 지지를 보냈다는 것은 기억해둘 만하다.

공산당이라면 치를 떨던 것이 그 당시 임정에 잔류하던 인사들 대부분의

---

11) Ⅰ. 태평양전쟁기 중경주재 미 대사관의 보고문건-대한민국임시정부, 발신: 고스, 수신: 국무장관《대한민국임시정부자료집 26》

성향이었다. 러시아 군에 소속되어 있는 한인들이 임시정부의 명령에 따를 수 있다는 자심감은 어디서 나왔는지 모르겠다. 마지막으로 광복군에 대해선 어떻게 서술하고 있는 지 알아보기로 하자.

IX. 임시정부와 광복군

임시정부 초기 단계에 한국광복군 조직을 위한 일련의 규칙이 선포되었는데, 그 지휘관들은 당시 중국 동북 3성에서 활동 중이었다. 1940년 광복군은 이청천 장군을 총사령으로 하여 재조직되었다. 1941년 말 즈음 중국 군사당국과 협의가 이루어져 한국광복군이 중국 국민당 통치지역의 여러 성에서 활동하고 작업하는 것이 허용되었다. 자신들의 영토에 확실한 발자국을 찍기 전에, 한국광복군은 중일전쟁과 태평양전쟁에 참가해야 했다. 겉보기에 한국은 두 가지 전쟁을 치러내야 하는 것 같았지만, 실제로는 한국의 전쟁은 오직 독립을 위한 것 한 가지였다.

현재의 가장 중요한 문제는 3개 사단 혹은 그 이상의 뛰어난 한국군을 훈련시키는 것과 그들의 군사 활동을 위해 지역을 배정받는 것과 관련된 조처이다. 이러한 문제의 해결책은 연합국의 원조에 달려있다. 이 문제가 해결된다면 전 세계 한국인들의 반일감정을 자극할 것이라는 사실은 매우 확실하다. 미국이 무기대여법안을 통해 대한민국임시정부가 뛰어난 3개 사단을 중국 국민당 통치지역에서 1년 내로 훈련시킬 수 있도록 해준다면 더 없이 좋은 일이 될 것이다. 이 뛰어난 군대로 대한민국임시정부는 한국 혁명의 잠재력을 쉽게 증진시킬 수 있을 것이다. 한국의 혁명은 태평양전쟁에서의 민주주의 진영에 신선한 원조세력이 될 수 있으며 이 거대한 투쟁의 마지막 결과를 결정짓는 것을 돕는 데까지 나아갈 수도 있다는 것에 주목하는 것이 중요하다.

겨우 몇 백 명 수준의 그것도 목총 하나 제대로 없는 광복군을 3개 사단이라고 주장하고 있다. 왜곡·과장 정도가 아니라 거의 소설 수준이다. 심하게 얘기하자면 사기라고도 할 수 있다. 개인의 사적인 편지가 아니라 그래도 한 나라의 정부를 자칭하고 있는 단체가 이러한 문서를 작성하여 공식적으로 발송했다는 자체가 믿어지지 않는다. 미 대사관의 반응이 궁금하리라 믿는다. 이 문서를 검토한 미 대사관은 1942년 3월 19일, 서비스(John S. Sevice)라는 직원으로 하여금 중국 외교부 동아시아 국장 양운죽(楊雲竹) 박사를 면담케 하고 자세한 사정을 알아보게 하였다. 다음은 대화 비망록의 전문이다.

본인은 외교부 동북아 국장 양운죽(楊雲竹) 박사를 방문해 그와 한국문제에 대해 한 시간 반 정도 논의했습니다. 다음은 양 박사의 발언을 요약한 것으로, 대부분 본인의 질문에 대한 대답입니다.

중국의 한국인들에 대한 태도를 결정하는 것은 다음 요소들로 인해 복잡하다. (1)한국인들 사이의 통합 부재 (2)국외 망명 한국인들의 단체 중 어떤 단체가 본국의 한국인들 사이에서 추종자를 보유하고 대표로 인정받고 있는가를 결정하는 것의 어려움.

현재 중국의 한국인들 사이에는 두 개의 주요 집단이 있다. 하나는 '조선민족혁명당'이라 불리며 두 번째는 '한국독립당'이라 불린다. 민족혁명당은 성향과 제휴단체가 다소 좌익에 가깝다. 독립당은 특정한 정치적 색채는 없다. 민족혁명당은 시베리아에 있는 약 20,000여 명에 이르는 추종자들의 지지를 받고 있다고 주장한다. 독립당은 미국에 있는 한국인들로부터 많은 지지를 끌어내고 있다. '대한민국임시정부' 뒤의 주된 세력은 이들이며, '민족혁명주의자들'은 임시정부로부터 거리를 두고 있다(이 당이 최근 발표한 성명에서 임시정부에 대한 지지를 표방하기는 했다. J. S.).

각 집단은 다소 불완전한 군사 조직을 보유하고 있다. 조선민족혁명당의 군사조직은 조선의용대라는 이름으로 알려져 있으며 김약산의 지휘 하에 있다. 임시정부의 조직은 광복군이라 불리며 이청천 장군 지휘 하의 다섯 개 부대(아마도 대대)로 구성되어 있다고 한다. 이 부대 중 서안(西安)에 있는 부대는 200여 명으로 이루어져 있다. 나머지는 대체로 서류상으로만 존재한다.

양쪽 조직은 거의 전부가 일본군에 징집되었다가 중국군에 의해 포로가 되거나 중국군 쪽으로 탈영한 한국인들로 구성되어 있다. 그들은 실제 전투는 거의 해보지 않았고, 참전했다 해도 주로 선전 목적으로 이용되었다.

양쪽 다 중국 군사당국으로부터 다소 지원을 받았지만(양 박사는 이 부분에 대해서는 모호하게 말했다), 중국군사위원회는 최근에야 공식적으로 임시정부의 군대를 승인했다. 이는 양쪽 군사 조직의 통합을 위한 예비단계로 간주

될 수 있는데, 중국인들은 통합이 곧 실현되기를 희망하고 있다. 중국의 '거중조정'은 이 목적을 위한 방향으로 이루어지고 있다.

중국인들은 이러한 군사적 통합이 궁극적인 임시정부의 승인을 위한 기반을 조성하는 첫 단계라 생각한다. 두 번째 단계로는 정당의 통합인데 곧 이루어질 것이다. 세 번째는 임시정부의 현재 지도자, 혹은 그 자리를 채울 수 있는 연합조직의 지도자가 한국인들의 지도자로 주장할 수 있는지를 결정하는 것이다.

양 박사는 현재 중국에 있는 임시정부의 김구, 조소앙 및 다른 지도자들의 진정성과 신뢰도에는 의심의 여지가 없다고 믿었다. 그러나 양 박사는 그들이 한국에서 여전히 얼마나 잘 알려져 있고 많은 지지를 받는지에 대해서는 - 그들이 너무 오래 전에 한국을 떠나있었으므로 - 다소 의구심을 가지고 있다는 인상을 주었다. 그는 한국은 다른 어떤 나라보다도 외부로부터 단단히 봉쇄되어 있다고 지적했다.

중국에 있는 조직들의 규모와 지지에 대한 문제가 제기되었다. 서천(四川)에는 현재 200여 명의 한국인들이 있는데, 그들 대부분이 다양한 조직의 정치인들이며 '직업 혁명가들'이다. 섬서(陝西)에도 비슷한 숫자의 한국인들이 있으며, 위에서 언급한 한국인들 대다수는 포로로 탈출 후 한국군에 합류했다. 임시정부는 미국에 있는 한국인들 사이에서 폭넓은 지지를 받고 있다고 주장하며, 임시정부 대표들은 양 박사에게 자신들이 미주로부터 한 달에 1만 달러씩을 받고 있다고 말했다. 양 박사는 민족혁명당이 공산주의자 쪽(즉, 시베리아)에서 지원을 받고 있을 것이라는 암시를 명확히 설명하지 않았다.

양 박사에 의하면 한국문제에 대한 중국의 전반적인 태도는 독립에 대한 한국인들의 열망에는 동정적이다. 이는 중국 북부에서 한국인들이 밀수, 마약 운송 등을 비롯해 중국에 해가 되는 여러 활동들에 활발히 참여한 것에 대한 이전의 분노를 극복하는 것이다. 그러한 활동이 기억된다고 해도 한국인들은 일본인들에 의해 그런 행동을 하도록 강요받았다는 근거로 양해된다. 양 박사는 한국인들이 궁극적으로는 승인을 얻을 것이라는 확실한 인상을 주었다.

양 박사가 한국문제에 관한 미국의 정책에 대단히 관심을 가지고 있다는 것은 명백하다. 그는 워싱턴에서 열린 최근의 회의에 대한 정보와 남미와 북미의 한국인 공동체의 숫자와 세력에 대한 정보를 요청했다. 그는 또한

우리가 정보를 알려줄 것을 요청했고 자신도 그렇게 하겠다고 약속했다.[12)]

1942년 2, 3월경이라면 조선의용대가 아직 한국광복군에 편입되기 이전이다. 조선의용대의 주력은 대부분 화북으로 이동한 상황이었다. 그리고 조선의용군(대)은 태항산을 근거지로 일본군과 치열하게 싸우고 있던 무렵이었다. 하지만 당시 광복군의 실상은 어떠했는가? 실제 전투는 거의 해보지 않았던 200여 명의 광복군을 3개 사단 운운했으니… 이 보고를 접한 미 대사는 어떤 생각을 했을까? 이러한 와중에 그 해 말경에는 이미 거론한 바 있는 한국과 중국정부 간의 협정 즉 '9개 준승'의 비밀까지 알게 된다. 그래도 임정은 아랑곳하지 않고 임정의 승인을 줄기차게 요구한다. 독립지사들인지 정치인인지 분간이 가지 않을 정도다. 미국 대사관은 광복군의 실체를 파악했을 뿐 아니라 임정의 내밀한 사정까지 수집하곤 했다. 아래에 몇 가지 사례를 제시한다.

■임정 주석 김구의 동향에 대한 정보(1943.08.13.)
 1. 피셔(Fisher)와 스튜어트(Stewart)는 김구에 대한 보고서를 확인했고 중국과 한국을 향한 방송에서는 김구나 대한민국임시정부에 대해 언급하지 않는 것이 좋겠다고 권고.
 2. 김구는 알려진 대로 한국에서, 그리고 중경의 단체들(조선민족혁명당 및 '대한민국임시정부' 주변에 만들어졌던 그의 조직, 그가 여전히 통제하고 있는 '내각' 등)에게서 받았던 지지의 많은 부분을 잃었는데, 이는 1941년 11월 그가 한국독립운동에 대해 중국정부가 부과한 조건들을 받아들였다고 이야기되기 때문이다.

12) 대사를 위한 비망록, 한국독립운동과 승인 요구, Ⅰ. 태평양전쟁기 중경주재 미 대사관의 보고문건-
대한민국임시정부《대한민국임시정부자료집 26》

■ 한국 문제의 몇 가지 측면(1943.08.20.)

문제의 해법은 한국 독립의 회복에 있습니다. 독립은 성취되어야만 하고 한국은 한 나라 혹은 여러 나라의 지배를 받아서는 안 됩니다. 그러나 한국이 약한 나라이기 때문에 최종적으로 독립이 이루어졌을 때 혼자 서는 것이 불가능할 수도 있습니다. 미국은 한국 및 필리핀과 같은 나라의 독립을 보증해주는 주역으로서 한국의 미래에 매우 중요한 역할을 해야 하며, 이는 미국이 일본이 다시는 침략국으로 나서지 않도록 하는데 특히 이해관계를 가지고 있기 때문이기도 합니다. 미국이 한국 독립을 보증하는데 주도권을 잡는 것과 함께, 영국, 중국, 러시아, 즉 연합국 내의 4개국 열강이 이러한 움직임에 동참하는 것이 기대됩니다.

한국 독립을 위해 매진하는 여러 한국 단체 간의(한국 밖에서의) 최근의 불화는 가장 유감스러운 일입니다. 연합국이 한국인들을 아이를 다루는 어머니처럼, 혹은 학생을 다루는 교사처럼 다룰 필요가 있습니다. 한국인들은 연합국에 의해 통합되어야 하며 그래야만 적절한 시기가 왔을 때 힘 있는 한국정부가 이식될 수 있습니다. 김구가 주석으로 있는 중경의 '대한민국임시정부'는 한국 독립을 위해 매진하는 모든 한국 정파를 대표하지 못합니다.

중경에서 '대한민국임시정부'는 조선민족혁명당과 합병되었지만, 심리적으로 두 조직은 여전히 양극단에 있습니다. 한국 국경에 가까운 동북부 만주지역 삼림에서 동북연합 반일 11군으로 활동하는 제3의 단체도 고려해야만 합니다. 이 조직에는 게릴라전쟁에서 일본인들과 적극적으로 싸우고 있는 3만 명의 병력이 있습니다. 게릴라의 80%가 중국인이고 20%만이 한국인임에도 불구하고 이는 한국군으로 생각됩니다. 무기와 장비는 러시아로부터 지원되고 러시아인들은 이 단체를 통해 한국 지하운동과의 접촉을 유지하고 있습니다.

■ 한국독립운동(1943.11.15.)

지난여름에 내각의 한국독립당 소속 국무위원들 사이에 추문이 있었다고 하는데, 민족혁명당이 한국독립당 소속 위원들이 국민당으로부터 임시정부 보조금으로 지원받은 자금을 개인적인 용도로 유용했다는 것을 밝혀냈던 것입니다. 그 결과로 한국 지도자들은 장개석 총통에게 불려가, 한국인 정보원에 따르면, 한국인들은 '통합 필요성에 관한 연설'을 들었습니다. 9월 초 국민당 중앙비서처 비서장 오철성(吳鐵城) 장군, 참모총장이자 군무부장

하응흠(何應欽) 장군, 국민당 조직부장 주가화(朱家驊) 박사와의 모임이 끝난후 (독립당 소속) 국무위원 7명은 사임했습니다. 비록 독립당 대표들의 사퇴가 자당의 내각 독점에 대한 비판에 상응하는 조치일 뿐 그 이상의 의미도 없다고 부인함에도 불구하고, 이 사임은 앞에서 언급한 자금의 처분 문제와 관련이 있는 것으로 믿어집니다. 3주 후, 아마도 자금 배분 문제가 해결된 후 국무위원들은 다시 복귀했습니다.

■ 임정 승인에 대한 미 대사 고스의 발언(1944.06.06.)

대한민국임시정부의 '승인' 문제에 대해서는, 본인은 본국정부로부터 '대한민국임시정부'에 대해 어떤 지시도 받은 바 없으며, 본인이 이 점에 대해 이야기할 수 있는 것은 본인의 개인적인 견해만을 표현하는 것이라고 말했습니다. 본인은 노르웨이, 벨기에, 네덜란드 등의 정부처럼 망명 중인 정부들이 있으며, 이는 연합국에 의해 지속적으로 승인을 얻는 상태라고 지적했습니다. 한편 망명 중인 정부가 아니라 해외에서 구성된 해방운동인 프랑스위원회도 있고, 이는 연합국과 관계되어 있지만 프랑스정부로서 '승인되지는' 않았습니다.

본인은 '대한민국임시정부'는 망명정부가 아니라고 지적했습니다. 이는 한국독립운동입니다. 본인은 본인의 개인적인 솔직한 의견으로는 이 '대한민국임시정부' '승인' 문제는 연합국이나 그 '정부' 혹은 독립운동을 이루는 사람들에게 현재의 문제가 아니라고 말했습니다.

미국은 임정 내 파벌싸움뿐 아니라 금전 문제로 인한 추문까지 추적하고 자료를 축적하고 있었다. 한편, 그들의 한국에 대한 시선은 "연합국이 한국인들을 아이를 다루는 어머니처럼, 혹은 학생을 다루는 교사처럼 다룰 필요가 있습니다."라는 표현에 잘 드러나 있다. 그리고 김구 및 임정에 대한 판단도 그들 나름대로 확실히 내리고 있다. 즉 "김구가 주석으로 있는 중경의 '대한민국임시정부'는 한국 독립을 위해 매진하는 모든 한국 정파를 대표하지 못한다."

그리고 임정승인에 대해서도 비록 고스 개인의 의견이라고 선을 그었지만 "대한민국임시정부는 망명정부가 아니며, 한국독립운동일 따름이다."
라고 분명히 미국의 입장을 밝혔다. 사정이 이러한데도 임정은 왜 그렇게
승인에 목을 매달았을까? 중경 주재 미 대사관의 비밀 문건에 대해선 이
정도로 하겠다. 다음에 소개할 자료는 COI[13]-OSS문건이다. 이 문서는 미
대사관의 보고 문건에 비하여 분량은 작지만 내용 자체는 훨씬 치밀하며
핵심에 근접한 자료를 제공해 주고 있다. 아래 표는 그 목록이다.

[태평양전쟁기 COI–OSS 보고 및 자체 분석문건]

발송자	발신일자	제목
정보조정국	42.04.25	1) 한국독립운동
M. A. 중국	42.12.08	2) 한국 정당 및 인물 분석
M. A. 중국	43.09.20	3) 중경 대한민국임시정부의 현재 지위
M. A. 중국	44.03.08	4) 임시의정원 정기회의
군사정보국	44.07.27	5) 중경 대한민국임시정부 승인 요청
중경, 옥스퍼드	44.10.12	6) 대한민국임시정부와 광복군
전략첩보국	44.10.24	7) 대한민국임시정부 및 한국광복군
전략첩보국	44.10.30	8) 러시아와 극동 : 어느 한국인의 견해
		9) 중경 대한민국임시정부에 관한 메모
중경, 옥스퍼드	45.02.21	10) 한국인들과 독립운동
중경, 옥스퍼드	45.02.27	11) 한국의 장래
전략첩보국	45.03.06	12) 한국독립운동과 주요 지도자 개관
전략첩보국	45.03.09	13) 한국의 장래
日中담당과	45.04.12	14) 한국문제에 관한 비망록
		15) 임정 주요 지도자들의 개인 이력
정보전략국	45.07.03	16) 중경에서의 임시의정원 회의

상기 문서를 모두 소개하는 것은 이 책의 성격상 무리한 작업이다. 다만
책의 주제와 관련된 몇 가지 사항을 발췌하여 소개한다.[14]

---

13) COI는 1941년 7월 루즈벨트 대통령의 지시로 설립된 정보조정국(Coordinator of Information)을
말한다. 국가안보와 관련된 정보수집과 분석을 전담했으며 OSS의 전신이다.

14) Ⅱ. 태평양전쟁기 COI-OSS 보고 및 자체 분석문건《대한민국임시정부자료집 26》

■ 조직과 인물(1942.10.28-한국 정당 및 인물 분석)

김구가 투표에 의해서가 아니라 계승 권리에 의해 대한민국임시정부 주석이 되었고 오늘날까지 정책 입안자이자 절대 권력자이다. 김구의 지위는 현재에는 다소 불확실한 것으로 보이는데, 그가 자신의 행정부에서 오직 한 번의 투표에서만 다수표를 획득했으며 그의 지지자들 사이의 불화 소문이 뚜렷하기 때문이다.

■ 한국군(1942.10.28. -한국 정당 및 인물 분석)

한국군 병력은 원래 1932년 이후 남경에서 형성되었고 조선의용대라고 불렸다. 최근 그 이름은 한국광복군으로 바뀌었고 두 파견대로 나뉘어서 한 쪽은 북경 - 한구(漢口) 철로를 따라 게릴라 병력으로 활동하고 다른 한 쪽은 북서부에서 훈련을 받는 중이다. 실제 인원수는 미미하지만 이들이 최종적으로는 확대될 병력의 핵심이 될 것이다. 한국인들의 전투 능력과 정식 병사가 될 능력은 가끔 논란의 대상이 되지만, 한 가지 주목해야 할 사실은 많은 수의 한국인들이 시베리아의 자율적인 러시아군에 있으며 그 중 다수는 하사관 계급으로 올라가고 있다는 것이다.

■ 중경 대한민국임시정부의 현재 지위(1943.09.20.)

통상적으로 임시정부는 매달 중국 중앙정부로부터 6만 중국 달러를 보조받고, 하와이의 한인들로부터 매달 2천 미국 달러를 기부 받았다. 그러나 올 2월 중앙정부는 대한민국임시정부에 어려운 재정 상황을 완화시키라고 추가적으로 2십만 중국 달러를 주었다.

이 금액은 임시정부의 정당원들의 이익을 위해서만 쓰인 것으로 보이고, 그 사실은 당연히 전(前) 반대파의 관심을 끌었다. 이로 인해 그들은 즉시 반대의 움직임을 보이게 되었고 중국 측에 그 돈이 공평하게 분배되지 않았음을 알렸다.

행정원 비서장인 오철성(吳鐵城)은 설명을 위해 내각 각료들을 불렀지만 그가 얻은 답변은 돈은 벌써 다 없어졌으며 위에서 언급된 방식으로 없어진 것이 사실이라는 내용이었다.

이에 뒤이어 총통이 서로 이해에 도달하는 회의를 위해 임시정부의 김구, 이청천 장군, 조소앙과 해산된 민족혁명당의 김규식 박사와 김약산 부사령을 불렀다. 회의에서 총통이 중경에서 통합된 한국 대표를 보는 것이 중국 측의 희망이며 자신은 그 목표가 지난번 임시의정원 회의에서 이루어졌다고 생각했다고 말한 걸로 보아 총통이 위의 인사들에게 친절했을 것이라고 믿기는 어렵다. 또한 궁극적으로 자유한국을 승인하는 것이 중국의 소망이므로 이러한 사태가 지속되어서는 안 된다고도 이야기했다고 한다.

요약하자면 각료들은 면목을 잃었으며 이번 사건에 명백하게 책임이 없었던 군무부장, 학무부장, 선전부장, 교통부장을 제외하고 모두 사임하였다. 그 여파는 전 내각 각료들이 보관 중이던 권총의 설명할 수 없는 손실에 대해 전 반대당에 책임을 묻는 소송을 이곳 중경의 중국 법원에 제기하는 것으로 이어졌다. 이 소송의 목적은 지켜보는 사람들에게 반대당이 고압적인 방식으로 권총을 훔친 위험한 집단이라는 설명을 전하는 것이었다.

정기 임시의정원 회의가 올 10월로 정해지자 중경의 한국인 3백 명은 현재 새 내각이 선출될 다가오는 선거를 분주하게 준비하는 중이다. 김구가 내각의 주석을 사임했음에도 불구하고 그의 정치 시기가 끝났다고 믿기는 어렵다.

그는 1919년부터 유력 인사였고 앞으로도 계속 많은 한국인들에게 영향력을 행사할 것이다. 이것이 바람직한지의 여부는 의문의 여지가 있는데, 그가 몇몇 한국인들이 그 주변에 있기를 원하는, 이제 몇 사람 남지 않은 나이든 수호자 중 한 사람이기 때문이기도 하고 늘 공명정대하지만은 않았던 그의 정부에서의 행동이 사건의 현재 상황에 많은 책임이 있기 때문이기도 하다.

■ 한국광복군(1944.10.12. -대한민국 임시정부와 광복군)

5년 전 중국군사위원회의 도움과 이 위원회가 제시한 '9개 준승'을 받아들이는 조건으로 한국광복군이 조직되었다. 사령부는 중경에 있으며 병력은 두 지대로 나누어져 있었다. 제1지대는 중국 동북부의 팔로군에 있었으며 그 중 몇몇은 노하구(老河口)에 주둔했다. 제2지대는 서안(西安)에 주둔했다. 광복군이 조직된 이후 중국군사위원회는 자금을 조달해주었고 임무를 지시했으므로 한국인들은 자신들이 원하는 것을 할 수 있는 자유는 없었다. 그리하여 1943년 겨울 임시의정원은 주석과 외무부장, 총사령과 부사령에게 중국군사위원회의 '9개 준승'을 철회시키는 것을 책임지도록 했다. 결국 장개석 총통은 '9개 준승'을 철회시켰다. 1943년 가을 이후 광복군은 중국군사위원회가 더 이상 재정적 지원을 하지 않음으로써 어려움을 겪게 되었고, 따라서 모든 것을 임시정부에 의존하게 되었다. 중경의 사령부에는 18명의 장교가 있었는데 지난주에는 그들 중 10명이 직위를 사임했다.

10명의 장교들이 사임한 이유는 다음과 같다.

1. '9개 준승'이 철회된 이후 많은 이들이 전장에 나가고 싶어 했다. 그러

나 임시정부와 총사령, 부사령이 일반인과 장교들에게 한 약속은 실행되지 않았다.

2. 1943년 10월 이후 중국군사위원회로부터는 재정적인 도움이 끊어졌고, 그 조직이 더 이상의 재정 지원을 제의할 것인지의 여부는 여전히 문제로 남아 있다. 그렇지 않다면, 중국정부가 광복군이 활동을 유지하도록 하기 위해 자금을 제공해 줄 것이라 생각된다.

■ 임시정부에 대한 한국인들의 반응(1944.10.12. -대한민국 임시정부와 광복군)

중경의 많은 한국인들이 임시정부를 지지하거나 협조하지 않는 이유는 임시정부가 국민 대신 네 개의 당파에 속해 있기 때문이다. 그 당파의 명칭은 다음과 같다.

1. 한국독립당 (Korean Independence Party)
2. 조선민족혁명당 (Korean People's Revolutionary Party)
3. 조선민족해방동맹 (Korean People's Liberational Party)
4. 중경의 소규모 무정부주의 그룹

중경의 모든 한국인들은 임시정부의 발전을 위해 그 자신이 할 수 있는 모든 것을 기꺼이 하고 싶어 하지만 그것을 반대하는 유일한 것은 내부 구성원들 간의 반목이다.

■ 한국의 장래(1945.03.09.)

1. (C-0)우리는 매우 믿을만한 출처에서 러시아가 일본의 패배 이후 한국을 점령하고 통제하려는 계획을 지금 완성해가고 있다는 이야기를 들었다. (C-3) 대략 10만 명의 한국인에다 일부 중국인과 이슬람교도까지 포함된 것으로 추정되는 군대가 중앙시베리아에서 지난 3년간 훈련을 받아왔으며 지금 거의 완전히 전시체제로 동원되고 훈련되었으며 장비를 갖추어 곧 한국으로 들어갈 준비가 되어 있다.

2. 이런 군사적인 측면 외에도 러시아인들은 군대와 함께 이동시켜 한국의 민간행정을 접수하기 위해 완전히 한국인들로 이루어진 민간조직을 완성했다.

3. 중국 국민당 통치지역에는 중경에 본부를 둔 대한민국임시정부와 한국 광복군이 있다. 이 조직은 다소 임시적으로 중국 당국의 지원을 받고 있는데, 이는 중국인들이 명백하게, 그리고 정확하게, 이 지역의 한국인들은 자신들의 대망을 성취하는 데 있어 통합된 것과는 거리가 멀며 한국인들 중에서도 매우 명백한 하층 계급을 대표하고 있다고 생각하고 있

기 때문이다.

4. 정보에 따르면 대한민국임시정부 구성원들은 가치 있는 움직임을 위한 조직을 효율적으로 총괄할 능력이 없으며 단순히 일본이 최종적으로 패망하면 자신들의 정치적 야망을 추진하고 개인적 재산을 불릴 자리를 차지하게 될 것이라는 희망으로 중국 당국의 비용으로 살아가고 있다고 믿어진다.

미국 정보원들이 임시정부를 바라보는 시선은 마지막에 소개한 글에 잘 나타나 있다. "대한민국임시정부 구성원들은 가치 있는 움직임을 위한 조직을 효율적으로 총괄할 능력이 없으며 단순히 일본이 최종적으로 패망하면 자신들의 정치적 야망을 추진하고 개인적 재산을 불릴 자리를 차지하게 될 것이라는 희망으로 중국 당국의 비용으로 살아가고 있다고 믿어진다." 제2부에서 다룰 예정이지만, 해방공간에서의 임정 요인들의 모습을 너무나 정확하게 예언한 듯싶다. 임시정부 및 구성원들은 미국의 손바닥 위에서 놀던 피에로였다. 그것이 현실이었다.

진공이냐 침투냐, 독수리 작전의 실체

미국 CIA의 아버지로 알려진
윌리암 도노반

미국은 중경 임시정부와 광복군의 상황을 정확하게 파악하고 있었음이 틀림없다. 그렇다면 그들의 선택은 무엇이었을까? 태평양 전쟁 발발 이후 한반도에 관한 정보는 거의 황무지에 가까웠다. 이러한 상황에서 한국 임시정부의 광복군은 대단히 흥미로운 존재였다. 그들은 비록 소수의 집단이었지만 일본에 대한 증오심이 투철했고 무엇보다 언어와 용모에 있어 일본인들과 쉽게 구분이 되지 않는 장점이 있었다. OSS의 창설자로 알려진 도노반(William J. Donovan, 1883-1959)은 한인의 필요성을 가장 먼저 인식한 사람이었다.

주목할 것은 1942년 1월 24일 미국 대통령에게 보내는 두 번째 비망록이다. 한국 임정에 대한 정보가 아직은 그리 충분하지 않았음에도 그는 비교적 정확한 판단을 내리고 있다. 그 내용을 살펴보자.

한국 소식통은 중국에 있는 소위 대한민국 임시정부 군대에 대해 언급하고 있습니다. 제시된 총 35,000명의 병력 수에 대해서는 의문이 듭니다. 이들 가운데 장교 및 사병을 포함 9,250명이 망명 대한민국 임시정부가 있는 중경(重慶)에 있다고 전해집니다. 이 민족단체는 일본에 대적할 특수공작 업

무를 매우 효과적으로 실행하는데 이용될 수 있다고 여겨집니다.[15]

독수리작전으로 알려진 국내침투작전은 이때부터 검토되기 시작한 것이다. 이 무렵, 중경 임정 및 한국 독립운동과 각 단체에 대한 정부수집이 본격화된 것은 앞글에서 이미 설명하였다. 이 중 칼 F. 아이플러 보병 소령은 "한인 단체와 합작하는 방법과 파생되는 문제들"이란 보고서를 통해 도노반의 정책에 수긍하는 다음과 같은 문서를 남겼다.

한국 독립운동세력에 대한 일관성 없는 지원은 손실을 초래할 수 있다. 임시정부에서 소수의 선발된 한국인에 대해 전복활동 교육을 이수하고 한국과 일본에 파견할 것을 권한다. 재정지원이 한국, 후에는 일본으로 통하는 비밀연락루트를 조직하는데 투입되어야 할 것이다. 단기전략 차원의 요원과 장기전략 차원의 요원이 한국에서 활동할 수 있도록 훈련되어질 수 있다. 장기전략으로는 유사시에 연합군의 상륙에 맞추어 한국인들이 봉기를 일으키게 하는 것이다.[16]

독수리작전은 1945년 3월 1일 윌리암 P. 데이비스(포병 대령, 작전장교)가 중국전구 전략첩보국 책임자에게 〈한국에 대한 비밀첩보침투를 위한 독수리작전 보고서〉를 제출함으로써 구체화되기 시작했다. 이 문서는 1)작전의 개요 2)한국에서의 정보수집 가능성 3)편성제안서 4)작전개시 및 작전을 위한 계획의 개요 5)독수리작전을 위한 한국인 요원 6)한국광복군 제2지대 7)한국 측 정황과 독수리작전 8)미국인 요원 9)통신 10)장비 등으로

---

15) 도노반이 대통령에게 보내는 두 번째 비망록(1942.1.24), 한미공동작전의 배경 《대한민국임시정부 자료집 12》

16) 한인 단체와 합작하는 방법과 파생되는 문제들(1942.8.22), 한미공동작전의 배경 《대한민국임시정부자료집 12》

구성되어 있다.

"45명의 정보원을 훈련, 편성하여 1945년 이른 여름 이들을 한국에 침투시킨다."는 것이 골자인데, 이 내용은 최종적으로 "우리가 그들을 완전히 기초부터 훈련시킨다."는 수정사항과 함께 최종안이 내부적으로 승인되었다. 1945년 3월 20일경이다. 그리고 1945년 4월 3일 중경에서 미 육군 대위 싸전트(Clyde B. Sargent)와 대한민국 임시정부 김구 주석과 30분간의 회담 끝에 양 쪽이 최종적으로 합의를 하였다.[17]

물론 모든 것이 순조롭게 진행된 것은 아니다. 가장 큰 문제는 임시정부 내 각 당파간의 알력이었다. 그뿐 아니라 미국에는 17개의 한국인 단체가 있고, 가까이에는 팔로군에 편입된 조선의용대(군) 등이 존재하고 있어 독수리작전만이 유일하게 한국으로 침투하는 가능한 방법은 아니라는 내부의 이견도 접수되었다.[18] 한편 중국OSS는 다음과 같은 논평을 남기기도 했다.

우리에게 말을 해준 사람들이나 중국에서 우리가 만난 사람들에 의하면, 한국인들은 연합군의 전쟁에 진실로 가치가 있는 분명한 정책을 수행할 능력이나 의지가 있다고 생각할 근거가 거의 보이지 않는다. 현재 한국인을 단결시킬 탁월한 지도자가 있지 않으며 한국인 집단은 소집단으로 분열되어 비점령지 중국지역에서 내부갈등과 분란으로 시간을 소모할 것이며, 중국정부로부터 가능한 많은 자금을 확보하는 데에만 노력을 경주할 것이다.[19]

---

17) 싸전트의 비망록(1945.4.3), 한미공동작전의 배경 《대한민국임시정부자료집 12》
18) 독수리작전에 필요한 한국인들에 관한 전문(1945.3.26), 한미공동작전의 배경 《대한민국임시정부자료집 12》
19) 한국인 정치조직에 관한 문제(2급 비밀) (1945.3.21), 한미공동작전의 배경 《대한민국임시정부자료집 12》

김원봉의 반응은 어떠했을까?
이에 대한 답변도 싸전트의 비망록이 제공해 준다.

여태까지 김약산은 독수리작전의 개략적인 작전에 대하여 승인 혹은 거부의 의사를 표시하지 않고 있다. 그리고 김약산은 김구에게 웨드마이어 장군과의 접견을 허락해 줄 것을 요청하였고, 한국에서 미국이 협력할 모든 작전에 대한 총괄적인 계획을 제시해 줄 것을 요구하였다. 김구는 김약산의 웨드마이어 접견 승인 요청을 거부하였다.(웨드마이어와의 접견을 갈망하는 김약산의 의도에 대한 본인의 개인적인 평가는, 김약산이 김구, 이청천, 이범석, 김학규 및 한국독립당의 다른 멤버들이 미군당국과의 우호적인 관계를 선점한 것에 대하여 몹시 싫어했고, 그 자신과 그의 혁명당이 미군과의 관계에서 보다 우세한 위치를 점유하길 원했다).[20]

임정과 독수리작전의 핵심요인인 안원생이 사촌들과 함께 아버지와 삼촌의 원수인 이범석을 암살하겠다는 해프닝이 일어난 것도 이 무렵 발생한 주요 사건의 하나였다. 어쨌든 우여곡절 끝에 독수리작전은 시작되었고, 1945년 4월 29일(일요일) 이범석과 함께 이제는 독수리 대원이 된 25명의 한인들이 특별 비행기편으로 서안(西安)에 도착했다. 이들을 교육할 미군 요원들도 속속 도착했다. 그리고 다른 경로를 통해 투입된 대원들과 함께 드디어 교육이 시작되었다. 그러면 이들은 무엇을 배우고 익혔을까?

장준하는 《돌베개》에서 그가 훈련받은 과정을 여러 모로 고민 끝에 밝히지 않기로 했지만[21] 교육의 구체적인 내용 중 일부를 아래에 소개한다.

20) 싸전트의 비망록(1945.4.3), 한미공동작전의 배경 《대한민국임시정부자료집 12》
21) 장준하, 『돌베개』, p.334

[1945년 6월 15일~23일 기간의 독수리작전 교육 훈련 보고서]

1. 첩보 훈련

a. 오늘 제1학급의 첩보 훈련이 끝났다. 그러나 다음 주 동안에 문제가 있는 몇 사람은 보고서를 제출할 예정이다.

b. 시험 결과는 아래와 같다.
- 만족스럽다 : 평균 88%의 점수를 얻은 31명
- 불만족스럽다 : 2명, 평균 65%의 점수
- 기타 : 1명은 모든 첩보 시험에 불참했고, 4명은 수업에 등록했지만 한 번도 출석하지 않았다.
- 총 38명

c. 성적결과가 만족스럽지 못한 2명과 출석이 좋지 않은 5명은 야전 공작을 위한 교육·훈련 부서에 의해 승인되지 않았다.

d. 또한, 성적이 우수한 훈련생 중에 3명은 보충 교육을 받도록 추천했다.

e. 본 보고자는 교육 결과에 만족스럽게 생각하고 있다.

2. 통신 훈련

a. 38명의 학생들이 통신 훈련을 받았다.

b. 1945년 5월 21일에 수업이 시작되었고 그 결과는 아래와 같다.

- 3명 : 분당 14 단어를 수신하다
- 8명 : 분당 11~13 단어를 수신하다
- 11명 : 분당 9~11 단어를 수신하다
- 6명 : 분당 5~9 단어를 수신하다

c. 학생들은 송신기 사용을 이제 막 배우기 시작했다.

d. 통신 절차와 규약에 대한 교육은 필요한 물자(군우 627)가 도착할 때까지 연기되었다.

e. 무전병이 야전에 투입되기까지는 아마 한 달 이상이 소요될 것이다.

f. 조지아 대위는 야전 훈련에 소요되는 시간 외에 4시간의 일일 계획을 세웠다.

3. 무기 훈련
a. 12명의 제1학급은 훈련이 끝났고 제2학급이 시작됐다.
　　(첨부 계획표 참조)

4. 일반
a. 제10항공대의 기상전문가인 쿡(Cook) 중위는 현재 서안(西安)에 있으며 학생들의 기상수업을 하기 위해 곧 이곳을 떠날 것이다.

b. 코저 중위는 본 보고자가 다른 지역으로 떠날 예정이므로 현재 본 보고자의 임무를 대신 맡고 있다.

c. 광복군 제2지대는 지난 밤 본 보고자를 위한 연회를 열었다. 본 보고자는 그가 결정을 내릴 수 있길 희망한다.

d. 본 보고자가 여기에 있었던 것은 매우 기쁜 일이었다. 그리고 비록 떠나는 것이 자발적이었지만 이곳의 사람들과 헤어지는 것에는 유감스러워 했다.

e. 시간이 부족하여 긴 보고서 또는 미래 계획에 대한 제안서를 작성하기에 힘들지만 조만간 코저 중위와 네링 대위와 함께 하는 회담이 열릴 것이다.

소위 독수리작전은 첩보원 양성 계획이었다. 그러므로 광복군의 국내 진공계획과는 전혀 관계가 없었다. 상기 과정을 교육받은 훈련생 1기는 1945년 8월 4일(토요일)에 정규 훈련을 마쳤다. 모두 36명이었다. 이 훈련반은 첩보훈련에서의 정규 교육·훈련과 통신훈련에서의 교육·훈련과정을 마쳤다. 앞의 훈련과정은 2주간의 훈련이었고, 뒤의 훈련과정은 2개월

간 계속되었다.[22) 결국 OSS가 양성한 것은 통신병과 약간의 첩보원이었다. OSS는 그들을 다음과 같은 작전에 투입할 계획을 세웠던 모양이다.

독수리로부터의 임무
다음 달 말 이전에 몇 개의 독수리작전 임무가 야전에 투입될 것으로 기대된다. 아마도 야전으로 보내질 선발 침투조는 상당수의 한국 사병이 근무하는 일본군 주둔 지역 안에서 정규 선무공작(MO) 대원이 될 것이다.
기존에 존재하는 첩보망을 강화하고 확대하기 위해서, 무전병과 무전설비가 보다 중요한 요원에게 보급되도록 할 예정이다. 무전병 1명이 연산(鉛山 호남湖南)에 있는 첩보 본부에 가능한 신속하게 파견되어질 것이다. 이 작전에는 대략 8명을 필요로 한다.
B - 29 작전을 위한 기상 데이터를 보고하기 위해 한국내로 2명 1개조 4개의 팀을 파견하는 계획이 준비 중에 있다. 이들 침투조는 기상학에 대한 심화훈련을 필요로 하고 있다. 국내에서 자리를 잡을 경우, 그들은 기상뿐만 아니라 비밀첩보도 보고할 것이다.[23)

한국 침투에 투입할 인원은 B - 29의 성공적인 폭격을 위한 기상 데이터 확보를 목적으로 차출될 몇 개의 팀원정도였다. 만약 종전이 좀 더 지연되었더라도 고작 8명 정도가 한국에 투입될 예정이었다는 뜻이다. 바로 이것이 많은 사람들이 오해하고 있는 광복군 진공계획의 실체다.

앞에서 인용한 김구의 발언을 다시 올린다. "…천신만고로 수년 간 애를 써서 참전할 준비를 한 것도 다 허사였다. 서안과 부양에서 훈련을 받은 우리 청년들에게 각종 비밀한 무기를 주어 산동에서 미국 잠수함에 태워 본국으로 드려 보내어서 국내의 요소를 혹은 파괴하고 혹은 점령한 후에 미국 비행기로 무기를 운반할 계획까지도 미국 육군성과 다 약속이 되

22) 작전 보고서와 독수리작전(2급 비밀) (1945.8.6.)《대한민국임시정부자료집 13》
23) 작전 보고서와 독수리작전(2급 비밀) (1945.8.6.)《대한민국임시정부자료집 13》

었던 것을 한 번 해보지도 못하고 왜적이 항복하였으니…."

애매하게 표현된 상기 문장 때문에 독수리 작전은 지금까지 광복군의 국내진공을 위한 침투계획으로 오해되어 왔던 것이 사실이다. 가장 큰 문제는 독수리 대원의 침투, 첩보 작전을 뒷받침하는 광복군측 전투 요원이 전혀 준비되지 않았다는 점이다. 국내진공을 하려고해도 군인이 없었다. 독수리작전을 통하여 양성된 첩보원은 오직 미군의 미국의 수족 노릇을 할 첨병이었을 따름이었다.

이와 관련된 중요한 사항이 또 있다. 1945년 8월 15일 종전이 되었어도 독수리작전은 상당 기간 지속되었다는 점이다. 1945년 8월 9일 밤 9시경, 일제패망에 즈음한 긴급회의가 열렸다. 참석자는 싸전트와 이청천 이범석이었다. 기밀문서에 언급되지 않았지만 히로시마와 나가사키에 투하된 원자폭탄으로 인해 조만간 전쟁이 끝나리라는 것은 누구나 짐작할 수 있는 시점에 열린 회의였다. 구체적인 내용은 다음과 같다.

긴급사항
한국광복군 총사령 이청천 장군과 이범석 장군이 지난밤 9시 경에 본인과 회의를 요청하여 2시간가량 회의가 진행되었습니다. 회의는 극도의 진지함과 엄숙함 속에서 진행되었습니다. 주제는 미군에 대해 한국광복군 총사령이 제공하는 업무에 대한 것이었습니다. 기본적인 내용은 아래의 사항에 대한 엄숙한 요구였습니다.
 1) 첩보활동으로서 독수리작전을 지원하기 위해, 현재 중국 전역에 있는 약 2,000명가량의 한국인들 가운데 첩보활동에 적절한 요원들을 모집하고 선발하기 위하여 허드슨 박사의 평가팀이 독수리작전에 매우 유용할 것이며, 총사령 자신이 완전한 임무수행과 최대의 결과를 이끌어 내기 위해 독수리 선발팀에 합류할 것임.
 2) 독수리 첩보작전을 수행하는데 적임자가 아닌 모든 다른 요원들은 중국에 집결시키거나 가능하다면 필리핀이나 오끼나와에 집결시켜 한국

에 미국이 상륙할 경우 한국에서 전투 게릴라 단체로서 미군 장교에 의해 훈련을 받게 할 것. 본인이 보기에 이것은 미군과 한국광복군의 전적으로 진심어린 협의사항이었으며, 회의가 진지하게 진행되었음을 고려해 볼 때, 이것이 한국을 대표하는 임시정부 당국이 완전한 협조를 제공하는 것이라고 판단됩니다. 본인은 이 제안이 다음 두 가지를 가져올 것이라 생각하고 있습니다.

1) 여기를 방문한 김구와 이청천은 독수리작전은 작전임무일 뿐이고 한국인에게 제공되었던 또 다른 문화적인 혹은 유화적인 지금까지의 제스처와는 완전히 다른 성격을 가지고 있다고 생각합니다.

2) 귀하도 아시다시피, 러시아의 대일선전포고는 한국인들에게 러시아가 한국을 점령하려고 한다는 의구심을 불러일으켰습니다. 그런데 러시아의 한국지배는 당시 모스크바에 있던 송자문(宋子文)이 양보한 것으로 알려지고 있습니다.

결코 의문시 할 수 없는 확실한 사실은 한국인들이 러시아나 중국의 한국내 영향력 확대를 두려워하는 반면에 미국의 영향력 확대에 대해서는 오히려 훨씬 선호하고 있습니다. 바로 이러한 측면에서 한국광복군이 미국 군대에 대한 상호 합의하에 모든 권한을 포기한다는 점입니다. 비록 이것이 전략첩보국의 업무에 대해서 김구 주석이 적극적인 승인과 지원을 보증하는 더 높은 전략외교정책으로 간주한다 하더라도, 그것이 진척될 수 있는 것은 사실이기 때문에, 개인적으로 본인은, 총사령 이청천 장군의 이러한 제안을 진지하게 재고해보실 것을 제안합니다.

본인은 이 제안을 공식 서한의 형태로 도노반 장군에게 자세히 보내줄 것을 총사령에게 요구하였습니다. 본인은 토요일이나 일요일 잭슨을 통해 안전하게 그의 공식 요청을 보낼 계획입니다. 미국요원과 한국 총사령의 두 시간 가량의 대담은 대단히 엄숙하고 진지했습니다.

주의 : 이 서신은 업무의 필요성에 따라서 연기된다.[24]

이 문서는 사안의 성립 여부와 관계없이 대단히 중요한 의미를 제공해주고 있다. 왜냐하면 종전 후 러시아나 중국의 영향력 확대를 빌미로 독수리 첩보작전을 계속 진행하여, 한국광복군이 미국 군대에 대한 상호 합의

---

24) 일제패망에 즈음한 긴급회의와 관련한 전문《대한민국임시정부자료집 13》

하에 모든 권한을 포기한다는 내용을 포함하고 있기 때문이다. 이 문제는 좀 더 구체적으로 검토할 필요성이 있으나 이 책에선 일단 이 정도에서 마감한다. 이 무렵 김구가 갑자기 도노반의 방문을 강력히 요청한다. 관계 문서를 정리해 보기로 하자.

■ 8월 5일: 도노반의 방문을 요청하는 서신(2급 비밀)
  비밀 : 김구 주석은 서안에서 도노반을 만나고자 강력하게 희망하고 있습니다. 비록 우리 기지가 현재 건설 중이라 할지라도 도노반이 독수리를 방문해주시기를 매우 희망하고 있다고 알려주십시오.

■ 8월 5일: 도노반의 방문 요청에 대한 추가서신(2급 비밀)
  대한민국 임시정부 주석을 대표하는 주석 비서가 현재 독수리기지에 있습니다. 독수리작전에 한국인들이 참여하고 있기 때문에, 우리의 시설이 수리 과정에 있어 문제가 있음에도 불구하고 가능하다면 도노반이 독수리기지를 방문하고, 대한민국 임시정부의 지위와 명예를 존중하기 위한 조치로서 독수리는 도노반이 이곳에서 점심이나 저녁을 할 시간이 있기를 희망합니다.

■ 8월 9일: 서안의 김구 주석의 중경 복귀를 요청하는 전문
  아래는 민석린이 이범석에게 보낸 내용입니다.
  우리는 귀하의 요구에 동의합니다. 가능한 한 빨리 송면수를 보내주십시오. 오철성(吳鐵城)은 김구 주석과의 접견을 희망하고 있습니다. 공식적으로 김구 주석이 서안에 안전하게 도착했는지 전신으로 알려 달라고 엄항섭에게 요청하십시오. 김구 주석이 빨리 돌아올 수 있도록 조정해 주시고 날짜를 알려 주십시오.

■ 8월 9일: 김구의 조속한 중경 복귀 절차와 관련한 서한
  루즈벨트 소령 귀하
  귀하께서 친히 본인에게 보내주신 무선 전보를 받고 감사하다는 말씀을 드리고 싶습니다. 본인은 서신에서 언급한 두 명을 포함한 3명에 대한 항공편을 조정해 달라고 귀하께 부탁드렸습니다. 만약 귀하께서 아래의 서신을 가장 빠른 수단을 통해 이범석 장군에게 전해주셨으면 감사하겠습니다.
  우리는 귀하의 요청에 즉시 따르겠습니다. 송면수를 가능한 한 빨리 이곳

으로 보내 주십시오. 김구 주석에게 오칠성이 만나기를 희망한다고 알려주십시오. 김구 주석이 안전히 도착할 수 있도록 엄항섭에게 부탁하십시오. 정식절차를 통해 가는 것이 필요합니다. 또한 김 주석이 최대한 빨리 돌아갈 수 있도록 조정해 주십시오. 여기로 그의 도착 날짜를 미리 알려 주십시오.

■ 8월 10일: 김구와 도노반의 만남에 대한 전문

본인은 이곳을 방문한 한국임시정부 주석인 김구, 총사령 이청천 장군, 공보부장 엄항섭과 도노반의 만남은 특히 한국임시정부가 독수리작전을 진정으로 지지하게 만들 것이라고 생각합니다. 만약 이것이 진실이라면, 그들과 도노반의 만남은 매우 중요합니다.

김구와 도노반, 이 사진을 찍은 시기가 1945년 8월 9일경이라는 것이 중요하다.

김구와 도노반이 만난 시기는 장준하의 회고에 의하면 1945년 8월 9일이다. 이틀 전인 8월 7일에 김구와 이청천이 독수리기지를 방문했고, 독수리 대원들은 이들을 위해 사설무대를 만들어 장기자랑을 펼쳤다고 한다. 그리고 다음날인 8월 9일엔 김구와 이청천 일행이 종남산 훈련장의 수훈상황을 시찰했다고 장준하는 기억했다.[25] 김구와 도노반이 왜 만났는지 그 이유는 확실히 알 수 없다. 《백범일지》에 기록된 것처럼 "금일 금시로부터 아메리카합중국과 대한민국임시정부와의 적 일본에 항거하는 비밀공작은 시작되었다."[26]는 김구의 주장은 사실이 아닌 듯하다. 왜냐하면 그 전날 일제패망에 즈음한 긴급회의가 열렸다는 것을 미루어 보아도 도노반과 김구가 일제의 항복이 임박했다는 것을 몰랐을 리 없기 때문이다. 전쟁이 끝날 시기인 1945

25) 장준하, 『돌베개』, pp.356-358
26) 『도진순 백범일지』, p.396

년 8월 9일에 시작되는 비밀공작이 무슨 의미가 있겠는가?

다만 하나의 가능성은 추정해볼 수 있다. 일제의 항복 선언과 관계없이 독수리 대원들을 한반도에 투입하고 독수리작전은 종전 이후에도 계속 진행하자는 밀약이다. 실제로 당시 OSS기밀문서를 검토해보면 그러한 징후가 보인다.

■ 8월 10일: 한반도 진출을 촉구하는 전문
발송(헤프너) 수신(버드)
즉시 서안으로 가십시오. 독수리작전의 명령을 받고, 동시에 한국인들과 미국인들이 한국으로 갈 수 있게 모든 방법을 동원하십시오. 필요한 수단에 대해 귀하가 판단하고 신속하게 처리하는 것이 매우 중요하다는 것을 기억하십시오. 우리는 귀하가 신속히 실행할 것이라고 믿고 있습니다.

■ 8월 10일: 싸전트의 동향과 한국진출에 관한 전문(2급 비밀)
발송(헬리웰) 수신(루즈벨트)
10일경 싸전트는 중경에 체재할 것입니다. 그에게 우리는 2주내에 무선 장비를 갖추고 한국을 향해 전진할 것이며, 본인은 그의 행동에 대한 책임을 지겠습니다. 그 이유는 최근 전시상황으로 볼 때 이는 피할 수 없으며, 본인은 즉시 준비해서 떠날 수 있는 작전팀이 있다고 생각하고 있습니다.

■ 8월 10일: 정보수집을 위한 이동과 관련한 전문
발송(昆明, CHAFX) 수신(전략첩보국)
애크론(AKRON) 헬리웰 ; 워싱턴에 있는 무어(MOORE)에게 알리십시오.
공식적으로 일본이 무조건적으로 항복한 것은 아니지만, 만일을 기해, 귀하의 팀이 서류 및 유사한 정보를 획득하기 위해 주요 일본 거점으로의 이동을 위해 대기하십시오. 또한 본부로부터 명령을 접수하는 즉시 뉴멕시코 소재 포트바야드 기지와 그 예하 마카오 분견대의 운영을 시작할 준비를 하십시오. 귀하가 향후 명령을 받을 때까지 어떠한 이동도 하지 마십시오.
만일 귀하가 이동한다면 곤명과 지속적인 접촉을 유지하도록 귀하의 기지 중계소와 신호 계획을 조정하십시오.

■ 8월 11일: 한국으로의 이동명령과 관련한 비망록

'독수리' 작전 파일에 관해

1. 한국으로 신속하게 '독수리' 요원들을 즉시 이동시키라고 지시한 헤프너 대령의 전신(8월 10일자 제301호 전문)에 따라, 버드 대령은 한반도에서 전쟁의 위험이 사라졌다고 공식적으로 발표되자마자 즉각 서안으로 날아가서 한국으로의 출발을 준비하기 위해 드코스타 대령과 논의를 하였습니다.

2. 이는 그 작전이 '독수리' 작전의 전반적인 승인 범위 안에 이미 포함된 것이므로 이 작전을 수행하는데 지금까지 허용된 권한을 넘어서는 또 다른 권한이 필요 없다는 점을 민사참모 에드워드 대령과 합의하였습니다.

보안지원장교 대리

포병 대령 데이비스

■ 8월 13일: 버드 대령의 임무와 관련한 전문

발송(데이비스) 수신(헤프너)

작전 긴급사항

1. 한국으로 보내는 버드 대령의 임무를 분명하게 규정하였습니다.

2. 귀하에게 모든 지역적 상황과 조건에 관해 보고를 할 것을 전구의 모든 요원들에게 즉시 지시하시기 바랍니다. 본인에게 공산당의 상황이나 일본군 투항자에 대한 반발을 가져올 수 있는 작전을 그들이 하고 있지 않음을 확인시켜 주십시오. 그와 같은 종류의 작전은 중국전구(中國戰區) 지휘관의 특별 지시가 있어야 가능할 것입니다. 그리고 우리 요원을 대변자로 활용할 것을 결정해야할 경우를 중국전구가 알 수 있도록 해야 할 것입니다.

3. 위의 내용을 중국전구 사령부에 의해 확정적이고 전반적인 정책이 세워질 때까지 임시지침으로 여겨주기 바랍니다. 우리 부대 요원들에게 어떤 투항자도 받아들이지 않도록 특별히 지시할 필요는 없지만, 그들이 계속해서 항복해서 올 경우에, 어떤 조치를 취하지 않으면 계속해서 엄청난 투항자가 발생하며 큰 문제가 발생할 것입니다. 우리 대원들 중 몇몇은 투항자의 문제에 적극적으로 관심을 갖게 될 것이고, 그럴 경우 결코 해결할 수 없을 정도로 상황이 악화될 것입니다.

■ 8월 13일: 3개팀의 한국파견 계획과 관련한 전문

발송(헥터) 수신(헤프너)

다음의 내용이 버드 대령으로부터 전달되었습니다.

"이범석 장군과의 회담 이후에, 본인은 한국에 4명으로 이루어진 3개 팀

을 보내기로 계획하였고 오늘로부터 일주일내에 첫 번째 팀이 출발할 것입니다. 이는 모든 측면에서 대단히 빠른 업무처리가 이루어져야 함을 의미하지만 성공시키려는 확연한 의지로 수행할 것입니다. 만일 이러한 작전 전에 전쟁이 끝난다면, 본인은 경성에 먼저 도착하기 위해 C - 47에 적절한 여러 혼성 그룹과 함께 단독으로 경성으로 날아가겠습니다.

새로운 내용: "이 작전을 실행하기 위해서 우리 통신요원들이 즉시 돌아와야 한다."

■ 8월 14일: 수륙양용 비행기 요청과 관련한 전문
　발송(버드) 수신(데이비스)
　긴급
드코스타가 몇 시에 우리를 데리러 올 것인지 빨리 알려주십시오. 그에게 수륙양용의 비행기가 필요하다고 직접 말씀드려 주십시오. 우리는 8월 15일 현지시각 새벽 2시까지 머물러야 합니다. 또한 드코스타를 통해 어떤 특별 지시가 있으면 알려주십시오.

■ 8월 14일: 버드에게 최대한 협조하라는 전문
　발송(헤프너) 수신(버드 경유, 싸전트)
독수리작전에서 버드 대령의 존재는 현재 작전수행능력에서 차질을 보이고 있는 상황에 대해 언짢아하는 도노반의 직접적인 지시에 의한 것입니다. 헬리웰과 스펜서에 보내는 귀하와 연구 분석팀의 비밀문건이 정상적인 경로를 벗어났고, 부적절했으며 또한 우연찮게 기밀취급을 받지 않았습니다. 귀하는 계속 임무를 수행하되 미군의 전쟁수행에서 가장 중요한 위치를 점하고 있는 버드의 임무에 대해 최대한의 도움을 주어야 합니다.

■ 8월 14일: 한국파견 임무의 승인에 관련한 전문
　발송(헤프너) 수신(버드)
　긴급
중국전구는 한국에 대한 귀하의 임무를 승인하였습니다. 귀하의 가장 중요한 첫째 임무는 경성(127 - 00), 인천(126 - 37), 부산(129 - 02, 35 - 07)의 수용소에 있는 전쟁포로들과 접촉하는 것이고 철수에 대한 병참 지원과 철수 계획안을 수립하는 것입니다.

새로운 내용 : 이범석 장군에게 귀하가 도노반의 특별 감독아래 독수리작전에 참여하고 있다고 강조하십시오.

■ 8월 14일: 이범석의 임무와 관련한 전문(2급비밀)

발송(루즈벨트) 수신(싸전트)

송 중위가 오늘 보고했습니다. 그는 이범석 장군에게 임무가 바뀌지 않았는지 물어봤습니다. 가능한 한 빨리 조언을 주시면 본인이 그와 다른 사람들을 동쪽으로 보내겠습니다.

새로운 내용: 대한민국 임시정부가 이범석 장군에게 김구 주석이 돌아오는 가장 빠른 날짜를 알려달라고 요청하였습니다.

■ 8월 15일: 한반도 진입 준비와 관련한 전문

발송(버드) 수신(헤프너)

작전 긴급사항

귀하의 95번 서신에 감사드립니다. 대부분의 임시정부 요인들은 자신들이 곤경에 처해 있을 때 본인이 어떤 사람보다 먼저 그들에게 확고한 지원을 제공하였음을 잘 인식하고 있습니다. 이러한 이유에서 이범석 장군으로 하여금 신속한 수용을 얻어낼 수 있었습니다. 일반적으로 독수리작전에 대한 싸전트의 통제와 그의 태도는 적극적이지 않습니다. 그가 그렇게 하는 중요한 이유는 그가 다른 사람에 너무 의존하기 때문이라는 생각이 듭니다.

현재 본인은 뉴스나 피스(Peace)씨 그리고 드코스타를 기다리면서 병사 16명, 미국인 4명, 한국계 미국인 5명, 한국인 5명을 서안 지휘부에 데리고 있습니다. 이범석 장군, 싸전트, 에반스와 함께 밤을 지새웠고 이후 경성에서의 활동 계획을 작성하라고 지시하였습니다. 물론 귀하께서는 우리가 처음 한국침투작전을 계획함에 있어서 한국과의 동맹관계를 체결할 시 당연히 부담해야 할 우리의 의무를 결코 저버리지 말아야 할 것입니다.

비록 힘든 과업이지만 우리의 의도대로 이끌어 나가기 위해 노력할 것입니다. 여기에서 전쟁포로문제가 일본인들에 대한 통제와 함께 첫 번째 고려 대상이며 동시에 우리의 전략첩보국 망을 작동시키는 것입니다. 비행기가 확보되고 작전을 가동할 수 있게끔 빠른 시일 안에 본인에게 모든 요원들을 보내주십시오. 하딩과 그의 방첩(X-2)요원, 그 외의 인원들이 빨리 이곳으로 보내져야 합니다. 훈련된 독수리부대 한국인들도 함께 와야 합니다.

콜드웰 대위가 동부로 화물 운송 책임을 맡았습니다. 오직 미국인 무선통신원이 수신활동을 할 수 있도록 하기 위해 무선국은 폐지되었습니다. 조지아의 부재는 큰 타격을 주었고 그 결과 통신부는 매우 취약한 상태입니다. 그래서 서안과 곤명에 5가지 방식을 통한 신호를 보내십시오.

크라우제는 우리를 매우 잘 지원하고 있으며 본인은 그와 참모들의 도움에 감사하고 있습니다. 귀하께서 공식적으로 그를 치하하셨으면 합니다. 러시아군이 우리를 공격한다면, 그것은 좋은 기회가 될 것이고 우리는 그러므로 거기서 공식적으로 전쟁포로를 보살필 수 있는 근거가 될 것입니다. 만약 귀하께서 도중에 A.M.G 단체에 대해 들으셨다면 알려 주십시오.

이제 모든 것은 비행기와 피스(Peace)씨에게 달려 있습니다. 한국계 일본인들이 귀하에게 알리고자 한 이 소식을 알지 못하게 하십시오. 안녕히 계십시오.

■ 8월 16일: 한반도 진입팀이 탑승한 비행기 이륙과 관련한 전문

발송(헬프) 수신(重慶에 관한 특수공작 군사수행)

군사작전 긴급사항

미국 국기가 양 측면과 날개 끝에 그려진 은색 C‐47 3762번으로 독수리팀이 새벽 4시 11분에 출발합니다. 버드와 13명의 요원, 6명의 승무원이 타고 있습니다. 중경(重慶)으로 향합니다. 조종사들이 귀하에게 출발지의 W.L.N.I를 거쳐 Tex Pole로 향한다는 것을 통지해 달라고 요청했습니다. 가장 주목해야 할 사실은 8월 16일 새벽 4시 50분에 붉은 색 B24 2270번이 출발한다는 것입니다. 헤네시와 5명의 요원, 5명의 승무원이 타고 있습니다. 보급 업무에 관해 공군지상구조대(AGAS) 장교에게 전달해 주십시오.

■ 8월 17일: 버드 지휘 하의 경성출발과 관련한 전문(2급비밀)

발송(헤프너) 수신(데이비스)

다음은 서안(西安) 무선통신내용이다.

다음의 요원은 버드(Bird) 대령 밑에 있는 독수리 단원이다. 8월 16일 03시경에 서안을 떠나 경성으로 출발하는 대원은 다음과 같다.

중령 윌리스 H. 버드(Willis H. Bird), 소령 오스왈드 스튜어트(Oswald Stewart), 대위 알버트 C. 에반스(Albert C. Evans), 대위 함용준(Lyong Hahm), 대위 클라이드 B. 싸전트(Clyde B. Sargent), 중위 에반 코저(Evan Koger), 소위 정운수(Woons Chung), 상병 가이. E. 웹(Guy E. Webb), 이병 서상복(S. P. Suer), 민간인 조지아氏(W. Scudder Georgia).

독수리작전 단원 소속 한국인은 다음과 같다.

이범석, 조동기, 김신철(장준하), 소준철.

승무원은 다음과 같다. 대위 와그너(John Wagoner), 중위 마이온즈(Marcom Myones), 중위 프라이스(Mike L. Price), 소위 보웬(J. D. Bowen), 공군 준위 맥기(Edward D. McGee), 이병 라이스(G. A. Rice)

새로운 임무: 다음 명단은 헤네시 소령의 주요 단원이고 대략 8월 16일 03시에 서안을 출발하여 만주 심양으로 향한다. 소령 헤네시, 소령 람라(R. F. Lamra), T/4 에드워드 스타츠(Edward A. Starz), 상병 헤롤드 리스(Harold B. Leith), 상병 키도 후미오(Kido Fumio), 통역 정신우(CHENG SHIN WU).

■ 8월 17일: 경성 진입 승인과 관련한 전문
발송(헤프너) 수신(데이비스)
작전상 우선순위
전쟁공보국(OWI)은 한국에 요원을 파견하는 권한을 '국방부'에 의해 위임받았고, 중국전구사령부는 OSS 요원들과 함께 OWI측이 한국으로 가는 것에 대해 아무런 이의를 제기하지 않았다. 그렇지만 전구사령부는 OWI측에 다음과 같이 말했다. 우리 사령부는 그 작전을 준비하고 있다. OWI가 언제 한국으로 갈 수 있는지는 우리가 결정하기에 달렸다. 본인의 요청대로, G-5는 OWI로 하여금 귀하와 직접 모든 사항을 준비토록 하였다. 본인은 G-5에게 우리의 첫 비행기편이 적재량이 차서 추후 비행기편에 가야한다고 말했다. 만일 OWI가 본인에게 접촉한다면, 본인은 OWI측에 동일한 내용을 말할 것이며 그리고 귀하와 접촉하도록 할 것이다.

새로운 임무: 웨인라이트(Wainwright) 장군이 심양 포로수용소에 있을 가능성이 있다. 만약 그렇다면, 그리고 적합한 비행장이나, 그 밖의 비행기 착륙에 필요한 준비사항이 이루어진다면, 전구사령부는 다른 추가 주문 없이 가급적 빨리 다른 VIP 인사들과 함께 웨인라이트 장군을 귀환시키고자 한다. 그렇지만 상부에서 이곳으로 허가가 떨어지지 않고서는 특정 인물을 위한 조치를 취해서는 안 될 것이다.

■ 8월 17일: 한반도 진입 준비와 관련한 전문(2급비밀)
발송(헬프) 수신(OPSO)
작전 우선순위
(1) 독수리 소속 C-47 수송기는 날개의 고장으로 이동하였다. 버드는 곤명에 있는 수공기와 교체를 위해 협상중이다. 그러므로 작전은 최소한 하루 이상 연기되었다.
(2) 어프링져(Apringer) 대령으로부터 수륙양용 트럭용 가솔린을 충분히 확보하여 8월 17일 05시에 유현(濰縣)으로 출발하고 까치(Magpie)는 대략 8월 17일 11시에 북경(北京)으로 출발. 이곳에서 연료를 재주입하고, 오직 우리 대원만 사용할 수 있는 차량용 비표를 준비해 줄 것. 그래서 우리는 독수

리 대원에게 군수품을 공급할 수 있다. 또한 북경과 심양에 있는 연료저장소를 채울 것.

(3) 본인이 생각하기에 독수리팀이 특별한 군수 품목을 요청할 때까지 기다리는 것은 너무 늦다. 우리는 의사의 권고대로 의료품과 식량을 비축해야 한다. 식량에는 휴대비품과 의약품 외에도 과일주스와 휴대용 C - 레이션을 포함해야한다.

(4) 상기 목록과 시간표를 여기에 첨부하였다. 금일 밤 18시에 예정된 카디널작전팀과의 접촉은 실패하였다. 추후 8월 17일 같은 시간에 접촉함. 2차 접촉이 예정대로 이루어지면 우리는 05시에 Airlandaf(원문대로)로 출발할 것이다. 계획된 일이 순조롭게 진행된다면 가능한 한 이 시간에 하얼빈까지 요원들을 이동시킬 수 있을 것이다.

(5) 내일 사진사 셔턴(Sutton)을 까치투하작전에 포함하길 바람. 수륙양용 주요 보급품을 싣고 가서 사진사 말스테드(Malmstedt)를 귀환시키고, 낙하학교가 끝날 때 카디널작전팀 혹은 덕(Duck, 수륙양용차량)에 연료를 재주입할 것. 향후 시도에는 독수리부대의 사진사 홉스(Hobbs)를 동반시킬 것.

■ 8월 18일: 김구의 중경으로의 출발과 관련한 전문(2급비밀)

발송(크라우제) 수신(퀸턴 루즈벨트)

8월 17일 김구가 이곳 본부를 떠나 중경으로 출발한 것으로 파악하고 있다.

■ 8월 22일: 한반도에 투입된 독수리팀의 상황에 대한 전문

발송(버드) 수신(헤프너)

우리가 일단 야전에 투입되자 독수리팀은 위험스러운 상황이 되었고, 그들은 총칼에 의해 돌아갈 것을 강요당하였다. 그들의 (일본)정부가 승인할 때까지 관계당국은 그 임무에 대한 웨드마이어의 권한을 거부하였다. 본인의 판단은 평화협정이 체결되지 않는다면 귀하에게(이하 7줄 판독 불능)

우리는 여기 비행장에서 머무를 수 있고 현 위치에서 기다리든지 아니면 서안에 갈 수 있다. 그러나 추후에는 새로운 비행기가 필요하다.(이하 6줄 판독 불가)

이런 해프닝을 거쳐 독수리 작전은 종료되었다. 해프닝이라고 표현한 이유가 있다. 이 사건은 첩보부대인 OSS와 정규군인 중국전구(中國戰區)군 간

의 힘겨루기라는 의심으로부터 벗어날 수 없기 때문이다. 8월 10일부터 시작된 OSS의 반복된 요구 즉 한반도진출 촉구에 대하여, 공산당이나 일본군 투항자로부터 반발이 예상되므로 중국전구(中國戰區) 지휘관의 특별 지시가 있어야 된다는 중국전구 실무자의 답변은 원론에 충실한 반응이었다.

하지만 OSS측은 최고책임자인 도노반의 직접적인 지시까지 들먹여 결국 중국전구(中國戰區)로부터 승인을 받아낸다. 이 과정에서 독수리부대의 임무가 좀 수정된 것으로 보인다. 즉 한국침투작전을 포기하고 그 대신 서울, 인천, 부산 등지에 수용되어 있을 것으로 예상되는 전쟁포로들과의 접촉 그리고 철수에 대한 병참 지원과 철수계획안을 수립하는 것으로 바뀐 것으로 짐작된다. 전쟁포로의 석방 문제라면 명분이 충분할 것이다.

이러한 결정과정에 김구나 이청천·이범석 등이 개입한 흔적은 없다. OSS와 중국전구의 합의였다는 뜻이다. 아무튼 이범석, 장준하를 포함한 광복군의 요인 4명을 포함한 독수리 요원들은 서안을 출발하여 여의도 공항에 도착했다. 그러면 서울에 도착한 그들은 무사했을까?《백범일지》에는 아주 간략하게 서술되어 있다.

내가 중경으로 올 때 서안에서는 미국 군인 몇 명, 이범석 지대장, 우리 청년 4~5명 등이 서울로 출발하였다. 그 후 소식을 들으니 영등포에 도착하여 하룻밤을 숙박하였으나, 왜놈의 항거로 다시 서안으로 돌아왔다는 것이다.[27]

이 문장은 해석하기에 따라 많은 혼란을 주게 한다. 서안에서 훈련을 마

---

27) 『도진순 백범일지』, p.399

친 청년들을 본국으로 보내려고 했으나 왜적의 조기항복으로 모든 것이 물거품이 되었다고 한 김구의 발언을 기억해보면, 광복군과 미군 몇 명이 무슨 목적으로 서울로 출발했는지 그 목적이 분명하지 않다. 도대체 그들의 목적은 무엇이었고, 왜놈들은 왜 항거했을까? 지금부터 서울 도착 후의 후일담을 알아보기로 한다. 작전에 참가했던 앨버트 에반스(대위, OSS요원)가 전략첩보국 동북지휘부 지휘관에게 보낸 보고서[28]를 참조하여 구성한 독수리 요원들의 일정과 과정은 다음과 같다.

■ 1945년 8월 16일

트루만 대통령이 일본과의 각서교환 문제에 대해서 일본으로부터 공식적인 반응이 왔다고 발표하던 시간에, 사절단은 새벽 4시 30분에 서안을 떠났다.

비행기가 아무런 방해 없이 산동반도에 다가갔을 때 수신기는 미국 항공모함들에 대한 가미가제 전투기의 공격과 여러 지역에서의 전투에 관하여 보고했다. 참모들 및 비행기 승무원들과의 회의를 거친 후 육군대령 버드는 서안으로 돌아갈 것을 명령했다.

■ 1945년 8월 17일

8월 16일 밤과 17일 새벽 사이에 비행기의 여러 곳을 수리하는 동안에 한 쪽 날개가 손상되었다. 서안에서 예비부품을 구할 수 없었던 승무원들은 대체 비행기를 구하기 위해 중경으로 갔다.

■ 1945년 8월 18일(1)

사절단은 승무원들이 중경에서 가져온 대체비행기 C - 47을 타고 쾌청한 날씨 속에 05시 45분에 서안공항을 출발했다.… 황해를 건넌 후 11시 40분 한반도 해안에 이르렀을 때 서울에 있는 일본측 교신자는 중국 상공에서의 우리의 비행기를 추적했다고 말하며 착륙을 허락했다.

■ 1945년 8월 18일(2)

---

28) 한반도 특수임무에 관한 보고(1945.9.3.)《대한민국임시정부자료집 13》

11시 56분에 착륙했고 조선주둔 일본군 사령관, 그의 참모장교 및 참모들, 공항사령관, 그의 참모들, 그리고 일단의 일본군대가 영접을 나왔다.

■ 1945년 8월 18일(3)

일본인은 우리의 임무나 전쟁포로에 대하여 그들 정부로부터 아무런 명령이나 지시가 없었다고 항의하였다. 그러나 그들은 일본인 총독에게 전달할 우편의 편지사본을 접수하였다.

일본인들에 의한 별 볼일 없는 장시간의 협의 끝에 일본군 사령관과 그의 참모들은 공항사령관에게 갔다. 잠시 후에 사령관의 수석참모가 포로들은 안전하게 잘 있다고 우리들에게 말하고 그들의 안전에 대해서는 걱정하지 말라고 하였다.

■ 1945년 8월 18일(4)

계속된 협상 끝에 일본인들로부터 약속을 받아냈는데 그것은 그들이 우리의 목적지에 도착할 때까지 안전을 보장할 수 있도록 총독에게서 허락을 받을 것이나 또한 동경으로부터 지시가 있을 때까지는 어떠한 도움을 줄 수 없다는 것이었다. 그리고 본부의 현장 보고서를 제출할 것을 요구하였으며 본부의 인적사항 목록을 요구하였다.

일본인들과 이러한 대화를 하는 동안 그들은 우리가 그들 정부로부터의 지시를 기다리는 사이 서울에서의 임무를 허가할 수 없다고 주장하면서, 단지 그들은 중국으로의 귀환에 필요한 비행기 가솔린을 공급해 줄 수는 있다고 하였다. 그러나 휘발유는 공급되지 않았고 밤을 샐 수 있도록 공항에 머무는 것만이 허가되었다.

■ 1945년 8월 19일(1)

서울에 머물기 위한 추후의 시도가 계속되었고 아베 총독에게 직접 우리의 문제를 제출하는 것이 허락되었다. 이러한 요구의 압력이 일본인으로부터 일부 불유쾌한 답변을 초래하였다. 그들은 명료하게 말하기를 아베 총독은 우리를 면담하길 원하지 않고 있으며 우리가 신임장이 없으므로 서울에 머물 권한이 없고 자국 정부로부터 지시를 받지 못했으므로 공항에 휘발유가 도착하면 즉시 떠나야만 한다고 하였다.

■ 1945년 8월 19일(2)

오후 4시 20분 우리 비행기는 일본인으로부터 얻은 500 갤론의 휘발유를 채우고 서울을 이륙하였다. 일본공군으로부터의 간섭은 없었으며 우리 비행기는 산동의 유현(濰縣)을 향해 비행하였는데 그곳은 날씨가 맑아 이미 그곳에 하달되어 있는 다른 임무를 맡기에 더없이 좋은 착륙조건이 조성되었다. 연료가 부족하여 서안까지는 갈 수가 없었다.

■ 1945년 8월 21일

비행기에 연료를 공급하기 위해 유현(濰縣)에서 휘발유를 공급하였다. 이때 육군대령 버드는 사절단의 문제점들을 보고하고 또 파견대가 공식적 지위에 있음을 일본군들에게 납득시키는데 꼭 필요한 공식문서를 받기 위하여 중경으로 가기로 결정했다. 종군사진가 홉스는 개전 이래 한반도에서의 첫 사진 기록인 사절단에서 찍은 필름을 현상하기 위해 육군대령 버드를 수행했다.

■ 1945년 8월 27일

독수리파견대의 잔류대원들은 C-47기를 타고 서안으로 돌아오라는 무전지시가 떨어졌다. 그 교신에는 또 수용소에서 중환자 포로들을 후방병원으로 이송시키라는 지시도 있었다.

■ 1945년 8월 28일

10시 00분에 수용소 요원들의 탑승은 끝났고 서안으로의 비행은 10시 15분에 시작되었다. 13시 45분 서안비행장에 도착했다. 모든 요원들은 독수리 기지로 이동하여 지시를 기다렸다.

대단히 건조하게 작성된 일지다. 하지만 이 문서를 통하여 독수리작전의 진행과정은 충분히 알게 되었으리라 믿는다. 사실 독수리작전은 구체적 목적이나 명분도 없이 진행된 그리고 대단히 위험한 시도였다. 독수리 대원의 한국에 대한 원래의 임무는 한국의 수도인 경성(京城)에 8월 10일에 들어가서 이용 가능한 기회가 있을 때까지 대기하는 것이었다. 그러나 중국전구의 이유 있는 항거에 따라 전쟁포로와 접촉하고, 그들의 신변보호를 하는 것으로 목적이 수정된 것은 이미 설명하였다. 무엇보다 이해할 수 없는 것은 한국 내에 전쟁포로가 있는 지 없는 지조차 파악하지 않고 출발한 무모함이다. 독수리작전의 지휘관 버드는 다음과 같은 보고서를 남겼다.

한국과 관련하여 활용할 수 있는 첩보는 거의 없다. 포로수용소에 대한 첩보도 포로의 인원수 및 국적에 대한 개략적인 것에 국한되었다. 수집된 정보로부터 볼 때 한국의 포로수용소에는 미국인 포로는 없는 것으로 보인다.[29]

포로수용소에 대한 정확한 정보도 없이 무조건 서울로 출발했음이 분명하다. 목적 달성을 위한 최소한의 준비도 하지 않았다는 뜻이다. 더욱이 서안에서는 경성까지 연료를 재충전하지 않고 귀환이 가능한 항속거리를 가진 비행기를 구할 수 없었다고 버드는 상기 인용문서에서 말했다. 실제 독수리 요원들이 탑승한 C-47는 여의도에서 일군으로부터 연료를 공급받을 수밖에 없었다. 몇 가지 가정을 해보자.

만일 일군이 C-47의 착륙을 허가하지 않았다면 어떻게 되었을까? 그리고 여의도에서 머물던 18, 19일 이틀간 일군과 충돌이 발생했다면 독수리 요원들의 운명은 어떻게 되었을까? 이 작전이 얼마나 무모하고 위험천만한 행동이었는가는 에반스의 증언을 보면 보다 확실히 알 수 있다.

만일의 사태에 대비하여 리볼버 권총, 소형 경기관총 그리고 몇 개의 수류탄으로 무장한 미파견대는 한국에서 어떤 대접을 받을 지도 모른 채 어제 무턱대고 서안을 이륙했었다. 히로히토 일왕과 일본정부가 포츠담 선언을 받아들였으나 한반도 주둔 일본군이 일왕의 종전 명령을 이미 받았는지 또는 관동군이 그것들을 받았다면 복종할지 아무런 보장이 없었다. 거기

---

29) 경성으로 파견된 사절단의 예비보고(1945.8.23.)《대한민국임시정부자료집 13》

다가 한반도에 도달하기 위해서는 아직 일본군에 의해 점령되고 있는 거의 1,600km 가량의 영토를 아무런 호위 없이 비무장 비행을 하는 것이 필요했다.

파견대의 일원이자 안지오와 살레르노에서의 전투경험이 있는 그 유명한 제1레인저부대의 몇 안 되는 생존자 중의 한 사람인 뉴욕 출신의 육군대위 패트릭은 "우리를 죽은 오리들로 만드는 데는 5분이면 된다."고 말했다[30]

아무튼 독수리 요원들은 무사히 돌아올 수 있었다. 그리고 1945년 9월 13일, 독수리작전은 공식적으로 종료되고 한반도는 태평양전구로 편입되게 되었다. 한반도의 관할은 워드마이어에서 맥아더로 이관되었다는 뜻이다. 아래는 그 전문이다.[31]

1. 일반문서 2절 a와 b를 참조하여 합동참모본부로부터 이곳 본부에 다음과 같은 통지가 접수되었다. "작전을 원활히 하기 위해, 한국은 태평양전구에 포함된다." 따라서, 이곳 지휘부는 한국 내 첩보 활동을 필요로 하지 않는다.

2. 한국 점령을 시작하게 될 태평양전구 미군은 한국 내에서 부여된 임무 완성을 위해 필요할지도 모르는 한국국적 요원들을 징모할 수 있을 것이다.

3. 따라서 독수리작전에 배속되었던 대원들은 해산하고, 그 작전에서 훈련을 받았던 한국인들은 방출될 것이다. 이와 관련하여, 태평양전구 미군이 이들 요원을 활용하는 것이 바람직하므로 귀하의 조치를 워싱턴의 전략첩보국 국장에게 통지하기를 바란다.

워드마이어 중장의 명령에 의해

실비오 L. 보스퀸(SYLVIO L. BOUSQUIN)

"한국은 태평양전구에 포함된다." 간단한 이 문장의 위력은 향후 김구를 비롯한 임정요인들에겐 재앙으로 나타나게 된다. 그래도 이런저런 인연을 맺었던 중국전구 소속 미군들은 해방공간에서 김구 등에게 아무런 영향을

---

30) 한반도 특수임무에 관한 보고(1945.9.3.)《대한민국임시정부자료집 13》

31) 독수리작전 취소와 관한 구역 변경의 건(1급비밀) (1945.9.13.)《대한민국임시정부자료집 13》

줄 수 없는 처지가 되어 버렸다. 목숨을 걸고 참여했던 독수리 요원들도 마찬가지다.

19
수백 명 광복군이
20만 광복군으로 둔갑한 사연

대부분의 독자들은 언론의 과장·왜곡 보도를 여과 없이 받아들인다. 몇 몇 신문에서 광복군 20만 명 설을 보도하자, 웃지 못 할 단체가 생겼다. 사실 20만여 명의 광복군이 일제와 싸웠다면 사망자, 부상자의 수는 부지기수였을 것이다. 같은 민족이라면 그들에게 온정을 베풀어야 마땅할 것이다. 광복군군사원호부란 단체가 언제까지 존속했는지 모르겠지만, 단 한 명이라도 광복군출신 원호대상자에게 지원을 했는지 모르겠다. 여러 번 지적했지만 광복군 이름으로 일본군과 전투를 벌인 적은 없다. 광복군 출신 원호대상자를 찾을 길이 없었다는 뜻이다.

25일 동안의 해방

조국해방으로 서대문 형무소에서 풀려나와 해방 만세를 외치는 애국인사들과 이들을 환영하는 시민들.

　1945년 8월 15일 정오에 일본 왕의 항복 방송이 라디오로 중계되었다. 일반적으로 방송을 들은 군중들이 그날 바로 태극기를 들고 쏟아져 나와 만세를 부르며 환호했다고 알려져 있지만 사실 그날 거리는 아주 조용하였다. 물론 그날 중대 발표가 있으니 조선인들은 경청하라는 벽보가 나붙었으나 당시 라디오를 가진 조선인들은 많지 않았고, 방송은 잡음이 심했다. 더욱이 일왕 히로히도(有仁)가 사용하는 언어는 일본 황족어로 나왔기 때문에 알아들을 수 있는 사람들은 극소수였다.

　방송은 오후 2시경 한 번 더 되풀이 되었지만 아직은 정확한 뜻을 알 수 없었다. 하지만 조선총독 아베(阿部信行)가 매일신보를 통하여 패전유고를 발표했고[1] 일왕의 조서가 갖는 정치적 의미를 깨달은 일부 식자층의 전언으로 조선은 조금씩 들썩거리기 시작했다. 가장 먼저 변화를 실감할 수 있었던 사건은 전조선의 각 형무소와 경찰서 안에 있는 사상범을 필두로 하는 경제위반, 노무관계위반자를 전부 석방하기로 한 총독부의 결정이었다.[2] 축제는 다음날부터 시작되었다. 해방의 날은 그 날 이후 한국인에게 가장 중요한 날이 되었다.

그러나 밤중에 벌거벗고 식탁 위에서 춤추던 사람들도 아침이면 제 정신으로 돌아와 걱정을 하면서 깨어나는 것이다. 일부 사람들에겐 새로운 제도와 새로운 나라를 세우기 위한 걱정이었고, 또 일부에겐 새 질서에 대한 두려움이었다.[3] 조그만 삽화를 소개하겠다. 이광수 일가에게 부딪힌 해방의 날이다.

그 때가 내가 열 한 살이다. 아버님은 우리들을 모아놓으시고 '동해물과 백두산' 애국가를 가르쳐 주었다. 동네사람들이 모두 우리 집으로 찾아들 온다. "이게 정말이냐"고 한다. 초등학교 선생님들은 금후에 어떻게 해야 좋으냐고 방침을 물으러 우리 집으로 찾아들 오셨다. 이 시골 계신 분들은 아버지가 장차 친일파로 몰리실 것은 생각지 못하고 큰 지도자 대우를 하였다.

저녁에 우리 집에는 막걸리 통이 들어오고 동네 분들이 모여 축배를 올리고 애국가를 부르고 하셨다. 나는 일본이 전쟁에 져서 조선에서 쫓겨 가고 B29는 다시 아니 오고 아버지를 잡아가고 책을 압수하고 강연을 하라고 시골로 보내고 하는 일들이 다 없어진다는 것은 물론 잘 알았고 우리는 이제부터 잘 되리라. 아버지는 이제부터 고생 아니 하시고 편하시리라. 조선말로 마음대로 글도 쓰시리라. 그러니 좋다. 기쁘다. 이렇게 믿고 뛰고 좋아했다.

---

1) 阿部信行 조선총독, 패전유고를 발표, 「매일신보」, 1945.8.15
2) 사상, 경제, 노무관계범이 석방케 되다, 「매일신보」, 1945.8.16
3) 브루스 커밍스, 김자동 옮김, 『한국전쟁의 기원』, 일월서각, 1986, p.107 이상 『브루스 커밍스, 한국전쟁의 기원』으로 약함.

우리들은 곧 서울로 올라가려고 준비를 하고 있노라니까 어머니께서 기별이 왔다. 아직 서울로 오시지 말고 여기서 기별이 있을 때까지 기다리시라는 것이다.

그 후 사흘 되는 날 어머니가 내려오셨는데 그렇게 기뻐하는 빛이 없다. 나는 놀랬다. 어머니가 이렇게 기쁜 때에 왜 저렇게 우울해하실까. 아버지는 동네 분들과 약주를 잡수시고 거나하게 취하셔서 좋아하시는데 어머니는 시무룩하고 한편 구석에 앉으셨다가 누워 버리신다.

저녁을 다 먹은 뒤에 집안이 조용해지기를 기다려 어머니는 우리 삼남매와 아버지께 슬픈 소식을 전하셨다. 서울에서는 아버지를 친일파라고 해서 욕을 써 붙이고 죽여 없애라 한다고. 아버지를 생각하는 친구들이 걱정을 하시고 계시다고. 그러니 아버지더러 어디로 피신을 가시고 여기 계시지 말라는 것이다.

우리들은 청천벽력이었다. 아버지는 미리 짐작하셨을까. 아무 말도 아니하시고 가만히 듣고 계시다가, "아이들 데리고 올라가시오."하셨다. 그러나 어머니는 자꾸 피신하시라고 권하고 조르니까 아버지는 소리를 높여, "소가 열 필이 와서 끌어도 이광수는 이 자리를 안 떠날 것이오. 이광수의 목을 베어 종로 네거리에 매달아 정말 친일파가 없어진다면 나의 할 일을 다 한 것이오." 하고 외쳤다. 어머니는 더 권하시지 못하였다.[4]

이광수 일가가 경험했던 황홀한 해방의 날은 너무 짧았다. 그런데 이광수 자신은 친일파가 아니라고 생각했던 모양이다. 그건 그렇고 이광수가 외친 정말 친일파는 누구를 말하는 것일까? 친일 부일배들이 그들의 기득권을 지키기 위해 어떻게 변신하고 어떠한 방법을 선택하였는가하는 것은 차츰 알아보기로 한다. 이 무렵, 현실을 가장 빨리 인정하고 대응책을 마련한 것은 아무래도 조선총독부였다.

일본은 이미 35년 동안 한국을 식민지로 지배해왔다. 그러나 한국인을 동화시키고자한 그들의 정책은 그리 큰 성과를 거두지 못했다. 한국인들은

---

4) 이정화 「아버지 춘원」,1953《이광수전집별권, 삼중당, 1971, p142》재인용

여전히 한국인들이었으며 일본에 대한 증오감은 그들의 마음속 깊은 곳에 여전히 머물고 있었다. 특히 식민지 감옥에 있는 3만여 명의 정치범 혹은 사상범들은 일본인들에게 공포와 불안감을 갖게 하지 않을 수 없었다. 당연히 일본인들은 한인의 보복을 두려워할 만하였다. 조선총독부가 선택한 것은 과도행정 기구의 설치였다.[5] 이러한 과정에서 출범하게된 것이 건국준비위원회(이하 건준)다.

건준에 대한 이야기를 본격적으로 하기 전에 한 가지 오해를 풀어야겠다. 흔히들 총독부 정무총감 엔도(遠藤柳作)가 최초로 접촉한 인물은 송진우라고들 얘기한다. 브루스 커밍스도 그렇게 보고 있다.[6] 하지만 실상은 그렇지 않다. 먼저 한민당 계열이 주장한 내용을 살펴보자. 아래는 1971년 8월 19일 김준연이 동아일보에 기고한 글이다.

…여운형 씨에게 교섭하기에 앞서서 조선총독부측에서는 송진우 씨에게 시국담당에 관한 교섭을 하였던 것이다. 그렇지만 끝내 불응하니까 경기도 오까(岡) 경찰부장이 송진우 씨에게 나를 소개해달라고 하여서 나는 14일 오전 10시에 경기도 도청에 가서 이꾸다(生田) 지사와 5,6시간이나 이야기하고 결론으로는 나도 송진우 씨와 마찬가지로 응할 수 없다고 하였던 것이다.[7]

송진우의 지지자들은 첫째, 한국의 어떠한 행정기구도 진주할 연합군의 승인을 받아야하며, 둘째, 중경에 있는 대한민국 임시정부만이 한국의 합

---

5) 『브루스 커밍스, 한국전쟁의 기원』, p.109

6) 브루스 커밍스는 김준연과 임영신의 증언을 빌어 1945년 8월 9일, 송진우가 일본인 고위관리 4명을 만났다고 했다. 커밍스는 송진우의 사퇴 이유를, 그의 부유함과 전쟁기간 동안 일본 측이 그에게 가했던 협조 압력 때문에 그 시점에 협조를 할 경우 부일혐의를 회피하기 어려웠기 때문일 가능성으로 보았다.

7) 남북대화에 붙인다(3), 「동아일보」, 1971.8.19

법적 정부임을 믿기 때문에 그가 이러한 일본 측의 제안을 거절했으며, 일본인이 다급해진 상황에서 그들에게 도움을 주고 싶지 않았다고 말하였다. 또한 송진우의 전기 집필자는 그가 집안에서 병든 척하거나 마작을 하면서 협력을 요구하는 일본인의 압박을 견디었다고 서술했다.[8] 그러나 엔도가 송진우를 만나지 않았다는 것은 아래에 소개하는 그의 인터뷰 기사만으로도 충분하다.

…(중략)…또 한국에서는 내가 처음에 송진우 씨에게 이 문제를 상의했으나 송씨가 거부했기 때문에 여씨를 택한 것으로 전해지고 있는 모양이나 그것은 잘못으로 내가 송씨 및 안재홍, 장덕수 씨를 만난 것은 종전 전 총력연맹에 협력을 요청한 일이 있지만 그들이 깨끗이 거부하여 왔기 때문에 나도 그들의 신념을 이해하여 두 번 다시 권하지 않았다. 따라서 종전 후 송씨와 안씨에게 교섭한 일은 없다.[9]

결국, 부일배가 다수 포함된 한민당은 건준의 정통성을 부정하기 위해 연합군의 승인과 중경임시정부를 내세운데 이어 건준의 출범을 일제에 대한 야합으로 몰아붙였던 것이다.

여운형은 이날 '정치집회 제1호'를 열어 해방의 의의와 민족의 나갈 길에 대해 연설하였다.

1945년 8월 16일 오후 1시, 여운형은 종로구 계동 휘문중학교 운동장에

8) 김준연, 『독립노선』, 흥한재단, 1947, p2; 임영신, 『My Forty-Year Fight for Korea』, 중앙대학교 국제문화센터, 1951, pp.227-228; 고하선생 전기 편찬위원회 편, 『고하 송진우 선생전』, 동아일보 출판국, 1964, pp.295-299《『브루스 커밍스, 한국전쟁의 기원』, p.109》재인용

9) 엔도 정무총감의 말을 뒷받침하는 자료는 총독부 농상과장 최하영의 회고록, 「정무총감 한인과장을 호출하다」(『월간중앙』1968.8) 및 이동화, 「몽양 여운형의 정치활동」(『창작과 비평』1978여름, p.334) 참조할 것, 1957년 8월 13일 遠藤柳作가 국제타임즈와의 회견에서 송진우와의 교섭을 부인한 내용을 인용했다.《서중석, 『한국현대민족운동연구』, 역사비평사, 1991, p.199》재인용

나타나 5천여 군중 앞에서 해방의 제일성을 힘차게 외쳤다. 약 20분간의 짧은 연설이었으나 그 파괴력은 엄청났다. 중도와 화합의 정치인 여운형이 역사의 무대에 처음으로 등장하는 순간이었다. 연설의 골자는 다음과 같다.

해방 다음날인 8월 16일 휘문중학교에서 '건준' 여운형 위원장을 환호하는 시민들.

조선민족해방의 날은 왔다. 어제 15일 아침 8시 원등(遠藤) 조선총독부 정무총감의 초청을 받아 "지나간 날 조선·일본 두 민족이 합한 것이 조선민중에 합당하였는가 아닌가는 말할 것이 없고 다만 서로 헤어질 오늘을 당하여 마음 좋게 헤어지자. 오해로서 피를 흘린다던지 불상사가 일어나지 않도록 민중을 잘 지도하여 달라"는 요청을 받았다.

나는 이에 대하여 다섯 가지 요구를 제출하였는데 즉석에서 무조건 응낙을 하였다. 즉

1) 전조선 각지에 구속되어 있는 정치 경제범을 즉시 석방하라.

2) 집단생활인만치 식량이 제일문제이니 8, 9, 10의 3개월간 식량을 확보·명도 하여 달라.

3) 치안유지와 건설사업에 있어서 아무 구속과 간섭을 하지 말라.

4) 조선 안에 있어서 민족해방의 모든 추진력이 되는 학생훈련과 청년조직에 대하여 간섭을 말라.

5) 전조선 각사업장에 있는 노동자를 우리들의 건설사업에 협력시키며 아무 괴로움을 주지 말라.

이것으로 우리 민족해방의 첫 걸음을 내디디게 되었으니 우리가 지난날에 아프고 쓰렸던 것은 이 자리에서 모두 잊어버리자. 그리하여 이 땅을 참으로 합리적인 이상적 낙원으로 건설하여야 한다. 이때 개인의 영웅주의는 단연코 없애고 끝까지 집단적 일사불란의 단결로 나아가자. 머지않아 각국 군대가 입성하게 될 것이며 그들이 들어오면 우리 민족의 모양을 그대로 보게 될 터이니 우리들의 태도는 조금도 부끄럽지 않게 하여야 한다. 세계 각국은 우리들을 주목할 것이다. 그리고 백기를 든 일본의 심흉을 잘 살피자. 물론 우리들의 아량을 보이자. 세계 신문화 건설에 백두산 아래에 자라난 우리민족의 힘을 바치자. 이미 전문대학 학생의 경비원은 배치되었다. 이제 곧 여러 곳으로부터 훌륭한 지도자가 오게 될 터이니 그들이 올 때까지 우리는 힘은 적으나마 서로 협력하지 않으면 안 될 것이다.[10]

그리고 같은 날 오후 3시 10분부터 약 20분 동안 건준 준비위원의 자격으로 안재홍(安在鴻)이 경성중앙방송국을 통하여 해방된 우리 동포에게 제1성을 보냈다. 아래는 그 내용이다.

지금 해내(海內) 해외(海外) 3천만 우리 민족에게 고합니다. 오늘날 국제정세가 급격하게 변동되고 특히 조선을 핵심으로 한 전동아(全東亞)의 정세가 급박하게 변동되는 이때에 있어 우리들 조선민족으로서의 대처할 방침도 매우 긴급 지대함을 요하는 터이므로 우리들 각계를 대표할 동지들은 여기에서 조선건국준비위원회(朝鮮建國準備委員會)를 결성하고 신생조선의 재건설문제에 관하여 가장 구체적 실제적인 준비공작을 진행키로 합니다.

여러분 묵은 정치와 새 정치가 바야흐로 교대되는 과정에 있어 걸핏하면 대중은 거취에 망설이고 진퇴를 그릇칠 수 있는 것입니다.

여러분 우리 조선민족은 지금 새로 중대한 위경(危境)의 기로에 서 있습니다. 이러한 민족성패가 달린 비상한 시기에 임하여 만일 성실 과감하고도

---

10) 건준위원장 呂運亨, 엔도와의 회담경과 보고, 「매일신보」, 1945.8.16

총명 주밀(周密)한 지도로써 인민을 잘 파악 통제함이 없이는 최대의 광명에서 도리어 최악의 범과(犯過)를 저질러서 대중에게 막대한 해악을 끼칠 수가 있는 것이므로 오인(吾人)은 지금 가장 정신을 가다듬어 한 걸음 한 걸음 나아가고 또 뜀박질하여 나아감을 요합니다. 근본적인 정치운용의 최대문제에 관하여는 금후 급한 문제는 대중의 파악과 국면수습으로서

첫째, 민족대중 자체의 일상생활에서 생명재산의 안전을 도모함이요 또 하나는 조일(朝日) 양민족(兩民族)이 자주(自主) 호양태도(互讓態度)를 견지(堅持)하여 추호라도 마찰이 없도록 하는 것입니다.

즉 일본인 주민의 생명재산의 보장을 실현하는 것입니다.

그 때문에 경위대(警衛隊)의 결성으로 일반질서를 정리하는 것입니다.

학생 급(及) 청년대(靑年隊)와 경관대(警官隊) 즉 본(本) 건국준비위원회(建國準備委員會)의 소속(所屬) 경위대를 두어 일반질서를 정리하는 것입니다. 이외에 따로히 곧 무위대(武衛隊) 즉 정규병(正規兵)인 군대를 편성하여 국가질서의 확보를 도모하는 중입니다. 또 식량의 확보입니다. 우선 경성 120만 부민(府民)의 식량은 절대 확보키로 계획되어 근거리에 쌓여 있는 미곡을 운반하기로 소운반통제기관(小運搬統制機關)을 장악하여 운반공급을 할 준비가 되어 있습니다. 각처 식량배급 기타의 물자배급 태도도 현상을 한동안 유지하면서 나가기로 하니까 그런 줄 아시고 일층 책임에 진췌(盡瘁)하기를 바랍니다.

경제상으로 통화 급(及) 물가정책은 목전에 아직 현상유지하면서 신정책을 수립 단행키로 하겠습니다. 미곡공출문제는 되도록 관대 합리하도록 미곡생산자와 일반농민의 식량의 자족을 도모하려고 합니다.

본 건국준비위원회는 그 발족의 처음부터 청소년학생 및 일반정치범의 석방문제를 요구하여 오던 터이었는데 어제 8月 15日부터 오늘 16日까지 경향(京鄉) 각지방(各地方) 기(旣)미결(未決) 합계(合計) 1100인(人)을 즉시 석방하게 되었습니다. 일반(一般) 부형자매(父兄姉妹)와 함께 더욱 민족호애(民族互愛)의 정신에서 인민결성의 씩씩한 발자국을 내디디기 바랍니다. 행정도 일반 접수할 날이 멀지 아니 하거니와 일반관리로서도 잔물(殘物)을 고수하면서 충실히 복무하기를 요구하는 것입니다. 통감정치(統監政治) 이래 40년간 총독정치·특수정치(總督政治·特殊政治)인지라 지금까지의 일반관리와 전(前)관리 및 기타 일반협력자란 인물들에게 금후 충실한 복무로 신진행(新進行)하는 한 일률로 안전한 일상생활을 보장할 것이니 그 점 안심하고 또 명념(銘念)하기 바랍니다.

최종으로 국민각위(國民各位) 남녀노소(男女老幼)는 이지음 언어동정(言語動

靜)을 각별히 주의하여 일본인 주민의 심사감정(心事感情)을 자극함이 없도록 진력하지 않으면 아니 됩니다. 과거 40년간의 총독정치(總督政治)는 벌써 과거의 일이오 하물며 조일(朝日) 양민족(兩民族)은 정치형태가 여하(如何)하게 변천되던지 자유호양(自由互讓)으로 아세아제민족(亞細亞諸民族)으로서의 떠메고 있는 각자의 사명을 다하여야 할 국제적 조건하에 놓여 있는 것을 똑바로 인식하여야 합니다. 우리들은 수난의 도정에서 한 걸음씩 형극의 덤불을 헤쳐 나아가는 데에 피차가 없는 공명동감을 하여야 합니다.

여러분 일본에 있는 5백만 조선동포가 일본국민 제씨(諸氏)와 한가지로 수난의 생활을 하고 있는 것을 생각할 때 조선재주(朝鮮在住) 1백 기십만의 일본주민 제씨(諸氏)의 생명재산의 절대 확보가 필요하다는 것을 총명한 국민 제씨(諸氏)가 충분히 이해하실 것인 바인 것을 의심치 아니합니다. 제위(諸位)의 심대한 주의를 요청하여 마지 아니 합니다.[11]

건국준비위원회의 출범을 알리는 신호탄이었다. 이후 건준의 활약은 그야말로 눈부셨다. 주요한 행적 몇 가지를 추려보기로 한다.

■ 동포의 자중과 안정 요청하는 전단 살포(매일신보 1945년 08월 16일)

■ 각도에 있는 식량 확보(매일신보 1945년 08월 17일)

■ 조선인경찰관이 중심이 된 보안대 조직(매일신보 1945년 08월 17일)

■ 새 조선의 의료 활동을 담당할 건국의사회 결성(매일신보 1945년 08월 18일)

■ 건준 위원장 여운형(呂運亨), 건준의 성격과 사명에 관한 담화 발표(매일신보 1945년 08월 18일)

초기 건준의 활동은 여운형과 안재홍의 담화에 나타난 바와 같이 일본

11) 건준 준비위원으로서 안재홍이 한일간 自主互讓 할 것을 방송. 「매일신보」, 1945.8.17

시민과 재산을 보호할 것을 강조하는 등 비교적 온건했다. 하지만 건준의 첫 번째 업적이라고 할 수 있는 정치범과 경제범의 석방이 오히려 건준의 발목을 잡았다. 안재홍은 1,100명 정도의 석방을 언급했지만 실제 1945년 8월 15, 16일 양일간 석방된 죄수는 약 16,000명이나 되었다.[12] 이들 정치범들은 일본통치의 최후 순간까지 절개를 굽히지 않았던 독립지사들이었다. 이들의 합류로 인해 건준의 조직 자체는 급속히 팽창했지만, 그 활동은 과격한 색체를 띨 수밖에 없었다. 이로 인해 조선총독부와 건준의 협력관계는 단절이 된다. 그리고 무질서와 혼란의 책임은 건준으로 귀결되어 나중 미군정에게 건준 및 인공 해체의 빌미를 주게 된다.

[건준 중앙조직의 인적 구성]

	제1차 (8/17)	제2차 조직(8/22)	제3차 조직(9/4)
위원장	여운형	여운형	여운형
부위원장	안재홍	안재홍	허헌
총무부	최근우	최근우	최근우, 김규홍
조직부	정백	정백, 윤형식	이강국, 이상도
선전부	조동호, 최용달	권태석, 홍기문	이여성, 양재하
무경부 (치안부)	권태석	최용달, 유석현, 장권, 이병학, 정의식	최용달, 유석현, 장권, 이병학, 정의식
재정부	이규갑	이규갑, 정순용	김세용, 오재일
식량부 (양정부)	-	김교영, 이광	이광, 이정구
문화부	-	이여성, 함상훈	함병업, 이종수
교통부	-	이승복, 권태휘	김형선, 권태휘
건설부	-	이강국, 양재하	윤형식, 박용칠
기획부	-	김준연, 박문규	박문규, 이순근
후생부	-	이용설, 이의식	정구충, 이경봉

12) 『브루스 커밍스, 한국전쟁의 기원』, p.113; 국방부 편찬위원회에 의하면 8월 15일과 16일 석방된 수감자 수는 11,000명이다.

| 조사부 | - | 최익한, 김약수 | 최익한, 고경흠 |
| 서기국 | - | 고경흠, 이동화, 이상도,
최성환, 정화준 | 최성환, 정화준, 정처묵 |

상기 표를 보면 건준의 변화를 짐작할 수 있다. 1945년 8월 17일 조직된 건준의 중앙조직은 그 후 8월 22일, 9월 4일 등 3차례에 걸쳐 확대 개편되었다. 전국조직은 남북을 통틀어 145개 지부를 가진 거대 조직이 되었다. 1차 조직 시 건준에 참여했던 주요 인물들은 건국동맹[13] 계열(여운형, 조동호, 최근우) 신간회 참여인사(안재홍, 이규갑, 권태석) 조선공산당(정백) 등을 들 수 있는데 주로 중도 좌파(여운형)와 우파(안재홍)의 결합이었음을 알 수 있다. 2차 확대 무렵은 좀 더 다양한 계열이 유입되었다. 정리해보면 다음 같다.

건국동맹 계열(여운형, 최근우, 이여성, 최용달, 장권, 이강국, 양재하, 박문규, 이동하, 이상도) 신간회 계열(안재홍, 이규갑, 권태석, 홍기문, 이승복, 권태휘, 김준연) 공산당 계열(정백, 이광, 최익한, 김약수, 고경흠, 정의식) 사회 청년운동 계열(유석현, 이용설, 이의식, 함상훈, 윤형식, 김교영) 등이다. 이데올로기적 성향은 1차에 비해 좌파가 좀 더 강화되었다고 보아야할 것이다.

이러한 경향은 3차 조직 개편 시 좀 더 뚜렷하게 나타난다. 여운형, 최근우, 이여성, 최용달, 장권, 이강국, 양재하, 박문규, 이상도, 이정구, 김세용, 오정길 등 건국동맹 계열이 다수를 점하고 있는 반면 안재홍의 사퇴로 신간회 계열은 권태휘, 허헌 정도가 남아 있게 되지만 이들도 좌파계열이었다. 조선공산당 계열은 이광, 최익한, 고경흠, 정의식, 김형선, 이순근 등의 인원에 건국동맹 계열로 분류했지만 실제적으론 당원인 이강국, 최용달,

---

13) 建國同盟: 1944년 8월 10일 일본의 패망이 가까워졌을 때 여운형 (呂運亨)을 중심으로 조직된 독립운동 비밀결사.

박문규, 최성환 등을 포함하여 건준 내에서 가장 강력한 집단이 되었다.[14]

이 과정에서 주목할 점은 우파 진영의 동향이다. 원래 여운형은 송진우와 김병로 등을 건준의 조직에 가담시키려고 노력했다. 즉 여운형과 정백은 8월 15일 경부터 며칠 동안 거듭 접촉했으나 성공을 거두지 못했다.[15]

하지만 8월 19일에 김병로, 백관수 등이 갑자기 합작을 제의하였다. 내용은, '경성유지자대회(京城有志者大會)'를 열어서 건준의 조직을 개조하자는 것이었다.[16] 또한 그들은 건준이 정부를 자칭하지 말고 단순한 치안유지부대를 조직할 것을 건의하기도 했다.[17] 김병로와 백관수 등이 건준에 나타났을 때는 테러로 인해 여운형이 시골집에 잠시 피신해 있을 무렵이었다. 여운형 공격이 있은 다음 날 게다가 여운형 부재 시의 방문 등은 많은 오해를 일으키게 되었다. 특히 그들의 건의 사항은 마치 일본인들이 권하는 것처럼 느껴졌다. 당연히 그들의 제안은 거절될 수밖에 없었다.

이 무렵, 총독부의 태도가 갑자기 변했다. 그들은 건준이 "원래의 사명에서 이탈했으며 무서운 잘못을 범했다"고 비난했다. 일본당국은 자기들의 이익을 위하여 건준이 움직이길 바랐으며, 적어도 온건하고 유순한 조직이 될 것을 기대했다. 8월 18일, 조선총독부는 건준이 치안유지의 기능 정도로 축소할 것을 요구했다.[18] 총독부의 변화와 일부 우파의 움직임은 좌익과 우익의 협력을 보다 곤란하게 만들었음이 분명하다. 한편으론 부르주아 우파를 부일협력자로 규정하는 부류도 생겨나게 되었다. 이제 한국의 영도

---

14) 한배호,『한국현대정치론 1』, 오름, 2000, pp.169-173

15)『해방1년사』, pp.79-80《『브루스 커밍스, 한국전쟁의 기원』p.121》재인용

16) 민주주의민족전선 편집,『해방조선-1』, 과학과 사상, 1988, p.88

17) 김준연,『독립노선』, 홍한재단, 1947, p7

18)『브루스 커밍스, 한국전쟁의 기원』, p.122

권은 항일투사들에게 돌아가야 된다는 것을 뜻한 것이다. 건준에 대한 일본인들의 태도변화는 이러한 견해를 확증해 준 것이다. 8월 22일에 발표한 제2차 중앙조직 명단은 총독부와 송진우 등 일부 부르주아 우파에 대한 명확한 거부의 표명이었다. 이제 건준은 스스로의 뜻에 의해 움직일 것이라는 의사통보였다.

건준의 활동 목표는 단순히 치안유지에 있지 않았다. 안재홍이 방송에서 언급한 경위대의 신설, 정규병의 편성, 식량의 확보, 물자배급의 유지, 통화의 안정, 미곡공출, 정치범의 석방, 대일 협력자 대책 등은 모두 신정부를 수립할 때의 정책 발표나 다름없었다.[19]

그러나 여기까지였다. 1945년 8월 24일, "조선에 관하여서는 자유 독립의 정부가 수립될 때까지는 미국과 소련의 분할점령 하에 두고 각각 군정이 시행될 것으로 보인다."는 충격적인 내용이 언론을 통하여 보도되었다.[20] 그리고 9월 1일에는 미국비행기 B24가 주요도시에 삐라를 뿌렸는데 그 내용은 대략 다음과 같다.

미국군사는 조선의 재건과 질서 있는 정치를 실시코자 근일 중에 상륙하겠습니다. 이를 실시하는 것은 민주국인 미국입니다. 조선이 재건되느냐 못되느냐 또는 빨리 되느냐 더디 되느냐는 것은 오로지 조선국민의 행동 여하에 달렸습니다. 이때에 경솔하고 무분별한 행동은 의미 없이 인명을 잃고 국토를 어지럽히고 독립을 더디게 할 것입니다. 현재의 환경은 여러 가지로 못마땅한 점이 많겠지만 장래의 한국을 위하여 냉정 침착히 질서를 지키어 국내에 동란이 일어나지 않도록 해야 합니다. 그리고 전심전력을 기울여 평화산업에 힘써 주셔야 하겠습니다. 지금 말씀한 것을 충실히 지키면 조선은 속히 독립될 것이고 또 민주주의 하에서 행복된 생활을 할 날이 속히 도달

19) 森田芳夫, 『조선종전의 기록』, 日本 巖南堂書店, 1964, p.67
20) 조선, 미소 분할점령하 군정시행케 될 것, 「매일신보」, 1945.8.24

할 것입니다.[21]

그리고 같은 날 15시, 일본정부는 "9월 7일에 미 육군 제24군 소속부대는 조선 경성지구에 진주한다."[22]라고 미군진주를 공식발표했다. 다음 날인 9월 2일에는 모든 것이 보다 명확해졌다. 이날 오전 9시, 미함 '미조리'호에서 연합국군최고사령관 맥아더 원수, 미군대표 니미츠원수, 영군대표 푸리이거 대장, 소련대표 체레부양코 중장, 중국대표 서영창(徐永昌) 군령부장(軍令部長), 호주대표 가게에미 대장, 네덜란드대표 헬푸 제독, 프랑스대표 룩렐크 대장, 기타 각국대표와 일본대표 시게미스(重光) 외상, 우메즈(梅津) 참모총장 등이 일본의 항복조인식을 거행하였다.[23]

그리고 조인한 항복문서에 의하여 일반명령 제1호가 공포되었다. 이에 의하면 북위 38도 이남의 조선은 미군점령지역임이 분명해졌다.[24] 여기에 덧붙여 장차 남조선의 점령군 사령관으로 예정된 하지 중장이 조선민중에 고하는 포고문[25]을 발표함으로써 건준을 비롯하여 새로운 한국을 건설하고자 하는 한국인들에게 결정적으로 찬물을 끼얹었다.

8·15직후 건준이 치안의 유지와 물자·시설의 확보에 크게 공헌한 것은 사실이다. 민족의 자주적인 독립국가 건설을 지향했음도 맞다. 하지만 미·소 양군에 의한 남북분할과 38도 이남의 미군 진주라는 연합군의 정책은 건준의 지도자들을 초조하게 한 듯싶다. 이 무렵 3·8 이북엔 소련군이 이

21) 美機 주요도시에 삐라 살포,「매일신보」, 1945.9.1
22) 일본정부, 9월7일 경성지구에 미군진주 발표,「매일신보」, 1945.9.1
23) 일본 항복조인식, 미함 '미조리'號上에서 거행,「매일신보」, 1945.9.2
24) 일반명령1호로 연합군진주지역 분담 결정,「매일신보」, 1945.9.2
25) 하지, 조선민중에 고하는 포고 발표,「한국일보」, 1955.8.18

미 진주한 상태였다. 그곳에선 인민위원회가 각지에서 이미 조직이 되어 행정·사법을 운영하고 있었다. 건준 측은 무리할 수밖에 없었다. 건준의 비극적인 종말은 벌써 예고되고 있었던 셈이다.

건준의 처음이자 마지막 회의가 되어 버린 제1차 인민대표는 9월 4일 개최되었다. 이 회의에서 여운형은 위원장으로 재차 선임되었으나 부위원장으로 선임된 안재홍이 건준을 탈퇴함으로서 허헌이 새롭게 등장했다. 그리고 9월 6일, 경기여고 강당에서 전국인민대표자 대회가 개최되었다. 조선인민공화국(이하 인공) 창건을 위한 모임이었다. 미군이 도착하기 전에 인공이 출범해야한다는 조급함이 만들어낸 졸속 대회였다. 무엇보다 본인의 동의 없이 인민위원과 중앙인민위원회 일부 각료들을 선정했다는 점이 인공의 앞날을 예고하는 듯했다. 특히 예우 차원에서 중앙인민위원회의 주석으로 이승만, 내정부장으로 김구를 선임했지만, 정작 본인들은 건준과 인공의 파괴에 앞장서는 아이러니를 연출하게 된다. 건준은 1945년 9월 26일 공식적으로 해체되나, 사실상 9월 8일 미군이 인천에 상륙하고 9월 9일 중앙청에 일장기 대신 성조기가 계양됨으로서 수명이 다했다고 보아야 할 것이다. 겨우 25일간의 짧은 해방이었다.

한민당, 임시정부를 봉대하다

일장기를 내리고 성조기를 올리고 있는 미군들.

미군이 곧 상륙할 것이라는 삐라가 B24를 통해 전국의 주요 도시에 뿌려지던 9월 1일을 전후하여 두 개의 단체가 동일한 내용의 선언을 발표했다. 9월 1일 오후 5시 종로 영보(永保)빌딩 옥상에서는 건준을 탈퇴한 안재홍을 위원장으로 하는 조선국민당(朝鮮國民黨)이 결당식을 거행했다.[26] 조선국민당의 창당 일성은 "우리는 중경에 있는 대한임시정부를 절대 지지한다."였다. 다음 날인 9월 2일, 부민관 3층에 대한민국임시정부 환국준비회가 발족했다.[27]

그동안 독보적인 움직임을 보이던 건준이 미군의 진주 예정과 함께 그 위상이 흔들리자마자 등장한 것이 중경임시정부 추대운동이었다. 9월 4일에는 보다 결정적인 모임이 출범하게 된다. 훗날 한민당의 주축 세력이 되는 송진우, 김성수, 조병옥 등이 중심이 되어 '임정 및 연합군 환영준비회'란 조직을 결성하게 된 것이다.[28]

건준 합류에 대한 미련과 그 활동에 불안을 동시에 갖고 있던 보수우파

---

26) 조선국민당 결성,「매일신보」, 1945.9.2
27) 대한민국임시정부환국준비회 발족,「매일신보」, 1945.9.3
28) 임정 및 연합군환영준비회 조직, 1945년 9월 4일 전단으로 발표함

들의 독자적인 날개 짓이 시작된 셈이다. 곧이어 9월 6일에는 한국민주당 발기회가 개최되었다.[29] 한민당은 발기 선언문에서 "우리는 맹서한다. 중경(重慶)의 대한임시중부(大韓臨時政府)는 광복 벽두의 우리정부로서 맞이하려 한다."라고 선포함으로서 중경임정의 봉대를 분명히 밝혔을 뿐 아니라, 9월 8일에는 "우리 독립운동의 결정체이오 현하 국제적으로 승인된 대한민국임시정부(大韓民國臨時政府)의 소위 정권을 참칭하는 일절(一切)의 단체 급(及) 그 행동은 그 어떤 종류를 불문하고 이것을 단호 배격함을 우(右) 결의함."[30]라고 하는 결의문을 선포하기도 했다.

사실 1945년 8월은 권력과 부와 영향력을 가졌던 한인들에게 결코 기쁜 시기가 아니었다. 일제 통치에서 이득을 본 자들은 해방 후의 새로운 질서에 대해 대단한 위구심(危懼心)을 가질 수밖에 없었다. 보복은 따를 것인가? 이제부터 행정권과 사법권은 누가 가질 것인가? 지금까지 누렸던 특권을 계속해서 유지할 수 있는 방법은 없을까?…

해방 후 몇 주 사이에 부일협력자들을 처단하라는 대중운동이 일어났다. 일정 기간 언론을 장악했던 건준은 부일배들을 공격하였다. 3·8선을 넘어온 자들은 인민재판과 토지 몰수 등의 소식을 전하였다. 특히 고위직 관료들과 경찰에 종사했던 이들이 전전긍긍할 수밖에 없는 불길한 소식들이었다. 하지만 친일·부일배 그들이 다시 힘을 갖게 된다. 9월 8일 발표된 한민당의 성명서를 좀 더 자세히 살펴보기로 하자.

그런데 이 민족적 대의무(大義務) 대공도(大公道)가 정해 있음에도 불구하

---

29) 한국민주당발기회 개최, 「매일신보」, 1945.9.9
30) 한민당, 임정 외에 정권 참칭하는 단체 및 행동 배격 결의 성명서, 1945년 9월 8일 전단으로 배포함.

고 소수인이 당파를 지어 건국이니 '인민공화국(人民共和國)' 정부를 참칭하여 기미이래(己未以來)의 독립운동의 결정이요 국제적으로 승인된 재외(在外) 우리 임시정부(臨時政府)를 부인하는 도배가 있다면 어찌 3천만 민중이 용허(容許)할 바이랴. 지난 8월 15일 일본항복의 보(報)를 듣자 총독부 정무총감으로부터 치안유지에 대한 협력의 의뢰를 받은 여운형(呂運亨)은 마치 독립정권 수립의 특권이나 맡은 듯이 4·5인으로써 소위(所謂) 건국준비위원회(建國準備委員會)를 조직하고 혹은 신문사를 접수하며 혹은 방송국을 점령하여 국가건설에 착수한 뜻을 천하에 공포하였을 뿐 아니라 경찰서, 재판소 내지 은행, 회사까지 접수하려다가 실패하였다. 이 같은 중대한 시기에 1·2 소수인으로서 방대한 치안문제가 해결되며 행정기구가 운행될 것으로 생각함은 망상이다. 과연 처처(處處)에서 약탈 폭행이 일어나고 무질서 무통제가 연출되었다. 군헌(軍憲)은 권력을 발동하여 시민에게 위협을 가하였다. 건준의 일파(一派)는 신문사, 방송국으로부터 축출되고 가두로부터 둔입(遁入)치 않을 수 없게 되었다.

목적과 목표는 뚜렷했다. 그동안 전혀 관련이 없던 임시정부를 봉대함으로서 건준의 위상을 폄훼하는 것 그리고 여운형 등 건준 일파의 몰락이 바로 그들이 원하는 것이었다.

일이 여기까지 이르면 발악밖에 남은 것은 없다. 그들은 이제 반역적인 소위 인민대회란 것을 개최하고 '조선인민공화국(朝鮮人民共和國)' 정부(政府)란 것을 조직하였다고 발표하였다. 가소타 하기에는 너무도 사태가 중대하다. 출석도 않고 동의도 않은 국내(國內) 지명인사(知名人士)의 명(名)을 도용한 것은 말 할 것도 없고 해외 우리 정부의 엄연한 주석, 부주석, 영수되는 제영웅(諸英雄)의 령명(令名)을 자기의 어깨에다 같이 놓아 모모위원(某某委員) 운운한 것은 인심을 현혹하고 질서를 교란하는 죄 실로 만사(萬事)에 당(當)한다. 그들의 언명을 들으면 해외의 임시정부는 국제적으로 승인받은 것도 아니오 또 하등 국민의 토대가 없이 수립된 것이니 이것을 시인할 것이 아니라는 것이다.
오호라 사도(邪徒)여. 군등(君等)은 현 대한임시정부(大韓臨時政府)의 요인이 기미독립운동 당시의 임시정부의 요인이었으며 그후 상해사변, 지나사변(支那事變), 대동아전쟁발발 후 중국 국민정부와 미국정부의 지지를 받아 중경(重慶), 워싱턴, 싸이판, 충승(沖繩) 등지(等地)를 전전하여 지금에 이른 사실을 모르느냐. 동정부(同政府)가 카이로 회담의 3거두로부터 승인되고 상항회의(桑港會議)에 대표를 파견한 사실을 군등(君等)은 왜 일부러 은폐하려는 가. 대한임시정부는 대한독립당의 토대 위에 섰고 국내 3천만 민중의 환호리에 입경하려 한다. 지명인사(知名人士)의 령명(令名)을 빌어다 자기위세를 보이려는 도배야. 일찍이 여등(汝等)은 소기총독관저(小磯總督官邸)에서 합법운동을 이르키려다 예소(曀笑)를 당한 도배이며 해운대온천에서 일인(日人) 진과모(眞鍋某)와 조선(朝鮮)의 라우렐이 될 것을 꿈꾸던 도배이며 일본의 압박이 소환(消渙)되자 정무총감(政務總監) 경기도경찰부장(京畿道警察部長)으로부터 치안유지 협력의 위촉을 받고 피를 흘리지 않고 정권을 탈취하겠다는 야망을 가지고 나선 일본제국의 주구(走狗)들이다.

앞에서 지적했지만, 본인과의 협의 없이 김구(내정부장), 김규식(외교부장), 김원봉(군사부장), 신익희(체신부장) 등 임정요인과 이승만(주석)을 인공의 각료 명단에 올린 것은 분명 인공 측의 잘못이었다. 그러나 이러한 오류는 지명인사에 대한 예우차원으로 해석할 여지가 있지만, 한민당의 공세는 비열한 왜곡으로 가득함을 지적한다.

가장 중요한 것은 중경임정이 카이로 회담의 3거두로부터 승인받은 적이 없다는 사실이다. 제1부에서 거론했지만 임정 그리고 광복군은 상해사변, 지나사변, 대동아전쟁 기간 동안 피를 흘린 적이 거의 없었다. 하지만 그 당시 임정과 광복군의 정확한 실체는 일반 대중뿐 아니라 건준 측도 몰랐기에 한민당의 선전이 나름 효과가 있었던 것으로 보인다. 이 선언서의 백미는 여운형을 비롯한 건준 요인들을 일본 제국의 주구로 표현한 부분이다. 이 점에 대해선 더 이상 자세히 거론하지 않겠다. 다음은 이 선언의 마지막 부분이다.

오등(吾等)은 장구(長久)히 군등(君等)의 방약무인(傍若無人)한 민심혹란(民心惑亂)의 광태(狂態)를 묵인할 수는 없다. 정부를 참칭하고 광복의 영웅을 오욕하는 군등(君等)의 행동은 좌시할 수 없다. 오등(吾等)의 정의(正義)의 쾌도(快刀)는 파사현정(破邪顯正)의 대의거(大義擧)를 단행할 것이다. 3천만 민중이여 제군(諸君)은 이같은 도배들의 반역적 언동에 현혹치 말고 민중의 진정한 의사를 대표한 오등(吾等)의 주의에 공명하여 민족적 일대운동을 전개하지 않으려는가.

아이러니한 것은 봉대의 대상이 된 중경 임정은 정작 그 무렵까지 국내의 이러한 움직임을 거의 몰랐다는 사실이다. 임정 선전부장 엄항섭은 1945년 9월 4일, 과도적 정부에게 정권을 위양(委讓)할 의사가 있다는 뜻을 언론에게 공표하였다. 아래는 기사 전문이다.

한국임시정부(韓國臨時政府)는 수송의 편리를 얻는 대로 속히 본국에 돌아가고 싶다. 트루만 미(美) 대통령이 되도록 일본인 관리를 한국으로부터 철퇴시킨다고 언명한 것은 대단히 기쁜 일이다. 우리는 일본인 관리가 한 사람이라도 남아있는 것은 보기 싫다. 현재 중국본토만 하여도 25만의 한국인이 일본군 치하에 있다. 한국임시정부 주석 김구는 총선거에 의한 민주주의 정부가 성립될 때까지 전(全) 정당을 망라한 과도적 정부에게 정권을 위양(委讓)할 의사가 있다는 뜻을 공약하고 있다.[31]

전 정당을 망라한 과도적 정부가 건준 혹은 인공을 의미하는 것인가는 확실하지 않다. 그러나 이 무렵의 임시정부 요인들은 중경 임시정부가 유일하게 정통성을 가진 정부라고는 생각하지 않았던 것이 분명하다. 물론 이 정권위양 언급은 환국 후 임정정통론으로 바뀌게 된다. 그리고 임정정통론은 작고할 때까지 변함없는 김구의 소신이 된다. 이 문제는 앞으로 거

---

31) 임정 선전부장 엄항섭, 정권위양 언급, 「매일신보」, 1945.9.15

론할 이 책의 주요한 주제임을 미리 밝힌다.

아무튼 당사자였던 임정의 의사와 상관없이 중경임시정부 추대운동은 점차 확대되었고 보다 구체화된다. 그 과정을 다시 짚어보기로 하자. 한민당의 초기 조직은 보잘것없었다. 대중적 기반은 생각하지도 않았으며 이에 따라 지방에서의 조직은 거의 없었다. 한민당의 구성원들은 서울을 중심으로 한 각 지역의 유지·명망가들의 사랑방 모임 성격이 짙은 단체였다. 그러나 미 군정이 시작됨과 동시에 모든 것이 달라졌다. 무엇보다도 인공을 부인하는 미군 정보부장의 담화는 그들에겐 복음과 같았다. 한국민주당 선전부는 9월 13일, 그 내용을 전단으로 만들어 전국에 살포했다. 전단 내용은 다음과 같다.

조선인민공화국(朝鮮人民共和國)은 부인(否認)(미군정부정보부장담美軍政府情報部長談)
현재 조선내에 조선인민공화국이니 하여 마치 정식으로 정부가 수립된 것같이 선전하여 인심을 현혹하는 일부 단체가 있는데 미군정부정보부장 헤이워드 씨(氏)는 금(今) 13일 오후 5시 왕방한 본당(本黨) 선전부 책임자에게 현재 조선 내에는 미군정부 이외에 여하한 정부도 있을 수 없다고 다음과 같이 언명하였다.
"헤이워드 정보부장담(情報部長談):현재 조선 내에는 미군정부 이외에는 여하한 정부도 있을 수 없다. 관념적으론 어떤 정부를 운운할 수 있을지나 사실상 정부는 미군정부 이외에는 있을 수 없다. 조선인민공화국 운운은 인정할 수가 없다."[32]

1945년 9월 16일, 미 군정장관 아놀드가 일본인 경관을 전원 면직하는 대신 조선인 경찰 채용을 발표하고, 또한 접수된 재산보호를 천명함과 동

---

32) 한민당, 미군 정보부장의 인공부인 전단살포, 1945년 9월 13일 전단 배포

시에 일본인 관리를 일부 채용하다는 담화를 발표했다.[33] 바로 그 날 한민당은 결당식을 가졌다.[34] 정말 어이가 없는 것은 이승만, 김구의 이름을 차용했다고 인공을 공격한 것이 일주일 전인 9월 8일인데, 한민당 역시 그와 똑같이 "이승만(李承晩) 서재필(徐載弼) 김구(金九) 이시영(李始榮) 문창범(文昌範) 권동진(權東鎭) 오세창(吳世昌)" 등 7인을 한민당의 영수로 추대한 점이다. 이날 한민당은 5가지 강령[35]과 8가지 정책[36]을 결정했으나 그 내용은 대체적으로 모호했다. 그러나 인공 타도라는 목표 하나만은 확실했다. 그들의 위대한 과업은 건준, 인공 및 이를 계승할 조직들을 전복시키는데 있었다.[37]

한편, 조병옥과 원세훈은 한민당 결당식 이틀 전인 9월 14일, 김구 김규식 신익희 앞으로 "일본총독은 여운형을 통해 친일정부를 세우려고 시도했었습니다. 여운형은 소위 건준을 조직했고 인공을 창건해서 대중을 속이고 있습니다."라는 내용의 서한을 띄웠다.[38]

단순히 정치적 안목으로만 평가한다면 한민당의 노선 선택은 탁월했다고 볼 수 있다. 그들은 자신들이 누렸던 기득권을 가장 위협한다고 볼 수 있는 건준과 인공을 타도하면서 그 대안으로 중경 임시정부를 추대함과 동시에 실질적인 힘을 가진 미 군정청과의 끊임없는 접촉과 교감을 나눴

---

33) 아놀드군정장관, 접수재산보호, 일본인관리 일부 채용 담화, 「매일신보」, 1945.9.16
34) 한국민주당 결당식, 「매일신보」, 1945.9.17
35) ①조선민족의 자주독립국가 완성을 기함 ②민주주의의 정체수립을 기함 ③근로대중의 복리증진을 기함 →민족문화를 앙양하여 세계문화에 공헌함 →국제헌장을 준수하여 세계평화의 확립을 기함
36) ①국민기본생활의 확보 ②호혜평등의 외교정책 수립 ③언론 출판 집회 결사 及 신앙의 자유 →교육 及 보건의 기회균등 →重工主義의 경제정책 수립 →주요산업의 국영 又는 통제관리 →토지제도의 합리적 재편성 →국방군의 창설
37) 조병옥, 『나의 회고록』, 민교사, 1959, p.145
38) 비화 미군정 3년, 「동아일보」, 1982.12.17.《서중석, 한국현대민족운동연구 p.268》재인용

다. 그 결과 그들은 두 가지 큰 성과를 거두게 된다.

첫째는 건준과 인공의 몰락이다. 9월 26일 건준이 해체되었고 뒤를 이어 출범한 인공 역시 1946년 2월에 미군정에 의해 와해되고 만다. 한민당의 위대한 과업이 완결된 셈이다. 이와 함께 그들은 실질적인 이득도 챙겼다. 1945년 10월 5일 미 군정청은 위원장에 김성수(金性洙), 고문에 송진우(宋鎭禹) 이용설(李容卨) 전용순(全用淳) 김동원(金東元) 오영수(吳泳秀) 김용무(金用茂) 강병순(姜炳順) 윤기익(尹基益) 여운형 조만식(曺晩植) 등 11명을 고문으로 임명했다.[39] 이들 중 조만식은 평양에 있었고 여운형은 사퇴했으니 나머지 9명은 모두 한민당 계열이었다.[40] 미군정과의 대화 통로를 한민당이 완전히 장악했다는 뜻이다. 덧붙여 군정청의 주요 각료들을 한민당 지도층으로 채워 넣는데 성공하였다.[41] 다음은 그 명단이다.

조병옥(경무국장) 장택상(수도경찰국장) 김용무(대법원장) 이인(검찰총장) 김찬영(대법원 검사장) 최병석(사법부 형정국장) 구자관(사법부 수사국장) 윤보선(농림부장) 유억겸(문교부장) 이동제(한국 상품공사 이사) 박종만(체신부 총무국장) 임병현(중앙방송국 편성부장) 이훈구(농농부부장) 백낙준(경성대 총장) 이순택(군정청 기획처 통계국장) 이운(서울시 행정처장) 정일형(군정청 인사처장) 김준연 김도연 홍성하(중앙노동조정위원회)…지방 인사도 마찬가지로 한민당 일색이었다. 1946년 초 군수 21명 중 17명이 한민당 소속이었다.[42]

점령당국의 의도는 명확했다. 실제로 조병옥 장택상 김용무 및 이인은 1948년까지 그 직책에 있으면서 좌익탄압에 결정적 역할을 하였다. 한

---

39) 민주주의민족전선 편집, 『해방조선-1』, 과학과 사상, 1988, p.138

40) 이들 9명의 부일이력은 《데이비드 콩드, 『분단과 미국-1』, 사계절, 1988, pp.38-40》참조할 것.

41) 『브루스 커밍스, 한국전쟁의 기원』, pp.209-210

42) G-2 "Weekly Report" 제24호, 1946년 2월 17~24일

민당은 주어진 기회를 놓치지 않았다. 물론 그들의 수족 노릇을 한 이들은 친일경찰과 총독부 관료 출신들이었다.[43] 이제 다시 한민당과 임정의 역학 관계로 돌아가자. 미 군정청의 경찰권과 사법권을 대리하게 된 한민당이었지만 그래도 그들은 불안했던 모양이다. 그들에겐 일제시기의 친일·부일 행위라는 원죄가 있었다.

　미군 상륙 이후, 건준 인공의 위상 격하와 함께 수많은 정당이 난립하게 되고 좌우 대립이 심화되자 정당통일운동이 일어나게 되었다. 10월 5일에는 여운형(呂運亨) 송진우(宋鎭禹) 안재홍(安在鴻) 백관수(白寬洙) 허헌(許憲) 조동호(趙東祜) 김병로(金炳魯) 장덕수(張德秀) 최용달(崔容達) 이현상(李鉉相) 최근우(崔謹愚) 김형선(金炯善) 양근환(梁槿煥) 등이 모여 국민대회를 소집하여 인공지지, 중경임시정부 지지의 여부 또는 다른 조직이 필요한가를 논의하였다.[44] 그러나 한민당은 회담 그 다음날 즉시 반박성명을 발표하였다.[45]

　지난 5일 양근환(梁槿煥)이 와서 여운형(呂運亨) 허헌(許憲)도 인민공화국을 조직·발표한 것을 잘못된 것으로 생각하고 있으니 당면한 시국문제를 평론함이 어떠냐기에 본인들이 그것을 깨닫고 근신하고 있으면 그만이 아닌가 하여 재삼 거절하였으나 단 5분간이라도 만나 말 할 필요가 있지 않은가 하므로 양씨(梁氏)와는 구교(舊交)가 있고 친하므로 갔더니 의외에 각 당 대표로 간 일이 없고 또 화제도 인민공화국 인정문제에 대해서도 호상격론이 있어 결렬되었으며 자못 중대한 시국문제에 한해서만 조선공산당(朝鮮共産黨), 국민당(國民黨), 한국민주당(韓國民主黨) 등 가히 상대할 수 있는 정당끼리 대표를 보내어 상의하기로 되었습니다. 같이 각당 대표가 모여 어떤 의견의 일치를 본 듯이 보도된 것은 불쾌합니다. 제위의 오해 말기를 바랍니다.

43) 『서중석, 한국현대민족운동연구』, p.268
44) 각 정당지도자들, 각 정당단체 단결과 신정권수립에 관해 간담, 「매일신보」, 1945.10.6
45) 각 정당지도자들 간담회에 대한 한민당의 반박, 「자유신문」1945.10.8

그리고 송진우는 이승만이 귀국한 3일 후인 1945년 10월 19일 기자회견을 통하여 중경임시정부에 대립되는 여하한 단체, 개인과도 회담할 필요성을 가지지 않는다고 언명하면서 정당통일운동과 국민회의 개최의 필요성을 전면 부인했다.[46] 아래는 문답 내용 일부이다.

[문] 듣건데 행동통일위원회(行動統一委員會)의 의도는 안(安), 박(朴), (여) 몸, 송(宋), 4씨(氏)가 한 자리에 모여서 이승만(李承晚)의 지도 밑에 통일을 하자는데 있는 모양이며 동시에 지금 대중의 여론이 통일하자는데로 쏠리고 있는 이때 송씨 혼자만이 참석치 않겠다는 것은 무슨 이유인가?

[답] 문제는 간단하다. 전번에도 그 분네 하고 회의한 일이 있지만 근본적으로 인민공화국(人民共和國)과 재중경대한민국임시정부(在重慶大韓民國臨時政府)의 두 가지 정부가 대립되고 있는 한 몇 번 만나도 소용없을 것이다. 요는 여씨가 인민공화국을 성립시킨 것을 잘못하였다고 서면에 써서 도장을 찍어 가지고 오지 않는 한 절대로 공식회담에는 참석치 못하겠다.

[문] 이것은 확언은 못하겠습니다마는 여운형 씨로서는 통일을 위하여서는 인민공화국까지도 해산시킬 의사가 있다는 모양인데 송씨로서도 모든 과거를 버리고 통일을 위하여 대국적 입장에서 나아 갈 아량은 없는가?

[답] 여씨의 그 의사를 누가 증명할 수 있는가. 우리는 오직 중경에 있는 임시정부 밖에 없으니 그에 대립되는 여하한 단체 개인과도 회담할 필요성을 가지지 않는다. 오늘이라도 그들이 실제에 있어서 인민공화국을 해산하며 그를 수립한 일을 사죄한다면 얼마든지 만나겠다. 그러나 행동통일위원회에서 금 19일 오후 2시에 개최한다는 40여 단체의 회합에는 우리 당으로부터 대표 2명을 파견시키겠다.

송진우의 민족연합전선운동 부정 태도는 임정 요인들이 환국한 이후에

---

46) 송진우, 임정과 대립되는 중요정당과의 당수회합 불필요성 언명, 「매일신보」, 1945.10.19

도 전혀 변함이 없었다. 12월 9일 개최된 그의 기자회견 장면 일부를 소개한다.

[문] 어떻게 통일되어야 할까요.
[답] 우리가 늘 주장하는 바와 같이 임시정부를 절대 지지함으로써 통일이 된다. 유일이요 또 최고인 임시정부를 전민중이 지지 협력하면 된다.

[문] 임시정부가 유일 최고한 정부가 되고 안 되는 것은 민중전부가 결정지을 문제이다. 최고의 심판자는 민중이 아닐까요.
[답] 그러나 8·15 이전에 민중은 임시정부 하나만을 믿고 그것을 지지하고 있었다. 실제로 정부로서 활약하는 것은 임시정부 하나뿐이었다. 그런데 인민공화국이 생기어 임시정부에 대한 역선전을 하였기 때문에 민중은 혼란에 빠졌다. 앞으로 임시정부에 대한 인식이 깊어 감에 따라 전 국민이 따라 올 것이다.

하나만 지적하자. 송진우는 "8·15 이전에 민중은 임시정부 하나만을 믿고 그것을 지지하고 있었다."고 하였다. 그러나 조선 전체 민중은 고사하고 송진우 혹은 그가 속했던 동아일보가 8·15 이전에 임시정부를 어떻게 지지했는지 정말 궁금하다.

이승만이 귀국했다. 1945년 10월 16일 오후 다섯 시 김포 비행장에 도착한 이승만은 그 후 수많은 말을 쏟아내기 시작했다. 그는 17일 오전 10시 하지 중장, 아놀드 소장의 안내로 군정청 제1회의실에 나타나 기자단과 회견했다. 그리고 같은 날 밤 7시 반부터 경성중앙방송국 마이크를 통하여 환국 제1성으로 3천만 동포에게 일심협력 자주독립의 양성에 전 국민이 대동단결하기를 부르짖었다.[47]

47) 이승만, 환국 제1성으로 전 국민이 대동단결할 것을 방송, 「매일신보」, 1945.9.18

이승만이 귀국하자 한민당의 움직임에 묘한 변화가 생기기 시작했다. 임시정부 봉대론 자체는 변하지 않았다. 하지만 한민당 측은 다른 정파가 이승만과 접촉하는 것을 원천적으로 봉쇄했으며, 좌우합작을 반대하는 것은 물론 중경임시정부의 문호를 개방하지도 못하게 권고했다.[48]

그러면 한민당이 이처럼 결사적으로 임시정부 추대운동을 벌인 이유는 과연 무엇일까? 지금까지 거론했던 일제강점기하 그들의 부일행위에 대한 정치적 상징조작으로 임정을 이용했다는 설명만으론 뭔가 부족한 듯싶다. 가장 궁금한 것은 임정봉대론을 구체적으로 적시한 한민당 발기인 성명서가 발표된 9월 8일 무렵, 송진우 및 한민당 주요 인사들이 임정의 과거와 현재에 대하여 어느 정도 파악하고 있었는가하는 의문이다. 앞글에서 잠깐 언급했지만, 한민당이 중경임정을 추대한 이유는 세 가지 정도다.

첫째, 중경임시정부는 기미운동 당시의 임시정부 법통을 이어받았다.

둘째, 연합국으로부터 승인을 받았다.

셋째, 중국·미국·사이판·오키나와 등지에서 독립을 위해 혁혁하게 싸웠다.

두 번째, 세 번째 사항이 사실이 아니라는 것은 이미 지적한 바 있다. 하지만 그 무렵의 송진우 측은 이러한 정보를 믿었을 가능성도 있다. 왜냐하면 이승만 역시 비슷한 내용을 한민당 선전부장 함상훈에게 전했기 때문이다. 이승만은 귀국 이틀 후인 10월 18일, 오후 2시 숙사 조선호텔에서 중경 임시정부의 근황을 다음과 같이 설명하였다.[49]

---

48) 최홍명, 『민주국민당의 내막』, 1957, 심지연, 『한국현대정당론』, 자료411쪽《『서중석, 한국현대민족운동연구』, p.269》재인용

49) 이승만, 중경임시정부의 근황 설명 전단 한민당에서 살포, 1945년 10월 19일 韓國民主黨宣傳部에서 전단으로 살포함.

33년 만에 고국에 돌아오니 반가운 말씀 비할 데 없소. 나는 김구 씨를 절대로 지지합니다. 올 때에도 중경으로 갔다가 같이 오려고 하였으나 장애가 있어 못하였습니다. 중경대한민국임시정부는 이미 중(中)·불(佛) 등 연합국으로부터 승인을 받고 미국도 미구(未久)에 승인할 것을 언명하였습니다. 우리는 김구 씨를 중심으로 정부를 조직치 않으면 안되겠습니다. 그리고 독립이 속히 되고 못 되고는 우리가 일치단결하느냐 못하느냐에 달렸습니다. 사리와 당파를 떠나 대동단결할 뿐입니다.

어쩌면 이 무렵의 한민당은 수만의 독립군을 가진 임시정부가 조만간 귀국하여 정권을 집행할 것으로 믿었는지 모른다. 그리고 임정의 주도 세력인 김구, 조완구, 엄항섭, 신익희 등이 좌익이 아니고 자기들과 비슷한 보수 우익경향이라는 것에 안도감을 느끼며 일말의 기대를 가졌을 수도 있다. 어쨌든 한민당 측은 중경임정을 봉대하는 자는 애국자로, 반대하는 무리는 비국민처럼 선전하였고, 중경임정의 추대를 거부하는 여운형과 건준 인공을 격렬하게 비난하였다.

수백 명 광복군이 20만 광복군으로 둔갑한 사연

임정 요인의 입국이 늦어지고 있는 가운데 1945년 10월 20일, 중경임시
정부 선전부는 다음과 같은 발언을 통신사를 통하여 발표하였다.[50]

한국임시정부는 미·중 양정부의 적극적 원조를 받고 있으며 그 서울환도
는 시간문제이다. 장개석 위원장은 10월 초순 김구 임시정부 주석과 회견하
고 강력한 지원을 서슴지 않는다고 약속하시었다. 조선점령미군사령관 하지
중장 각하로부터 김구 주석에 대한 귀국초전(歸國招電)은 아직 받지 않았다.
임시정부는 본국 귀국 후 총선거로서 정식정부가 수립될 때까지 우선 전 정
당, 종교단체, 직업단체, 저명혁명가대표자를 망라하여 잠정적 내각을 조직
한다. 일본 노예화 하에 약 15만의 조선병을 한국임시정부는 중국의 허용을
얻어 이들을 현재 재훈련 재조직을 기하고 있다. 이번에 미국으로부터 서울
에 귀환한 이승만 박사는 김구 주석과 구우(舊友)이며 임시정부의 유일한 지
지자인데 조선에서 김구 주석과 조속히 회견하기를 희망하고 있다. 또 김구
주석은 과거 32년 일신을 독립혁명에 바친 70세의 노지도자로서 조국을 해
방시킨 연합국의 원조를 충심으로 감사하는 동시에 만족을 느끼고 있다.

해방 무렵 보편적 시민들은 한국독립지사들의 영웅적인 투쟁이력을 중
경임시정부 요인들로부터 듣고, 보고, 확인하고 싶었을 것으로 짐작한다.
하지만 그들은 정치인들이었다. 그동안 이 책을 통하여 김구 및 임정 요인
들의 과장, 왜곡된 발언을 수없이 지적했지만, 상기 보도 내용 역시 마찬가
지였다. "약 15만의 조선병을 한국임시정부는 중국의 허용을 얻어 이들을

---

50) 중경임시정부, 임정의 환국 등 당면 제 문제 언명, 「매일신보」, 1945.10.23

현재 재훈련 재조직을 기하고 있다."는 임정의 주장은 전혀 사실과 다름을 다시 지적한다.

아무튼 우여곡절 끝에 1945년 11월 23일 오후 4시 40분 김포비행장에 도착했다. 일행은 김구(주석)를 비롯하여 김규식(부주석) 이시영(국무위원) 김상덕(문화부장) 엄항섭(선전부장) 유동열(참모부장) 그리고 대원으로 선우진, 안미생, 민영완, 유진동, 이영길, 백정갑, 장준하, 윤경빈, 김진동 등 15명이었다. 미국조선주둔군사령관 하지 중장은 "오랫동안 해외에 망명 중이던 애국가 임시정부 주석 김구 이하 14명은 금일 오후 경성에 도착하였다."고 별다른 코멘트없이 환국사실만 발표했다.[51]

김포공항에선 어떠한 공식행사도 없었지만, 김구 일행의 숙사로 되어있는 죽첨정(경교장)에서 공식적인 기자회견을 가졌다. 김구의 첫 기자회견 내용은 다음과 같다.

[문] 38도문제에 대하여
[답] 나는 조선이 남북의 2점령지대로 분열되어 있는 것을 좋아하지 않는다. 그러나 장차 이 구분은 철폐되리라고 믿는다. 미국과 소련은 우리 나라를 위하여 반드시 옳은 일을 하여 줄 것이다.

[문] 어떤 자격으로 입국하였는가?
[답] 나는 지금 연합국에 대하여 임시정부의 승인을 요구하지는 않겠으나 장차에는 승인을 요구할는지도 모르겠다. 나와 나의 동지는 개인의 자격으로 환국한 것이다.

[문] 국내에는 정당이 많은데?
[답] 조선내의 정당수를 감소할 필요가 있다고 생각한다. 그러나 조선내의 정당은 하나로서는 아니되고 유력한 정당 몇이 있어야 할 것이다.

---

51) 중경임정요인 환국과 군정청 발표,「중앙일보, 서울신문」, 1945.11.24

[문] 장차 어떻게 통일하겠는가?

[답] 일간에 각 정당대표와 회견하고 전반적 정세에 관하여 상의하고 각 정당간의 통일을 성취시킬 것을 기대한다. 조선을 위하여 민주주의정체가 좋다고 믿는다.

[문] 공산주의에 대하여는?

[답] 그러나 조선이 공산주의국이 될 가능성에 관해서는 무엇이라고 말할 수 없다.

[문] 입국이 지연된 것은 중공과의 관계라고 들었는데?

[답] 우리 환국이 지연된 것은 중국과 미국당국간에 교통편에 관한 협의가 있었던 까닭이고 그 외에는 별다른 이유는 없었다.

귀국 첫날, 김구의 회견 외 엄항섭, 이시영, 김규식, 유동열, 김상덕 등 국무위원 급 임정요인들도 기자들과 회견을 가졌다.[52] 모든 대화를 소개할 수는 없고 유동열의 담화 내용만 인용한다.

정치에 대한 것은 나는 모른다. 또 이야기한다고 하여도 통일을 가져야 한다는 뜻에서 정치문제는 모두 김규식(金奎植) 박사(博士)와 불일간 환국 할 조소앙(趙素昻) 씨가 대표로 말하기로 되어 있다. 이번에 우리가 개인자격으로 온 것은 서울에 이미 미군의 군정부가 있기 때문이다. 우리가 정부를 조직하고 있는 것은 비록 적은 사람이 모였다고는 하나 무조직 상태로 있을 수 없으므로 만든 것이므로 장차 서로 생길 정부에 우리들은 문서라도 전할 뜻이다. 우리 광복군은 그다지 많은 수효는 못된다. 지금 중국 각지에서 편성하여 훈련하기에 바쁜데 총 수는 수천 명 정도이다. 또 연안(延安)에 있는 우리 청년들까지도 연락하여 광복군에 편입하게 되었다. 지금 광복군의 변사처(辨事處)는 상해에 있고 총사령부는 중경에 있다. 그리고 그 훈련에는 이청천(李靑天) 장군이 당하고 있는 터이다. 끝으로 직접 정치문제는 아니다. 나는 근본에 있어서는 정치라는 것은 민중을 위한 것이어야 한다고 믿는다. 그러나 그 민중이 나쁘면 큰일이고 또 지도자만 좋아도 안 될 것이다.

---

52) 임정요인들의 환국성명, 「서울신문」, 1945.11.25

좋은 민중과 좋은 지도자가 일체가 되어 옳은 정책을 써야 정치는 비로소 성공한다. 이점을 민중과 정치가는 함께 생각해야할 것이다.

정치인이 아니라고 공언한 유동열(1877-?)은 자신의 말처럼 해방공간에서 별다른 정치활동 없이 미군정청 초대 통위부장(統衛部長)을 역임하다가, 한국전쟁 당시 74세의 나이로 입북된 인물이다. 유동열의 발언 중에 주목할 부분이 있다. 그는 "우리가 정부를 조직하고 있는 것은 비록 적은 사람이 모였다고는 하나 무조직 상태로 있을 수 없으므로 만든 것이므로 장차서로 생길 정부에 우리들은 문서라도 전할 뜻이다."라고 임정의 역할에 분명히 선을 그었고, 광복군의 실체에 대해서도 그렇게 과대한 포장은 하지 않았다. 바로 이 점이 그가 행방공간에서 그리 큰 활약을 하지 못한 이유로 짐작된다. 임시정부정통론으로 인해 우리민족이 분열의 길로 치닫고 있을 때 그가 어떤 역할을 하지 못한 것은 두고두고 아쉽기만 하다.

(좌)초대 한인 통위부장 유동열. (우)통위부청사; 현 퍼시픽호텔이 있는 서울 중구 남산동 2가에 위치

송진우를 비롯하여 한민당이 의도적으로 중경임시정부를 과대 포장함과 아울러 환국 후 임정도 스스로 과대 선전하기 시작하였다. 시작은 임정 선전부장 엄항섭의 입이었다.[53]

---

53) 임정 선전부장 엄항섭, 환국 후 임정의 활동발표 기자회견, 「중앙신문」, 1945.11.25

[문] 광복군(光復軍)은 언제 귀국하나?

[답] 시기가 상조하다고 생각한다. 중국에 있는 일군(日軍)의 처리가 아직 끝나지 않았으므로 이것이 끝나기를 기다리면서 규합하여 조직과 훈련을 하고 있다. 따라서 총사령부도 중경에 있다. 총세는 약 1만이 된다.

귀국 다음날인 11월 24일, 기자단의 질문에 답변한 내용이다. 실제 광복군은 제1부에서 언급한 바와 같이 수백 명 그것도 무장이 전혀 되어 있지 않았다. 그러나 엄항섭은 약 1만의 광복군 군세를 말하고 있다. 이것은 전날 참모부장 유동열의 말과도 너무 차이가 많다. 전형적인 정치인의 모습이라고 밖에 볼 수 없는 엄항섭의 선전활동이었다. 엄항섭의 광복군 1만명 설은 12월이 되면 동아일보로 인해 20만 광복군으로 둔갑하게 된다. 아래는 기사 전문이다.[54]

해방된 우리 조선은 당당히 세계연합국과 어깨를 겨누며 국제무대에 등장할 추진력이 되는 국방군을 조직하고자 광복군과 군정청 사이에는 원만한 타협이 성립되어 벌써부터 착착 준비를 진행시키고 있다. 앞서 군정청에서 조선의 자주독립과 주권을 보호 방비하기 위하여 필요한 병력을 점차 준비하기 위해 육해군을 포함한 군사력을 정비하려고 군사국을 설비하였는데 우리 임시정부의 직속 전통인 광복군과 긴밀한 연락을 취하여 국방군 편성에 대한 입안을 보았다. 즉 조선이 자주독립하는 날에는 정예 육해공군을 편성하여 당당히 그 위풍을 떨치기로 되었는데 우선 중국 각지에서 무장 해제를 당한 일본군의 병기를 전부 사용할 방침이다. 그리고 국방군은 대의명분을 분별한 질에 중점을 두어 육군에는 평시 편대로서 광복군 20여만 중 현역으로 10만 10개사단의 상시병을 상비할 터이고, 해군은 벌써 1만의 정예부대가 진해에서 맹훈련을 실시하고 있으며, 항공군은 일본군적에 편입되었던 1,500이 활동을 개시하고 있어 조선의 앞날에 무한한 신뢰감을 갖게 한다. 강약을 불구하고 국가의 절대구성조건이 국토, 인민, 주권의 삼대요

54) 정규국방군 편성예정, 「동아일보」1945.12.4

소임이 고금동서를 통하여 변함없는 철리이므로 이들 삼대요소를 보호하고 옹호하기 위한 군비도 또한 이에 따라 없어서는 안 될 것이어서 미군정당국과 광복군과의 협력적인 군대편입은 명일 조선의 큰 힘이 될 것을 약속하고 있다.

　　동아일보가 퍼뜨린 광복군 20만 명설은 이제 다른 언론도 별다른 검정 없이 보도하게 된다. 12월 6일 자 자유신문을 보자.[55]

　　20여 만의 정예부대인 우리 광복군에게 군자금을 조달하는 외 군인의 원호에 이르기까지 적극적인 원호 운동을 전국적으로 전개하고자 뜻있는 동지들이 27일 본정 2정목 만세문회관(萬歲門會館)에서 오광선(吳光鮮) 이하 관계자 약 2백 명을 초청하고 광복군군사원호부를 창설하였는데 동 본부의 금후 활약은 크게 기대된다.

　　대부분의 독자들은 언론의 과장·왜곡보도를 여과 없이 받아들인다. 몇몇 신문에서 광복군 20만 명설을 보도하자, 웃지 못 할 단체가 생겼다. 사실 20만 여명의 광복군이 일제와 싸웠다면 사망자, 부상자의 수는 부지기수였을 것이다. 같은 민족이라면 그들에게 온정을 베풀어야 마땅할 것이다. 광복군군사원호부란 단체가 언제까지 존속했는지 모르겠지만, 단 한 명이라도 광복군출신 원호대상자에게 지원을 했는지 모르겠다. 여러 번 지적했지만 광복군 이름으로 일본군과 전투를 벌인 적은 없다. 광복군 출신 원호대상자를 찾을 길이 없었다는 뜻이다.

　　광복군에 대한 환상은 시간이 감에 따라 차츰 깨어지지만[56] 어쨌든 광복군 인원 수 부풀리기와 전적 포장은 상당한 효력을 발휘한 것으로 보인다.

55) 광복군군사원호회 창설, 「자유신문」, 1945.12.6
56) 1946년 2월 4일 입국한 광북군의 수는 약 600여 명이었다. 「동아일보」, 1946.2.5

당장 눈에 띄는 것이 임정과 광복군에 대한 후원금의 쇄도로 나타났다. 12월 12일자 서울신문에 보도된 화류계 출신 여인의 거액희사는 장안의 화제 거리였다. 김성자(金聖子, 48歲)란 여인이 건물, 토지, 현금 등 약 60만원을 건국에 써 달라고 광복군후원회에 기부했다. 그녀는 스물한 살 때에 서울로 올라와 화류계에 몸을 던져 약 15년 동안 갖은 고생을 다 하며 피땀으로 모은 전 재산을 "나는 조국이 해방되는 오늘만을 믿고 모든 고생을 낙으로 알고 살아 왔습니다. 나의 오늘 가지고 있던 재산은 빗자루 한 개까지라도 나라의 것이라고 믿습니다. 몇 푼 되지 않는 것이나마 나라를 위해서 내 놓은 현재의 감상은 큰 짐을 벗어낸 것 같습니다."라고 전하며 헌납했다고 한다.[57] 이러한 미담을 접한 시민들은 가만히 있었을까? 물론 일제치하에서 부를 쌓아올린 재벌들 역시 빠질 수가 없었다. 1945년 12월 16일, 경성방직은 무려 700만 원이라는 거금을 임시정부 재무부장 조완구에게 기탁하였다.[58]

그리고 12월 19일에는 15만여 명의 군중이 운집한 서울운동장에서 임정 개선환영대회가 개최되었다.[59] 바야흐로 임정의 전성시대가 도래한 셈이다.

---

57) 김성자, 60만원을 광복군후원회에 희사, 「서울신문」, 1945.12.12
58) 경성방직, 임정에 700만원 헌납, 「동아일보」, 1945.12.20
59) 임정개선환영대회, 서울운동장에서 개최, 「동아일보」, 194512.20

김구, 한국사의 최대의 성역

박노자(Vladimir Tikhonov)
노르웨이 오슬로 대학 교수

한 사회의 성숙의 기준은, 그 사회가 과거에 대해서 과연 얼마나 금기 없이, 자유롭게 토론하여, 얼마나 과감한 《역사적 통념에의 도전》을 허용하는가다. 우리는 예컨대 북조선 사회에 대해서 석연치 않게 느끼는 부분은, 무엇보다 김일성이라는 건국 주인공의 빨치산 경력에 대한 그쪽의 과장과 절대화 등이다. 김일성이 무장독립운동에 있어서 커다란 업적을 남긴 것은, 굳이 과장하지 않아도 분명한 사실인데, 북조선의 공식 서술에서 보이는 과장과 미화 등은 오히려 그 진정한 업적에 대한 의심을 품게 할 정도다. 역사에 대한 정치적 미화는 그 만큼 부작용이 많다.

하지만, 북조선의 역사 서술을 문제로 삼는 우리의 자세에는 하나의 큰 결함이 있다. 우리는 그렇게 하면서 우리 자신들의 역사 속의 성역(聖域)을 절대 건드리려 하지 않는 것은 문제다. 대한민국이 '자유민주주의 사회'라고 스스로 자랑하지만 정말 그렇다면 왜 우리에게도 특히 근현대사 속에서 자세히 언급해서 안 될 문제들이 이처럼 많은가? 임종국 선생(1929-1989) 등 재야에 계셨던 일부의 선구자 분들이 계셨지만 1990년대 초반까지 남한에서 '친일' 문제는 공식적 담론에서는 거의 터부에 가까웠다. 박정희부터 신현확(1920-2007)까지, 한국 사회의 내로라하는 대다수 '보스'에게 친일 경력이 있었기에, '친일세대'가 영향력을 미칠 수 있을 때까지 한국 근현대사의 이 부분은 거의 성역이었다. 삼성공화국이라고 할 수 있는 오늘날 대한민국 같으면 예컨대 삼성재벌의 자본 축적 과정에서의 일제나 이승만, 박정희 독재 정권과의 유착 등의 '불편한 진실'은 거의 금기시된다. 이와 같은 터부들과 함께 사는 우리들은, 과연 북조선을 비판할 자격이라도 있는가? 그러나 아무리 생각해도 우리 역사의 최대의 터부라면 이는 바로 역사라기보다는 이미 차라리 '신화'가 된 백범 김구다.

정말 괴이한 일이 아닐 수 없다. 한국의 진보에게는 박정희는 가장 핵심적인 거부의 대상이다. 젊은 시절의 친일행각부터 노동자들의 희생을 바탕으로 한 수출 위주의 '경제 성장'과 전체주의적 유신 독재까지, 박정희의 정치행위 중에서는 반민중적이지 않는 것은 하나도 없다. 바로 민중에 대한 탄압, 착취에 앞선 박정희야말로 1962년에 김구에게 건국훈장을 추서하고, 1969년에 나아가서 남산에 김구 동상을 세우게 하고 그 주변에 백범광장을 만드는 등 '성역화'사업에 나선 것을, 알만한 사람들은 다 안다. 나아가서 유신독재 시절에 박정희 곁에 김구의 아들 김신(1922년 생)이 늘 있어왔다는 점도, 많은 사람들이 기억한다. 사실 유신시대 권력체계에서의 김신(교통부 장관 등 역임)의 높은 위치와 김구에 대한 '영웅화' 작업의 상관관계에 대해서는 많은 사람들이 어느 정도 짐작해왔다. 그러나 그러면서도 보수에게는 물론 진보의 상당부분에도 김구는 그야말로 손 댈 수 없는 신화 그 자체다. 진보가 늘 비판적여야 한다는 것까지 상기해보면, 정말 괴이한 현상이 아닐 수도 없다.

정치인마다 명암이 있으며, 정치인 김구도 마찬가지다. 1890년대부터 1940년대까지, 동학농민전쟁 시절부터 해방과 분단까지 겪은 베테랑 정치인 김구의 정치 인생에서는 분명히 진보로서도 긍정할 수 있는 부분들은 있겠다. '외교노선'의 이승만과 달리 김구는 더 급진적인 항일투쟁노선을 견지한 것도 그렇고, 예컨대 1947년 12월 중순부터 김구가 돌연히 지지하게 된 남북연석회의 등 분단을 예방하려는 움직임들도 그렇다. 평가해줄 것을 물론 평가해주어야 한다. 하지만 역사적 사실의 총체성을 기억하는 것이야말로 무엇보다 중요하다. 항일 노선의 급진성으로 치면 공산주의자들은 결코 김구에 질 바 없었을 터인데, 우리는 왜 하필이면 김구 계열에 의해서 1922년에 조작된 '공금횡령 혐의'로 죽은 공산주의자 김립보다 김구를 더 위대한 독립운동 영웅으로 생각해야 하는 것인가? 그리고 김구 말년의 분단 반대 운동은 적극적으로 평가 받아야 하지만, 1946년에 김구와 결코 무관하지 않을 것으로 추측되는 백의사가 김일성과 최용건, 강량욱 등 북조선 요인들에게 테러를 행함으로써 북과 남의 괴리를 더 벌어지게 한 것도 기억해두어야 한다. 이러한 명암을 동시에 보는 것이야말로 지배적 서술의 주박으로부터 스스로를 해방시키는 길이다.

　김구는 과연 어떻게 해서 오늘과 같은 거의 절대적이다 싶은 위치를 남한인들의 집단기억 속에서 점하게 됐는가? 김상구 선생의 이 저서를 보다 보면, 이 질문에 대한 답은 가능해진다. 일차적으로 작용된 것은, 1920년대 초반부터 분명해진 김구의 거의 맹목적이다 싶은 반공 성향이었다. 김구와 같은 기독교적 색채의 계몽운동을 애당초에 정치적 발판으로 삼았던 이동휘(1873-1935)는 결국 공산주의자로 변신하게 됐지만, 김구는 철저하게 반공주의적 민족주의자로 남았다. 공산주의에 대한 이렇다 할만한 지식을 갖지 않았던 그가 왜 과연 이와 같은 선택을 했는가에 대해 여러 가지 추측을 해볼 수 있지만 좌우간 궁극적으로 반공국가 남한의 전체적 분위기에 잘 들어맞은 셈이다. 그리고 위에서 지적한 박정희 시절 김구의 정책적 '영웅화' 이외에 이광수라는 또 한 명의 반공주의적 민족주의자가 윤문한 〈백범일지〉 역시 '국민 독서'가 돼 우리로 하여금 독립운동의 역사를 김구의 눈으로 보게 한다. 계봉우 등 좌파 계통이나 이상룡을 비롯한 독립운동가들에게도 매우 읽을 만한 자서적 기록들이 있으며, 국외 학계에서 같으면 김일성의 〈세기와 더불어〉도 일정 정도 자료적 가치가 있는 것으로 평가된다. 크게 봐서는 독립운동의 역사를 자신의 입장에서 주관적으로 서술한 점에서는 자서전 작가로서의 김일성과 김구는 그렇게 다르지 않을 수도 있는데, 우리에게는 전자는 금서이며 후자는 필독서다. 우리는 지금도 분단시대 반공국가에서 살기 때문이다.

비판정신이 예리해야 하는 사학으로서 수치지만, 여태까지 국내외의 그 어떤 사학자도 김구에 대한 비판적 시각에서의 평전을 저술해본 적은 없다. 이것도 정말 괴이한 일이 아닐 수 없다. 예컨대 젊은이 김창수(김구)를 처음으로 유명하게 만든 1895년 일본인 스치다(土田讓亮) 살해 사건을 보자. 〈주한일본공사관기록〉이나 〈독립신문〉 등 구한말 원자료를 접해본 사학도라면, 일본인 스치다가 '일본 육군 중위'가 아닌 나가사키현 출신의 약장수이었다는 사실쯤 뻔히 알 것이다. 물론 명성황후 시해 이후의 분위기에서는, 비록 군인이 아니더라도 침략국 일본의 한 국민에 대한 이와 같은 행위도 광의의 '자기 방위권 행사'에 속한다고 볼 수 있지만, 그렇다면 '국모시해 복수'를 외치면서 일본 상인을 살해한 김구가 과연 정말 동학도이었는가 라는 질문을 제기하지 않을 수 없다. 동학도들이 '왜양(倭洋: 일본과 서양)'과 마찬가지로 민씨 척족 세력들을 증오하면서 타도하려 했다는 사실 정도는 사학계의 상식이며, '동학 접주'가 '국모 복수'를 외친다는 것은 상식적으로 납득하기 어려운 일이다. 그러나 1895년 살인 사건 피해자의 신분 문제에 있어서도, 김구의 동학 관련설 진위 여부에 있어서도 국내외 사학계는 철저하게 〈백범일지〉의 기술을 맹목적으로 따를 뿐, 합리적인 의문을 제기해볼 노력도 하지 않아왔다. 정말 부끄러운 일이 아닐 수 없다.

이런 맥락에서, 김상구 선생의 이 책이 나온 것은 천만다행이 아닐 수 없다. 위에서 언급한 임종국 선생의 선구적인 친일문제 관련 작업의 경우처럼, '재야'가 '교단사학'이 하지 못한 일을 먼저 한 셈이다. 이 책의 등장이 우리 집단기억 속에서 굳어져버린 '김구 신화'를 부숨으로써 독립운동의 여러 갈래에 대한 균형잡히고 시대적 배경을 고려한 평가를, 많은 사람들로 하여금 내리게끔 하였으면 좋겠다. 많은 사람들에게 신화화된 김구는 거의 독립운동 전체를 대표하지만, 이는 역사의 사실과 부합되지 않으며 결코 다원적이며 균형적인 역사관 조성에 도움 되지 않는다. 김구의 그늘에 가려져 우리에게 보이지 않는 아나키스트와 사회주의자, 공산주의자, 급진적 민족주의자 등에 대한 보다 치열한 공부를, 김구에 대한 새로운 평가를 내리는 이 책은 동시에 우리에게 촉구하기도 한다.

이 책의 출간이 독립운동 역사에 대한 보다 많은 관심과 생산적인 토론이 보다 많이 이루어질 계기가 되기를, 진심으로 기원한다.